Georg Kremnitz
Katalanische und okzitanische Renaissance

Romanistische Arbeitshefte

Herausgegeben von
Volker Noll und Georgia Veldre-Gerner

Band 67

Georg Kremnitz

Katalanische und okzitanische Renaissance

Ein Vergleich von 1800 bis heute

DE GRUYTER

ISBN 978-3-11-053032-2
e-ISBN (PDF) 978-3-11-053033-9
e-ISBN (EPUB) 978-3-11-053064-3
ISSN 0344-676X

Library of Congress Control Number: 2018948487.

Bibliografische Information der Deutschen Nationalbibliothek
Die Deutsche Nationalbibliothek verzeichnet diese Publikation in der Deutschen Nationalbibliografie; detaillierte bibliografische Daten sind im Internet über http://dnb.dnb.de abrufbar.

© 2018 Walter de Gruyter GmbH, Berlin/Boston
Druck und Bindung: CPI books GmbH, Leck

www.degruyter.com

UXORI CARISSIMAE

In Gedanken an die katalanischen politischen Häftlinge und Exilanten unserer Tage

„Das Schreiben eines Buches ist eine lange Reise. Wie bei jeder Reise gehören Zweifel, Irrtümer, verzweifelte Gedanken und unruhiger Schlaf dazu."

Aharon Appelfeld, *Meine Eltern*

Inhalt

Einleitung —— 1

Teil I: Grundlagen

1	Zur Vorgeschichte —— 9	
1.1	Aus der Geschichte beider Sprachen und Kulturen bis gegen 1800 —— **9**	
1.2	Zur Situation beider Sprachen um 1800 —— **20**	
1.3	Sprachliche Grundlagen —— **24**	
1.4	Sprachbezeichnungen —— **28**	
2	Voraussetzungen für die Existenz moderner Renaissance-Bewegungen —— **32**	

Aufgaben zu Teil I —— **40**

Teil II: Das 19. Jahrhundert

3	Die Anfänge der beiden Renaissance-Bewegungen —— **43**	
3.1	Katalanische Länder (1815-1833) —— **43**	
3.2	Okzitanisches Sprachgebiet (1815-1854) —— **48**	
4	Organisationsversuche im späteren 19. Jahrhundert —— **61**	
4.1	Katalanische Länder —— **61**	
4.2	Die Entwicklung im okzitanischen Sprachgebiet —— **67**	
4.3	Das Zusammentreffen zweier Renaissance-Bewegungen —— **69**	
5	Die nachhaltige Politisierung des Katalanismus nach dem Ende der Ersten Republik —— **78**	

Aufgaben zu Teil II —— **84**

Teil III: Das 20. Jahrhundert – die erste Hälfte

6	Die Lage zu Beginn des 20. Jahrhunderts —— **87**	
6.1	Frankreich und Spanien um 1900 —— **87**	
6.2	Zur sprachlichen und kulturellen Lage in beiden Gebieten —— **91**	

7 **Anfänge des Okzitanismus ab 1900 — 99**
7.1 Bis zum Ersten Weltkrieg — 99
7.2 Die Gründung der Zeitschrift *Oc* und erste Bemühungen um eine Erneuerung der Bewegung — 106

8 **Erfolge des Katalanismus und ihr Preis — 112**

9 **(Sozio-) linguistisches Intermezzo : die (teilweise) Lösung des Problems der Referenzsprachen und die kollektive Kompetenz — 124**
9.1 Die Entwicklung der Referenzsprachen — 124
9.2 Die Entwicklung der kollektiven sprachlichen Kompetenz bis nach dem Zweiten Weltkrieg — 138

Aufgaben zu Teil III — 145

Teil IV: Das 20. Jahrhundert – nach den Katastrophen

10 **Der *Etat Français* 1940-1944 und der Okzitanismus nach 1945 — 149**
10.1 Der Etat Français — 149
10.2 Die Gründung des *IEO* und die literarische Blüte nach 1945 — 152
10.3 Die französische Sprachpolitik nach 1945; die *Loi Deixonne* — 158

11 **Die allmähliche Politisierung des Okzitanismus seit 1962 und die gegenläufige Entwicklung ab 1981 — 161**
11.1 Bis zur Jahrtausendwende — 161
11.2 Die Entwicklungen nach 2000 — 170

12 **Katalonien unter dem Franquismus und in der Demokratie — 174**
12.1 Die Zeit der Diktatur — 174
12.2 Die *Transició* — 181
12.3 Katalonien bis zum Urteil des Obersten Gerichtshofes von 2010 — 186
12.4 Die Entwicklungen seit 2010 — 194

13 **Die übrigen *Països Catalans* nach dem Ende der Diktatur — 199**

Aufgaben zu Teil IV — 207

14 **Rückblick und Ausblick 2018 — 208**

Bibliographie —— 215

Verzeichnis der Illustrationen —— 227

Zeittafel —— 229

Namensindex —— 235

Einleitung

Seit dem frühen 19. Jahrhundert treten in vielen europäischen Staaten neue gesellschaftliche Akteure auf. Es sind Gruppen, die in den absolutistischen Staaten nicht oder kaum zu Wort gekommen sind – allenfalls als (meist weitgehend) machtlose Opposition – und die erst seit der Französischen Revolution wahrgenommen werden. Zu ihnen gehören solche, die andere Sprachen als die in den jeweiligen Staaten offiziellen verwenden. Ihre Sprecher finden sich vor allem in den Unterschichten, wenn sie auch gewöhnlich über Verteidiger auf den oberen Sprossen der gesellschaftlichen Leiter verfügen. Bisweilen spricht man vom „Frühling der Völker" (*le printemps des peuples*). Sein Auftreten erklärt sich zum Teil mit der zunehmenden Verbreitung des Nationalismus in Europa, nicht zuletzt als Folge und in Reaktion auf die Französische Revolution. Der Nationalismus begleitet (nicht notwendigerweise) das Eintreten neuer gesellschaftlicher Schichten in den *status politicus*. Die Ursprünge des Phänomens reichen indes weiter zurück: da sind die historischen Forschungen im 18. Jahrhundert zu nennen, die reiches und differenziertes Wissen über die (auch sprachliche) Geschichte zu Tage gefördert, und somit die „Konstruktion" von kollektiver Vergangenheit erst erlaubt haben. Auch die meist langsame, aber allmählich fühlbare Steigerung der Alphabetisierungsraten spielt eine Rolle: neue soziale Gruppen bemächtigen sich des geschriebenen Wortes, nun bisweilen in neuen Sprachen. Dadurch entsteht ein Gegensatz zur Aufklärung; diese war insgesamt an der Verschiedenheit der Sprachen wenig interessiert und setzte für die Verbreitung ihrer Ideen vor allem auf die großen Herrschaftssprachen. Andererseits beginnt mit Philosophen wie Leibniz, Condillac und besonders Herder die Aufmerksamkeit für Sprachen, ihre Unterschiede und ihre Entwicklung zuzunehmen; sie werden nicht mehr als bloße Werkzeuge der Gedanken gesehen, sondern ihnen wird eine eigene Rolle in der und für die Kommunikation zugestanden. Herder stellt die Vorstellung einer unterschiedlichen Bedeutung der Sprachen, in der Aufklärung *communis opinio*, in Frage. In seinen Augen sind alle Sprachen in gleicher Weise, wenn auch mit unterschiedlichen Mitteln, zur Wahrnehmung und Wiedergabe der außersprachlichen Realität und zur Kommunikation in der Lage. Letzten Endes ist es vor allem der aus den Revolutionen stammende Gedanke der Souveränität der Völker, der neue Gruppen in der Öffentlichkeit sich artikulieren lässt.

Diese neuen Gruppen lassen sich grob in zwei Kategorien gliedern, zum einen in diejenigen, welche bereits eine Vergangenheit als dominante (oder wenigstens nichtdominierte) Gruppen hatten, zum anderen diejenigen, welche bislang als Handelnde in der europäischen Geschichte kaum aufgetreten sind – mindestens nicht oder kaum über eine schriftliche bzw. schriftsprachliche Vergangenheit verfügen –, immer dominiert und damit weniger sichtbar waren. Die Bewegungen teilen sich demnach in *Renaissance*-Bewegungen und in *neue* Bewegungen auf. Natürlich ist diese Unterscheidung ein wenig willkürlich; sie rechtfertigt sich indes daraus, dass bestimmte

Gruppen auf ihre große, politisch wie literarisch dokumentierte Geschichte zurückgreifen, um Existenzrechte als Gruppen für die Gegenwart einzufordern, während andere das nur in geringem Maße tun können, weil sie kaum oder gar nicht über alte schriftliche Überlieferungen verfügen; sie können allenfalls auf mündliche Überlieferungen zurückgreifen, die gewöhnlich als weniger wertvoll als schriftliche angesehen werden. Bei ihnen ist folglich die Berufung auf Vergangenes weniger wichtig, die gesellschaftlichen Forderungen liegen stärker in der (jeweiligen) Gegenwart begründet.

Nicht nur im Hinblick auf den Ausgangspunkt, auch in dem auf die Resultate lassen sich verschiedene Gruppen unterscheiden: da sind die, die letztlich einen modernen Nationalismus ausbilden und aufgrund günstiger historischer Umstände einen eigenen Staat ausrufen können, in dem die bislang dominierte Sprache die Rolle der (ersten) offiziellen Sprache übernimmt. In dieser Reihe finden sich viele der im späten 19. und 20. Jahrhundert entstandenen neuen Staaten in Europa. Dann gibt es jene, die mit ihren Ansprüchen wieder verschwunden sind: bisweilen standen und stehen sich unterschiedliche Nationalismen gegenüber, sie enden oft damit, dass *eine* Konzeption sich durchsetzt (bisweilen lassen sich auch aufeinander folgende Sequenzen erkennen: nachdem die Völker Südslawiens über einhundertfünfzig Jahre nach staatlicher und sprachlicher Einheit gestrebt haben, haben in jüngster Vergangenheit die zentrifugalen Kräfte – vorläufig? – die Oberhand gewonnen). Es gibt mindestens einen Fall, in dem der politische Erfolg mit einem weitgehenden kulturellen Misserfolg Hand in Hand geht, nämlich die Republik Irland/Eire, die zwar unabhängig wird, wo das Irische indes heute fast nur noch eine symbolische Funktion besitzt. Und schließlich gibt es Fälle, die nach vielversprechenden Anfängen heute nur noch eine bescheidene Rolle spielen, und mindestens einen, den katalanischen, für den die Frage nach dem Erfolg sich heute erneut stellt; von ihm wird im Folgenden u. a. die Rede sein.

Epistemologische Verortung: Zu den Gruppen, die auf eine glanzvolle Vergangenheit zurückblicken können und die ihre Bewegungen daher *Renaissance* nennen, gehören die Katalanen wie die Okzitanen. Die ersten sprechen von ihrer *Renaixença*, die zweiten von ihrer *Renaissença*. Die beiden so ähnlichen Bezeichnungen suggerieren eine gewisse Nähe, und diese ist gegeben, nicht nur geographisch – die Gebiete beider Sprachen stoßen aneinander – sondern auch historisch und kulturell – über Jahrhunderte stehen beide Gebiete in engem politischem und gesellschaftlichem Kontakt. In beiden Gruppen setzt nach 1800 das Bestreben ein, selbst über das eigene Schicksal (mit) zu bestimmen und die eigene Sprache für möglichst viele – im Idealfall für alle – Arten der Kommunikation zu verwenden.

Die relative Ähnlichkeit der Ausgangssituation, die benachbarte Lage und die engen Beziehungen zwischen beiden Gruppen, die sich auf unterschiedliche Weise immer wieder erneuern, lassen den Gedanken einer vergleichenden Darstellung der Geschichte beider Bewegungen verständlich werden. Sie kann als exemplarische

Darstellung vielleicht auch die Grundlage für allgemeinere Überlegungen zu dem Phänomen des (Wieder-) Erwachens der kleineren Gruppen (die sich gewöhnlich selbst als Nationen bezeichnen) legen. Erstaunlicherweise sind solche vergleichenden Darstellungen bislang sehr selten. Im Folgenden sollen die Bemühungen um Anerkennung beider Gruppen dargestellt werden. Es ist bemerkenswert, dass trotz relativ ähnlicher Ausgangssituationen die heutige Lage beider Gruppen und ihrer Sprachen sehr unterschiedlich ist. Daraus lassen sich bis zu einem gewissen Grade Schlüsse über die Möglichkeiten und Grenzen solcher Bewegungen ziehen, man kann die (möglichen) Rollen der Akteure abschätzen und nicht zuletzt allgemeinere, auch kommunikationstheoretische Folgerungen formulieren. Die Verläufe sind in sich der Kenntnisnahme wert; es handelt sich um durchaus gewichtige soziale Bewegungen, die sich im Zeitraum von rund 200 Jahren abgespielt haben und vor unseren Augen noch abspielen.

Die Vielfalt der zu berücksichtigenden Aspekte macht ein mehrphasiges und bis zu einem gewissen Grade eklektisches Vorgehen notwendig. Es bedarf sprachwissenschaftlicher Grundlagen, historischer Einordnungen, Darstellungen der Entwicklung der jeweiligen soziolinguistischen Situation, da beide Bewegungen in ihren Anfängen vor allem von Literaten getragen wurden, auch der Ausblicke auf das literarische Schaffen, nicht zuletzt Darstellungen der jeweiligen politischen Situation. Gelegentlich werden noch andere Gesichtspunkte hinzutreten.

Aufgrund meiner rund fünfzigjährigen Beschäftigung mit den Problemen beider Gruppen hoffe ich, einen solchen Vergleich leisten zu können. Ich befinde mich dabei in einer eigenartigen Position: zunächst Beobachter von außen, bin ich durch meine Arbeiten immer stärker von beiden Gruppen akzeptiert, um nicht zu sagen, adoptiert worden. Ich hoffe, aufgrund dieser Position genügend Empathie für beide Gruppen entwickelt zu haben, um ihre Interessen glaubwürdig skizzieren zu können, aber auch über genügend Abstand zu verfügen, um die Verläufe und Positionen einigermaßen unvoreingenommen darstellen und einschätzen zu können. Das ist eine schwierige Position, indes die einzige, die mir – aus meiner Biographie heraus – möglich erscheint. Nachdem viele der Protagonisten beider Bewegungen in der zweiten Hälfte des 20. Jahrhunderts nicht mehr leben, scheint es mir sinnvoll, meine Eindrücke und Erfahrungen zu bündeln, um sie zum einen den heute in der Forschung Tätigen mitzuteilen, auf der anderen Seite auch den Betroffenen einen – aus ihrer Sicht vielleicht unscharfen – Spiegel vorzuhalten, nicht zuletzt, um die Hektik des Augenblicks durch die Perspektive einer längeren Dauer zu ergänzen.

Die Darstellung wird sich vor allem an der Zeitachse orientieren, da ich Ähnlichkeiten in den Verlaufskurven beider Bewegungen sehe, aber auch die Unterschiede deutlich machen möchte. Es handelt sich um den *Versuch einer vergleichenden Sozialgeschichte der Kommunikation* in beiden Gebieten, wobei der Begriff *Kommunikation* weit verstanden werden muss. Daher sind zunächst die theoretischen und historischen Grundlagen zu bestimmen, bevor dann die Abläufe längs der großen historischen Einschnitte in den beiden hauptsächlich betroffenen Staaten zu referieren sind. Aufgrund der unterschiedlichen Entwicklungen werden sich die Schwerpunkte der Darstellung unterscheiden müssen, die Vorgangsweise soll eine exemplarische, nicht eine enzyklopädische sein. Da dieses Buch auch als akademisches Lehrbuch dienen soll, werden wichtige Begrifflichkeiten, sofern sie nicht zum „kleinen Einmaleins" der Soziologie der Kommunikation gehören, genauer definiert; außerdem werden die Lebensdaten der erwähnten Personen, soweit eruierbar, angegeben. Eine Bemerkung zur Schreibung der Eigennamen: die katalanischen Namen werden gewöhnlich in der katalanischen Form geschrieben, die okzitanischen in der französischen, nur dort, wo okzitanische Namensformen auch eine gewisse Verbreitung gefunden haben, werden sie bei der ersten Erwähnung in Klammer erwähnt. Am Ende soll der Versuch einer Ortsbestimmung heute sein, der auch etwas verallgemeinern und auf andere Gruppen in ähnlicher Situation blicken wird.

Zur Forschungslage/wichtige Publikationen: trotz seit einhundertfünfzig Jahren anhaltenden wechselseitigen Sympathien der beiden Bewegungen und immer wieder zu beobachtender punktueller Zusammenarbeit ist das wechselseitige Wissen über die jeweils andere Gruppe vergleichsweise erstaunlich bescheiden geblieben. Das schlägt sich in der Literatur nieder: es gibt nur wenige ausführlichere vergleichende Darstellungen. Wahrscheinlich bilden die staatlichen Grenzen in neuerer Zeit ein Hindernis für eine gemeinsame Betrachtung. Sind gemeinsame Darstellungen der älteren Phasen der Geschichte noch relativ häufig, vor allem aufgrund der engen politischen Beziehungen, so werden sie, nähert man sich thematisch der Neuzeit und Gegenwart an, seltener, um erst in jüngster Vergangenheit wieder etwas zuzunehmen. Natürlich gibt es zahlreiche Darstellungen der historischen, kulturellen und sprachlichen Situation jeder *einzelnen* Gruppe, die beiläufig und punktuell auch die Beziehungen zur anderen Gruppe ins Auge fassen, sie sollen jetzt hier nicht erwähnt werden (sondern erst dort, wo auf sie Bezug genommen wird). Sie zeigen, dass kulturell zunächst der Süden – Katalonien – vom Norden beeinflusst wird (wie die Trobadore auf ganz Westeuropa einen nachhaltigen Einfluss ausüben), politisch jedoch schon bald, man kann sagen, ab der Vereinigung von Barcelona mit Aragón (durch die Heirat des Grafen von Barcelona Ramon Berenguer IV. mit der aragonesischen Thronerbin Peronela) 1137, und der parallel dazu verlaufenden allmählichen Erosion der Macht der Herzöge von Aquitanien und etwas später der Grafen von Toulouse die Situation sich umkehrt. Diese engen Verflechtungen enden allmählich nach dem 13. Jahrhundert, die (östlichen) Pyrenäen verwandeln sich von einem Sattel oder einer Brücke in eine Grenze, und damit werden die beiderseitigen Beziehungen sporadischer. Das hat auch einen gewissen Einfluss auf die sprachliche Situation: die beiden Sprachen entwickeln sich langsam auseinander. Allerdings ist das Wissen um Gemeinsamkeiten nie völlig verloren gegangen.

Erst im Verlauf der Renaissance-Bewegungen wird das Interesse für die Beziehungen zwischen beiden Gruppen wieder geweckt. Einen frühen Beleg davon gibt der

Band von Manuel Milà i Fontanals (dem Begründer der Romanistik in Spanien) *De los trovadores en España*, der zunächst 1861 publiziert wird. Bezeichnenderweise bezieht er sich auf die leuchtende gemeinsame Vergangenheit. Natürlich finden sich daneben punktuell Berichte über Ereignisse oder Berührungen, vieles geht in der dramatischen Geschichte in der ersten Hälfte des 20. Jahrhunderts unter, systematischere Untersuchungen setzen erst in den sechziger Jahren ein. Zwar werden die Beziehungen nie unterbrochen, die Analyse folgt indes mit großem Abstand. Davon zeugt das Buch von Artur Bladé Desumvila, *Felibres i catalans*, Barcelona 1961, das einen historischen Überblick gibt, gut unterrichtet ist, vor allem für die „dunkleren" Perioden der Beziehungen, aber wenig kritisch. Ihm folgt wenig später die Broschüre von Jordi Ventura, *Els catalans i l'occitanisme*, Barcelona 1964, die erste in Katalonien veröffentlichte Arbeit über den Okzitanismus nach dem Zweiten Weltkrieg. Natürlich darf man nicht aus den Augen lassen, dass zu dieser Zeit die Zensur in Spanien noch im Zenit ihrer Macht steht. So verwundert es nicht, dass die erste vergleichende Untersuchung zur Soziolinguistik beider Sprachen in Deutschland erscheint, nämlich der schmale, inhaltlich gewichtige Band von Brigitte Schlieben-Lange, *Okzitanisch und Katalanisch*, Tübingen 1971, ²1973. Erst nach dem Ende der Diktatur nimmt die Zahl der Publikationen zu. So erscheint bereits 1978 eine Sondernummer der Zeitschrift *Annals de l'Institut d'Estudis Occitans* mit den Akten eines in Montpellier abgehaltenen Kolloquiums. 2003 erscheint der auf den Arbeiten des *Eurocongrés 2000* beruhende Ausstellungskatalog *Càtars i trobadors*, der eine bis heute nicht übertroffene historische Synthese auf damals neuem Stand bietet. Dieser okzitanisch-katalanische *Congrés de congressos* (Joan Amorós i Pla), dessen Sitzungen sich zwischen 2000 und 2003 erstrecken, wird von der *Fundació Occitano Catalana* organisiert, unter der effektiven Leitung von Joan Amorós und unter der repräsentativen Präsidentschaft von Joan Triadú und Robert Lafont, zwei der großen repräsentativen Intellektuellen der zweiten Hälfte des 20. Jahrhunderts. 2006 erscheint in zwei Bänden eine weitere Summe zu dem Thema, nämlich *La il.lusió occitana* von August Rafanell, welche die Beziehungen beider Bewegungen bis 1934 thematisiert. Ihr zur Seite steht – mit einer anderen Perspektive – die *Tesi doctoral* von Lluís Fornés, *El pensament panoccitanista (1904-2004)*, eine leider nicht veröffentlichte Arbeit, die an der Universität València eingereicht wurde. Daneben sind vor allem einige Aufsätze zu nennen, etwa der Beitrag von Robert Lafont in der erwähnten Nummer der *Annals de l'IEO*, der einen 1968/69 publizierten Text ergänzt, einige Texte von Georg Kremnitz zu vor allem soziolinguistischen Fragen (Kremnitz 1986, 1989, 2000, 2003), Arbeiten von Philippe Martel, vor allem ein Kongressbeitrag von 1992, Beiträge von Pere Grau, etwa 1998. Einen wichtigen Moment der Beziehungen dokumentiert der von Manuel Alquezar i Montañés herausgegebene Briefwechsel von Loïs Alibert und Josep Carbonell i Gener (1992), ebenso wie die Carbonell gewidmete Biographie von Vinyet Panella (2000). In dieser Reihe wäre der Briefwechsel zwischen Mistral und Víctor Balaguer, den Amparo Balanzá 1983 ediert, zu erwähnen. Damit sind die wichtigeren Veröffentlichungen weitgehend aufgezählt, andere Arbeiten behandeln Einzelaspekte. Daneben stehen die großen Monographien, die beide Sprachen und Kulturen einzeln betrachten; sie sind ebenso heranzuziehen. Neben der Außenperspektive muss stets auch die Innenperspektive stehen: oft erwähnen französische oder spanische Darstellungen aus der Sicht des jeweiligen Zentralstaates Entwicklungen kaum, die für die Peripherien von großer Bedeutung sind. Die hier erwähnten Titel bilden die Grundlage des Vergleichs. Auf sie wird im Einzelnen noch einzugehen sein.

Zahlreiche Protagonisten beider Renaissance-Bewegungen haben meine Kenntnisse bereichert. Vielen von ihnen kann ich nur noch postum danken, vor allem Robert Lafont, daneben Charles Camproux, Pierre Bec, Ismaël Girard, Pierre Lagarde, René Nelli, Joseph Salvat auf okzitanischer Seite, Ramon Aramon i Serra, Antoni Maria Badia i Margarit, Francesc Vallverdú, Manuel Sanchis Guarner, Antoni Pous, Josep Carbonell i Gener, Joan Solà und Pere Verdaguer auf katalanischer, und nicht zuletzt Brigitte Schlieben-Lange, einst meine Studienkollegin in Tübingen. Unter den Lebenden möchte ich Fausta Garavini besonders nennen, auf katalanischer Seite Aina Moll, Joan Veny, Miquel Àngel Pradilla Cardona, Gentil Puig i Moreno, Isidor Marí y Mayans und Francesc Codina, auf okzitanischer François Pic, Philippe Martel, Etienne Hammel, Christian Lagarde. Bei der Beschaffung der Dokumentation leisteten Elena Heidepriem i Olazábal (*Centre de Documentació de la Generalitat*), Eulàlia Miret i Raspall (*Arxiu de l'Institut d'Estudis Catalans*) und Mercè Comas (*Biblioteca de Catalunya*) unschätzbare Dienste, ebenso wie Benjamin Assié (*CIRDOC Béziers*), der mir fast alle okzitanischen Illustrationen zur Verfügung stellte. Besonderen Dank an Francesc Codina, der im letzten Moment die noch bestehenden Lücken in der Dokumentation schließen konnte. Herzlichen Dank an Ulrike Krauß vom Verlag de Gruyter und an Volker Noll für die Aufnahme des Bandes in die Reihe der Romanistischen Arbeitshefte, ebenso an Olena Gainulina vom Verlag für ihre praktische Hilfe. Dank schulde ich in besonderem Maße den Studierenden, die meinen Lehrveranstaltungen auch zu diesen Themen über viele Jahre gefolgt sind und mich durch ihre Fragen und Bemerkungen immer wieder dazu veranlasst haben, meine Positionen zu überdenken und teilweise neu zu formulieren. Ohne die praktische und moralische Hilfe meiner Frau Gertraud wäre dieses Buch nie entstanden, nicht zuletzt hätte ich ohne sie die Tücken der Textformatierung nie bewältigt. Es gilt die übliche Schlussbemerkung solcher Einleitungen: alle verbleibenden Irrtümer sind mir anzulasten.

Oberwaltersdorf, 1. Juni 2018

Teil I: **Grundlagen**

1 Zur Vorgeschichte

1.1 Aus der Geschichte beider Sprachen und Kulturen bis gegen 1800

Okzitanisch: recht allmählich und zunächst fast unbemerkt lösen sich die romanischen Sprachen vom Latein ab. Allgemein wird als ihre „Geburtsurkunde" der Beschluss des Konzils von Tours von 813 angesehen, dass fortan auf Deutsch oder in der *rustica romana lingua* gepredigt werden soll. Damit wird zum ersten Male das sich in seinen Varietäten entfaltende Romanisch vom Latein unterschieden. Zunächst gehen die Kirchenväter nur von *einer* neuen Sprache aus; das könnte u. a. mit der unterschiedlichen Geschwindigkeit der Veränderungen in den einzelnen Sprachräumen zu tun haben. Wenig später, 842, entsteht mit den Straßburger Eiden der erste Text, der recht klar als (gallo-) romanisch angesehen werden kann. Die innere Differenzierung der entstehenden romanischen Sprachen schreitet voran, gleichzeitig vollzieht sich die mentale Ablösung vom Latein in den jeweiligen Gebieten, das Tempo ist recht verschieden. Das zeigt sich nicht zuletzt daran, dass die ersten uns überkommenen schriftlichen Belege in den einzelnen Sprachräumen zu unterschiedlichen Zeiten entstanden sind. Während die schriftliche Verwendung der (nord-) französischen Varietäten im späten 9. und 10. Jahrhundert einsetzt, stammen die frühesten Belege aus der Iberischen Halbinsel vom 11./12. Jahrhundert, in Italien treten sie sogar noch später auf. Dabei ist festzuhalten, dass das Gebiet der südlichen Gallia und der nordöstlichen Iberia bis zum Ausgang der Kriege gegen die Albigenser (s.u.) ein sprachliches und kulturelles Kontinuum bilden, das getrennt zu betrachten eine Vorwegnahme späterer Entwicklungen ist. Es geschieht hier nur, um die Darstellung verständlicher zu machen.

Aus der Zeit vor 1000 sind nur aus Gallien nennenswerte schriftliche, zunächst literarische Belege überliefert. Erstaunlich ist, dass schon kurz nach den Texten aus Nordfrankreich, ab dem ausgehenden 10. Jahrhundert, auch solche aus dem Süden, den ich hier mit dem Sammelbegriff *Okzitanien* bezeichnen will (er wird später erklärt werden, vgl. Kap. 1.4), in größerer Zahl entstehen, obwohl der Süden sprachlich deutlich konservativer als der Norden ist. Die beginnende Emanzipation der gesprochenen Sprachen lässt sich also nicht *nur* am zunehmenden sprachlichen Abstand zum Latein festmachen, allerdings sind andere mögliche Faktoren nur schwer zu isolieren. Folgende Aspekte, in chronologischer Reihenfolge, haben wohl eine Rolle gespielt: die besondere Position des späteren okzitanischen Sprachgebietes im Römischen Reich (*Provincia nostra*), vor allem die Entwicklung eines Netzes von Städten, die wenn auch ephemere Existenz des Westgotenreiches von Toulouse (5./6. Jahrhundert), das den Süden Galliens mit der Iberischen Halbinsel verbindet, die kurzzeitige Frontlage zwischen christlicher und islamischer Welt nach der Eroberung der Iberischen Halbinsel durch die Muslime (ab 711), die Randlage des Südens zunächst im

Reich Karls des Großen, später, nach den Reichsteilungen, im entstehenden französischen Königreich. Sie bewirkt eine weitgehende faktische Selbständigkeit der Herrscher über die okzitanischen Gebiete, die zu wichtigen Akteuren auf dem politischen Feld Westeuropas werden. Über Jahrhunderte sind sie weitaus mächtiger als die französischen Könige. Darüber hinaus hat vor allem Robert Lafont immer wieder auf eine *Akzeleration* der gesellschaftlichen und politischen Entwicklungen in Teilen des okzitanischen Sprachgebietes hingewiesen.

Auf jeden Fall wird das Okzitanische sehr früh als Schriftsprache verwendet: nach den Texten aus dem 10. und 11. Jahrhundert wird es seit 1102 konsequent als Urkundensprache gebraucht (die erste überlieferte Urkunde stammt aus Rodez, vgl. Brunel ²1952). Praktisch zu gleicher Zeit entstehen die ersten (bekannten) Trobador-Texte, die dem Grafen von Poitiers und Herzog von Aquitanien Wilhem IX. (Guilhem IX, 1071-1126) zugeschrieben werden und eine gut zweihundert Jahre währende literarische Blüte begründen (Bec 2003; Lafont 2005), die auf ganz Westeuropa Einfluss haben wird. Diese Periode endet mit den Kreuzzügen gegen die Katharer oder Albigenser (1209-1244), einer Folge von Kriegen, die (angeblich) aus religiösen Gründen beginnen (sie sind gegen die *Katharer* gerichtet, eine Glaubensrichtung, die die damalige Praxis der Kirche ihrer Zeit in Frage stellt, und teilweise dualistische Positionen vertritt), aber letztendlich die tatsächliche Einverleibung der Grafschaft Toulouse in das französische Königreich bedeuten. Diese Jahrzehnte dauernden Bürgerkriege zerstören die okzitanische Gesellschaft, führen zu einem weitgehenden Elitentausch und zerschlagen das soziale Netz, mittels dessen sich die altokzitanische Kultur herausgebildet hatte. Im Zuge der Kriege wird die Inquisition begründet, insgesamt wird die kulturelle Entwicklung weitgehend abgebrochen. Zwar existiert die okzitanische Kultur auch weiterhin, kann aber nicht an den vorherigen Glanz anknüpfen und ist kaum mehr innovativ. Es ist hier nicht notwendig, die einzelnen historischen Etappen nachzuzeichnen, entscheidende Daten sind der Friede von Meaux 1229, bei dem sich Graf Raimund VII. (Ramon VII, 1197 – 1249) von Toulouse unterwirft, und die Eroberung der Feste Montségur 1244, welche die Niederlage besiegelt. Der Fall der Feste Quéribus 1255 bildet den definitiven Abschluss dieser Periode, die in ihrem Verlauf und den Folgen mit dem Dreißigjährigen Krieg verglichen werden kann (Nelli 1964; Lafont/Anatole 1970-71; Armengaud/Lafont 1979; Roquebert 1999; Lafont 2003; Oberste 2003; Brenon 2007).

Nach und nach kommen die Gebiete des okzitanischen Sprachraumes auf unterschiedliche Weise in den Herrschaftsbereich der französischen Könige: 1271 die (Reste der) Grafschaft Toulouse, 1349 der Delfinat (Dauphiné), 1453, mit dem Ende des Hundertjährigen Krieges, die Gascogne, 1481/1486 die Provence, 1527 die Auvergne, 1620 das Königreich Navarra (der *Béarn* und die *Basse-Navarre*), 1794 der *Comtat Venaissin* (Avignon mit dem Kirchenstaat), 1860 definitiv Nizza (die angegebenen Daten können nur Näherungswerte sein, da die Einverleibung oft in mehreren Schritten erfolgt). Außerdem gibt es große Unterschiede zwischen den Abkommen auf dem Papier und der politischen Praxis der Könige: während der Zusammenschluss von Frankreich und Provence in der offiziellen Proklamation eine Personalunion ist, verkommt diese rasch zu einem Anschluss (vgl. Lafont 1968, 116-118). Das bedeutet für die Sprachgeschichte zunächst keinen Bruch: das Okzitanische wird auch weiterhin im (auch administrativen) schriftlichen und mündlichen Gebrauch verwendet, die wichtigste der altokzitanischen Grammatiken und Poetiken, die *Leys d'Amors*, entsteht nach längeren Vorarbeiten erst in dieser Phase, nämlich 1356. Es handelt sich um das Regelwerk, das den Texten der 1323 gegründeten Blumenspiele von Toulouse zugrunde gelegt werden soll, die vom *Consistòri del Gai Saber* organisiert werden: diese Dichtung trägt schon viele Züge, die später etwa den Meistergesang im deutschen Sprachraum kennzeichnen. Nur selten verwenden Dichter aus dem okzitanischen Sprachgebiet das Französische für ihre Schöpfungen, so etwa Gaston III. Febus, Graf von Foix (1331 – 1391, regiert 1343 – 1391), der bei seinem Tod seine Herrschaft dem französischen König vererbt. Die Verwendung des Lateins für Urkundentexte nimmt für eine Übergangszeit wieder zu.

Zunächst die Kämpfe gegen die Katharer, ein Jahrhundert später der Hundertjährige Krieg (1339-1453) bedeuten für die meisten Gebiete des okzitanischen Sprachraums eine langanhaltende Periode der Verarmung. Erst allmählich können sich einzelne Gebiete zu neuer Blüte erheben, wie etwa aufgrund des Anbaus von *Pastel* (Waid) im Gebiet um Toulouse und Albi in der ersten Hälfte des 16. Jahrhunderts. Aus dieser Pflanze wird blaue Farbe gewonnen. Allerdings endet diese Blüte schon nach einigen Jahrzehnten und damit der aus ihr erwachsende Reichtum. Zugleich verschwinden die okzitanischen Gebiete als selbständige Subjekte aus der Geschichte: sie sind nur noch ein Teil Frankreichs. Auch die geistige Unabhängigkeit geht weitgehend verloren: zwar besteht die Universität Montpellier weiterhin, wenn auch unter massiver Überwachung durch die Kirche, die Neugründung derjenigen von Toulouse (1229) ist von Anfang an als Instrument zur Wiederbefestigung des Katholizismus gedacht.

Die sprachliche Situation verändert sich allmählich ab dem Beginn des 16. Jahrhunderts. Die nach und nach eingerichteten Parlamente (oberste Gerichtshöfe) sind die ersten auf Französisch funktionierenden Institutionen im Süden: Toulouse 1443, Grenoble 1455, Bordeaux 1462 und Aix 1501. In ihrem Umkreis bilden sich erste mondäne Zirkel, die diese Sprache verwenden. Seit 1490 verkünden die Könige verschiedene Erlasse zum Sprachgebrauch (1490 Ordonnanz von Moulins, Ordonnanz von 1510, königliches Patent für den Languedoc von 1533, 1535 Ordonnanz von Is-sur-Tille für die Provence), in denen sie den Gebrauch des Französischen *oder* der (regionalen) Volkssprache vorschreiben. Diese Erlasse richten sich also in erster Linie gegen das Latein; die häufigen Wiederaufnahmen lassen auf wenig Erfolg schließen. Die Ordonnanz von Villers-Cotterêts, die Franz I. (François Ier, 1494-1547) am 15. August 1539 erlässt, schreibt dagegen vor, alle rechtsrelevanten Papiere müssten *„en langage maternel francois et non autrement"* abgefasst werden. Allerdings ist nicht ganz eindeutig, was damit gemeint ist: ist es das Französische mit seinen Varietäten (zu denen im

Verständnis der Zeit auch die okzitanischen gehören würden), wie manche Zeitgenossen annehmen, oder ist es die an die Sprache des Hofes angelehnte Varietät, für die es allerdings zu diesem Zeitpunkt noch keine Referenzform gibt? Allgemein wird die zweite Lösung angenommen, und erstaunlicherweise setzt sich dieser Erlass auch relativ rasch durch. Zunächst versuchen die Schreiber, auf Französisch zu schreiben, was bisweilen zu Mischformen führt, nach einiger Zeit beherrschen sie die neuen Verschriftungstraditionen. Damit wird der bisherige (wenn auch nur implizite) Status des Okzitanischen als administrative Sprache aufgehoben. Die letzten auf Okzitanisch geschriebenen Urkunden entstehen um 1600 in abgelegenen Gebieten des Languedoc wie La Salvetat oder Saint-Pons (der Béarn ist erst nach der Annexion von 1620 betroffen, hier stößt die königliche Politik allerdings bis zur Revolution auf hinhaltenden Widerstand; vgl. immer noch Brun 1923, 1923a; Kremnitz 1974, 100-115). Ungefähr zu gleicher Zeit gehen die (letzten) Kenntnisse der okzitanischen Schreibtraditionen verloren, ein Hinweis auf die abnehmende schriftliche Verwendung der Sprache.

Nachdem die okzitanische Literatur mit dem Ende des 14. Jahrhunderts ihre Bedeutung langsam verliert (nur in Katalonien wird die Tradition noch teilweise bis Jordi de Sant Jordi, 1398 – um 1424, dem „definitiv letzten Troubadour", wie Hans-Ingo Radatz ihn genannt hat, fortgeführt), kommt es seit der Mitte des 16. Jahrhunderts zu einer Erneuerung, der „ersten Renaissance", wie sie bisweilen genannt wird (Lafont/Anatole 1970-71, 265). Es ist die erste bekannte literarische Renaissance einer Sprache in Westeuropa, die zuvor ihre Bedeutung verloren hatte. Allerdings wird sie nicht mehr nach den mittelalterlichen Traditionen geschrieben, die „neuen" Autoren müssen sich ihre graphischen Konventionen selbst schaffen, da sie die vorherigen nicht mehr beherrschen. Diese Renaissance hat mehrere Zentren im Béarn, um Toulouse und in der Provence, die nicht oder nur sporadisch miteinander in Verbindung stehen; ihre Repräsentanten gehen nicht von einem einheitlichen Sprach- und Kulturraum aus, das Bewusstsein dieser Autoren ist nicht gesamtokzitanisch. Am originellsten ist der aus Lectoure stammende Gascogner Pey de Garros (Pèir de Garròs, um 1525 – um 1583), der auf der Basis der Traditionen, soweit er sie noch kennt, ein eigenes graphisches System auf phonologischer Grundlage erschafft. Die meisten anderen Autoren – Louis Bellaud de la Bellaudière (1543 – 1588) in der Provence, Pierre Godolin (1579 – 1649) in Toulouse, um nur die bekanntesten zu erwähnen – lehnen sich weitgehend an die graphischen Traditionen des Französischen an (Lafont 1970; Kremnitz 1974, 117-121; Gardy 1997).

Die Bezeichnung „erste Renaissance" ist durchaus angemessen, denn etwa Pey de Garros spricht davon, „die verlorene Sache unserer verachteten Sprache" (*prene la causa damnada/ de nosta lenga mesprezada*, vgl. Lafont 1970, 61-86; Garavini 1970, 18-21; Gardy 1997, 56/57) zu verteidigen, um „die Ehre des Landes aufrecht zu erhalten und seine Würde zu wahren" (*per l'hono deu pays sostengue/ E per sa dignitat mantengue*). Darin liegt der Anspruch einer Wiedergeburt. Zu gleicher Zeit wird das Okzitanische in seiner bearnesischen Varietät gefördert: die Königin von Navarra, Johanna (Jeanne d'Albret bzw. Joana de Labrit, 1528 – 1572), lässt die Psalmen durch

Arnaud de Salette (um 1540 – zwischen 1579 und 1595) in die Landessprache übersetzen, ebenso wie sie für eine Übersetzung des Neuen Testaments ins Baskische (durch Joannes de Leizarraga, um 1505 – um 1601) sorgt. Das geschieht nicht nur aus religiösen, sondern auch aus politischen Gründen: durch die Propagierung der sprachlichen Verschiedenheit möchte die Königin ihre Souveränität stärken. Nach der Annexion Navarras durch Ludwig XIII. (Louis XIII, 1601 – 1643, reg. 1610-1643) im Jahre 1620 wird das allerdings keine große Rolle mehr spielen, wenn auch die navarresischen Stände noch bis zur Revolution den Unterschied zu wahren suchen. Das Bewusstsein eines Verlustes und der Versuch der Bewahrung zeigt sich deutlich in dem Werk von Jean de Nostredame, *Les vies des plus celebres et anciens poetes provensaux, qui ont floury de temps des Comtes de Provence*, das 1575 in Lyon (bei Marsilij) erscheint und sofort ins Italienische übersetzt wird. Allerdings reduziert Nostredame den Wirkungsbereich der Trobadore auf die Provence, er „versetzt" einige von ihnen wie Bernat de Ventadorn oder Arnaut Daniel dorthin und schafft unbekümmert, wo es ihm an Beispielen gebricht, neue Dichter und ihre Werke (manche von ihnen werden ihr fiktives Leben bis ins 19. Jahrhundert fortsetzen, ein Hinweis darauf, wie vielfach die Autoren von Anthologien ungeprüft das Vorhandene übernehmen). Am Ende dieser Bewegung wird man den Tolosaner Gelehrten Pierre de Caseneuve (oft auch: Cazeneuve, 1591 – 1652) erkennen, der in einem postum 1659 veröffentlichten Text die Vermutung formuliert, das Altokzitanische sei als gemeinsame Zwischenstufe aller westromanischen Sprachen anzusehen, die sich erst im Zuge der Entwicklungen des Reiches der Karolinger ausgegliedert hätten (nach Angaben von Robert Lafont stammt der Text in Wirklichkeit von einem sonst kaum bekannten François Tournier, der Caseneuves Namen verwendet habe; Lafont 1982, 30). Diese Theorie wird noch ein Nachleben bis zum Beginn des 19. Jahrhunderts haben (vgl. Kremnitz 2016, 151-154).

Dieser Gedanke einer Renaissance ist zu verstehen vor dem Hintergrund der raschen Durchsetzung des Französischen im schriftlichen Bereich: parallel zu den administrativen Texten entstehen auch immer mehr literarische Texte auf Französisch; es sei hier nur an das Werk von Michel de Montaigne (1533 – 1592) erinnert. Unterhalb einer schmalen Schicht von Alphabetisierten lebt indes die Masse der Bevölkerung weiterhin auf Okzitanisch, Kenntnisse des Französischen sind relativ selten und nicht immer positiv konnotiert: es genügt, an die Theaterstücke der Zeit zu denken, in denen die Personen aus den unteren Schichten, die Französisch sprechen (wollen), oft lächerlich gemacht werden – erst deutlich später finden sie Anerkennung. Noch der Provenzale Jean de Cabanes (1654 – 1717) weiß um die Bedeutung des Okzitanischen in der Vergangenheit und vermerkt um 1700: „*la lengo prouvençalo, noumado autre temps lengo roumando, es istado durant un espaci d'ans la lengo douminanto, & per consequant estimado de totei lei naciens*" (Gardy 1982, 22). Und der Abbé de Sauvages (Pierre-Augustin Boissier de Sauvages, 1710 – 1795) schreibt in der Einleitung der ersten Auflage seines noch heute wichtigen Wörterbuches 1756:

> [...] le Languedocien est, encore aujourd'hui, non-seulement la langue du Peuple; c'est aussi celle des honnêtes-gens qui ont été élevés dans cette Province ; c'est la première qui se présente, & qu'ils emploient plus volontiers [...] : le François, qu'ils ne trouvent guère de mise que dans le serieux, devient ainsi pour la plûpart une langue étrangère ; ils forcent nature lors qu'ils y ont recours.
>
> (Boissier de Sauvages ¹1756, VI)

In der zweiten Auflage von 1785 muss er allerdings hinzufügen:

> [...] le Languedocien négligé passe déjà chez quelques personnes pour un jargon & porte communément, quoique fort improprement, le nom de patois ; c'est cependant encore le langage du peuple ; mais même celui des honnêtes gens élevés dans cette Province : c'est le premier [...].
>
> (Boissier de Sauvages ²1785, II-III)

Die zunehmende Dependenz des Okzitanischen lässt sich daran erkennen, dass seine literarische Verwendung sich immer stärker auf karnevaleske oder burleske Texte konzentriert, andere Textsorten werden seltener.

Noch zu Ende des *Ancien Régime* lässt sich so eine Diglossie erkennen, in der die große analphabetischen Mehrheit der Bevölkerung das Okzitanische als Kommunikationsmittel verwendet, oft kaum Kenntnisse des Französischen besitzt, während die gebildete und alphabetisierte Minderheit ihre Kenntnisse der dominanten Sprache *auch* als kommunikatives Distinktionsmerkmal verwendet. Zweisprachigkeit lässt sich in Ansätzen feststellen, aber fast ausschließlich in dem Sinne, dass die oberen Schichten der Gesellschaft die dominierte Sprache beherrschen *müssen*, wenn sie mit den „einfachen Leuten" kommunizieren wollen. Einsprachigkeit auf Französisch beschränkt sich weitgehend auf hohe Beamte, die aus dem Norden nur für eine gewisse Zeit ins Land geschickt werden. Das zeigt sich noch nach dem Ausbruch der Revolution, als die Gemeindeparlamente erneuert werden und sich in der Anfangszeit vor allem in kleineren Gemeinden in zunehmendem Maße Analphabeten in ihnen finden (Fournier 1985, 1989).

Um 1700 war diese Zweiteilung noch eindeutiger. Erst die Aufklärung verbreitet den Gedanken der Volksbildung. Jetzt entstehen Schulpläne für alle. Allerdings interessiert sich die Hauptströmung der Aufklärung nur wenig für die Verschiedenheit der Sprachen; sie möchte ihre Bildungsmission in und mit den dominanten Sprachen durchführen. Darin ist einerseits ein Erbe des sprachlichen Universalismus zu erkennen, der seit dem Mittelalter in Westeuropa vorherrscht und in Frankreich seine vollendete Form in der Grammatik von Port-Royal von Antoine Arnauld (1612 – 1694) und Claude Lancelot (um 1615 – 1695) erhalten hat (Arnauld/Lancelot 1660). Diese Konzeption hat ihre Nachwirkungen bis zu Beginn des 19. Jahrhunderts. Andererseits scheint die Verwendung von weit verbreiteten Sprachen effizienter. Das bedeutet, dass Angehörige der Unterschichten nach und nach verstehen, dass die Kenntnis des Französischen für den sozialen Aufstieg nützlich, wenn nicht gar unerlässlich ist. Diese Erkenntnis trifft auf das – nicht uneingeschränkte – Bemühen von Angehörigen der alphabetisierten oberen Schichten, das Französische in der Bevölkerung zu verbreiten. Aufgrund dieser Ansicht entstehen Werke zur Verbreitung der Sprache; eines der ersten ist besonders berühmt geworden, nämlich das Werk von Jean Desgrouais (1703? – 1766) *Les gasconismes corrigés, Ouvrage utile à toutes les personnes qui veulent parler et écrire correctement, et principalement aux jeunes gens dont l'éducation n'est point encore formée* (1766, zahlreiche Auflagen), das im Laufe der Zeit eine große Anzahl von Nachahmern, auch in den Gebieten der anderen dominierten Sprachen von Frankreich, findet. Mit Hilfe solcher Werke soll die Kenntnis und Verwendung des Französischen in den anderssprachigen Gebieten nach und nach durchgesetzt werden. Sie tragen umgekehrt zur Abwertung der dominierten Sprachen bei, für die immer mehr die generische Bezeichnung *Patois* aufkommt, die noch heute nicht vollständig aus der Kommunikation verschwunden ist.

Dieser ursprünglich im 13. Jahrhundert belegte Begriff bezeichnet ursprünglich eine kaum verständliche, später eine lokale Sprache. Der Begriff wird schon im 13. Jahrhundert metaphorisch ausgeweitet, wenn etwa Vögel in „ihrem Patois" singen, man sie also nicht versteht. Im frühen 20. Jahrhundert wird der Dialektologe Albert Dauzat (1877 – 1955) folgende Definition vorschlagen:

> [...] est patois tout idiome, langue ou dialecte, socialement déchu, et tant qu'il n'est plus parlé par l'élite intellectuelle, et, subsidiairement, en tant qu'il n'a plus de littérature. La distinction n'est pas d'ordre linguistique, mais social.
>
> (Dauzat 1927, 30-31)

Diese sozial massiv diskriminierende Definition ist noch immer nicht völlig aus dem kollektiven Bewusstsein in Frankreich geschwunden. Die so bezeichneten Sprachformen werden als minderwertig angesehen, wie Dauzat (selbst mit dem Okzitanischen vertraut) deutlich macht; letztlich werden sie zu „Nicht-Sprachen" erklärt, da ihnen das Regelwerk einer Sprache fehle. Man muss die Begrifflichkeit im Zusammenhang der Phänomene *sprachliche Entfremdung und Selbsthass* sehen. Paradoxerweise haben einige der betroffenen Gruppen die Bezeichnung für ihre Sprache übernommen, ähnlich wie andere verfehmte Gruppen sich pejorative Bezeichnungen aneignen, um sie zu reinterpretieren. Allerdings ist bei solchen Übernahmen nie eindeutig, ob sie das Stigma überwinden wollen oder ob sie es übernehmen. Eine sich als emanzipatorisch verstehende Soziolinguistik wird diesen und ähnliche Begriffe zu vermeiden suchen (vgl. Dauzat 1927; Kremnitz 1974, 5-7; Alén Garabato/Colonna 2016).

Allerdings lässt sich im späten 18. Jahrhundert auch eine anders gerichtete Entwicklung erkennen: die Intensivierung der historischen Forschungen, in Frankreich besonders verbunden mit dem Namen Jean-Baptiste de La Curne de Sainte Palaye (1697 – 1781), lässt die Trobadore wieder ins Bewusstsein der gebildeten Schichten treten. Großen Anteil hat dabei die von Abbé Claude Millot (1726 – 1785) 1774 veröffentlichte Anthologie *Histoire littéraire des troubadours, contenant leurs vies, les extraits de leurs pièces, & plusieurs particularités sur les mœurs, les usages, & et l'histoire du douzième & du treizième siècles*, in drei Bänden. Er veröffentlicht die Materialien von La Curne de Sainte Palaye, der aufgrund seines Alters darauf verzichtet, sie selbst zu publizieren. Millot ist ein „mondäner" Geistlicher, der keine neuen Erkenntnisse präsentiert, das Werk enthält manche Irrtümer (die sich bisweilen bis auf Jean de Nostredame zurückführen lassen), es steht indes am Anfang einer literarischen Mode, des *genre troubadour*, die bis ins beginnende 19. Jahrhundert hinein dauern und für die okzitanische Renaissance wie ein Katalysator wirken wird.

Katalanisch: gegenüber der Geschichte des okzitanischen Raumes ist die des katalanischen durch eine gewisse Retardierung gekennzeichnet. Das hängt zunächst mit der Eroberung der Iberischen Halbinsel durch islamisch-arabische Herrscher zusammen; das Ausgreifen des Islam wird in der so genannten Schlacht von Tours und Poitiers 732 durch Karl Martell (um 688 – 741) zunächst gestoppt, unter Karl dem Großen (747 – 814) beginnt die Rückeroberung dessen, was als Spanische Mark bezeichnet wird; ein wichtiger Meilenstein ist die Besetzung Barcelonas im Jahre 801 durch Ludwig den Frommen (778 – 840). Unter dem Grafen Wifred (*Guifré el Pilós*, um 840 – 897, reg. 878-897) wird Barcelona zur wichtigsten christlichen Herrschaft südlich der Pyrenäen. Allerdings schreitet die *Reconquesta* im Ostteil der Iberischen Halbinsel viel langsamer voran als im Westen: fast zwei Jahrhunderte lang verläuft die Grenze zwischen christlichen und mohammedanischen Herrschaften in unmittelbarer Umgebung der Stadt Barcelona im Süden und Westen, während das viel weiter im Süden gelegene Toledo in Kastilien bereits 1085 erobert wird. Tarragona wird erst 1118 eingenommen, Tortosa, die südlichste Stadt des heutigen *Principat*, 1148, Lleida ein Jahr später. Auch die aragonesischen Städte Huesca (1096), Zaragoza (1118) und weiter im Süden Teruel (1171) werden erst spät dem christlichen Machtbereich eingegliedert. Man darf sich allerdings den Frontverlauf nicht eindeutig als zwischen Christen und Muslimen verlaufend vorstellen: es kommt immer wieder zu Koalitionen über die Religionsgrenzen hinweg. Die in unserer Vorstellung vorherrschende klare Frontstellung ist das Ergebnis späterer Reinterpretationen; nicht zuletzt die Ideologie der Franco-Zeit hat diese Interpretationen gefestigt. 1137 entsteht durch die Heirat des Grafen Ramon Berenguer IV. von Barcelona (um 1113 – 1162) mit der Erbin des Königtums Aragón, Peronela (1136 – 1173), die Vereinigung der beiden mächtigsten Herrschaften im Nordosten der Halbinsel unter dem Namen Krone (von) Aragón; beide Reichsteile haben Interessen in den nördlich der Pyrenäen gelegenen Gebieten (seit 1112 gehört die Provence durch Heirat zum Gebiet der Grafen von Barcelona).

Aragón greift als Schutzherr der Grafen von Toulouse in den Kreuzzug gegen die Katharer ein, wird aber in der Schlacht von Muret 1213 von den Kreuzfahrern besiegt; in dieser Schlacht verliert König Peter II. (*Pere el Catòlic*, 1177/78 – 1213) sein Leben. Danach verliert Katalonien-Aragón die meisten seiner Positionen nördlich der Pyrenäen (1245 auch die Provence). Damit endet die kurzzeitige, 1204 geschlossene Union, zwischen Aragón und den okzitanischen Fürstentümern (vgl. Armengaud/Lafont 1979, bes. 307; Dupuy 1997, 92-93; Lafont 2003, 71 und 88); hätte sie Chancen auf einen längeren Bestand gehabt, so wäre der Sprachausbau möglicherweise in Richtung auf eine einzige Referenzsprache erfolgt, die Nähe der gesprochenen Varietäten hätte es erlaubt. Nach seiner Volljährigkeit wendet sich der neue König, Jakob I. (*Jaume el Conqueridor*, 1208 – 1276), nach Süden, erobert zwischen 1229 und 1235 die Balearen (Menorca erst 1287), 1233 Castelló de la Plana, 1238 València und 1243 Murcia (das er 1266 an seinen Schwiegervater Alfons X. von Kastilien weitergibt). Erst damit bestehen die *Països Catalans* mehr oder weniger in ihrer heutigen Gestalt, die das Katalanische als Herrschaftssprache annehmen. Sein Nachfolger Peter III. (*Pere el Gran*, um 1240 – 1285) wird die Expansion im westlichen Mittelmeer fortsetzen, die schließlich im 14. Jahrhundert sogar Teile von Griechenland umfasst. Die Krone von Aragón ist damit für zwei Jahrhunderte (bis zur Heirat der Katholischen Könige 1469 und ihrer Thronbesteigung 1479) eine der wichtigsten Mächte im Mittelmeer.

Wie in den anderen Teilen der Iberischen Halbinsel verändert sich das Latein relativ langsam, wird dann aber früh durch die entstehenden romanischen Sprachen im offiziellen schriftlichen Gebrauch abgelöst. Außerdem wird das Mozarabische, die unter den Muslimen verwendete romanische (sehr konservative und schriftlich nur wenig erhaltene) Umgangssprache, nach und nach verdrängt. Erste katalanische Textfragmente finden sich gegen Ende des 11. Jahrhunderts (Moran 2003, 53). Bereits um 1150 wird das lateinische *Forum Iudicum* ins Katalanische übersetzt, 1250 die *Usatges de Barcelona*. Bald kommen auch originale Texte hinzu wie 1272 die *Costums de Tortosa*. Erste literarische Texte tauchen vergleichsweise spät auf, der erste dürften die auf etwa 1200 zu datierenden *Homilies d'Organyà* [Predigten aus O.] sein. Zu Beginn ist die Abhängigkeit vom Okzitanischen stark, erst allmählich kommt es zu einer selbständigeren Entwicklung. Sie wird deutlich mit den Schriften von Ramon Llull ab etwa 1270, der (nach heutigem Verständnis) literarische und wissenschaftliche Texte schreibt. Dabei spielt die Spezifik der Textsorten eine Rolle. Erst mit Ausiàs Marc (1397-1459) wird eine Selbständigkeit der katalanischen Lyrik angenommen, in der Prosa verläuft die Entwicklung dank der vier großen Chroniken (1274-1386) rascher. Zugleich verlagert sich der Schwerpunkt des Schaffens stärker von Barcelona nach València. Die (erste) Blüte der katalanischen Literatur wird offenkundig, als die Herrschaft der Krone von Aragón bereits im Abstieg ist. Die beiden Ritterromane (sie wurden wohl beide in València abgefasst) *Curial i Güelfa* (der Verfasser ist nicht sicher bekannt, 1456-1468) und vor allem *Tirant lo Blanc* von Joanot Martorell (um 1410 – 1465), den Joan de Galba (um 1440 – 1490) nach dem Tod Martorells fertigstellt (er wird 1490 in València gedruckt), bilden einen Höhepunkt, zugleich aber auch das Ende dieser ersten Blütezeit. Vor allem der zweite Text zeichnet sich durch einen scharfen Realismus aus, der das Ende der (spät-) mittelalterlichen Ritterkultur andeutet.

Nach der Heirat der Katholischen Könige und der Entdeckung und Eroberung Amerikas durch Kastilien gerät Aragón weiter an den Rand der Geschichte. Zwar sind Kastilien und Aragón im Prinzip nur durch eine Personalunion verbunden (nur die Inquisition funktioniert als gemeinsame Institution), in Wirklichkeit wird Aragón immer mehr zum Anhängsel Kastiliens. Das hängt mit den demographischen Verhältnissen zusammen: die Bevölkerung Kastiliens dürfte um 1500 etwa fünfmal so zahlreich gewesen sein wie die Aragóns. Der wichtigste Faktor für das sich verstärkende Ungleichgewicht sind indes wohl die Reichtümer aus dem 1492 von den Muslimen aufgegebenen Granada und später aus den amerikanischen Kolonien, die ausschließlich nach Kastilien gehen und dessen Vormachtstellung in ganz Westeuropa bis zum Ende des Dreißigjährigen Krieges begründen. Das Katalanische bleibt zwar offizielle Sprache in Aragón, sein kulturelles Gewicht wird jedoch immer geringer, besonders in València, dessen Oberschicht sich nach der Niederschlagung des plebejischen Aufstandes der dortigen *Germanies* [=Bruderschaften] immer stärker an den (kastilischen) Hof, damals noch in Toledo, erst ab 1560 in Madrid, anschließt. Sein *Status*, die rechtliche Position, bleibt zunächst erhalten, sein *Prestige*, das Ansehen, das es in der Gesellschaft genießt, verringert sich allmählich. Eine weitere Schwächung ergibt sich aus den kriegerischen Auseinandersetzungen mit Frankreich; der Pyrenäenfriede von 1659 beendet zwar diese Auseinandersetzungen, aber um den Preis der Annexion des *Rosselló* und Teilen der *Cerdanya* durch Frankreich. Das Gebiet bildet seit der Revolution das französische Departement *Pyrénées-Orientales*.

Den nächsten Rückschlag für die Gebiete katalanischer Sprache bildet der Ausgang des Spanischen Erbfolgekrieges, der sich 1701-1714 zwischen dem habsburgischen und dem bourbonischen Prätendenten abspielt. Da dieser das zentralistische Vorbild seines Großvaters Ludwig XIV. (Louis XIV, 1638 – 1715, reg. 1643-1715) nachahmen will, unterstützen die Länder der Krone von Aragón den habsburgischen Prätendenten (den späteren Kaiser des Heiligen Römischen Reiches Karl VI., 1685 - 1740). Als der Bourbone als Philipp V. (1683 – 1746) schließlich König wird, bildet er durch die Verordnungen der *Nueva Planta* (kat. *Nova Planta* [= neue Grundlage]) 1707-1716 einen spanischen Einheitsstaat. Die *Països Catalans*, besonders jedoch Katalonien – Barcelona wird am 11. September 1714 nach langer Belagerung erobert und teilweise zerstört – werden als besiegte Gebiete angesehen und gehen aller überkommenen Rechte verlustig; sie haben keinen Anspruch mehr auf Souveränität, eine Entscheidung, deren Folgen bis heute nicht überwunden sind.

Bereits zu Beginn der neuen Ära wird ein Generalverdacht über alle Katalanen ausgesprochen, diese sind nach Ansicht der Krone von allen wichtigen Positionen fernzuhalten. Gleichzeitig wird das Kastilische zur einzigen offiziellen Sprache erklärt. Das gilt auch für die oberen Gerichte (1716). Damit verliert das Katalanische die letzten Reste seines Status als offizielle Sprache in den ehemaligen aragonesischen Gebieten. 1768 wird das Katalanische durch die *Real Cédula de Aranjuez* aus den Schulen und Kirchen verbannt, im gleichen Jahr wird der Druck von Büchern auf Katalanisch verboten, 1780 wird es bei Theateraufführungen untersagt. Bereits 1717 werden alle katalanischen Universitäten geschlossen und durch die von Cervera, einer Kleinstadt unweit von Lleida, ersetzt, in der ausschließlich Latein und Kastilisch zugelassen sind. Auch die Finanzordnung zielt darauf ab, Katalonien verstärkt zur Kasse zu bitten (Ferrer i Gironès 1985; 2000).

Die Realität bleibt hinter diesen Vorgaben der Herrscher zurück: die Alphabetisierung verharrt auf niedrigem Niveau, auch viele Geistliche können den königlichen Vorgaben nicht folgen. Immer dann, wenn es darum geht, die Untertanen in Katalonien (und den übrigen katalanischen Gebieten) *wirklich* zu erreichen, wird der Rückgriff auf die Landessprache unerlässlich. Der Sprachenwechsel wird zwar angestrebt, der dafür notwendige (auch finanzielle) Aufwand wird nicht erbracht; damit verändert sich die Situation nur sehr langsam. Zwar kann der (katalanische) Historiker und Aufklärer Antoni de Capmany (1742-1813) 1779 das Katalanische „*muerto hoy para la República de las letras*" (Capmany 1961-63, vol. II, 2, 846) erklären, Capmany ist allerdings in das politische und ideologische System der Monarchie fest eingebunden und hat daher eine etwas partielle Wahrnehmung. Die Realität ist weit komplexer.

Zum einen werden, wie erwähnt, zahlreiche „Gebrauchstexte" auf Katalanisch geschrieben und zum Teil gedruckt, andererseits gibt es auch eine gelehrte Beschäftigung mit der Sprache. Bereits 1743 verfasst Josep Ullastra (i Llopis, 1690 – 1762) eine erste katalanische Grammatik (*Grammatica Cathalána*), die allerdings erst 1980 herausgegeben wird und daher kaum eine Wirkung erzielt. Im Übrigen ist es ein eher bescheidener Versuch, wie Solà (1991, 262) vermerkt. Allerdings sieht Ullastra das Katalanische als eine *llengua culta* und vertritt so eine andere Meinung als Capmany wenige Jahrzehnte später. Um die Frage, ob es sich um eine Sprache oder einen Dialekt handle, entspinnt sich unter Gelehrten eine lebhafte Diskussion. In vielen gesellschaftlichen Bereichen funktioniert es nach wie vor notwendigerweise; so werden etwa bis zum endgültigen Verbot 1862 (!) viele notarielle Urkunden auf Katalanisch abgefasst (Wurl 2016, 49/50). Ein Großteil der öffentlichen Kommunikation muss (auch) auf Katalanisch geführt werden, andernfalls erreicht sie die Zielgruppe, das „Volk", nicht.

Grundsätzlich setzt die Geschichte des Katalanischen mit einer gewissen Verzögerung gegenüber der des Okzitanischen ein, es wird dann aber allmählich zur Sprache einer Großmacht. Die Zeitverschiebung und das Prestige der Sprache der Trobadore erklärt die Abhängigkeit vom okzitanischen Vorbild, die in vielen Bereichen bis ins 15. Jahrhundert festzustellen ist. Allerdings bezieht sich diese Abhängigkeit ab etwa 1300 auf eine Sprachform, die in ihrem ursprünglichen Sprachgebiet nicht/kaum mehr verwendet wird, da die Kultur der Trobadore bereits weitgehend vernichtet ist. Sicher hat dieser Bruch, der sich mit der Abfassung der *Leys d'amors* feststellen lässt, zur Verselbständigung des Katalanischen beigetragen. Dieses erlebt seine große Zeit zwischen dem 14. und dem 16. Jahrhundert; daher ist zu Beginn der Renaissancebewegung die Erinnerung an die große Vergangenheit lebendiger als im okzitanischen Gebiet, wo die Blütezeit weiter zurückliegt. Diese Zeitverschiebung kann, neben politischen Gründen, auch als Erklärung dafür dienen, dass es eine (erste) sprachliche Renaissance um 1600, wie im Okzitanischen, nicht gegeben hat. Eine Betrachtung, die von den genannten Kriterien ausgeht, nimmt die kulturelle Produktion und den offiziellen Gebrauch als Maßstab – sie lässt die soziale Praxis weithin außer Acht. In *diesem* Bereich sind die Veränderungen relativ gering. Natürlich übt die jeweils dominante Sprache einen gewissen Einfluss auf die dominierte aus, dieser bleibt jedoch vielfach geringer, als die gelehrten, den Oberschichten angehörigen Beobachter das wahrnehmen wollen. Die schwer durchdringliche Sozialstruktur der spätfeudalen und absolutistischen Herrschaftsformen überträgt sich auf die Kommunikationsbedingungen: zwischen den Kommunikationsformen der oberen und der unteren Schichten gibt es nur relativ wenige Berührungspunkte, erst allmählich beginnt die zunehmende Bedeutung des Bürgertums und die letztlich aus ihm hervorgehende Aufklärung dieses Konstrukt nach und nach aufzubrechen.

1.2 Zur Situation beider Sprachen um 1800

Katalanische Länder: Trotz der Reformpolitik der spanischen Könige Karl III. (Carlos III, 1716 – 1788, reg. 1759-1788) und Karl IV. (Carlos IV, 1748 – 1819, reg. 1788-1808) setzt sich der seit dem Ende des Dreißigjährigen Krieges 1648 beobachtbare Abstieg Spaniens im Rahmen der europäischen Mächte in der zweiten Hälfte des 18. Jahrhunderts fort. Dazu trägt die Teilnahme am Amerikanischen Unabhängigkeitskrieg auf der Seite der Aufständischen in den Jahren 1779-1782 bei, dann die Beteiligung an den Koalitionskriegen gegen das revolutionäre Frankreich 1792-1795 (diese Kriege gehen als *guerra gran* in das kollektive Bewusstsein der Katalanen ein) und schließlich die Kriege gegen England 1796-1802 und 1804-1808 (dabei geht es vor allem um die Rückeroberung Gibraltars). Diese kostspieligen Kriege können nur durch Anleihen finanziert werden, die den angespannten Staatshaushalt in immer schwierigere Lagen bringen. In der Schlacht von Trafalgar 1805 verliert Spanien fast seine gesamte Flotte; damit werden auch die Verbindungen zu den amerikanischen Kolonien immer prekärer. Die Lage spitzt sich durch die absolutistische Opposition gegen die Reformpolitik des Königs noch zu, die sich immer wieder artikuliert und zuletzt um den ältesten Königssohn Ferdinand (später Fernando VII, 1784 – 1833, reg. 1814-1833) schart und das Land lähmt. Diese unklare Situation bewegt Napoléon Bonaparte 1808 dazu, sowohl Karl IV. als auch seinen Sohn in Bayonne zum Rücktritt zu zwingen und seinen Bruder Joseph Bonaparte (1768 – 1844) zum König zu erheben. Dabei spielt der Gedanke einer Annexion ganz Kataloniens an Frankreich eine Rolle; zeitweise wird Katalonien direkt von Paris aus kontrolliert. Im Zuge dieser Politik wird das Katalanische kurzzeitig aufgewertet, als etwa 1810 für einige Monate unter der Besatzung durch Marschall Augereau (1757 – 1816) das offizielle *Diari del Govern de Catalunya i de Barcelona* zweisprachig französisch/katalanisch erscheint (vgl. Wurl 2016, 17-18). Doch das bleibt Episode, denn gegen Joseph richtet sich eine (gesamtspanische) Volkserhebung, der man den Namen *Guerilla* gibt und die schließlich einen erheblichen Beitrag zur endgültigen Niederlage Bonapartes hat (in Katalonien nennt man diesen Krieg *Guerra del Francès*). Schon 1810 treten die spanischen *Cortes* in Cádiz zusammen, am 19. März 1812 wird dort die erste spanische Verfassung verkündet, die allerdings nur kurze Zeit in Kraft bleibt. Gleichzeitig beginnen die Unabhängigkeitsbewegungen in Spanisch Amerika, die in kurzer Zeit zum Verlust fast aller Kolonien (und der daraus resultierenden Einkünfte) führen.

Trotz der politischen Katastrophe von 1714 können die katalanischen Gebiete nach der staatlichen Neuordnung an den wirtschaftlichen Fortschritten teilhaben. Dazu trägt der demographische Aufschwung bei. Teile Kataloniens, vor allem am Pyrenäenrand, haben Anteil an der ersten Industriellen Revolution, zunächst vor allem durch die Entwicklung von (durch Schutzzölle abgesicherten) Textilmanufakturen, und in bescheidenerem Maße der Hebung von Bodenschätzen und deren Bearbeitung (hier setzt sich die Entwicklung des benachbarten Languedoc fort). Eine erhebliche Rolle spielt die Öffnung der Häfen in den amerikanischen Kolonien für Schiffe aus Katalonien, die in mehreren Stufen bis 1778 erfolgt. Durch die Ausfuhr katalanischer Waren (zunächst vor allem Textilien) in die Kolonien kommt es zu einer beträchtlichen Kapitalakkumulation, besonders in Barcelona und auf den Balearen. Seit dieser Zeit beginnt die mit dem übrigen Spanien kontrastierende wirtschaftliche Entwicklung vor allem des *Principat*, die eine Grundlage für die *Renaixença* bilden wird.

Zwar hat aufklärerisches Denken in Spanien seit dem frühen 18. Jahrhundert seinen Einzug gehalten, doch bleiben die Folgen vor allem auf Kreise der Oberschichten begrenzt. Dagegen besteht das aus den Tagen Philipps II. (Felipe II, 1527 – 1598, reg. 1556-1598) stammende Dekret weiter, dass Studenten aus der Iberischen Halbinsel sich (mit wenigen Ausnahmen) nicht an den Universitäten anderer Länder immatrikulieren dürfen; sie werden damit von den Entwicklungen der Zeit abgeschottet. Die von der Inquisition ausgeübte Zensur verhindert die Verbreitung aufklärerischer Schriften. Auch hier stehen zwei Lager in erbitterter Gegnerschaft; den Neuerern stellt sich ein Teil des Adels und vor allem des Klerus entgegen, der um seine Privilegien fürchtet. Der nur begrenzte Einfluss der Aufklärer führt dazu, dass, anders als in den meisten westeuropäischen Staaten, etwa ein modernes Presse- und Verlagswesen nicht entsteht. Die Alphabetisierung bleibt noch gegen Ende des 18. Jahrhunderts deutlich hinter der in anderen katholischen Ländern zurück. Eine, allerdings sehr grobe und mit Vorsicht zu behandelnde Schätzung gibt für 1787 die Zahl der *Lletrats* (d. h. der auf Kastilisch Alphabetisierten) mit 1,5 % der Bevölkerung an (vgl. Ginebra 2009, 17). Das führt dazu, dass, wie schon erwähnt, zum einen trotz aller Verbote der Gebrauch des Katalanischen auch weiterhin unerlässlich bleibt, wenn man die Volksmassen erreichen möchte. Das schließt zum andern die Fortexistenz des Buchdrucks für bestimmte Textsorten auf Katalanisch ein. Zwar haben sich die Oberschichten weitgehend an das Kastilische assimiliert, doch handelt es sich nur um ein schmales Segment der Gesamtbevölkerung. Das tägliche Leben spielt sich auf Katalanisch ab, wenn dieses Katalanisch auch eine starke Beeinflussung durch das dominante Kastilische erfährt (vgl. Kailuweit 1997; zu dem gesamten Abschnitt etwa Schmidt/Herold-Schmidt ³2013, 209-249). Auf der anderen Seite hat die wissenschaftliche Beschäftigung mit dem Katalanischen nie geendet. Sie wird durch die Ereignisse gestärkt. Das äußert sich etwa darin, dass der Geistliche Josep Pau Ballot i Torres (1747 – 1821) 1814 eine *Gramática i apologia de la llengua cathalana* mit klar normativen Ansprüchen verfasst, die dadurch, dass sie unter der Protektion der angesehenen *Junta de Comercio* erscheint, eine gewisse Wirkung entfalten kann. Ballot i Torres bildet sozusagen das Verbindungsglied zwischen älteren Verteidigern des Katalanischen und den ersten Vorboten der *Renaixença*.

Okzitanisches Sprachgebiet: Auch Frankreich muss im 18. Jahrhundert Rückschläge hinnehmen, denen die verschiedenen Regierungen nur in unzureichendem Maße beikommen können. Dieses Unvermögen, gepaart mit dem zunehmenden Auseinanderklaffen der Einkommensschere und mit den wachsenden Widersprüchen zwischen den sozialen Schichten, führt zur Einberufung der Generalstände durch den König und, als der Dritte Stand sich zur Nationalversammlung erklärt, zur Revolution von 1789, die auf allen Gebieten einen tiefen Einschnitt bildet. Sie führt zu den Versuchen, eine neue gerechtere Gesellschaftsordnung zu finden; die Flucht und das Exil eines erheblichen Teils der alten Eliten reißt indes auch tiefe Lücken in das soziale Gefüge, bürgerkriegsähnliche Zustände in manchen Teilen des Landes tragen zur Verschärfung der Widersprüche bei und die Aushebung erheblicher Teile der männlichen Jugend zur Verwendung in den revolutionären Kriegen führt dazu, dass die Not steigt, nur teilweise kompensiert durch Kriegsgewinne. Zwar kann die Kriegswirtschaft für manchen Fortschritt sorgen, doch davon kommt nur wenig bei den Volksmassen an, die eigentlichen Gewinner der Umwälzungen sind auf die Dauer vor allem wohlhabende Bürger und grundbesitzende Bauern. Wirtschaftlich stagniert Frankreich in dem Vierteljahrhundert weitgehend, das von der Revolution bis zur Restauration 1814 reicht. Das trifft insgesamt auch auf die okzitanischen Gebiete zu, obwohl sie, mit wenigen Ausnahmen, nicht selbst zum Kriegsschauplatz werden. Für die Mehrheit der Bevölkerung sind die Zeiten der napoleonischen Herrschaft hart. Trotz aller Schwierigkeiten steigt die Bevölkerungszahl, wenn auch in geringerem Maße als in Nordfrankreich.

Die nachhaltigste Veränderung ist die Herausbildung der modernen *Nation* als Gebilde aus (im Prinzip) gleichberechtigten Bürgern. Aber diese moderne Vorstellung der Nation ersetzt die des alten Königtums von Gottes Gnaden erst allmählich – auch in den gehobenen Schichten. Neben seiner politischen Bedeutung bekommt das Konzept auch zunehmend eine kulturelle. Nachdem in den ersten Jahren die Revolutionäre auf die Bevölkerung zugegangen sind, indem etwa die wichtigen revolutionären Texte auch in die „anderen Sprachen" Frankreichs übersetzt werden, und indem die Politiker versuchen, die Gedanken der Revolution vor allem auch der ländlichen Bevölkerung näherzubringen, ändert sich das in ihrer nächsten Phase. Es kommt zur „Nationalisierung" der Revolution. Die Reden von Barère (Bertrand Barère de Vieuzac, 1755 – 1841) und von Grégoire (Henri Grégoire, 1750 – 1831) vor dem Konvent (Januar und Juni 1794) zeigen, dass die sprachliche Toleranz ein Ende hat: von nun an wird das Französische, das schon seit 1539 ausschließliche Urkundensprache war, zur alleinigen Staatssprache erklärt. Wer sich zur Revolution bekennt, muss sich auch um die Beherrschung des Französischen bemühen, die anderen Sprachen werden teilweise mit einem Stigma belegt. So sagt etwa Barère (selbst Okzitane und bisweilen okzitanischer Dichter) vor dem Konvent:

> Le fédéralisme et la superstition parlent bas-breton; l'émigration et la haine de la République parlent allemand ; la contre-révolution parle italien, le fanatisme parle basque. Cassons ces instruments de dommage et d'erreur.
>
> (Certeau/Julia/Revel 1975, 295)

Wenig später gibt der Abbé Grégoire die Ergebnisse seiner Umfrage zum Sprachverhalten bekannt (die wissenschaftlichen Ansprüchen nicht genügen kann und ein recht unscharfes Bild der Realitäten gibt, aber immerhin zeigt, dass in den Peripherien die autochthonen Sprachen nach wie vor für die überwiegende Mehrheit der Bevölkerung von fast ausschließlicher Bedeutung sind, etwa vgl. Gazier 1880; Certeau/Julia/Revel 1975):

> On peut assurer sans exagération qu'ou moins six millions de Français [von ca. 27 Millionen], surtout dans les campagnes, ignorent la langue nationale ; qu'un nombre égal est à peu près incapable de soutenir une conversation suivie ; qu'en dernier résultat, le nombre de ceux qui la parlent n'excède pas trois millions, et probablement le nombre de ceux qui l'écrivent correctement est encore moindre.
>
> (Certeau/Julia/Revel 1975, 302)

Nach der Rede Barères beschließt der Konvent, dass innerhalb von zehn Tagen ein Lehrer in alle Gemeinden der Departements geschickt werden sollt, in denen Französisch nicht die Umgangssprache ist – ein Dekret, das nach kurzer Zeit als nicht realisierbar wieder zurückgenommen werden muss. Es fehlt an geeigneten Lehrern, an Lehrwerken, an geeigneten Räumlichkeiten, vor allem jedoch an den finanziellen Mitteln. Indessen wird die Durchsetzung des Französischen als (alleinige) Umgangssprache zu einem wichtigen politischen Ziel aller folgenden französischen Regierungen. Der Weg ist lang: nach heutigen Schätzungen dauert es bis nach dem Krieg von 1870/71, bis die Mehrheit der Franzosen beginnt, die Staatssprache zu beherrschen, und erst in der zweiten Hälfte des 20. Jahrhunderts verschwinden die letzten einsprachigen Sprecher aus den Peripherien, die kein Französisch sprechen (in den Überseedepartements dauert der Prozess noch länger).

War die Nichtbeherrschung des Französischen bis dahin ein Zeichen der Zugehörigkeit zu den unteren sozialen Schichten, so wird sie von nun an zum Stigma – wer kein Französisch kann, wer es gar nicht können will, wird als (national) unzuverlässig eingestuft. Die negative Bewertung von *Patois* (vgl. Kap. 1.1) setzt sich sozial durch. Von nun an entsteht ein wachsender Druck zur Verbreitung dieser Sprache und zur Ausschaltung aller anderen aus dem öffentlichen Leben. Dieser Druck hat gesellschaftlich schon im 18. Jahrhundert begonnen, nun erhält er institutionell eine neue Qualität. Paradoxerweise lässt sich zu Beginn der Revolution beobachten, dass die Rolle der anderen Sprachen, und damit des Okzitanischen zunimmt: durch das weitgehende Verschwinden der Anhänger des *Ancien Régime* aus dem öffentlichen Leben dringen zunächst, mindestens auf lokaler Ebene, Menschen auf Entscheidungsebenen, die weder Französisch beherrschen, noch alphabetisiert sind (vgl. Fournier 1985). Damit wird eine verstärkte Verwendung des Okzitanischen in einer Übergangszeit unumgänglich. Erst allmählich werden seine Sprecher wieder in den Hintergrund gedrängt.

Zwischen der Beherrschung des Französischen im okzitanischen Sprachgebiet und der Alphabetisierung gibt es eine Beziehung, die sich nicht in eine einfache Formel pressen lässt. Noch für das gesamte 19. Jahrhundert gilt, dass eine hohe Analphabetenrate, etwa in manchen Departements, Hand in Hand geht mit einer hohen Zahl von Menschen, die Französisch nicht oder kaum beherrschen. Die Details sind indes viel komplexer und teilweise noch kaum erforscht. Der langsame Ausbau des Schulwesens im 19. Jahrhundert sorgt dafür, dass nach und nach auch die unteren Schichten von der Alphabetisierung erreicht werden, aber noch für das Jahr 1901 wird eine Analphabetenrate von 17,8 % der Bevölkerung, also etwas mehr als ein Sechstel, angegeben (Petersilie/Keller, ⁴1923).

Zu den Folgen der Revolution gehört eine Zunahme der Mobilität der Menschen, gewöhnlich aus wirtschaftlichen Gründen. Diese zielt vor allem in die großen Städte, besonders nach Paris, aber auch nach Lyon und in die Bergbaugebiete des Nordens (Armengaud/Lafont 1979, 651-654). Das führt dazu, dass sich im Laufe des 19. Jahrhunderts Organisationen von Okzitanischsprechern in diesen Zentren bilden. Im okzitanischen Sprachgebiet selbst kommt es nur selten zum Aufbau industrieller Zentren, etwa in den Bergbaugebieten des Zentralmassivs, oder in den großen städtischen Zentren. Industrielle Transformation erfolgt selten, daher werden auch nur relativ wenige neue Arbeitsplätze geschaffen. Das führt im weiteren Verlauf dazu, dass die Bewohner des okzitanischen Sprachgebietes in hohem Maße in Bildung investieren, um ihr Auskommen zu finden, dann allerdings ihre Arbeitsplätze vielfach außerhalb des eigenen Sprachgebiets finden. Zunächst verändert sich die sprachliche Lage nur langsam, in den Revolutionsjahren werden aber die Grundlagen für ein neues kollektives Bewusstsein gelegt, welches das Okzitanische abwertet.

1.3 Sprachliche Grundlagen

Beide Sprachen, das Okzitanische wie das Katalanische, werden um 1800 in ihren jeweiligen Gebieten von der überwiegenden Mehrheit der Bevölkerung als Erstsprachen gesprochen. Nur verschwindend kleine Minderheiten sprechen ausschließlich die dominanten Sprachen Französisch und Kastilisch; gewöhnlich handelt es sich dabei um aus den Hauptstädten entsandte Beamte, manche Angehörigen des Adels, bisweilen auch um besonders aufstiegsorientierte Bürgerliche. Große Teile der Bevölkerung beherrschen *ausschließlich* die jeweils dominierte Sprache. Zwischen diese beiden Extreme schieben sich Schichten von in sehr unterschiedlichem Maße Zweisprachigen. Zu ihnen gehören die sozial führenden Schichten, die Gebildeten, diejenigen mit den entsprechenden Berufen. In dieser Hinsicht zeigen sich Unterschiede zwischen dem katalanischen und dem okzitanischen Sprachgebiet: diese Schicht ist im ersten sehr klein und wächst nur langsam, nicht zuletzt wegen fehlender Investitionen in die Bildung, während sie im Südfrankreich der Aufklärung rascher zunimmt, die erwähnten *Gasconismes corrigés* und ihre Nachahmer sind ein Hinweis dafür, und mit der Revolution weitere Impulse erhält. Es ist schwierig, diese Relationen in Zahlen zu fassen: der geringe linguistische Abstand zwischen den Sprachenpaaren Katalanisch-Kastilisch und Okzitanisch-Französisch ermöglicht partielle Verständigungsmöglichkeiten, die sich innerhalb eines weit aufgespannten Fächers bewegen können.

Die dominanten Sprachen besetzen vor allem das Feld der schriftlichen Produktion, mit geringen Ausnahmen im okzitanischen Sprachgebiet, etwas größeren, wie gesagt, im katalanischen. Die mündliche Kommunikation erfolgt vor allem in den dominierten Sprachen, wobei es schicht-, geschlechts- und bildungsspezifische Unterschiede gibt. Auch zwischen Stadt und Land lassen sich Unterschiede erkennen.

Die Verteilung nach Textsorten erklärt sich nicht zuletzt aus der unterschiedlichen Ausbausituation. Während Französisch und Kastilisch für damalige Verhältnisse voll ausgebaute Sprachen sind, das Französische zugleich *die* Verkehrssprache Europas, gibt es für das Okzitanische und Katalanische kaum einen Ausbau. Wo diese Sprachen schriftlich oder im Druck verwendet werden, richten sich die Schreibenden weitgehend nach den Ausbauregeln der jeweils dominanten Sprache, da sie über keine anderen Vorlagen verfügen. Diese scheinbare Regellosigkeit belegt die Sprachen zugleich mit einem sozialen Stigma. Zwar gibt es da und dort Ausbauversuche, auf die katalanischen Grammatiken von Ullastra und Ballot i Torres wurde hingewiesen, sie können jedoch zu Beginn des 19. Jahrhunderts noch keine Breitenwirkung entfalten. Aus dem okzitanischen Sprachgebiet sind bislang gar keine Versuche normativer Grammatiken aus dieser Zeit bekannt, eine gewisse Rolle spielen dagegen die zweisprachigen Wörterbücher, von denen nicht alle *nur* auf die Aneignung des Französischen ausgerichtet sind. Allerdings begrenzt sich ihr Einfluss notwendig auf bereits (auf Französisch) alphabetisierte Schichten.

Sprachgeographie: die geographischen Räume, in denen beide Sprachen gesprochen werden, haben sich seit dem Mittelalter kaum verändert. Für das Okzitanische ergeben sich größere Einbußen vor allem in Nordwesten (genaue Beschreibung der traditionellen Sprachgrenzen für den Nordwesten im späten 19. Jahrhundert bei Tourtoulon/Bringuier 2004; für das gesamte Sprachgebiet bei Ronjat 1930-1941, I, 10-25;

Abb. 1: Karte des okzitanischen und katalanischen (sowie frankoprovenzalischen) Sprachgebiets

Bec ⁶1995, 8-12). Man geht heute davon aus, dass noch im Mittelalter bis zum südlichen Ufer der Loire, vor allem im Poitou, okzitanische Varietäten gesprochen wurden, die erst allmählich von französischen überdeckt werden. Zwar ordnet die Sprachgeographie die dort heute (in Wirklichkeit nur noch in geringem Umfange) gesprochenen lokalen Varietäten dem Französischen zu, hat man jedoch Gelegenheit, sie zu hören, dann wird man sie eher als Übergangsmundarten einordnen, sie zeigen noch zahlreiche nordokzitanische Züge (vgl. etwa Wüest 1969). Weiter im Süden gibt es französische Sprachinseln, die seit dem 15. Jahrhundert durch die Einwanderung entstanden sind, als durch Kriege und Seuchen entstandene Wüstungen neu besiedelt wurden (Bec ⁶1995, 11). Dieses noch um 1800 mehr oder weniger geschlossene Sprachgebiet wird seither durch das Vordringen des Französischen immer weiter zerrissen, das Okzitanische kommt, spätestens seit dem Ende des Ersten Weltkrieges, nur noch *zusammen* mit dem Französischen vor. Daher ist es heute wohl angemessen, von einem virtuellen Sprachgebiet zu sprechen. Auch die okzitanischen Exklaven sind erloschen: in Württemberg zwischen 1920 und 1940 (vgl. Hirsch 1962), und in Argentinien in Pigüé gegen Ende des 20. Jahrhunderts (vgl. Kremnitz 1997). Nur in der Sprachinsel Guardia Piemontese (Kalabrien) wird es noch, wenn auch immer weniger, verwendet. Außerhalb Frankreichs wird nur in den oberitalienischen Alpentälern und im Val d'Aran (Katalonien) heute noch Okzitanisch gesprochen, im Val d'Aran ist es, zusammen mit Katalanisch und Kastilisch, offiziell (vgl. Kap. 12.3).

Das okzitanische Sprachgebiet ist dialektal stark gegliedert. Es gibt drei große Dialektgruppen: das Südokzitanische, das das Languedokische und das Provenzalische umfasst (mitunter wird das Niçardische vom Provenzalischen getrennt), das Nordokzitanische mit Limousinisch, Auvergnatisch und Vivaro-Alpin (auch Alpenprovenzalisch oder Delfinatisch) und das Gaskognische (vgl. Bec ⁶1995, 7; Sumien 2006, 141-146). Vor allem dieses unterscheidet sich (aufgrund seines Substrats) relativ stark von den anderen Gruppen, daher wird es mitunter als eigene Sprache angesehen. Allerdings wird die Gascogne schon früh in den Prozess der *Renaissença* eingebunden, so dass diese Frage hier ausgeklammert werden und die Zugehörigkeit zum Kommunikationsraum des Okzitanischen nicht in Frage gestellt werden soll.

Dagegen ist das Katalanische bei weitem einheitlicher. Es wird zwischen Ost- und Westkatalanisch unterschieden. Diese Varietätengrenze teilt den *Principat* von Nord nach Süd, und zwar so, dass das Westkatalanische südlich von Tarragona das Mittelmeer erreicht; damit gehört die gesamte *Comunitat Valenciana* in den Bereich des Westkatalanischen, die Balearen und Pityusen dagegen in den des Ostkatalanischen. Diese beiden großen Gruppen lassen sich weiter unterteilen (vgl. die Synthese von Veny ¹⁰1993), insgesamt sind die sprachlichen Unterschiede jedoch relativ gering; indes hat Hans-Ingo Radatz zuletzt auf die beachtlichen Unterschiede des Balearischen, besonders des Mallorquinischen, zum Festlandkatalanischen hingewiesen (Radatz 2010, 28). In den Bereich des Ostkatalanischen gehört das in der Stadt L'Alguer (Alghero) auf Sardinien gesprochene Algueresische, das sich allerdings aufgrund seiner Isolierung und durch den Kontakt mit dem Sardischen und später mit dem Italienischen deutlich von den anderen Varietäten entfernt hat. Durch die Tradition der Auswanderung aus wirtschaftlichen wie aus politischen Gründen gibt es heute zahlreiche Sprecher des Katalanischen vor allem in Süd- (Buenos Aires) und Nordamerika, aber auch in anderen Teilen der Erde (Westeuropa). Da diese Emigration sich gewöhnlich in Städten niedergelassen hat, haben sich keine wirklichen Sprachinseln gebildet, wie im Falle des Okzitanischen. Allerdings sind diese katalanischen Gruppierungen oft sehr lebendig und aktiv.

1.4 Sprachbezeichnungen

Ein erhebliches Problem bildet die Frage der Bezeichnung der Sprachen und der diesen Bezeichnungen zugewiesenen Bedeutungsumfänge, nicht zuletzt, da die Konzepte oft ideologisch aufgeladen sind. Das Thema wurde mehrfach zum Objekt von Untersuchungen, die hier nur in aller Kürze referiert werden können.

Nach den ältesten belegten Bezeichnungen *Vulgar* oder *Romanz*, die allerdings die Gesamtheit der gesprochenen romanischen Varietäten erfassen, taucht, wahrscheinlich um 1210, in den *Razos de trobar* des Katalanen Ramon Vidal (de Bezaudun, was gewöhnlich mit dem Städtchen Besalú in Katalonien gleichgesetzt wird), dem ersten grammatikographischen Versuch einer romanischen Volkssprache, die Bezeichnung *Lemozi* [Limousinisch] auf, die zu *Franceis* in Opposition gesetzt wird. Die Bezeichnung, es handelt sich um ein *pars pro toto*, wird damals für die Volkssprache nördlich und südlich der Pyrenäen verwendet. Man darf in diesem Zusammenhang nicht vergessen, dass die *Reconquesta* im Osten der Halbinsel viel später als im Zentrum und im Westen erfolgt: Tortosa, die südlichste größere Stadt Kataloniens, wird 1148 erobert, Lleida 1149. Das katalanische Sprachgebiet ist folglich um 1200 noch weitaus kleiner als heute. Sein schriftlicher Gebrauch hat gerade erst begonnen, zunächst richtet er sich weitgehend nach den Schreibtraditionen der Gebiete nördlich der Pyrenäen aus. Diese Bezeichnung kann sich, vor allem südlich der Pyrenäen, lange Zeit halten, allerdings schrumpft ihr Objektbereich nach und nach auf das Gebiet der heutigen Katalanischen Länder und umfasst die okzitanischen Gebiete nicht mehr. So bezeichnet etwa Gaspar Escolano (1560 – 1619) in seiner Geschichte von Stadt und Reich Valencia von 1610 die dort gesprochene Sprache als *Lemosina*. Noch später wird oft eine klare Opposition zwischen Limousinisch, Provenzalisch, Kastilisch und Französisch aufgebaut. Eine letzte Spur dieser Verwendung findet sich in dem berühmten Gedicht von Aribau *A la Pàtria* von 1833, das oft als Beginn der *Renaixença* angesehen wird. Aribau beschränkt seine Verwendung auf Katalonien, er erwähnt Valencia und die anderen Gebiete katalanischer Sprache nicht. Mit dem wachsenden Erfolg der *Renaixença* verschwindet diese Bezeichnung. Nördlich der Pyrenäen spielt sie im späten 19. Jahrhundert nur zur Kennzeichnung der limousinischen Varietät des Okzitanischen eine Rolle (vgl. nur noch historisch Meyer 1889; Kremnitz 1974, 29-35, dort weitere Lit.-Angaben; Rafanell 1991; Bec [6]1995, 62-65; Kremnitz i. Dr.).

Auch die historisch zweite Bezeichnung für die Sprache, *Provençal*, ist ein *pars pro toto*. Die Römer sprachen von *Provincia nostra*, dieser Terminus hat sich in der Bezeichnung *Provence* erhalten und sich auf die dort gesprochene Sprache übertragen. Die wohl erste Verwendung ist in dem *Donatz proensals* des Uc Faidit dokumentiert, der um 1240 abgefasst wird, es handelt sich ebenfalls um eine frühe Grammatik. Allerdings nimmt sie die südlich der Pyrenäen gesprochene Sprache kaum zur Kenntnis. Diese Bezeichnung wird sich, als Bezeichnung für das *Okzitanische*, lange Zeit halten. Noch der *Félibrige*, die wichtigste Organisation der Renaissance des 19. Jahrhunderts, verwendet sie zunächst fast ausschließlich. Der Begriff hat den Nachteil einer unklaren Semantik, denn er wird parallel sowohl für das gesamte Sprachgebiet als auch für die provenzalische Varietät des Okzitanischen im engeren Sinne verwendet. Das führt dazu, dass, zunächst im wissenschaftlichen Gebrauch, allmählich die Bezeichnungen *Occitan* bzw. *Langue d'oc* bevorzugt werden, die den Vorteil haben, eindeutig zu sein. Um 1960 entsteht innerhalb der provenzalischen Renaissance-Bewegung eine Spaltung: eine Gruppe möchte im *Provenzalischen* eine eigene Sprache sehen, die mit den übrigen Varietäten – entgegen aller sprachwissenschaftlichen Evidenz – des Okzitanischen wenig bis nichts zu tun habe. Zunächst vertreten nur wenige Außenseiter diese Position; inzwischen hat sie jedoch zum Schaden der Renaissance-Bewegung eine gewisse Stützung durch regionale Politiker in der Provence erfahren (vgl. Sumien 2006, 89-107).

Ähnliche Unklarheiten über die kommunikative Reichweite der Sprache lassen sich bereits während der erwähnten ersten Renaissance erkennen, als Pey de Garros die Bezeichnung *Gascon* wählt, Jean de Nostredame *Provençal* verwendet und Godolin von der *Lenga mondina* spricht. Allerdings ist diesen Autoren wohl nicht klar, dass es sich um Varietäten eines einzigen sprachlichen Kontinuums handelt. Diese Unsicherheiten sorgen dafür, dass im weiteren Verlauf diese Bezeichnungen mehrfach für den gesamten Sprachraum verwendet werden (was oft nachträglich zu Interpretationsschwierigkeiten führt).

Relativ spät taucht das Bezeichnungspaar *Occitan/Lenga d'oc* auf. Es entstammt der Kanzlei der französischen Könige, die auf diese Weise nach der Annexion der Grafschaft Toulouse 1271 weitere territorialen Forderungen vorbereiten will (Lafont 1964, 11-12). Die ersten Belege, sowohl auf Latein als auch in der Volkssprache, stammen aus den Jahren um 1290 und belegen, dass die Bezeichnung damals schon im Umlauf ist. Zunächst wird diese Bezeichnung der Sprache gegeben, sie weitet sich indes rasch auf die Sprecher und schließlich das Gebiet aus. Um 1388 scheint die Bezeichnung *le Languedoc* für die Provinz allgemein verwendet zu werden (Müller 1968). Gewöhnlich wird *Occitania* mit *Aquitania* in Verbindung gebracht, nach dem es gebildet worden sein soll (Lafont 1970, 13); Müller schlägt eine komplexere Entstehung vor, die aber nicht sicher zu belegen ist (Müller 1968, 338). Für die vermutete rasche Verbreitung der Bezeichnung *Lingua d'oc* und ihre Varianten spricht der Umstand, dass Dante sie schon in seinem um 1303/04 abgefassten Fragment *De vulgari eloquentia* verwendet, und zwar für den gesamten okzitanisch-katalanischen Sprachraum, wie er sich um 1300 darstellt. Die königliche Kanzlei benützt ihn dagegen nur für das Gebiet nördlich der Pyrenäen.

In der Folgezeit scheint die geographische Bezeichnung wichtiger zu sein als die der Sprache. Varietäten von *Occitan* für die Sprache tauchen nach Jahrhunderten erst wieder am Vorabend der Revolution auf, allerdings muss man eine Fortexistenz des Begriffs im Untergrund annehmen, denn bisweilen wird er von Spezialisten diskutiert. Einen Beleg für diese Existenz liefert der aus dem Gard stammende Dichter Jean-

Pierre Claris de Florian (1755 – 1794) im Jahre 1787, als er in der Pastorale *Estelle et Némorin* von der *belle Occitanie* spricht. Damit scheint er eine stärkere Verwendung einzuleiten. Ab 1800 gewinnt die Bezeichnung rasch an Verbreitung, bis sie gegen Ende des 19. Jahrhunderts vor allem von jenen verwendet wird, die sich der Vormachtstellung der Provence in der Renaissance gegenüber reserviert zeigen. Seit 1899 verwenden die Reformorientierten innerhalb der Renaissance-Bewegung diese Bezeichnung regelmäßig, die sich nach und nach wegen ihrer Eindeutigkeit auch im wissenschaftlichen Gebrauch durchsetzen kann. 1951 taucht die Bezeichnung *Langue occitane* in der *Loi Deixonne* auf, dem ersten französischen Gesetz, das den Gebrauch einiger autochthoner Minderheitensprachen regelt; sie geht damit in die offizielle Terminologie ein. Zunächst umfasst, nach den Vorstellungen der Okzitanisten, die Bezeichnung das Sprachgebiet nördlich und südlich der Pyrenäen, erst allmählich, ab 1952, werden Okzitanisch und Katalanisch als unterschiedliche Sprachen gesehen. Zu neueren Definitionsproblemen s. Kap. 9.

Auch die Bezeichnung *Català* wirft Probleme auf. Das Substantiv *Cathalonia* ist zum ersten Male 1114 belegt, die Frage seiner Etymologie ist noch immer nicht befriedigend gelöst, es gibt nur mehrere interessante Hypothesen (Martí 2001, 189-192). Nur ausnahmsweise wird die Sprachbezeichnung verwendet, um die Sprecher südlich *und* nördlich der Pyrenäen zu bezeichnen; diese Verwendung kann sich nicht durchsetzen. Allerdings konkurriert *Català* längere Zeit mit *Llemosí*, ab der Blüte von Valencia im späten 14. und 15. Jahrhundert tritt *Valencià* als dritter Begriff hinzu. Zunächst sind diese Bezeichnungen mehr oder weniger austauschbar, wie noch die Verwendung bei Aribau (s.o.) belegt. Danach setzt sich immer stärker *Català* durch. Im weiteren Verlauf der *Renaixença* gibt es teilweise in Valencia und auf den Balearen Widerstände gegen diese übergreifende Bezeichnung, die zu Kompromissvorschlägen führen. Einer stammt etwa von dem Schriftsteller Nicolau Primitiu (Gómez Serrano, 1877 – 1971), der die Bezeichnung *Bacavés* vorschlägt, die sich allerdings – wie andere ähnliche Vorschläge – wegen ihrer Künstlichkeit nicht durchsetzen kann. Verstärkt seit den neunziger Jahren des 20. Jahrhunderts wird, vor allem von Seiten mancher Valencianisten, teilweise mit politischer Unterstützung, die Einheit der Sprache bestritten. In der *Comunitat Valenciana* wird daher heute nur noch die Bezeichnung *Valencià* offiziell verwendet. Ähnliche Bestrebungen in anderen Teilen des katalanischen Sprachgebiets, etwa auf Mallorca, haben nur wenig Echo gefunden. Die romanische Sprachwissenschaft geht von einer relativ einheitlichen katalanischen Sprache aus.

Lange wird auch nach einer übergreifenden Bezeichnung für das katalanische Sprachgebiet gesucht. Zwar taucht der Begriff *Països Catalans* wohl schon 1876 auf, der jedoch auf verschiedene Konkurrenten stößt (Marí 2012, 45). Erst allmählich setzt er sich durch, wobei das schmale Werk von Joan Fuster *Qüestió de noms* (1962) eine wichtige Rolle für seine Durchsetzung spielt. Im tagespolitischen Geschehen steht er derzeit allerdings am Rande.

Im Folgenden werden in diesem Band die Bezeichnungen *Okzitanisch* und *Katalanisch* für diese beiden, heute weitgehend ausgebauten, Sprachen verwendet, Bezeichnungen wie *Provenzalisch* oder *Valencianisch* bleiben den jeweiligen Varietäten vorbehalten. Damit wird zum einen der Sprachgebrauch in der heutigen Sprachwissenschaft nachvollzogen, zum anderen derjenige der Vertreter der jeweiligen Renaissancen, die das Objekt des vorliegenden Bandes sind. Natürlich müssen dort, wo es um interne Auseinandersetzungen geht, die jeweiligen Gebräuche abgebildet werden.

2 Voraussetzungen für die Existenz moderner Renaissance-Bewegungen

Es ist kein Zufall, dass mit dem Beginn des 19. Jahrhunderts Renaissance-Bewegungen in großer Zahl auftreten. Die wichtigsten Faktoren, die zu diesen Entwicklungen führen, sollen im Folgenden kurz umrissen werden.

Die Aufklärung: sie spielt in diesem Zusammenhang eine etwas eigentümliche, von Widersprüchen nicht freie Rolle. Eine ihrer Grundannahmen besteht darin, dass der Mensch ein vernunftbegabtes Wesen sei, das durch den Gebrauch seiner geistigen Fähigkeiten „zum Ausgang aus seiner selbstverschuldeten Unmündigkeit" (Immanuel Kant) gelangen könne. Darin enthalten sind Vorstellungen von Gleichheit und von kritischer Hinterfragung der bis dahin weitgehend akzeptierten Autoritäten. Neben der Philosophie werden die noch wenig differenzierten Naturwissenschaften zu den Leitwissenschaften der Aufklärung. Allerdings muss sie, vor allem in ihren Anfängen, auf dem aufbauen, was sie als, oft auch fragwürdiges, Wissen vorfindet. Ohne die Veränderungen des so genannten Zeitalters der Entdeckungen ist sie schwerlich denkbar; es hat sich gezeigt, dass die Erde weit größer und vielfältiger ist, als bis dahin angenommen. Auch der – nicht zuletzt daraus resultierende – Aufstieg des Bürgertums muss als wichtige Voraussetzung angesehen werden. Die Aufklärung selbst wird von Widersprüchen durchzogen: „moderate" Aufklärer stehen radikalen gegenüber, das führt vielfach zu internen Auseinandersetzungen, gewöhnlich erfahren die zweiten – bis heute – weniger Anerkennung als die ersten. Natürlich geht es auch in der Aufklärung bald um die in der Gesellschaft zu erreichenden Positionen (zur Übersicht vgl. Im Hof 1993; Mulsow 2012). Man kann den in einem anderen Zusammenhang gewählten Titel des berühmten Bandes von Max Horkheimer und Theodor W. Adorno *Dialektik der Aufklärung* (1947) durchaus für das gesamte Phänomen verwenden.

Der bald auftauchende Gedanke der prinzipiellen Gleichheit der Menschen lenkt den Blick der Betrachter auf das „Volk", die einfachen Leute; sie werden, mindestens zu Beginn, wenig differenziert gesehen. Erst allmählich, im Zuge der Fortschritte der anthropologischen Beobachtungen und der historischen Forschungen, werden die Aufklärer für die Unterschiede zwischen Gruppen aufmerksamer. Sie müssen damit in manchen Bereichen das Postulat der Gleichheit relativieren. Das bezieht sich auch auf die Sprachenfrage: zu Beginn der Aufklärung wird die Vorstellung vom sprachlichen Universalismus noch weithin akzeptiert, der in der Sprache nur ein Werkzeug der Gedanken sieht (dieser Universalismus lässt sich bis auf das Alte Testament zurückführen, in dem der Turmbau zu Babel und der darauf folgende Verlust der Kommunikationsgemeinschaft der Menschen als Strafe betrachtet wird). Das führt dazu, dass sich die Aufklärer für ihre Arbeit vor allem der großen Sprachen der Zeit bedienen; neben dem Latein, das zu Beginn den Vorrang hat, kommt vor allem das Französische zum Zuge (andere Sprachen beginnen erst im weiteren Verlauf, eine Rolle zu spielen). Viele Anhänger der Aufklärung sehen in der Verbreitung dieser großen Sprachen (die in Wirklichkeit vor allem die Sprachen der Höfe, d. h. der Macht sind) eine Aufgabe. Vielfach glauben sie, diese Sprachen seien besser für den wissenschaftlichen (und überhaupt den gehobenen) Diskurs geeignet. Das lässt sich etwa in den Bemühungen französischer Aufklärer um die Verbreitung des Französischen im Lande erkennen. Erst ganz allmählich sehen einige Denker die Rolle der Sprache als selbständiger an. Zu den ersten gehört Leibniz (1646 – 1716), später wäre besonders Condillac (1715 – 1780) zu nennen, in England Harris (1709 – 1780). Aus ihnen schöpft die Aufklärung in Deutschland, vor allem Herder (1744 – 1803), der einen Zusammenhang zwischen „Sitte, Charakter und Ursprung des Volkes" und seiner Sprache sieht. Herder insistiert auf der Verschiedenheit der Entwicklungen, welche zu unterschiedlichen Resultaten führen; er sieht die unterschiedlichen Sprachen weitgehend als komplementär und letztlich gleichwertig an. Nach ihm geben sie die außersprachliche Realität auf verschiedene Weise wieder. Wilhelm von Humboldt (1767 – 1835) wird diese Gedanken später vertiefen (vgl. Werlen ²2002, 105-131; Kremnitz 2016, 140ff.).

Erst diese Überlegungen gestatten es, die Sprachen in das Zentrum des wissenschaftlichen Interesses zu stellen und ihre Bedeutung für die Unterscheidung von Gruppen stärker hervorzuheben. Der dialektische Gedanke der Gleichheit in der Verschiedenheit gewinnt allmählich an Bedeutung.

Historisches Bewusstsein: neben vielen anderen Feldern pflegen die Aufklärer auch die historische Forschung (obwohl die Geschichte ihren Verallgemeinerungsansprüchen nicht entspricht und daher nicht sehr geschätzt wird). Die Forscher des 18. Jahrhunderts tragen große Mengen an Wissen über die Vergangenheit auf den verschiedensten Feldern zusammen, allerdings fehlt es ihnen, zumindest am Beginn, an methodischen Fähigkeiten, aber auch an einer klaren historischen Perspektive. Das führt zu mancherlei Spekulationen. Erst allmählich erwerben die Gelehrten die Vorstellung von historischen Dimensionen und Bedingtheiten. Langsam erkennen sie, dass Entwicklungen an die historischen Voraussetzungen und an ein Umfeld gebunden sind; sie erwerben „historisches Bewusstsein" (Hans-Martin Gauger). Erst am Ende der Aufklärung gewinnt das Historische als Einmaliges, Unwiederholbares ein immer größeres Gewicht. Langsam konstituiert sich die Geschichte selbst als Wissenschaft. Auch hier ist der Einfluss des Denkens von Herder groß. Meist wird der Umschwung zwischen Kant und Hegel gelegt. Diese Verschiebung erlaubt ein neues Interesse für die (jeweilige) Vergangenheit, die auch für neue Interpretation (und Überhöhung) sich öffnet. Die Rückbesinnung auf eine – oft verklärte – Vergangenheit bildet einen ersten Schritt zur kollektiven Bewusstwerdung einer Gruppe. Vor allem im deutschen Sprachraum wird sich diese neue Disziplin unter dem Schlagwort des *Historismus* bilden, dessen bedeutendste Vertreter Leopold von Ranke (1795 – 1886) und Johann Gustav Droysen (1808 – 1884) werden (vgl. Gauger/Oesterreicher/Windisch 1981, 25-28). Damit wird ein noch in Resten zyklisches durch ein dezidiert lineares Zeitverständnis abgelöst. Man kann diese Betonung des Historischen mit dem Scheitern der nationalen Ziele der Deutschen in der Zeit des Wiener Kongresses und der Restauration unter Metternich in Zusammenhang bringen; allerdings verselbständigt sich die Entwicklung bald. Für lange Zeit wirkt der Historismus als Leitdisziplin für viele Geisteswissenschaften. Auch er läuft Gefahr, ideologisch vereinnahmt zu werden, der er im 20. Jahrhundert, vor allem im deutschen Sprachraum, teilweise erliegt. Erst seine dialektische Überwindung ermöglicht einen offeneren Zugang zu historischen Fragen.

Die Französische Revolution und ihre Folgen, der moderne Nationalismus: die Französische Revolution von 1789 ist nicht die erste, welche die Gleichheit der Menschen verkündet. Am Anfang stehen die korsische von 1755, die letztlich scheitert, und die in Nordamerika von 1776. In allen Fällen wird der Grundsatz der Gleichheit indes nur mit Einschränkungen umgesetzt: weder findet in den USA eine Sklavenbefreiung statt (sie wird noch lange auf sich warten lassen), noch kommt irgendwo der weibliche Teil der Bevölkerung in den Genuss der Bürgerrechte. Als König Ludwig XVI. (Louis XVI, 1754 – 1793, reg. 1774-1792) am 8. August 1788 die Einberufung der Generalstände für den 5. Mai 1789 beschließt, um die Finanzprobleme zu lösen, kann er nicht ahnen, welche Entwicklungen er heraufbeschwört. Obwohl sich der Dritte Stand am 17. Juni 1789 zur Nationalversammlung erklärt, und darauf zur Konstituante, versteht sich die Französische Revolution in ihren Anfängen nicht als eine *nationale*, sie erhebt einen *allgemeinen* Anspruch. Daher ist es nicht erstaunlich, dass in dieser ersten Phase nicht wenige ihrer Repräsentanten nicht aus Frankreich stammen. Zur *Nationalisierung* der Revolution kommt es erst im Verlauf der innen- und außenpolitischen Kämpfe der frühen neunziger Jahre. Die französischen Truppen im Ausland werden bald nicht mehr, wie noch in den Anfängen, etwa in Mainz, als Befreier sondern als Besatzer empfunden, sie benehmen sich zunehmend als solche. Zunächst werden die Beschlüsse der revolutionären Versammlungen in die verschiedenen Sprachen Frankreichs (soweit man sie identifiziert hat) übersetzt, die Revolutionäre verkünden ihre Ziele in allen Sprachen, die im Lande gesprochen werden. Nach den bereits erwähnten Initiativen von Barère und Grégoire (vgl. Kap. 1.2) kommt es neuerlich zu einem Monopol des Französischen als Staatssprache, wie es im Prinzip schon unter der Monarchie bestanden hatte; die Verwendung der anderen Sprachen Frankreichs wird oft als der Ausdruck konterrevolutionärer Haltung angesehen. Man muss den Revolutionären zubilligen, dass in der neuen Staatsform die Kommunikation, der Austausch von Positionen, zumindest im Prinzip eine weitaus wichtigere Rolle spielt als unter dem Absolutismus; daher muss das Problem der Verständigung gelöst werden. Die Durchsetzung einer einzigen Staatssprache in einem vielsprachigen Gebiet stellt das Prinzip der Gleichheit grundsätzlich in Frage. Damit beginnt eine staatliche Gleichsetzung von Nation und sprachlicher Praxis, die in anderen Staaten relativ rasch spiegelbildlich verkehrt übernommen wird. Die Vorstellung von einsprachigen und monokulturellen Staaten verbreitet sich immer stärker. Was in Frankreich beginnt, verbreitet sich rasch über ganz Europa und von dort über die anderen Kontinente.

Das Entstehen einer neuen Nation ist in erheblichem Maße ein Akt des Voluntarismus, wie Anne-Marie Thiesse vermerkt:

> La véritable naissance d'une nation, c'est le moment où une poignée d'individus déclare qu'elle existe et entreprend de le prouver. Les premiers exemples ne sont pas antérieurs au XVIIIe siècle : pas de nation au sens moderne, c'est-à-dire politique, avant cette date.
> (Thiesse 1999, 11-12)

Damit Hand in Hand geht eine neuerliche Ideologisierung des Phänomens *Sprache* in Europa, die nun insofern rasch allgemeine Bedeutung bekommt, als infolge der Vorstellungen der Revolutionäre (und infolge der beginnenden industriellen Revolution) die Alphabetisierung der gesamten Bevölkerung allmählich in Angriff genommen wird. Eine erste Phase der Ideologisierung von Sprache lässt sich seit dem 16. Jahrhundert beobachten. Was damals auf die der jeweiligen Krone nahestehenden, meist gelehrten Kreise beschränkt blieb, und damit sozial nur eine begrenzte Bedeutung bekam, wird nun virtuell die gesamte Bevölkerung ergreifen. Diese Ideologisierung wird sich als ein wichtiges, sehr belastendes Element der meisten entstehenden Nationalismen erweisen.

Während in Staaten mit einer älteren Tradition dieser Schritt relativ problemlos gegangen wird, ist die Lage dort weitaus komplizierter, wo Gruppen, die sich selbst als Völker, bald als Nationen ansehen, nicht über einen „eigenen" Staat verfügen. Waren die alten Imperien, wie das Heilige Römische Reich Deutscher Nation (später die Habsburgische Monarchie), das Russische und das Osmanische Reich in Bezug auf nationale Zugehörigkeiten kaum empfindlich – gewöhnlich spielte die Frage des Glaubens eine größere Rolle – so dass auch anderssprachige Gruppen sich mehr oder weniger entfalten konnten, so verlieren alle Staaten unter dem Einfluss eines Nationalismus, der von den späten Vorstellungen der Französischen Revolution – und von ihrer Rezeption – nachhaltig beeinflusst wird, an Toleranz: mehr und mehr wird das einsprachige Modell des Nationalstaates als Prototyp verstanden. Gruppen, die bis dahin in unterschiedlichen Staaten organisiert waren, unterliegen einem wachsenden Druck zur staatlichen Vereinigung, wie etwa Italien und Deutschland. Im Zuge dieser Entwicklungen kommen die Gruppen anderer Sprache und Kultur zunehmend in eine schwierige Lage: entweder sie unterliegen dem wachsenden Assimilationsdruck oder sie müssen sich als eigenständige Gruppen konstituieren und darauf aufbauend früher oder später politische Forderungen stellen, wenn sie sich nicht in ihrer Differenz entfalten können. Dabei handelt es sich um langfristige Entwicklungen, in manchen Fällen ziehen sie sich über mehr als ein Jahrhundert hin.

Politische Emanzipationsbewegungen bewegen sich auf einem schmalen Grat zwischen der Formulierung ihrer berechtigten Ansprüche auf Anerkennung und Respekt und der Nichtberücksichtigung der Rechte der anderen. Nicht selten – die historischen Abläufe haben es gezeigt – entpuppen sich Verfolgte als potentielle Verfolger, sobald die Umstände das ermöglichen. Diesen Umschlag gilt es zu vermeiden. Allerdings ist das in der Praxis oft schwierig. Keine Befreiungsbewegung ist dagegen gefeit. Nur ständige Wachsamkeit hilft gegen Auswüchse.

Der Erfolg solcher Bewegungen hängt von der Stärke des eigenen kollektiven Bewusstseins ab (das im Laufe der Zeit starken Schwankungen unterliegen kann), das heißt auch, von der Attraktivität des Angebots für die Bevölkerung, ebenso auch von der Stärke des Staates, dem sich die Gruppen entgegenstellen, sowie von den Angeboten, die er der Bevölkerung machen kann. Außerdem können konkurrierende Nationalkonzepte einander gegenüberstehen; eines kann das andere im Laufe der Geschichte ablösen. Bislang hat die Forschung solchen nicht oder allenfalls teilweise erfolgreichen Versuchen wenig Aufmerksamkeit gewidmet, es wäre sinnvoll, sie genauer zu betrachten, um die Bedingungen von Gelingen und Scheitern besser zu verstehen.

Die Phasen von Renaissance-Bewegungen (nach Hroch): der tschechische Gelehrte Miroslav Hroch (*1932) hat schon in den sechziger Jahren des 20. Jahrhunderts versucht, eine Typologie der Phasen der Entwicklung von nationalen (Renaissance-) Bewegungen vorzulegen, die noch heute als Grundlage angesehen werden kann. Danach werden in einer ersten Phase von Gebildeten die Kultur und Sprache einer Gruppe (wieder-) entdeckt. Dazu gehören die Aufarbeitung und Reinterpretation der Geschichte (die oftmals mythisch überhöht wird), archäologische Arbeiten, welche die Vorgeschichte erkunden sollen, aber auch die Entdeckung der Volkskultur in ihrer Breite, die bis dahin in der ständischen Gesellschaft kaum auf Aufmerksamkeit hoffen konnte. Dazu gehört ein zunehmendes Interesse für die Sprache, ihre Entwicklung und ihre Strukturen. Diese Phase spielt sich gewöhnlich im vornationalen Raum ab, sie erfasst nur relativ beschränkte, gewöhnlich gelehrte Kreise. In einer zweiten Phase erwachsen aus dieser (noch virtuellen) Konstatation der Existenz einer Gruppe politische Forderungen, die zunächst gewöhnlich nur von kleinen, oft mehr oder weniger elitären Gruppen vertreten werden. Gewöhnlich sind diese Forderungen zunächst relativ bescheiden, erst wenn der Staat, in dem die Gruppe lebt, diese zunächst meist kulturellen Forderungen nicht erfüllt und eine Gruppe sich in ihrem kollektiven Bewusstsein festigt, werden sie massiver. Die dritte Phase wird erreicht, wenn diese Forderungen von entscheidenden Teilen der Bevölkerung übernommen werden und in politische Programme münden. Gewöhnlich versteht sich eine Gruppe spätestens ab diesem Zeitpunkt als *Nation* (das kann in Teilen der Gesellschaft auch schon in Phase zwei einsetzen). Auch hier kann der Widerstand des konstituierten Staates für eine zunehmende Perpetuierung und Radikalisierung der Forderungen sorgen. Gewöhnlich bedarf es dann einer günstigen historischen Situation, um die staatliche

Autonomie oder Selbständigkeit der „neuen" Nation zu erzielen (das ist indes kein Automatismus, vgl. zuletzt Hroch 2005, 45-47; wertvolle weitere Ergänzungen zu den Details dieser Prozesse bei Thiesse 1999; vgl. auch die selbständigen Überlegungen von Ginebra 2009, 35). In diesem Zusammenhang sollte erwähnt werden, dass die verschiedenen Bewegungen versuchen, voneinander zu erfahren und oft auch miteinander in Kontakt zu treten; oft gelingt das wenigstens punktuell.

Natürlich unterliegt dieses Schema erheblichen Variationen. Die Entwicklung kann vor Erreichen der Phase drei abbrechen (geschieht das schon vor der Phase zwei, dann läuft ein solches Embryo einer nationalen Bewegung Gefahr, von außen gar nicht als solches wahrgenommen zu werden), es kann dazu kommen, dass die Übergänge zwischen den Phasen sich massiv überlappen, es kann auch zu längeren Phasen scheinbaren Stillstandes und zu Rückschritten kommen. Manche Entwicklungen lassen sich nur schwer in dieses Schema fassen. Wenn man indes vergleichend vorgehen möchte, ist es praktisch nützlich.

Zu den historischen Abläufen: eingangs ist daran zu erinnern, dass historische Abläufe sich nie völlig in Schemata pressen lassen. Trotz der Beschleunigung durch die revolutionären Ereignisse am Ende des 18. Jahrhunderts lassen sich manche Hinweise auf Keimendes, um dieses Bild aus der Flora zu verwenden, zuvor erkennen; man hat von einem „Nationalismus vor dem Nationalismus" gesprochen. Seine Bedeutung erhält er erst im Nachhinein (vgl. etwa Hellmuth/Stauber 1998). Als ganz fernen Vorläufer der Phase eins könnte man das erwähnte Werk von Jean de Nostredame aus dem Jahre 1575 interpretieren (*Les vies des plus celebres et anciens poetes provensaux, qui ont floury du temps des Comtes de Provence*), das insofern auffällt, als auch Nostredame eine Vergangenheit konstruiert, die vor der Verwendung eigener Verse, die nicht als solche angegeben werden, als „Belege" für diese Geschichte nicht zurückscheut.

Auf die Bedeutung der ephemeren korsischen Unabhängigkeit von 1755 für viele Aufklärer wurde bereits hingewiesen. Sie ist nur im Kontext der damaligen philosophischen Diskussionen verständlich, relativiert zugleich aber das Schema von Hroch. Umgekehrt muss man sehen, dass sie die Periode der Revolutionen erst einleitet. Besondere Bedeutung bekommen die ab 1760 ganz Europa erfassende Ossian-Mode und die daraus entstehende *Keltomanie*. Ab diesem Jahr veröffentlicht der schottische Dichter James MacPherson (1736 – 1796) unter dem gemeinsamen Titel *Ossian* Texte, die er als Übersetzungen uralter schottisch-gälischer Dichtungen ausgibt. Zwar hat er im schottischen Hochland Gesänge gesammelt, die Ausbeute war indes bescheiden, daher sieht er sich veranlasst, sie durch eine größere Zahl eigener Dichtungen zu ergänzen (wie zweihundert Jahre früher Nostredame). Dennoch erfahren die Texte ein ungeheures Echo; aus ihnen erwächst eine literarische Mode von in den einzelnen Ländern unterschiedlicher Intensität (in Frankreich etwa trägt die Ossian-Mode dazu bei, dass die damals in der wissenschaftlichen Diskussion bereits überholten Vorstellungen von der Herkunft des Französischen aus dem Keltischen eine Auferstehung erfahren, die sich vor allem in den modänen Salons abspielt). Bei der politischen Bewertung der Texte darf man nicht aus den Augen lassen, dass der Anschluss Schottlands an England damals erst knapp zwei Generationen zurückliegt, im kollektiven Bewusstsein der Schotten durchaus noch präsent ist. Implizit wird die Problematik dieses Anschlusses aktualisiert. Die Ossian-Mode steht danach für die Entstehung weiterer kultureller Rückbesinnungen Pate, das gilt besonders für das zunehmende Interesse für die Dichtung der Trobadore im späten 18. Jahrhundert und das daraus entstehende *genre troubadour* (vgl. Jacoubet 1929). Ähnliche Entwicklungen lassen sich auch in anderen Teilen Europas beobachten, ohne dass hier schon politische Ziele deutlich würden. Eine deutliche Politisierung insgesamt erfolgt erst nach dem Wiener Kongress und seinem Versuch, die positiven Erträge der Französischen Revolution rückgängig zu machen.

Die nächste Abfolge von Ereignissen, die sich dem Bewusstsein ganz Europas einprägt, ist der Griechische Unabhängigkeitskrieg 1821-1829. Die griechische Unabhängigkeitsbewegung gewinnt seit dem Beginn des 19. Jahrhunderts an Bedeutung. Sie bildet aufgrund der führenden Stellung vieler Griechen auf dem Balkan eine besondere Bedrohung für das Osmanische Imperium. Zwar unterliegen die Griechen trotz des Zustroms zahlreicher Freiwilliger aus ganz Europa und der progriechischen Stimmung der veröffentlichten Meinung in den meisten Ländern (der *Philhellenismus* wird zu einem Erkennungszeichen der Liberalen, die mit den Ergebnissen des Wiener Kongresses unzufrieden sind) militärisch, politisch jedoch können sie aufgrund der Unterstützung Großbritanniens, Frankreichs und des Zarenreiches im Frieden von Edirne/Adrianopel 1828 ihre Unabhängigkeit (zunächst nur für ein kleines Gebiet) erringen. Dieses Ergebnis wirkt für viele im Entstehen begriffene Bewegungen in Europa beispielgebend.

In ähnlicher Weise beschäftigt das Schicksal der Polen die öffentliche Meinung in Europa. Seit der Dritten Polnischen Teilung von 1795 ist das Gebiet Polens zwischen dem Russischen Reich, der Habsburger Monarchie und Preußen aufgeteilt; die Grenzen werden auf dem Wiener Kongress nochmals neu gezogen. Dagegen erheben sich von Anfang an Teile der Bevölkerung, teilweise mit Unterstützung des napoleonischen Frankreich. Vor allem in den vom Zarenreich besetzten Teilen kommt es immer wieder zu Unruhen. Besondere Bedeutung erhält der Novemberaufstand von 1830, der mit einer militärischen Niederlage der Polen endet. In ganz Westeuropa genießen die polnischen Verlierer jedoch große Unterstützung; eine große Zahl von ihnen bricht neuerlich ins Exil nach Westen auf. Bei dem Januaraufstand 1863 sind die Sympathien deutlich geringer.

Erstaunlicherweise entfacht die dritte der frühen Unabhängigkeitsbewegungen, die irische, weit weniger Solidarität als die beiden vorigen. Dabei beginnt sie bereits am Ende des 18. Jahrhunderts mit den gescheiterten Aufständen von 1798 und 1803. Die irische Bewegung unterscheidet sich indes von den anderen dadurch, dass zunächst die ersten politischen Aktionen erfolgen, die kulturelle Wiedergeburt des Irischen Gälisch erst Jahrzehnte später beginnt, letztlich das Schema von Hroch auf den Kopf gestellt wird.

Trotz aller Versuche des Wiener Kongresses (1814-1815), das Rad der Geschichte zurückzudrehen und die absolutistischen Herrschaftsformen der Zeit vor der Revolution wieder herzustellen (*Restauration*), hat sich Grundlegendes ereignet, das eine solche Rückkehr nicht für längere Zeit erlaubt. Zum einen hat die erste industrielle Revolution große Fortschritte gemacht, das führt auch zu Verbesserungen im Buch- und vor allem im Zeitungsdruck (zu Beginn des Jahrhunderts erfindet Friedrich Koenig, 1774 – 1833, die Schnellpresse, welche das Druckverfahren erheblich beschleunigt und damit größere Auflagen von Zeitungen und Zeitschriften ermöglicht, vgl. Burke 2014, 117). Diese wiederum stoßen dank der zunehmenden Alphabetisierung (sie entwickelt sich in den einzelnen Ländern in ganz unterschiedlichem Tempo; die protestantisch geprägten Staaten haben einen großen Vorsprung) auf mehr Leser (und zunehmend Leserinnen). Der Versuch, die Unterschiede zwischen den Ständen – bald wird man von Klassen sprechen – aufrechtzuerhalten oder sogar zu vergrößern, politisiert zunächst die bürgerlichen und studentischen Schichten, erst später auch die sich rasch konstituierende Arbeiterklasse. Eine wichtige Rolle kommt auch den in vielen Ländern entstehenden Volksbildungsvereinen zu. Der Gedanke der Souveränität des Volkes (und der Völker) verbreitet sich immer weiter, das Wissen über Entwicklungen in anderen Ländern zirkuliert rascher, vor allem verbreiten sich die Informationen über anderswo erfolgte (positive) Veränderungen. Die folgenden Jahrzehnte sind durchzogen von Unruhen, die mitunter zur Entstehung neuer Staaten führen (Belgien 1830). Die fortschreitende Entkolonialisierung des amerikanischen Doppelkontinents zeigt, dass Unabhängigkeitsbewegungen nicht aussichtslos sind, in den meisten europäischen Staaten wird der Übergang vom Absolutismus zum Konstitutionalismus in den folgenden Jahrzehnten vollzogen. Diese von den öffentlichen Meinungen geteilten Entwicklungen sind für das Verständnis der Renaissance- und Unabhängigkeitsbewegungen in vielen Teilen Europas von großer Bedeutung.

Aufgaben zu Teil I

1. Versuchen Sie eine Liste der nationalitären Bewegungen in Europa zu erstellen. Unterscheiden Sie dabei zwischen Renaissance-Bewegungen und solchen, in denen Gruppen (Nationalitäten, Nationen) sich zum ersten Mal als solche sehen.
2. Informieren Sie sich über die ersten Versuche okzitanischer Grammatiken im Mittelalter. Inwiefern kommt ihnen eine besondere Bedeutung zu?
3. Machen sie sich mit der geographischen Situation des katalanischen und okzitanischen Sprachraumes vertraut. Benützen Sie dazu physische Landkarten.
4. Betrachten Sie die Ausweitung des Herrschaftsbereichs der Grafen von Barcelona und später der Könige von Aragón zwischen 800 und 1469. Welche sprachlichen Konsequenzen ergeben sich daraus?
5. Vergleichen Sie die Details der Darstellung des Zusammenschlusses von Frankreich und der Provence 1481-1487 in verschiedenen historischen Werken.
6. Versuchen Sie, Auszüge aus einer der katalanischen Königschroniken zu lesen.
7. Vergleichen Sie die Graphien unterschiedlicher okzitanischer Autoren aus der Zeit der Ersten Renaissance. Welche sprachlichen Leitbilder verwenden sie?

Teil II: **Das 19. Jahrhundert**

3 Die Anfänge der beiden Renaissance-Bewegungen

Wie bereits erwähnt, spielen die kriegerischen Ereignisse der Revolutionszeit in beiden Gebieten eine große Rolle. Das gilt sowohl für die materielle Seite, jeder Krieg bringt Zerstörung mit sich, als auch für das kollektive Bewusstsein. In den beiden Staaten, Frankreich und Spanien, bilden sich wenig stabile politische Strukturen heraus. Die Restauration in Frankreich, der Versuch einer Wiederaufrichtung des Absolutismus, wird nach der Revolution von 1830 durch eine konstitutionelle Monarchie abgelöst, die 1848 der ephemeren Zweiten Republik Platz machen muss, die bereits 1852 durch das Zweite Kaiserreich Napoléons III. (1808 – 1873, reg. 1852-1870) ersetzt wird. Die Entwicklung Spaniens ist noch widersprüchlicher: nachdem 1812 die Cortes, damals noch die alten Reichsstände, eine Verfassung ausarbeiten, die eine konstitutionelle Monarchie mit Gewaltenteilung und Garantie der bürgerlichen Freiheiten enthält, hebt der nunmehrige König Ferdinand VII. nach seiner Rückkehr nach Spanien 1814 diese Verfassung wieder auf und versucht, zum Absolutismus der Vorkriegszeit zurückzukehren. Eine Folge dieser Politik ist die Intensivierung der schon bestehenden Unabhängigkeitsbewegungen in Amerika, die rasch zum definitiven Verlust aller Kolonien führen. 1820-1823 kommt es zu einem liberalen Intermezzo, der König leistet sogar den Eid auf die Verfassung, kann jedoch das Eingreifen von französischen Truppen erreichen, die im Auftrage der *Heiligen Allianz* (d. h. der Wiener Übereinkunft der Herrscher von Russland, Österreich und Preußen) handeln. Diese, vom damaligen Außenminister Chateaubriand (1768 – 1848), dem berühmten romantischen Schriftsteller, maßgeblich zu verantwortende Aktion, führt zum Sieg über die liberalen Kräfte und ihrer unbarmherzigen Verfolgung. Wer nicht fliehen kann, wird hingerichtet oder zumindest eingekerkert. Bis zu seinem Tode 1833 regiert Ferdinand VII. erneut absolutistisch. Der danach ausbrechende Thronstreit führt zum Ersten Carlistenkrieg 1833-1839, der letztlich mit einem Sieg der Liberalen (*progresistas*) endet. Die kommenden Jahrzehnte bis 1868 sind durch zahlreiche, meist nicht verfassungsgemäße Machtwechsel gekennzeichnet, bei denen sich Fortschrittliche(re) und Konservative ablösen. Die politische Instabilität, die das ganze 19. Jahrhundert über anhält, beeinträchtigt die wirtschaftlichen Fortschritte und besonders die Durchsetzung der Menschenrechte (die damals allerdings politisch noch keine Rolle spielen).

3.1 Katalanische Länder (1815-1833)

Wirtschaftlich gesehen hält der Aufstieg der Gebiete katalanischer Sprache relativ kontinuierlich an. Während im restlichen Spanien noch für lange Jahrzehnte die aufeinander folgenden Krisen anhalten, setzt sich die wirtschaftliche Blüte vor allem im *Principat* fort. Die Eröffnung der ersten Eisenbahnlinie in Spanien, von Barcelona nach Mataró im Jahre 1847, legt für die Prosperität Zeugnis ab. Erst deutlich später entsteht im Baskenland, in Asturien und Kantabrien um den Bergbau eine mächtige Schwerindustrie, die indes von Beginn an weitgehend in ausländischem Besitz ist. Spanien gerät damit im 19. Jahrhundert immer mehr in die Abhängigkeit der aufstrebenden Industriemächte.

Die Verfassung von Cádiz von 1812 verliert kein Wort über die Sprachenfrage; das Kastilische wird implizit als offizielle Sprache angenommen. Auch die schulische Erziehung soll einheitlich sein. Das erklärt sich wohl weitgehend so: die (ständischen) Abgeordneten stehen zum einen (trotz allem) in der Tradition des Absolutismus, zum anderen hängen sie, wenigstens zum Teil, dem Nationalismus der Französischen Revolution an, welche die Sprachenfrage ebenfalls von oben geregelt hatte; nicht zuletzt spricht die Erinnerung an die Aufklärung für die Verwendung einer einzigen Sprache. Gerade die tonangebenden Liberalen hängen solchen Vorstellungen an. Allerdings schimmert aus den Protokollen der Beratungen da und dort das Bewusstsein durch, dass die Sprachfrage als delikat angesehen und aus diesem Grund vermieden wird (Wurl 2016, 21).

Die unklare politische Lage der folgenden Jahre, vor allem die absolutistische Reaktion von Ferdinand VII., sorgen für weitgehenden sprachenpolitischen Stillstand. Die Verbote der öffentlichen Verwendung des Katalanischen werden erneuert und teilweise erweitert. Auf der anderen Seite erkennen vor allem die Unternehmer, dass die Ausbildungslage, nicht nur in Katalonien, verzweifelt ist: die einzige Universität ist seit 1717 (und bis 1842), also seit dem Ende des Erbfolgekrieges, die von Cervera. Angesichts der geringen Zahlen der Absolventen reicht diese Universität bei weitem nicht aus. In der liberalen Ära 1820-1823 versucht ein Flügel der Bourgeoisie von Barcelona, die Wiedererrichtung einer Universität in Barcelona, sie wird 1822 sogar als *Universidad Nacional* [sic!] gegründet, kann aber aufgrund des 1823 zurückkehrenden Absolutismus nicht in Funktion treten (Wurl 2016, 24-26).

Hand in Hand mit diesen restriktiven Maßnahmen gehen die Versuche, das Katalanische auf den „Status" eines Dialekts und nicht einer Sprache abzusenken. Diese Versuche haben schon früher begonnen; sie setzen sich noch lange fort. Auf der anderen Seite hatte noch Capmany das Katalanische als Sprache bezeichnet, wenn auch als für die Literatur nicht mehr relevante (tote, vgl. Kap. 1.1). Später wird vor allem der Franquismus die Strategie wieder aufnehmen, das Katalanische zum Dialekt zu erklären, zum Teil unter Mithilfe von Sprachwissenschaftlern, und in manchen kastilisch-nationalistischen Texten der Gegenwart klingen solche Töne wieder an. Daher wird eines der wichtigsten Anliegen der katalanischen Intellektuellen lange Zeit darin bestehen, die Position des Katalanischen als *Sprache* zu verteidigen. In diesem Zusammenhang muss an die historischen Forschungen erinnert werden, die in Barcelona zunächst vor allem durch Pròsper de Bofarull (1777 – 1859), auch gegen erhebliche politische Widerstände, vorangetrieben werden. Er will das Bewusstsein für die historischen Abläufe vor allem aus katalanischer Sicht wecken.

Diese politischen und intellektuellen Streitigkeiten spielen sich jenseits der Alltagserfahrungen der großen Masse der Katalanen ab: trotz aller Verbote verläuft das tägliche Leben fast ausschließlich auf Katalanisch. Ein wichtiger Grund dafür ist die geringe Zahl derer, die das Kastilische beherrschen (was ein bezeichnendes Licht auf das Unterrichtswesen wirft). Dabei ist es schwierig, auf glaubhafte Zahlen zu kommen: zwar wird um 1820 die für 1787 genannte Zahl von 1,5 % nicht mehr aktuell sein (s. Kap. 1.2; vgl. bei Ginebra 2009, 17); die Fortschritte dürften aber bescheiden sein. Sicher ist, dass das Kastilische, außer in den schmalen städtischen Oberschichten, nach wie vor eine Fremdsprache ist. Gewöhnlich wird auch für diese Kreise nur ein bescheidener Beherrschungsgrad vermutet. Daraus lässt sich schließen, dass das Katalanische notwendigerweise auch von diesen Gruppen mit verwendet wird; dafür gibt es nicht wenige Belege (etwa bei Ginebra 2009). Das Kastilische bleibt fast ausschließlich auf den schriftlichen und offiziellen mündlichen Gebrauch beschränkt. Gesprochene Sprache ist, mit geringen Ausnahmen, das Katalanische. Sobald der Staat die Untertanen/Bürger wirklich erreichen will, muss er sich *in ihrer Sprache* an sie wenden. Immer wieder wird das Verbot des Gebrauchs des Katalanischen auch in der halboffiziellen und mitunter in der offiziellen Verwendung unterlaufen (vgl. Wurl 2016, 36-51). Das Erscheinen der Grammatik von Ballot weist darauf hin, dass selbst der schriftliche Gebrauch der Sprache so stark ist, dass Regelbücher als notwendig erachtet werden. Damit erklärt sich auch die relativ große Zahl gedruckter grammatischer Versuche, die – ob ein- oder zweisprachig – in den folgenden Jahrzehnten erscheinen werden. Ein Teil von ihnen soll den Übergang zum Kastilischen erleichtern, andere dagegen bemühen sich um den Ausbau des Katalanischen als Schriftsprache. Damit stehen sich zwei entgegengesetzte Strategien gegenüber.

Natürlich lassen sich innerhalb des katalanischen Sprachgebietes Unterschiede vermuten. Sie sind allerdings wenig untersucht, daher muss es weitgehend bei Spekulationen bleiben. Bekannt ist, dass die Kenntnis des Kastilischen auf den Inseln bis weit ins 20. Jahrhundert nur auf eine ganz schmale soziale Oberschicht begrenzt ist, das Katalanische spielt daher die Rolle der ausschließlichen Umgangssprache der mittleren und unteren Volksschichten, im Gebiet von València dürfte aufgrund der früh, bereits mit den *Germànies* im 16. Jahrhundert beginnenden, von den Oberschichten absteigenden Kastilisierung diese Sprache etwas weiter verbreitet gewesen sein.

Besondere Bedeutung kommt dem Theater zu, da es in einer weitgehend analphabetischen Gesellschaft eine wichtige Rolle als Informationsquelle und Vektor der öffentlichen Meinung spielt. Notwendigerweise und trotz aller noch aus dem 18. Jahrhundert stammenden Verbote, muss es fast zwangsläufig vielfach das Katalanische verwenden, oft in einem diglossischen Spiel mit dem Kastilischen (die Oberschicht verwendet die eine Sprache, die Unterschicht die andere). Das Theater ist auch der Ort, an dem im Absolutismus am ehesten ganz vorsichtige politische Kritik geübt werden kann.

Die Verhältnisse ändern sich relativ plötzlich mit dem Thronwechsel von 1833. Die für die unmündige Thronfolgerin Isabella (Isabela, 1830 – 1904, reg. 1843-1868) den Herrschaftsanspruch erhebende Regentin Maria Christina (1806 – 1878) muss sich gegen Ferdinands Bruder Carlos (1788 – 1855) im Ersten Carlistenkrieg durchsetzen. Dabei findet sie Unterstützung bei den Liberalen, die ihr 1834 eine neue Verfassung, den *Estatuto Real*, abzwingen, der indes deutlich hinter der Verfassung von Cádiz zurückbleibt. Zugleich erfolgt die Verwaltungsreform, die, letztlich nach dem Vorbild der französischen Departements, Spanien in Provinzen gliedert. Vier von ihnen, nämlich Barcelona, Gerona (Girona), Tarragona und Lérida (Lleida), bilden den *Principat*, drei, und zwar Castellón de la Plana (Castelló de la Plana), Valencia (València) und Alicante (Alacant), das (ehemalige) *Regne de Valencia*, und eine die Balearen und Pityusen. Immerhin endet damit der erzwungene politische Stillstand. Die nun neu erscheinenden Zeitungen und Zeitschriften äußern sich auch zu politischen Themen: öffentliche politische Debatten setzen ein.

In diesem Kontext erscheint das Gedicht *La Pàtria. Trobes* aus der Feder von Bonaventura Carles Aribau (1798 – 1862), das unter dem Titel *Oda a la Pàtria* später als offizieller Beginn der *Renaixença* angesehen wird. Aribaus Gedicht entsteht zunächst als „Gelegenheitsgedicht" für eine Sammlung, die Ende 1832 aus Anlass des Geburtstages seines Vorgesetzten in Madrid, Gaspar Remisa (1784 – 1847), eines Geschäftsmannes und zeitweise hohen Beamten, zusammengetragen wird und danach im August 1833 in der Wochenschrift *El Vapor* abgedruckt wird. Dieses liberale Blatt, das sich ab Februar 1833 als *Periodico mercantil, político y literario de Cataluña* bezeichnet, wird zu einem Sprachrohr der Veränderungen, die das Land durchziehen; es existiert zwischen 1833 und 1838. Seine bloße Existenz und sein zeitweiliger Erfolg deuten darauf hin, dass es *nun* eine hinreichend große Leserschicht geben muss, die Texte auf Kastilisch zu rezipieren vermag. Dabei ist der *Vapor* [der „Dampfer", der den Fortschritt verkörpern soll] nicht ohne innere Widersprüche, denn er steht auf der einen Seite für die Integration Kataloniens nach Spanien, auf der anderen wird eben jener Text abgedruckt, der dann zum Symbol der beginnenden Renaissance erklärt wird. Man darf annehmen, dass die Redakteure die zukünftige Rolle des Textes nicht abschätzen können.

Man kann von einer gelungenen Propaganda-Operation sprechen, die von anderen durchgeführt wird, zumal Aribau im weiteren Verlauf der *Renaixença* praktisch keine Rolle spielen wird. Für geraume Zeit gelingt es, unter dem Dache dieses Textes alle Vertreter der zunächst noch kleinen Bewegung zu vereinen (vgl. Ferrer 1987). Dabei ist das Gedicht vor allem eine wehmütige Erinnerung an die Heimat (Aribau lebt als Beamter in Madrid), der Einfluss der Spätromantik ist unverkennbar. Das Gedicht bezieht sich auf den *Principat*, die anderen Katalanischen Länder werden nicht erwähnt. Es verwendet, wie gesagt, die alte Bezeichnung *Llemosí*; eigentlich stellt es sich damit etwas an den Rand der Aktualität. Schließlich macht die Präsentation die damalige sprachenpolitische Lage deutlich: während das Gedicht auf Katalanisch abgefasst ist, erscheint der gesamte Paratext auf Kastilisch. Damit wird die für die Zeit

Abb. 2: Bonaventura Carles Aribau **Abb. 3:** Joaquim Rubió i Ors

geltende Diglossie zwischen einer dominanten und einer dominierten Sprache deutlich gemacht: nur in der ersten werden die „wichtigen" Angaben gemacht. Diese Praxis sollte noch geraume Zeit andauern; sie ist typisch für die Anfänge fast jeder sprachlichen Renaissance-Bewegung und lässt sich in ähnlicher Weise in vielen anderen Gebieten beobachten; erst im Laufe der Zeit erobern die dominierten Sprachen neue kommunikative Funktionen für sich.

Zwar werden mitunter auch andere, meist spätere Daten, für das Einsetzen der *Renaixença* vorgeschlagen, da jedoch alle diese Vorschläge auf unterschiedlichen Detail-Interpretationen des Phänomens beruhen und es außer Zweifel steht, dass *jedes* vorgeschlagene Datum bis zu einem gewissen Grade konventionell ist, kann man bei diesem bleiben. Von nun ab intensiviert und beschleunigt sich die Bewegung mit unmittelbaren Folgen für die Kommunikation. Als nächstes wichtiges Datum auf literarischer Ebene ist die Veröffentlichung des Bandes *Lo Gayté del Llobregat* [der Dudelsackpfeifer vom Llobregat] im Jahre 1841 von Joaquim Rubió i Ors (1818 – 1899) anzusehen. Rubió i Ors ist ein bewusster Vertreter der *Renaixença*, der für ihren weiteren Verlauf eine wichtige Rolle spielen wird. Auch bei seinen Texten handelt es sich um Gedichte. Die Stimmung des Autors ist teilweise durchaus pessimistisch, er befürchtet den bevorstehenden Untergang der Sprache. Auch das ist ein *Topos* vieler Renaissance-Bewegungen: das Ende der „alten" Sprache steht bevor, sie muss „gerettet" werden. Gewöhnlich geht damit Hand in Hand zunächst die Ablehnung der bestehenden Volkskultur, die als *dekadent* angesehen wird. Diese Dekadenz gilt es zu überwinden. Zugleich wird aber die populäre Literatur *im Prinzip* als vorbildlich angesehen, in ihr sollen uralte Traditionen ihren Ausdruck finden; diesen Widerspruch gilt es aufzulösen, sobald für die dominierte Sprache eine umfassende Kommunikationsfunktion gefordert wird. Daher heben sich renaissentistische Texte gewöhnlich in Stil und Ton von der, oft gar nicht geringen, Produktion in ihrem Umfeld ab, weil sie zu einer Erneuerung/Rückbesinnung auf eine als glorreich empfundene Vergangenheit aufrufen. Natürlich wohnt solchen Anfängen eine zutiefst romantische Ausrichtung inne; für den *Verlauf* von Renaissance-Bewegungen ist es letztlich entscheidend, ob diese vor allem nach rückwärts blickende Haltung ab einem bestimmten Zeitpunkt von einer anderen, stärker auf die Zukunft orientierten ergänzt oder abgelöst wird.

Es ist wichtig festzustellen, dass in dieser ersten Zeit auch in Katalonien vor allem individuelle Bemühungen zu beobachten sind, die sich nur zögerlich miteinander verbinden, zumal die Interessen der einzelnen Protagonisten oft weit auseinandergehen. Außerdem legen sich die wenig stabilen politischen Verhältnisse immer wieder quer. Größere organisatorische Schritte können erst erfolgen, als sich die politische Lage stärker zu konsolidieren scheint.

3.2 Okzitanisches Sprachgebiet (1815-1854)

Grundsätzlich ist um diese Zeit die Situation in Okzitanien wenig verschieden von der in Katalonien. Zwar hat das Gebiet weniger Schäden zu beklagen, da es, sieht man von den internen Auseinandersetzungen in den ersten Revolutionsjahren ab, nicht Kriegsschauplatz gewesen ist. Dafür hat die französische Bevölkerung in ihrer Gesamtheit (und obwohl Napoléon Bonaparte sich darum bemüht, vor allem die Verbündeten für seine Armeen zu rekrutieren) sehr unter dem Vierteljahrhundert militärischer Auseinandersetzungen gelitten. Auch weiterhin bleiben die okzitanischen Gebiete für Frankreich peripher. Die Auflösung der Provinzen und ihr Ersatz durch Departements soll dazu führen, dass die bis dahin vor allem regional definierten *multiplen* kollektiven Identitäten nach und nach durch *eine* nationale ersetzt werden; doch dazu bedarf es noch einer längeren Entwicklung. Zunächst hat diese Maßnahme zu einer deutlichen Schwächung der regionalen Eliten geführt, die erst allmählich wieder stärker Fuß fassen, sich nun aber auf Paris ausrichten und damit einen Beitrag für die „Nationalisierung" der Gesellschaft leisten. Eugen Weber (1925 – 2007), der sich am gründlichsten mit dieser Frage befasst hat, kommt zu dem Schluss, dass die Integration, vor allem der ländlichen Gebiete, sich erst nach dem Deutsch-Französischen Krieg von 1870/71 allmählich vollzogen hat; zu weitgehend ähnlichen Resultaten kommt für die okzitanischen Gebiete die *Histoire d'Occitanie* (Weber 1983; Armengaud/Lafont 1979). Die Revolutionszeit hat die politische Integration einiger noch nicht zu Frankreich gehöriger Gebiete okzitanischer Sprache mit sich gebracht, vor allem den schon 1620 annektierten Béarn, dann Avignon und den *Comtat Venaissin* und schließlich 1792-1815 die Grafschaft Nizza, die erst 1860 nach einem Referendum endgültig französisch wird (diese Abstimmung ist wohl nach heutigen Maßstäben nicht „korrekt" verlaufen, sie dürfte jedoch die Stimmung der Bewohner einigermaßen widerspiegeln).

Wirtschaftlich geht es dem Süden (*Midi*), wie man von nun an immer mehr sagen wird, zunächst nicht schlecht. Die teilweise frühe Industrialisierung, vor allem in Teilen des Languedoc, sorgt noch einige Zeit für relativen Wohlstand, sie erliegt jedoch ab etwa 1840 der nunmehr potenteren Konkurrenz aus dem Ausland und dem Norden. Damit setzt eine massive Binnenmigration in jene Gebiete ein, in denen Arbeitskräfte in größerer Zahl gesucht werden, neben Paris vor allem der Norden, in dem Extraktions- und Schwerindustrie eine immer größere Rolle spielen. Für geraume Zeit, über ein Jahrhundert, gerät fast das gesamte Okzitanische Sprachgebiet in den Windschatten der wirtschaftlichen Entwicklung. Der Bau der ersten großen Eisenbahnlinien kann die Situation nur wenig verbessern. Auf immer größeren Flächen setzt sich die Monokultur des Weinbaus durch. Der Anbau erfolgt meist in großen Gütern, deren Besitzer in den Städten leben und die Arbeit von kleinen Winzern oder Lohnarbeitern erledigen lassen. An sich notwendige Investitionen erfolgen nur spärlich, Krisen führen zu großen Verwerfungen. Mit Ausnahme von Marseille und wenigen anderen Hafenstädten verlieren die Städte des Südens nach und nach an Gewicht,

Wenn auch die Gesellschaft in Frankreich von ähnlich viel Unruhe durchzogen ist wie in Spanien, gelingt es Frankreich doch weitgehend, die Niederlagen des späten 18. Jahrhunderts und der Revolutionszeit zu kompensieren: der fast völlige Verlust seines ersten Kolonialreiches (vor allem in Nordamerika) wird durch die Expansion des 19. Jahrhunderts ausgeglichen, beginnend mit der blutigen und lange währenden Eroberung von Algerien seit 1830. Gegen Ende des Jahrhunderts ist Frankreich (wieder) zur europäischen Kolonialmacht geworden; allerdings spielt es nun eindeutig die zweite Rolle nach Großbritannien. Da insbesondere Algerien als Siedlungskolonie konzipiert ist, lassen sich dort schon bald Okzitanen in größerer Zahl nieder – Nordafrika spielt in der Geschichte der okzitanischen Renaissance eine nicht zu vernachlässigende Nebenrolle. Schließlich gelingt es Frankreich auch, trotz der wechselvollen politischen Verhältnisse, eine Stagnation wie in Spanien zu vermeiden. Natürlich ist seine Ausgangslage günstiger, und es kann die Möglichkeiten besser nutzen. Dennoch stehen sich auch hier neuernde und beharrende Kräfte gegenüber. Die revolutionären Erhebungen zeigen, wie tief die Widersprüche gehen.

Eine nicht unwichtige Parallele zu Spanien lässt sich rasch feststellen: auch in Frankreich werden die anderen dort gesprochenen Sprachen, unter ihnen das Okzitanische, in der Gesetzgebung nicht einmal erwähnt. Der Status des Französischen, den die Revolution ziemlich spektakulär gefestigt hatte, ist so gesichert, dass auf diese anderen Sprachen anscheinend keine Rücksicht genommen zu werden braucht. Man kann allerdings aus der Tabuisierung der Frage auch den Umkehrschluss ziehen: die Bedrohung für den Zusammenhalt der (neuen) Nation durch die anderen Sprachen und Kulturen wird als so stark empfunden, dass sie totgeschwiegen werden müssen. Für beide Interpretationen gibt es starke Argumente. Auch hier gibt es natürlich einen Unterschied zwischen den Prinzipien und der täglichen Praxis: vor allem für die Sprecher nicht-romanischer Sprachen ist das Französische nach wie vor weitgehend unverständlich, will der Staat Bretonen, Basken oder Elsässer tatsächlich erreichen, muss er dem Rechnung tragen. Das geschieht jedoch ohne Aufsehen zu erregen, fast möchte man sagen, verschämt.

In sprachlicher Hinsicht hat die Revolution zwar die Präsenz des Französischen stärken können, aber seine Praxis bleibt in vielen Gebieten nach wie vor auf relativ enge Kreise beschränkt. Auf die Dauer bedeutsamer ist wohl der Umstand, dass auch den einfachen Leuten allmählich bewusst wird, dass sozialer Aufstieg *nur* über die Kenntnis des Französischen zu erreichen ist. Da die Gesellschaft trotz aller Einschränkungen offener geworden ist und die Aufstiegsmöglichkeiten sich verbessert haben, wird der Anreiz zum Erwerb der offiziellen Sprache größer. Auch diese Entwicklung vollzieht sich nur langsam; sie ist eng mit den Fortschritten der Alphabetisierung verbunden, erfasst zunächst die städtischen männlichen Oberschichten, dann die ländlichen. Erst allmählich greift sie auf die ländliche Bevölkerung aus, gesellschaftlich von oben nach unten und von den Zentren an die Ränder. Die weibliche Bevölkerung folgt der männlichen, oft erst mit geraumem Abstand. Zuerst erwerben diejenigen das Französische, die lesen und schreiben lernen; aber sie lernen es zunächst als *Zweitsprache*. Oft drücken sie sich nur mit Mühe aus. Noch für lange Zeit gilt auch für das okzitanische Sprachgebiet: man kann ohne eine gewisse Kenntnis der einheimischen Sprache nicht auf Dauer dort leben, es sei denn, man delegiert die Außenkontakte an die Hausangestellten. Die Unterschiede in der sprachlichen Situation zu den Katalanischen Ländern sind (noch) gering.

Allerdings haben sich die sprachlichen Vorurteile stärker durchsetzen können: der diskriminierende Begriff *Patois*, der schon vor der Revolution zur Bezeichnung der dominierten Sprachen in Frankreich dient, setzt sich immer stärker durch. Die Revolution hat die pejorative Argumentation in ihrer zweiten Phase verwendet und verstärkt; zwar gibt es (vereinzelt) Widerspruch, aber die herrschenden Eliten setzen voll auf das Französische, das so auch ihre soziale Position auf absehbare Zeit absichern soll (vgl. Dauzat 1927, 30-31; Kremnitz 1974, 5-7). Mit der allmählichen Entwicklung des Erziehungswesens wird dieses Argument an Bedeutung verlieren; es lässt sich immerhin in Resten noch bis nach 1968 beobachten.

In der ersten Hälfte des 19. Jahrhunderts macht der Schulbesuch nur relativ langsam Fortschritte. Insbesondere die Restauration nach 1815 ist weit von dem aufklärerischen Impetus entfernt, der die Revolutionäre kennzeichnete, die rasch die allgemeine Schulpflicht einführen wollen, dieses Vorhaben aber wegen mangelnder Umsetzbarkeit wieder aufgeben müssen. Die Reformgesetze der Unterrichtsminister Guizot 1833 (Guillaume Guizot, 1787 – 1874) und Falloux 1850 (Frédéric Falloux, 1811 – 1886) öffnen die Schulen zwar sukzessive, aber noch immer bleiben erhebliche Teile der Bevölkerung *de facto* ausgeschlossen. Erst die Dritte Republik wird durch die Gesetze Jules Ferry 1881/82 die allgemeinen Schulpflicht einführen und nach und nach auch durchsetzen. Einige Departements im okzitanischen Sprachgebiet zählen noch gegen Ende des Zweiten Kaiserreiches zu denen mit den höchsten Analphabetenraten: so können 1866 in der *Haute-Vienne* 66,67 % der Bevölkerung weder lesen noch schreiben, nur 28,11 % beherrschen beide Fähigkeiten, in der Ariège sind es 59,82 % gegen 26,59 % (die Lücke zu 100 % erklärt sich durch die Gruppe derer, die nur lesen können; Furet/Ozouf 1977, Band I, 202). Natürlich handelt es sich dabei um Gebiete fern der großen Verkehrsachsen, die erst spät vom Fortschritt erfasst werden. Längs dieser Achsen und in den großen Städten macht das Französische rascher Fortschritte, ohne dass indes das Okzitanische in einer ersten Zeit ernsthaft zurückweicht.

Die Restauration lässt dem Ausdruck politischer Meinungen zunächst wenig Platz, doch unter dem Bürgerkönig erweitert sich der Spielraum, um 1848 für kurze Zeit nochmals zuzunehmen. Das Zweite Kaiserreich schränkt ihn zunächst wieder ein, um sich erst in seiner Spätphase stärker zu öffnen. So ist es nicht erstaunlich, dass auch die beginnende okzitanische Renaissance sich zunächst auf kulturelle Aspekte beschränkt. Zu Recht nennen Lafont und Anatole das entsprechende Kapitel ihrer Literaturgeschichte *La renaisssance inorganisée* (Lafont/Anatole 1970/71, 513-567). Zugleich muss darauf hingewiesen werden, dass, ähnlich wie in Katalonien, die literarische Produktion im okzitanischen Sprachgebiet keine Unterbrechung erlitten hatte. Zwar konzentriert sie sich nach dem Ende der ersten Renaissance vor allem auf leichtere literarische Genres und religiöse Dichtungen, das kennzeichnet allgemein Literaturen in dominierten Sprachen, insgesamt ist sie durchaus lebendig. Lange Zeit wurde diese Periode vor allem als eine Zeit der Dekadenz gesehen, in den letzten Jahrzehnten wurde unser Wissen über sie durch zahlreiche neue Funde stark bereichert, dadurch verändert sich allmählich auch ihre Einschätzung. Vor allem die Forschungen von Philippe Gardy (*1948) und in neuerer Zeit von Jean-François Courouau haben dazu beigetragen, die weißen Flecken zu verkleinern (vgl. Courouau 2015; Courouau 2017).

Auf die Wiederentdeckung der Trobadore und ihre literarische Nutzung zu Beginn des 19. Jahrhunderts wurde bereits hingewiesen. Die neu entstehende Disziplin der vergleichenden Literaturgeschichte weist ihnen einen immer bedeutenderen Platz zu, und auch die sich neu formierende Sprachwissenschaft wird ihnen und ihrer Sprache zunehmende Aufmerksamkeit zollen. Hier kommt vor allem dem Werk von François Just Marie Raynouard (1761 – 1836) mit dem Titel *Choix des poésies originales des troubadours* (1816-1821) in sechs Bänden entscheidende Bedeutung zu. Raynouard, Abgeordneter der revolutionären Versammlungen, zieht die großen Bibliotheken den parlamentarischen Auseinandersetzungen vor. Er nimmt in sein Werk neben einer Grammatik des Altokzitanischen und einer vergleichenden Grammatik der romanischen Sprachen eine umfangreiche Anthologie der Trobador-Dichtung auf; bisweilen wird er mit diesem Werk als der Begründer der modernen romanischen Sprachwissenschaft gesehen. Allerdings mangelt es Raynouard an methodischer Sicherheit, daher übernimmt er, wohl unfreiwillig, einige Irrtümer seiner Vorgänger (erst Friedrich Diez, 1794 – 1876, wird beginnen sie zu bereinigen). Raynouard hat selbst keinen bewussten Anteil an der Renaissance, er befasst sich nicht mit der sprachlichen Kontinuität zwischen Mittelalter und Neuzeit, obwohl er aus Brignoles in der Provence stammt und sicherlich auch seine heimatliche Sprache beherrscht; als *Secrétaire perpétuel* der *Académie française* spielt er dagegen eine wichtige Rolle in Paris. Er bezeichnet die Sprache der Trobadore als *Langue romane* und sieht in ihr, darin einer längeren Tradition folgend, die mindestens bis auf Caseneuve zurückgeht, die Verbindung zwischen dem späten Latein und allen (west-) romanischen Sprachen (vgl. Kremnitz 2016, 126-128; 151-154).

Diese Beziehung zu seiner Zeit stellt hingegen Antoine Fabre d'Olivet (1767 – 1825) her, der zunächst, nach einigen rein literarischen Versuchen, 1803/04 (bei Henrichs, in Paris) ein zweibändiges anthologisches Werk mit dem Titel *Le Troubadour, poésies occitaniques du XIIIe siècle* veröffentlicht. Es handelt sich bis zu einem gewissen Grade um eine Wiederaufnahme der Versuche von Nostredame und Millot: Fabre d'Olivet ist zu einem erheblichen Teil selbst Verfasser der angeblich mittelalterlichen Texte (andere werden von den Vorgängern übernommen); das Manuskript sei ihm von einem gewissen *Rescondut* [der Verborgene] übergeben worden. Er innoviert insofern, als er die Beziehung zu seiner Gegenwart herstellt (und sich damit in gewissem Sinne in die Nachfolge von MacPherson begibt). Fabre möchte mehrfach zur Rehabilitation des Okzitanischen beitragen, vor allem in seinem großen Werk *La langue d'oc rétablie dans ses principes constitutifs théoriques et pratiques* in drei Bänden. Es entsteht ab etwa 1818/19, bleibt aber bis Ende des 20. Jahrhunderts Manuskript; deshalb kann es auch keine unmittelbare Wirkung auf die Renaissance bekommen. Der erste Band enthält eine Grammatik, der zweite ein umfangreiches Wörterbuch und der dritte die bereits 1803/04 veröffentlichten Gedichte, teilweise in veränderter Gestalt. Offensichtlich möchte Fabre sich Raynouard entgegenstellen, gegen den er mehrfach in dem Manuskript polemisiert, allerdings nicht zu heftig, da er auf eine Subvention für die Drucklegung hofft. Seine Versuche, eine solche zu erhalten, scheitern, nicht zuletzt wohl deshalb, weil Fabre d'Olivet die raschen Fortschritte der entstehenden historischen Sprachwissenschaft nicht nachvollzogen hat. So bleibt sein

Abb. 4: Fabre d'Olivet

Werk ein eigenartiges Denkmal für die Wege, auf denen wissenschaftliche Forschung sich verirren kann. Seine Bedeutung für die okzitanische Renaissance bleibt indessen beträchtlich, weil er als erster die beiden wichtigsten romanischen Sprachen Frankreichs auf eine (theoretische) Ebene stellt. Seine Rolle als Vorläufer ist unbestritten und wird rasch erkannt (vgl. Donnadieu 1888; Lafont/Anatole 1970/71, 516-520; Kremnitz 1988; Fabre d'Olivet 1989; zu Fabre insgesamt Cellier 1953).

Die Verbindung zwischen Mittelalter und Moderne zieht auch Henri-Pascal (Comte de) Rochegude (1741 – 1834) aus Albi. Der ehemalige Admiral, wie Raynouard eine Zeitlang Mitglied der revolutionären Versammlungen, veröffentlicht 1819 anonym die beiden Bände *Le Parnasse occitanien, ou choix des poésies originales des troubadours, tirés des manuscrits nationaux* und *Essai d'un glossaire occitanien, pour servir à l'intelligence des poésies des troubadours*. Beide Werke erscheinen in Toulouse (bei Benichet Cadet) und können daher nur auf eine geringere Aufmerksamkeit hoffen als ihre in Paris veröffentlichten Vorläufer und Zeitgenossen. Rochegude, der mit Raynouard in Verbindung steht, bezeichnet das Okzitanische als seine Muttersprache, auch er sucht dem allmählich deutlich werdenden Dilemma der Bezeichnungen durch die Wahl des übergreifenden *occitanien* zu entkommen.

Es gibt noch eine Reihe gelehrter Einzelgänger (Emile Ripert spricht in seinem Werk von einem förmlichen *mouvement savant*, Ripert 1918). Zu nennen wären vor allem die Literaturhistoriker Pierre Louis Guinguené (1748 – 1816) und Jean Charles Simonde de Sismondi (1773 – 1842) aus Genf, die Historiker Claude Fauriel (1772 – 1843) und Augustin Thierry (1795 – 1856), etwas später der Multiplikator Jean Bernard

Abb. 5: Jacques Boé (Jasmin)

Lafon, der sich als Autor Mary-Lafon (1810 – 1884) nennt und eine erhebliche Verbreitung erzielt. Sind die Genannten vor allem Wegbereiter der Renaissance, so sind Rochegude und Mary-Lafon zu ihren frühen Akteuren zu zählen. In der Öffentlichkeit spielen einige populäre Autoren eine noch gewichtigere Rolle, allen voran Jacques Boé, der sich als Dichter Jasmin nennt (1798 – 1864). Jasmin stammt aus Agen, er wird Friseur und Perückenmacher, vor allem aber ein fruchtbarer Dichter. Seine Produktion ist beachtlich, er stellt sich auf die Seite des Volkes, besingt allerdings im Laufe der Jahre immer mehr die „natürliche" Tugendhaftigkeit der einfachen Leute. Nachdem er in den ersten Jahren zwischen Französisch und Okzitanisch schwankt, dichtet er später ausschließlich auf Okzitanisch. Er nennt seine Sprache *Gascon*, einer alten Tradition folgend (vgl. Kap. 1.4), obwohl er, seiner Herkunft entsprechend, auf Languedokisch schreibt. Ab 1835 durchzieht er das gesamte okzitanische Sprachgebiet in förmlichen Tourneen und trägt seine Gedichte auf meisterliche Weise vor. Sein Erfolg zeigt, dass zu dieser Zeit die verschiedenen Varietäten des Okzitanischen noch im gesamten Sprachgebiet (fast) problemlos verstanden werden. Jasmin bekennt sich zum Okzitanischen, so schreibt er den berühmt gewordenen Vers:

> *Lou puple, fidèl a sa may,* [Le peuple, fidèle à sa mère]
> Sara Gascou toujou et Franchimand jamay !

(hier nach Ripert 1918, 341)

Der zweite große Einzelgänger ist Victor Gelu (1806 – 1885) aus Marseille, der ebenfalls mit Erfolg als öffentlicher Sänger auftritt. Gelu steht auf der Seite der arbeitenden Bevölkerung, folglich werden seine *Chansons provençales* (Erstauflage 1840), als sie

1855 in zweiter Auflage erscheinen, wegen Verstoß gegen die öffentliche Moral verurteilt und nur mit Einschnitten der Zensur publiziert. Zwar beschränkt Gelu seinen Aktionsradius auf Marseille und Umgebung, da er dies zu einer Zeit tut, in der dieser Hafen eine Blütezeit erlebt, wird er – obwohl er den alten Zeiten nachtrauert – zum ersten Darsteller der städtischen Moderne in der okzitanischen Literatur. Besondere Bedeutung bekommt in diesem Zusammenhang sein Roman *Nouvè Grané* (1856), der erste Roman dieser Renaissance überhaupt, der starke realistische Momente aufweist, obwohl Gelu auch hier neben seinem sozialen Engagement sein Bedauern über die modernen Entwicklungen deutlich macht. Man kann Gelu indes nur bedingt der Renaissance zurechnen, da er die Zukunft des Okzitanischen mit großem Pessimismus sieht und sich als den „letzten" betrachtet (andererseits taucht diese Vorstellung, der letzte einer Tradition zu sein, an den Anfängen vieler Renaissance-Bewegungen auf; erst eine spätere Generation wagt dann den Ausblick in die Zukunft; vgl. die entsprechenden Bemerkungen über Rubió i Ors).

Die erste Hälfte des 19. Jahrhunderts kennt zahlreiche Dichter auf Okzitanisch; die meisten von ihnen kommen über eine gewisse regionale oder lokale Popularität nicht hinaus. Zum großen Teil gehören sie in die Literaturgeschichte, weniger in die der Renaissance (vgl. Lafont/Anatole 1970/71). Vielen wird im Laufe der Zeit allerdings deutlich, dass sie sich organisieren müssen, wollen sie sich gegen die immer stärker werdende Literatur auf Französisch und die allmählich fühlbarere Präsenz der französischen Sprache behaupten. Eine Reihe von künstlerischen und wissenschaftlichen Initiativen lässt sich daher nicht zuletzt als Organisations- (und vielleicht vorsichtige Widerstands-) Versuche begreifen. Der wohl chronologisch früheste ist die Gründung der *Société Archéologique de Béziers* durch Jacques Azaïs (1778 – 1856) und seinen Sohn Gabriel (1805 – 1888), im Jahre 1834; vor allem der Vater hinterlässt ein umfangreiches poetisches Werk. Die Gesellschaft wird in Zukunft eine erhebliche Rolle bei den Versuchen spielen, die Bewegung in organisatorische Formen zu gießen. Ihr Vorbild wird an anderen Orten nachgeahmt. Naturgemäß entstehen sie alle im Umfeld der Bourgeoisie und sind daher politisch eher konservativ.

In diese Zeit fallen auch die ersten Versuche, Periodika auf Okzitanisch zu begründen. Alle haben zwar nur eine kurze Lebensdauer, als Katalysatoren der Renaissance spielen sie indes eine Rolle: das erste Beispiel ist *Lou Bouil-abaïsso* von Joseph Désanat (1796 – 1873), einem Liberalen aus Tarascon in der Provence. Die Wochenschrift erscheint zwischen 1841 und 1842 und 1844 und 1846, in insgesamt 90 Ausgaben. Sie geht nur um weniges einem zweiten Periodikum voraus, das im Jahre 1841 zweisprachig erscheint, *Lou Tambourinaire et le Ménestrel*. Es wird geleitet von Pierre Bellot (1783 – 1855), einem Konservativen, für den okzitanischen Teil, und von Louis Méry (1787 – 1866) für den französischen. Bellot lässt 1848/49 auch zwei Nummern einer gegenrevolutionären Zeitschrift *Lou Descaladaire* erscheinen (vgl. Bonifassi 2003). In diesen Periodika begegnen sich die nicht wenigen okzitanischen Schriftsteller, sie geben auch einen gewissen Überblick über die Qualität des Geschriebenen.

Abb. 6: Joseph Roumanille

Eine ähnliche Rolle spielen einige Anthologien. Die erste dürfte der 1823 von den Brüdern Joseph-François (1780 – 1845) und Théodose (1790 – 1866) Achard in Marseille besorgte Band *Lou Bouquet prouvençaou vo leis troubadours revioudas* sein, der durchaus einen renaissentistischen Anspruch erkennen lässt (Bonifassi 2003, 23-34). Joseph Roumanille (Romanilha, 1818 – 1891) veröffentlicht 1852 (in Avignon, bei Seguin) eine weitere Anthologie, *Li Prouvençalo*, die nun nicht mehr möglichst viele Dichter zu vereinen versucht, sondern eine Auswahl gemäß den Kriterien des Herausgebers trifft; Roumanille wird von Antoine-Blaise Crousillat (1814 – 1899) unterstützt. Der Band enthält zahlreiche Beiträge von Roumanille und seinen Freunden, die so genannten *Troubaire* (vor allem populäre Dichter) und die sozialkritischen Autoren bleiben weitgehend ausgeschlossen.

Fast zu gleicher Zeit und als Folge der letzten Publikation finden zwei große Dichterkongresse (*Roumavagi*) statt, der erste am 29. August 1852 in Arles, wo Gelu sich durch seine gesungene Darbietung einen nachhaltigen Erfolg sichert, der zweite am 21. August 1853 in Aix. Beide Kongresse werden von dem Journalisten Jean-Baptiste Gaut (1819 – 1891) unter Mithilfe von Roumanille organisiert. Ein dritter Kongress ist für 1854 vorgesehen, aufgrund der Gründung des *Félibrige* im gleichen Jahre entfällt er jedoch (Ripert 1918; Lafont/Anatole 1970-71).

Nach der *legenda aurea* verläuft die Gründung dieser Vereinigung, die bis heute existiert und für drei Generationen der wichtigste organisatorische Rahmen der Renaissance ist, am Tag der *Sainte-Estelle* folgendermaßen:

> Le 21 mai 1854, sept jeunes poètes, MM. Théodore Aubanel [1829 – 1886], Jean Brunet [1823 – 1894], Anselme Mathieu [1828 – 1895], Frédéric Mistral [1830 – 1914], Joseph Roumanille, Alphonse Tavan [1833 – 1905], et Paul Giéra [1816 – 1861], amphytrion, se réunirent au castel de Fontségugne, près Châteauneuf-de-Gadagne (Vaucluse), pour concerter dans un banquet d'amis la restauration de la littérature provençale.
>
> (Mistral 1878-1886, s.v. Felibre)

Bei dieser Gelegenheit sei auch die Bezeichnung *Félibre* von Mistral vorgeschlagen worden, für die noch immer zahlreiche verschiedene Etymologien miteinander konkurrieren (vgl. Mistral 1878-86, ibid.; weitere Literatur bei Kremnitz 1974, 185). Anlass für das Treffen sei die Einberufung von Tavan zum Militärdienst gewesen. In Wirklichkeit sind wohl nur Aubanel, Giéra, Mistral und Tavan anwesend, Roumanille ist krank und kann nicht kommen, Mathieu und Brunet werden vermutlich erst später nachträglich zu Gründervätern (*Primadié*) erklärt (Lafont 1980, 23-24). Man wird auch den letzten Teil des Zitats als eine nachträgliche Einfügung interpretieren dürfen: die ursprünglichen Intentionen der Gründer gehen weiter, erst nach und nach begrenzen sie sich auf die Literatur.

Zunächst bleiben die organisatorischen Strukturen rudimentär und die Bedeutung des Verbandes begrenzt, wenn auch die literarische Bedeutung einiger Mitglieder ihn hervorhebt. Wirklich wichtig für die Renaissance wird der Bund nach dem Erfolg von Mistrals erstem Epos *Mirèio*, das 1859 in Paris und Avignon erscheint.

Die Gründung schafft auf der einen Seite eine gewisse Kohäsion mit literarischem Anspruch, auf der anderen schließt sie Teile der noch nicht formierten Renaissance-Bewegung aus. Zunächst beschränkt der *Félibrige* sich durch seine offiziellen Gründer auf die *Provence* im engeren Sinne, die Vertreter aller anderen Dialektgruppen bleiben außen vor. Letztlich versucht er (und das für lange Zeit, erst allmählich schwächt sich diese Tendenz ab), in Bezug auf das Okzitanische, ein ähnlich zentralistisches Modell durchzusetzen wie das französische, gegen das er sich stellt. Dann bedeutet er, zumindest für den Anfang, eine weitgehende Ausgrenzung des *Mouvement ouvrier*, aber auch des *Mouvement savant*, die Ripert als weitere Pfeiler der Renaissance in der ersten Hälfte des 19. Jahrhunderts nennt. Der *Félibrige* konstituiert sich als weitgehend bourgeoise Organisation, unter starkem (indirektem) Einfluss der katholischen Kirche. Alphonse Tavan, der einzige Bauer unter den Gründungsmitgliedern, kann nie eine herausragende Rolle spielen. Vor allem Roumanille ist konservativer Monarchist, er spielt über Jahrzehnte ideologisch eine wichtige Rolle für die Ausrichtung des Verbandes. Aubanel ist Verleger, sein Haus in Avignon ist der

Abb. 7: Frédéric Mistral **Abb. 8:** Théodore Aubanel

Verlag des Heiligen Stuhles; er selbst ist allerdings ein liberaler Städter, der sich mit bedeutenden französischen Schriftstellern seiner Zeit, wie etwa Mallarmé, anfreundet. Deshalb wird er später im *Félibrige* kaltgestellt. Mistral selbst ist zwar in seiner Jugend von der Revolution von 1848 beeindruckt, wird dann aber später jahrzehntelang für die Monarchisten im Gemeinderat seines Geburtsortes Maillane sitzen. Insgesamt vertritt der *Félibrige* von Anfang an nur einen relativ schmalen Ausschnitt aus der okzitanischen Gesellschaft; die später zunehmende Wendung nach rechts wird dieses Spektrum noch verengen. Darin dürfte einer der Gründe für die relativ bescheidene Akzeptanz durch breitere Volksmassen sein. Darin liegt schon früh ein gewichtiger Unterschied zur katalanischen Renaissance.

Es ist wohl nicht ganz abwegig, einen Zusammenhang zwischen dem Erfolg von *Mirèio* und der (einzigen) großen Enquête über den Sprachgebrauch in Frankreich herzustellen, die 1864 der damalige Erziehungsminister Victor Duruy (1811 – 1894) veranlasst. Ihren Ergebnissen zufolge sprechen über 70 % der Bewohner der okzitanischen Departements gewöhnlich eine Varietät der *langue d'oc*, in manchen Gebieten sogar 90 % (Sagnes 2017, 146). Das Okzitanische stellt damit die übliche Kommunikationsform zwischen den Menschen dar; leider werden die Kompetenzrepertorien nicht im Einzelnen erhoben.

Die Gründung spielt sich nicht nur vor weltanschaulichen sondern auch vor linguistischen, vor allem referenzsprachlichen Auseinandersetzungen ab. Da sich diese ersten Diskussionen vor allem innerhalb der Provence entfalten, spielt die sprachliche Varianz zunächst noch keine große Rolle. Wichtiger sind die Funktionen, die dem Okzitanischen für die Zukunft zugedacht werden.

Die schriftsprachlichen Traditionen des Okzitanischen waren, wie erwähnt, bald nach dem Edikt von Villers-Cotterêts 1539 weitgehend vergessen; schon die Autoren der ersten Renaissance im 16. Jahrhundert mussten neue Wege gehen. Manche Autoren, wie etwa Pey de Garros, schaffen eigene Systeme, die sich teilweise auf noch vorhandene Traditionen stützen konnten, die meisten übertragen in zunehmendem Maße die graphischen Regeln des Französischen auf das Okzitanische. Diese Praxis wird in der der Folgezeit vorherrschen, sie ist ein massiver Ausdruck der Dependenz, aber auch der Unkenntnis der Praxen der Vergangenheit. Die Wiederentdeckung der Trobadore um 1800 verändert die Situation insofern, als eine Reihe von Autoren nun versucht, in gewissem Umfang auf diese Traditionen zurückzugreifen und eine mögliche zukünftige öffentliche Funktion der Sprache zu berücksichtigen. Dabei handelt es sich vor allem um (mehr oder weniger) gelehrte Autoren. Ihre Strategie hat den Vorteil, dass ihre Texte aufgrund der notwendigen morphonologischen Elemente im gesamten Sprachgebiet leichter rezipierbar sind, aber den Nachteil, dass sie implizit gewisse sprachhistorische Kenntnisse voraussetzen. Ihre Graphien werden daher als etymologisierende bezeichnet (was sie in den besseren Fällen nicht sind, sie suchen morphonologische Beziehungen in der Schrift abzubilden). Gewöhnlich sind diese Autoren konservativ. Eine exemplarische Rolle spielt Jean-Joseph Diouloufet (1771 – 1840) mit seinem Gedicht *Leis Magnans* [Die Seidenraupen] (1819), das in die physiokratischen Traditionen des 18. Jahrhunderts zurückreicht. Größer ist die Bedeutung von Simon Jude Honnorat (1783 – 1852), einem in Digne niedergelassenen Arzt, der 1846/47 ein *Dictionnaire provençal-français ou dictionnaire de la langue d'oc, ancienne et moderne* in zwei Bänden veröffentlicht (Digne: Repos), das als das bis dahin umfangreichste Wörterbuch bleibenden Einfluss auf die Lexikographie bekommen wird und zugleich als Enzyklopädie dient. Honnorat benützt eine Graphie mit starken etymologischen Einflüssen, die Rolle des Französischen bleibt begrenzt. Er möchte auf diese Weise die grundlegende Einheit des Okzitanischen dokumentieren, sich aber auch bis zu einem gewissen Grad vom Französischen absetzen.

Gegen diese Konzeption, die sich in verschiedene Varianten auffächert, stehen diejenigen Autoren, die sich am Französischen ausrichten und ihre jeweilige Varietät nach dessen Regeln abbilden. Diese Lösung hat den Vorteil einer relativ leichten Lektüre (unter der Voraussetzung, dass man alphabetisiert ist und Französisch kann, was in der Mitte des 19. Jahrhunderts nicht evident ist), dagegen den Nachteil, dass aufgrund der phonetischen Varianz die abgebildete Sprache nur in einem engen geographischen Raum ohne Probleme verwendet werden kann. Sobald man den Referenzraum verlässt, wachsen die Schwierigkeiten. Diese Konzeptionen werden gewöhnlich von solchen Autoren bevorzugt, die nur eine geringe formale Bildung haben, oft aber auf ein reges populäres Echo stoßen.

Diese Auseinandersetzungen durchziehen die Genesis des *Félibrige*. Das eine Extrem verkörpert Joseph Roumanille: seine Konzeptionen gehen von einem sehr gemäßigten etymologischen Standpunkt zu immer stärker phonetischen Positionen, welche die französischen orthographischen Traditionen (mit ihren Widersprüchen) weitgehend übernehmen. Auf der anderen Seite steht vor allem Crousillat, der einen stärker etymologischen (und damit panokzitanischen) Standpunkt einnimmt. Mistral schwankt in seinen Auffassungen, vor allem das Wörterbuch von Honnorat überzeugt ihn, er versucht daher eine Zeitlang, dessen Lösungen zum Durchbruch zu verhelfen, letzten Endes wird er sich auf die Seite von Roumanille schlagen. Damit siegt die partikularistische(re) Lösung. Mit dem Erfolg von *Mirèio* 1859 bekommt diese Konzeption eine neue Wertigkeit. Für den *Félibrige* ist die Diskussion damit für einige Zeit beendet; sie wird allerdings wieder aufflammen, sobald der *Félibrige* sich auf die Gebiete der anderen Varietäten des Okzitanischen ausdehnt, und dadurch, dass es nicht zu einer einvernehmlichen Lösung kommt, ein Bleigewicht für die okzitanische Renaissance – bis in die Gegenwart herein – bedeuten.

Fazit: die katalanische Renaissance muss mit mehr politischen Widrigkeiten kämpfen als die okzitanische. Dennoch kann sie früher, nämlich ab 1833, wenigstens in Ansätzen in die Öffentlichkeit dringen, auch ihre Zielsetzungen sind von Beginn an stärker auf Wirkung in der Gesellschaft ausgerichtet. Das hängt natürlich damit zusammen, dass die katalanische Renaissance eine aufstrebende Peripherie in einem stagnierenden Land verkörpert, die okzitanische dagegen eine stagnierende Randzone in einem insgesamt Fortschritte machenden Zentralstaat.

4 Organisationsversuche im späteren 19. Jahrhundert

Die Entwicklungen der folgenden Jahrzehnte lassen viele Parallelen in der Entwicklung der beiden Renaissance-Bewegungen erkennen – meist geht Katalonien zeitlich voran –, aber auch beträchtliche Unterschiede. Das hängt damit zusammen, dass die katalanische Renaissance seit der Veröffentlichung von Aribaus Gedicht in zunehmendem Maße in der Öffentlichkeit sichtbar wird, begünstigt von den politischen Zeitumständen, während die okzitanische noch über zwei Jahrzehnte viel diffuser bleibt. Ein wichtiges Moment bildet, wie bereits angedeutet, die unterschiedliche wirtschaftliche Entwicklung: trotz aller Schwierigkeiten Spaniens kann sich die Wirtschaft in Katalonien, in geringerem Maße auch in den anderen Gebieten des Sprachgebietes, kontinuierlich entfalten, während die Wirtschaft in Okzitanien, mit einigen Ausnahmen, stagniert und vor allem nicht an den Innovationsschüben der Zeit Teil hat. Das okzitanische Gebiet wird, wie schon erwähnt, im 19. Jahrhundert in zunehmendem Maße Auswanderungsgebiet in die wirtschaftlich aktiveren Teile Frankreichs, vor allem das Pariser Becken, damit sinkt seine demographische Bedeutung allmählich; diese Abwanderung wird nur teilweise durch Zuwanderung von Arbeitskräften aus Italien und Spanien kompensiert. Dagegen beginnt in Katalonien in den letzten Jahrzehnten des 19. Jahrhunderts eine Zuwanderungsbewegung von Arbeitern aus anderen Teilen Spaniens. Auch der unterschiedliche Ablauf der politischen Entwicklungen spielt bei den Phasenverschiebungen eine Rolle. In Spanien wie in Frankreich spielen die kolonialen Kriege eine erhebliche Rolle; während sie in Frankreich gewöhnlich in der Eroberung neuer Kolonien enden, bleiben die Versuche Spaniens, einen Teil der amerikanischen Kolonien zurückzuerobern, erfolglos, und seine Versuche, neue Kolonien, vor allem in Nordafrika zu besetzen, wachsen sich zu langen, verlustreichen Unternehmungen aus, die bei der Bevölkerung – ganz besonders in den Peripherien – nicht populär sind.

4.1 Katalanische Länder

Bis 1868: nach 1833 entstehen unter dem Einfluss der Romantik im katalanischen Sprachraum eine Reihe von historischen und sprachwissenschaftlichen Werken, welche das Wissen über die eigene Geschichte in der Gesellschaft befördern (fast ein halbes Jahrhundert später als im okzitanischen Sprachgebiet). Sie liefern das Rüstzeug für weitergehende Entwicklungen. Umgekehrt stößt diese Erneuerungsbewegung im Zentrum Madrid auf großes Misstrauen. Die seit dem Ende des Erbfolgekrieges angelegte Opposition zwischen Madrid und Barcelona wird virulenter, sie wird teilweise über die damaligen Medien ausgetragen. Als einen Grund dafür wird man schlichten

Neid auf das prosperierende Katalonien erkennen können, aber auch ein tiefes Misstrauen gegenüber den Katalanen, das sich aus der Geschichte, dem Ende des Erbfolgekrieges und der darauf folgenden feindseligen Behandlung der Peripherie erklärt. So führen viele Historiker die verschwindend kleine Zahl katalanischer Minister in den spanischen Kabinetten an; Bernecker nennt etwa für den Zeitraum zwischen 1833 und 1901 nur 25 Katalanen unter 900 spanischen Ministern (Bernecker/Eßer/Kraus 2007, 71). Das ist insofern paradox und fast tragisch, als die führenden katalanischen Schichten sich zu Beginn der liberalen Phase noch vorbehaltlos mit dem neuen Staat identifizieren. „Erst als ihre Bemühungen um eine Teilhabe am neuen spanischen Projekt ständig enttäuscht wurden, begannen sie sich über den Katalanismus zu definieren." (Marí i Mayans ²2016, 107). Viele Katalanen streben in der liberalen Phase zunächst einen Neuanfang an, der sie am Aufbau eines neuen Spanien teilhaben lässt und suchen erst, als sie sehen, dass sie auf diesem Wege nicht weiter kommen, nach anderen Möglichkeiten. Dabei spielen der brutal niedergeschlagene Aufstand von 1842 ebenso eine Rolle, wie der fast ein Jahrzehnt andauernde Ausnahmezustand zwischen 1844 und 1854 (Marí i Mayans ²2016, 108). Ein gewichtiges Element ist die Besinnung auf die eigenen Traditionen und nicht zuletzt die Sprache, die als Kultursprache wieder belebt wird.

Auch die *Carlistenkriege* (1833-1840, 1846- 1849, 1872-1876) spielen eine Rolle bei dieser allmählichen Entfremdung. Katalanische (ebenso wie baskische) Traditionalisten spielen in den Reihen des Carlismus eine erhebliche Rolle. Diesen geht es vor allem um die Bewahrung der alten Rechte der einzelnen Gebiete in Spanien, die sie im Absolutismus besser vertreten sehen als in den neuen liberalen und zentralistischen Strömungen, die nach 1833 an die Macht kommen. Diese Verbindung von Regionalismus und Traditionalismus führt zu eigenartigen Folgen. Im Laufe der Zeit rückt der Carlismus immer mehr nach rechts; im Bürgerkrieg 1936-1939 stellen sich die (meisten) Carlisten auf die Seite der Aufständischen, die gerade jede regionale Besonderheit in Frage stellen (konsequenterweise finden sich manche Carlisten später in der antifranquistischen Opposition).

Obwohl 1833 mit *La Pàtria. Trobes* ein erster Markstein der Renaissance gesetzt wird, verläuft die Entwicklung zunächst noch wenig sicher – ähnlich wie die politische. Immerhin steigen Zahl und Qualität der Veröffentlichungen auf Katalanisch, werden nach und nach auch neue inhaltliche Felder für die Sprache (wieder) geöffnet, nimmt die Zahl der Unterstützer der Bewegung zu. Das lässt sich exemplarisch an Manuel Milà i Fontanals (1818 – 1884) zeigen, der zunächst die Möglichkeiten einer „neuen" Literatur auf Katalanisch skeptisch beurteilt, bevor er dann 1859 die Eröffnungsrede bei den nach langer Pause wieder abgehaltenen *Jocs Florals* von Barcelona hält. Diese Blumenspiele sind ein Dichterwettbewerb, der seit 1393 und bis Ende des 15. Jahrhunderts in Barcelona abgehalten wurde, nach dem Vorbild der seit 1323 nachgewiesenen Blumenspiele von Toulouse. Die hauptsächlichen Promotoren der Wiederbelebung sind Antoni de Bofarull i de Brocà (1821 – 1892), Víctor Balaguer i

Abb. 9: Manuel Milà i Fontanals

Cirera (1824 – 1901) und, mehr im Hintergrund, Joaquim Rubió i Ors. Milà ist seit 1846/47 Professor für spanische und allgemeine Literatur an der wieder eröffneten Universität. In seiner Eröffnungsrede geht er auf die katalanische Literatur und die Varietäten des Katalanischen ein, er skizziert auch vorsichtig die (literarischen) Möglichkeiten der Sprache. Allerdings ist das Vorgehen zunächst noch unsicher: die Rede wird auf Kastilisch gehalten, die wichtigeren Arbeiten Milàs werden in dieser Sprache veröffentlicht (in diesem Zusammenhang vor allem *De los trovadores en España*, 1861). Immerhin: es kommt zu einer stetigen Verschiebung zugunsten des Katalanischen, sowohl im Hinblick auf die Menge der produzierten Texte als auch auf die Öffnung des Fächers der behandelten Themen. Die *Jocs Florals* werden die Zeiten überdauern, vor allem während der Diktaturen von Primo de Rivera und Franco werden sie – im Exil – ein Fluchtpunkt für die Gesamtheit der Katalanen sein; in „normalen" Zeiten relativiert sich ihre Bedeutung.

Zwar werden im Laufe der langen Zeit auch die großen katalanischen Schriftsteller bei den *Jocs Florals* ausgezeichnet, in ihrer großen Mehrheit gehören die ausgezeichneten Gedichte nicht zu den unsterblichen Werken der katalanischen Literatur (wie bei einer solchen Veranstaltung nicht anders zu erwarten). Als Themen werden *Patria, Fides* und *Amor* (wieder) aufgenommen. Die Spiele spiegeln die Entwicklung des Katalanismus längs der Zeitachse wider und behalten daher einen dokumentarischen Wert. Die dort gehaltenen Reden sind feine Indikatoren für das sich verändernde kollektive Bewusstsein der Katalanen.

Ein anderer Aspekt zeigt ihre Bedeutung: ihre Wiedereinsetzung bedeutet, dass ab nun zumindest ein Teil der Bourgeoisie, der gelehrten Schichten, aber auch des Unternehmertums sich mehr oder weniger mit dem langsam entstehenden Katalanismus identifiziert. Das geschieht nicht ohne Widersprüche und Rückschläge. Indes: es gibt nun einen Rahmen, der je nach den Bedürfnissen des Moments ausgefüllt werden kann. Damit Hand in Hand geht das Aufkommen des Begriffs *Renaixença*, der sich in den sechziger Jahren zunehmend durchsetzt. 1871 entsteht eine Zeitschrift mit diesem Titel. Die Bewegung hat nun einen Namen. Heute wird die Bezeichnung vor allem für die Periode zwischen 1833 und dem Ende des 19. Jahrhunderts (bisweilen wird das Jahr 1891 als Endpunkt vorgeschlagen, vgl. Neu-Altenheimer 1987/89). Im vorliegenden Band wird die Bezeichnung – in Anlehnung an manche anderen Autoren – auf das gesamte Phänomen bis heute ausgedehnt, um einen bequemen, übergreifenden Begriff zu bekommen. Gleichzeitig werden die damals noch virulenten Diskussionen um die Bezeichnung der Sprache durch die allgemeine Übernahme von „Katalanisch" gelöst.

Schließlich öffnet die Restauration der Blumenspiele ein neues Kapitel in der Frage nach der möglichen Referenzform des Katalanischen. Bis dahin waren die meisten Texte mehr oder weniger in Anlehnung an die kastilische Norm geschrieben worden, mitunter, bei gelehrten Autoren, mit Rückgriffen auf die autochthonen Traditionen. Nun stellt sich die Frage nach der schriftlichen Form der Sprache offen. Im Vorfeld der Spiele von 1859 entfacht sich, vor allem zwischen Bofarull und Marià Aguiló i Fuster (1825 – 1897) eine Auseinandersetzung um die zu wählende Referenzform; beide tendieren zu (unterschiedlichen) historischen Vorbildern. Die große Auseinandersetzung wird sich indes in der Folge zwischen den Verteidigern des *català literari* oder *català acadèmic* und denen des *català que ara es parla* abspielen. Die Anhänger der ersten Lösung sind gewöhnlich gebildeten oder gelehrten Ursprungs, die zweiten kommen aus der Masse der spontanen Sprachverwender, welche die Einflüsse des Kastilischen akzeptieren. Damit stehen sich (implizit) auch zwei Konzeptionen der (möglichen) Funktionen der Sprache gegenüber: auf der einen Seite diejenigen einer kompletten und komplexen kommunikativen Funktion, auf der anderen die einer (stärker) vom Kastilischen abhängigen Sprache. Insofern ist die Situation zunächst der in der Provence ähnlich. Am Rande spielen auch sprachgeographische Fragen eine Rolle, nämlich, welche Varietäten des Katalanischen von einer Referenzform abgedeckt werden sollen, und, noch weiter, ob Katalanisch und Okzitanisch als eine einzige Sprache zu verstehen sind. Diese Auseinandersetzungen werden mit unterschiedlicher Intensität das restliche 19. Jahrhundert ausfüllen und erst mit der Gründung des *Institut d'Estudis Catalans* 1907 relativ rasch eine Lösung finden. Sie spielen sich relativ diffus ab, die Einzelheiten sind noch immer nur unzureichend erforscht. Angesichts des Erfolgs der Verwendung des Katalanischen in der Bevölkerung spielen die Konflikte nicht eine so zerstörerische Rolle wie in der okzitanischen Renaissance (vgl. Segarra 1985, 1985a; Rogge/Beinke 1991; Wurl 2016, 161-188).

Natürlich gibt es auch andere Bewegungen, die sich nicht bewusst an der *Renaixença* beteiligen oder sich ihr entgegenstellen. Wenn sie auf Katalanisch schreiben, dann widmen sie der Frage der Referenzsprache wenig Aufmerksamkeit, oft lehnen sie diese Diskussion überhaupt ab; sie sind gewöhnlich Stützen des *català que ara es parla*.

In diesem Zusammenhang gilt es auch, die Entwicklung der Schulgesetzgebung zu betrachten. Noch unter dem Absolutismus wird 1825 die *ley Calomarde* (nach Francisco Teodoro Calomarde, 1773 – 1842, einem der reaktionärsten Parteigänger von Ferdinand VII.) erlassen. 1845 soll sie von dem Plan Pidal (nach Pedro José Pidal, 1799 – 1865, einem Liberalen) ersetzt werden, der aber nicht greift. Um 1850 beziffert man den Analphabetismus in ganz Spanien auf mindestens 75 % (wahrscheinlich ist diese Zahl noch optimistisch, Schmidt/Schmidt-Herold ³2013, 241). Die allgemeine Schulpflicht wird 1857 von dem Minister Claudio Moyano Samaniego (1809 – 1890) in der *ley Moyano* verkündet, die letztlich mit Anpassungen bis zur Bildungsreform von 1970 Bestand hat. Allerdings greift auch sie nur langsam: es fehlt ständig an dem nötigen Geld für ihre Umsetzung. Dieses Defizit sollte bis gegen Ende des Franquismus nicht völlig überwunden werden: um 1970 gibt es noch immer eine statistisch messbare (wenn auch langsam geringer gewordene) Zahl an Analphabeten. Das Gesetz geht auf die Sprachenfrage nicht ein: das Monopol des Kastilischen im Unterricht wird als selbstverständlich aufrechterhalten. Schon zuvor wurde der Gebrauch anderer Sprachen im Unterricht mit teilweise verletzenden Strafen belegt (erste Hinweise darauf gibt es schon am Ende des 18. Jahrhunderts im Baskenland, weit verbreitet ist das System etwas später im Frankreich der Dritten Republik); diese Praxis setzt sich (teilweise) fort. Dennoch bleiben die Erfolge zunächst bescheiden: für 1860 wird für Spanien insgesamt eine Alphabetisierungsrate von 24,5 % angegeben, für Barcelona 27 %, für Girona und Tarragona um 20 %. Das hat damit zu tun, dass als „alphabetisiert" nur angesehen wird, wer auf *Kastilisch* alphabetisiert ist. Auf der anderen Seite werden laufend Lehrbücher für den Erwerb des Kastilischen über das Katalanische, bisweilen aber auch Werke für den Erwerb des Katalanischen veröffentlicht. Manche Pädagogen erkennen, dass der Unterricht des Kastilischen nur erfolgreich sein kann, wenn er von der tatsächlichen kommunikativen Praxis der Kinder ausgeht, einige wenige gehen noch weiter und propagieren den Unterricht *auf* Katalanisch, angesichts der noch ungeklärten Frage der Referenzsprache zunächst keine leichte Aufgabe. Daher lassen sich ab 1869 nur vereinzelte Initiativen beobachten (Bernecker/Eßer/Kraus 2007, 81; Marí ²2016, 112-114; Wurl 2016, 189-191).

Aus dem Gesagten geht implizit hervor, dass die beginnende Erneuerungsbewegung zunächst vor allem eine Sache der Gebildeten und Gelehrten, also der Bourgeoisie ist. Die arbeitende Bevölkerung, ob Landarbeiter oder entstehendes industrielles

Proletariat, ist noch zu bildungsfern, um Position zu beziehen. Zudem sind ihre Lebensbedingungen erbärmlich: ein Hilfsarbeiter (diese Kategorie ist die zahlenmäßig größte) kann von seinem Lohn praktisch nicht leben, nicht zuletzt daher liegt die Lebenserwartung sehr niedrig (Bernecker/Eßer/Kraus 2007, 81). Erst infolge des Umsturzes von 1868 gelingt es den Arbeitern allmählich und gegen massive Widerstände, anerkannte Organisationen zu bilden. Ihre Situation bleibt noch lange Zeit prekär. Dadurch erklären sich die immer wieder massiven und teilweise gewalttätigen Streikbewegungen. Die katalanische Bewegung wird sich erst nach und nach für diese Menschen interessieren, die sich ihrerseits nur zögernd dem Katalanismus annähern.

1868-1874, die Zeit der kurzen Ersten Republik in Spanien: eine relative Stabilisierung der wirtschaftlichen und politischen Lage seit Beginn der fünfziger Jahre führt dazu, dass Spanien versucht, sich wieder in die Reihe der europäischen Großmächte einzureihen. Es nimmt an verschiedenen neokolonialen militärischen Expeditionen teil, die das Budget massiv belasten und auf Kosten der einfachen Leute gehen. Immer stärker gerät Königin Isabella II. selbst unter Druck. Hinzu kommt ab 1866 eine internationale Wirtschaftskrise, welche in Spanien aufgrund des Ungenügens der Infrastruktur zu einer schweren Hungersnot führt. Bereits zu Beginn des Jahres 1866 versucht General Juan Prim i Prats (1814 – 1870), der sich im Marokkokrieg Ruhm erworben hatte, einen Umsturz, der aber scheitert. Prim, ein Katalane aus Reus, muss ins Ausland flüchten, ebenso seine Anhänger, wie etwa Víctor Balaguer, kann aber von dort weiter konspirieren. Er wird heute bis zu einem gewissen Grade als politischer Vorläufer der *Renaixença* gesehen. Die aufeinander folgenden königlichen Regierungen in Madrid reagieren repressiv und konfus. Den Ausschlag gibt der Aufstand der in Cádiz liegenden Flotte, die nach Cuba aufbrechen soll, um die dortige, von den USA unterstützte, Unabhängigkeitsbewegung zu bekämpfen. Führer des Aufstandes ist neben Prim General Francisco Serrano (1810 – 1885). Der Aufstand kann sich rasch durchsetzen, am 30. September 1868 flieht die Königin nach Frankreich. Die Republik wird ausgerufen, nach den Wahlen von Februar 1869 übernimmt zunächst Serrano die Regentschaft. Bereits am 1. Juni 1869 verkündet das Parlament eine neue Verfassung, die zu den liberalsten im damaligen Europa zählt. Sie erklärt die Monarchie zur Regierungsform, zunächst wird Prinz Leopold von Hohenzollern-Sigmaringen (1835 – 1905) als König in Betracht gezogen – was zum Deutsch-Französischen Krieg von 1870/71 führen wird – dann Amadeo d'Aosta von Savoyen (1845 – 1890), der Sohn Viktor Emmanuels II. von Italien. Kurz bevor er in Madrid ankommt, wird Prim, der starke Mann des neuen Staates, ermordet; wer hinter den Mördern steht, ist bis heute nicht ganz klar. Schon am 11. Februar 1873 tritt Amadeo I. zurück.

Daraufhin wird erneut die Republik ausgerufen, allerdings zerfällt die Koalition der einstigen Verschwörer rasch. Mehrere Präsidenten folgen in kurzen Abständen aufeinander, Spanien wird für kurze Zeit zu einer föderalen Republik, deren Exponent der bedeutende katalanische Liberale Francesc Pi i Margall (1824 – 1901) ist;

auch er kann sich nur wenige Monate halten. Gleichzeitig bricht 1872 der Dritte Carlistenkrieg aus, der 1876 mit einer neuerlichen Niederlage der Carlisten endet. Nach mehreren konservativen *Pronunciamientos* wird Ende 1874 Alfons XII. (Alfonso XII, 1857 – 1885), der Sohn Isabellas II. zum König ausgerufen. Fortan ist Spanien eine konstitutionelle Monarchie, in den nächsten Jahrzehnten lösen sich Konservative und Liberale in einem Machtkartell ab (Schmidt/Herold-Schmidt ³2013, 311-234), das mittels verfälschter Wahlen stabilisiert wird.

Diese turbulente Übergangszeit spielt für die Herausbildung des Katalanismus als politische Option eine wichtige Rolle. Bei den Wahlen von 1869 stimmt in Katalonien die Mehrheit der Wähler (allgemeines Wahlrecht für Männer ab 25 Jahren) für ein föderativ-republikanisches Modell, das jedoch innerhalb des Gesamtstaates nicht mehrheitsfähig ist. Auch die katalanischen Unternehmer stehen dem Föderalismus kritisch gegenüber, denn genau diese Richtung wird von der entstehenden Arbeiterbewegung unterstützt. Hier zeigt sich zum ersten Male, dass die katalanischen und die Klasseninteressen sich widersprechen können und dass in diesem Falle gewöhnlich die zweiten die Oberhand behalten (vgl. dazu Olivé i Serret 1994).

Deutlich wird auch, dass sich die politischen Ereignisse weitgehend auf den *Principat* beschränken. Die übrigen Gebiete der *Països Catalans* spielen keine herausragende Rolle.

4.2 Die Entwicklung im okzitanischen Sprachgebiet

Die Gründung des Félibrige spielt sich nicht zuletzt vor dem Hintergrund der Entstehung von *Mirèio*, dem ersten und letztlich berühmtesten der großen Epen Mistrals, ab. Mistral ist 1830 in Maillane, nicht weit von Arles, als jüngerer Sohn eines wohlhabenden Grundbesitzers geboren; er wird nach dem Tode seines Vaters finanziell abgefunden und muss sich nicht dem Erwerbsleben widmen. Kurz nach seinem *Baccalauréat* bricht die Revolution von 1848 aus, die ihn zunächst sehr beeindruckt. Schon während seiner Schulzeit in einem katholischen Pensionat beginnt er, ermutigt von seinem Lehrer Joseph Roumanille, auf Okzitanisch zu dichten (für ihn „auf Provenzalisch"). Neben einem Jurastudium beteiligt er sich an den Aktivitäten der Renaissance, immer in Kontakt mit Roumanille, gerät allerdings mehrfach in Auseinandersetzungen mit ihm, bevor es, im Zusammenhang mit der Gründung des Félibrige, zu einer dauerhaften Einigung kommt. Schon früh hat Mistral begonnen, neben den organisatorischen und orthographischen Auseinandersetzungen an seinem Epos *Mirèio* zu arbeiten. Bereits 1854 soll es in einer ersten, nicht überlieferten Form beendet sein.

Die Gründung des Verbandes spielt sich vor dem Hintergrund lebhafter, nicht öffentlicher politischer Diskussionen ab. Der im Zweiten Kaiserreich zunehmende Zentralismus, der sich durch diktatorische Züge des Regimes noch verstärkt, wird vielfach in Frage gestellt. Auch Mistral und seine Anhänger träumen von einem anderen Modell, das stärker föderalistisch oder wenigstens regionalistisch organisiert ist. Dabei spielt die Erinnerung an die Geschichte der Provence als unabhängiges Königreich, das sich Frankreich angeschlossen hat, eine zunehmende Rolle. Auf der anderen Seite ist der Kreis um Mistral konservativ; etliche fürchten die Umwälzungen, die sich in den sukzessiven Revolutionen andeuten. Roumanille etwa ist klerikaler Monarchist. Nur Aubanel ist deutlich liberaler, befreundet mit wichtigen französischen Schriftstellern seiner Zeit. Das wird später zum Bruch führen. Das erste Auftreten in der Öffentlichkeit der neuen Gruppe ist die Publikation des *Armana Prouvençau* für das Jahr 1855, eines Jahrbuches. Er wird zunächst bei Aubanel gedruckt (dessen Idee er war), erst 1858 geht er an Roumanille über, der sich in diesem Jahr als Drucker und Verleger mit dem schon etablierten Verleger Seguin assoziiert. Dieser frühe *Félibrige* ist politisch weitaus fordernder als der spätere. Vor allem die Frage der territorialen Reorganisation und einer föderalen Struktur Frankreichs beschäftigt seine Mitglieder. Die Bezeichnung *Renaissença* wird im Okzitanischen viel diffuser verwendet als im Katalanischen; im Allgemeinen bezeichnet sie den Zeitraum ab 1800 und gilt bis heute als noch nicht beendet, da sie ihre Ziele noch nicht erreicht hat.

Vor diesem Hintergrund arbeitet Mistral an seinem Epos. Er versucht, durch eine Reise nach Paris im März 1858, das Terrain für eine günstige Aufnahme vorzubereiten, denn er weiß, dass der Erfolg, den er sich erhofft, nur über die Aufmerksamkeit der Hauptstadt zu erreichen ist; zunächst ohne Erfolg. Auf Anraten von Freunden macht er sich an eine französische Übersetzung, die rasch voranschreitet. Seither ist die von einer Übersetzung begleitete okzitanische Version die übliche Publikationsstrategie der *Félibres*; sie ist auch ein Ausdruck eingestandener Dependenz vom Französischen. *Mirèio* erscheint schließlich am 21. Februar 1859 bei Roumanille/Seguin in Avignon (1860 gibt es eine zweite Auflage bei Charpentier in Paris). Rasch wird das Werk aufgrund seiner Qualität bekannt, noch im März bricht Mistral nach Paris auf, wo er gefeiert wird. Vor allem der hoch angesehene Romantiker Alphonse de Lamartine (1790 – 1869) schreibt in seinem *Quarantième entretien des Cour familier de littérature* von 1859 eine Lobeshymne auf das Epos – er nennt Mistral den „neuen Homer" –, die in hohem Maße zu seinem Ruhm beiträgt. Von nun an hat Mistral auch in Paris einen Namen. Seine klerikale Umgebung in Avignon hat allerdings erhebliche Vorbehalte gegen *Mirèio*, die sogar zu seiner zeitweisen Indizierung führen (Lafont 1966/67, 89-114; Lafont/Anatole 1970/71, 593-596).

Es ist kein Zufall, dass der große Romantiker das Werk lobt. Es entspricht eher seinen Vorstellungen als denen der Avantgarde der Zeit; diese schätzt eher Prosa, vor allem Romane. Das Epos spielt sich in der Crau, einer trockenen und steinigen Ebene südlich der Alpilles ab. Es beschreibt in zwölf Gesängen die unglückliche Liebesgeschichte zweier junger Menschen, die aus sozialen Gründen nicht zueinander kommen können. Schließlich begibt die Heldin sich auf Pilgerschaft nach Saintes-Maries-de-la-Mer, um zu den Heiligen zu beten. Sie stirbt jedoch an einem Sonnenstich. Bereits im ersten Gesang zeigt Mistral seine Präferenzen: er spricht von „*nosto lengo mespresado*" und nimmt damit, wohl unbewusst, die Worte von Pey de Garros wieder auf. Er benennt auch sein Zielpublikum: *"Car cantan que pèr vautre, o pastre e gent di mas!"* [*Car nous ne chantons que pour vous, ô pâtres et habitants des mas*]. Auch wenn man den Vers vielleicht nicht überbewerten sollte, zeigt er doch an, dass der Blick des Verfassers schon damals vor allem nach rückwärts gerichtet ist, auf eine (angeblich) besonnte Vergangenheit. Dass diese nicht immer ohne Probleme war, zeigt das Epos selbst. Vielleicht sind es diese Nostalgie und die Weigerung, Projekte für die Zukunft zu entwerfen, welche verhindern, dass der *Félibrige* auf Dauer zu einer größeren *sozialen* Wirksamkeit gelangt. Die Renaissance tritt schon an ihren Anfängen der Zukunft mit Misstrauen entgegen.

Unmittelbar nach dem Erfolg des ersten Epos setzt Mistral sich an ein zweites, *Calendau*, das im Februar 1867 erscheint. Die Idee dazu dürfte schon älter sein, denn bereits 1859 berichtet er davon in seiner Korrespondenz. Er sieht es als das nationale Epos der Provence, für das er sich ausführlich mit Dokumentation versorgt. Allerdings stößt er auf Widerstand, vor allem aufgrund einer Fußnote zum ersten Gesang, in der er auf die negativen Konsequenzen hinweist, welche die Kreuzzüge gegen die Katharer für die Gesellschaft des Südens hatten. Zunächst verweigern die katholischen Drucker in Avignon den Druck, dann kommt aus Paris die Anschuldigung (dazu von einem ehemaligen Weggefährten, Eugène Garcin, 1830 – 1909), Mistral sei Separatist. Dieser Vorwurf trifft ihn schwer, denn sein Ziel ist (noch) ein föderal gegliedertes, vom Zentralismus befreites Frankreich im Rahmen eines föderalen (und demokratischen) Europa. Diese nicht gerechtfertigten Angriffe machen sein späteres politisches Verhalten verständlicher.

4.3 Das Zusammentreffen zweier Renaissance-Bewegungen

In diese Zeit fällt eine Phase der intensivsten Begegnung zwischen Katalanen und Okzitanen. Bereits 1860 macht Damàs Calvet (1836 – 1891), einer der frühen Preisträger der *Jocs Florals* von Barcelona, während eines Frankreichaufenthalts die Bekanntschaft einiger *Félibres*, nimmt 1861 am Fest der *Tarasco* in Tarascon an der Rhône teil und lernt dort Mistral, Roumanille und Aubanel kennen. Mistral antwortet im gleichen Jahr mit dem Gedicht *I troubaire catalan*, dem ein Motto von Milà i Fontanals vorangestellt ist: „*no pot estimar sa nació, qui no estima sa provincia.*" Während auf die Einheit in der Geschichte verwiesen wird, findet sich auch eine Strophe, die die staatliche Trennung zwischen Provenzalen und Katalanen rechtfertigt, allerdings auf eine Zukunft mit engeren Beziehungen hofft:

> Li Prouvençau, flamo unanimo, [Les Provençaux, flamme unanime]

> Sian de la grando Franço, e ni court ni coustié; [nous sommes de la grande France, franchement et loyalement]

Li Catalan, bèn vouluontié, [les Catalans, bien volontiers]
Sias de l'Espagno magnanimo. [vous êtes de la magnanime Espagne]

Abb. 10: Víctor Balaguer

Zugleich wird das Katalanische als „*un rampau de nosto lengo*" [ein Zweig unserer Sprache] bezeichnet.

Fast zu gleicher Zeit beginnt Francesc Pelagi Briz (1839 – 1889) mit der Übersetzung von *Mirèio* ins Katalanische. Die Beziehungen intensivieren sich vor allem mit dem politischen Exil von Victor Balaguer seit 1866. Er verbringt es in Avignon, widmet den *Félibres* sein Werk *Esperances i records* (1866) und reist 1867 mit Mistral nach Paris. Mistral dankt mit seinem Gedicht *La Coumtesso*, das einen Refrain bekommt, der eigentlich eher in das Spätwerk des Dichters verweist: „*Ah! Se me sabien entèndre! Ah, se me voulien segui!* [Ah, wenn sie mich verstehen könnten! Ah, wenn sie mir folgen würden!] Im Zuge einer öffentlichen Subskription schenken die Katalanen, aus Dank für die Aufnahme Balaguers, dem *Félibrige* einen Pokal, der rasch zur *Coupo santo* wird. Noch heute dient er bei allen offiziellen Anlässen des Verbandes zum feierlichen Umtrunk. Mistral schreibt darauf sein Gedicht *La Coupo santo*, das mittlerweile zur Hymne des *Félibrige* geworden ist. Darin erwähnt er die Möglichkeiten sowohl des Scheiterns wie auch des Erfolges der Renaissance.

Nach seiner Rückkehr nach Barcelona lädt Balaguer als Präsident der *Jocs Florals* im Mai 1868 eine Abordnung des *Félibrige* nach Barcelona ein. Die Abordnung besteht aus Mistral, Louis Roumieux (1829 – 1894), William Bonaparte-Wyse (1826 – 1892)

Abb. 11: Katalanische und okzitanische Dichter in Montserrat, Mai 1868

und dem Philologen Paul Meyer (1840-1917). Die Reise wird zu einem öffentlichen Triumph. Die Zusammensetzung der Abordnung mag ein wenig erstaunen: außer Mistral reist keiner der (offiziellen) Gründer des *Félibrige* mit, immerhin ist Roumieux ein gewichtiges Mitglied des Verbandes, Bonaparte-Wise, der irisch-französische Lord, der mütterlicherseits von einem Bruder Napoléon Bonapartes abstammt, tritt vor allem als Mäzen und persönlicher Vertrauter Mistrals hervor. Paul Meyer, damals schon an der *Ecole des Chartes* in Paris, deren Direktor er später wird, hat über mittelalterliche okzitanische Literatur gearbeitet, er wird zusammen mit Gaston Paris (1839 – 1903) ein Verfechter der These, dass es nicht zwei romanische Sprachen in Frankreich gäbe, sondern dass es sich um einen „Flickenteppich" aus unmerklich sich verändernden Varietäten einer einzigen handle; er wird fortan die wissenschaftlichen Versuche mancher *Félibres* mit einem kritischen Auge betrachten; man kann seine Tätigkeit auch als versuchte Zensur betrachten.

Im September 1868 kommt eine Abordnung von zehn Katalanen, unter ihnen Balaguer und Albert de Quintana (1834 – 1907), nach Saint-Rémy-de-Provence zu einem Gegenbesuch zu einem großen Fest der *Félibres*. Mitten in dieses Fest hinein platzt die Nachricht vom Ausbruch der Revolution in Spanien, die Balaguer zur überstürzten Rückkehr veranlasst. Die Annäherung zwischen den beiden Bewegungen kommt indes über symbolische Schritte nicht hinaus.

Hinzu kommen die gegenläufigen politischen Entwicklungen: im Zuge der Revolution in Spanien wächst das Selbstbewusstsein der Katalanen. Auch die Frage des Spanischen Throns spielt eine entzweiende Rolle: während die Katalanen 1869/70 die Kandidatur des Hohenzollern unterstützen (Prim dürfte einer ihrer Promotoren gewesen sein, Balaguer arbeitet wohl ebenfalls in diesem Sinn), reiht der *Félibrige* sich in die ablehnende französische öffentliche Meinung ein. Der Krieg von 1870/71 und der Aufstand der *Commune* verstärken dieses Gefühl der nationalen Zugehörigkeit auf Seiten des *Félibrige* noch. Vor allem die *Commune* verstärkt nationale und soziale Befürchtungen. Mistral, der in seiner Jugend die Schriften des Frühsozialisten Pierre-Joseph Proudhon (1809 – 1865) gelesen hat, der föderale Strukturen verteidigt, schließt sich dem französischen Nationalismus in seiner konservativsten Gestalt an; seine einstigen Vorstellungen von einer autonomen Provence werden nach und nach durch einen vorsichtigen Regionalismus abgelöst, den er immer weniger zum Ausdruck bringt. Der Bruch wird offenkundig, als Mistral 1873, zur Zeit der kurzlebigen Spanischen Republik, die (vergeblich) versucht, sich eine föderale Gestalt zu geben, in dem Gedicht *A Dono Blanco* Partei für die Carlisten ergreift, die auf der Gegenseite der katalanischen Liberalen um Balaguer und Quintana stehen. Dieser reagiert mit einem bösen Schreiben an Mistral, das deutlich macht, dass beide Seiten unterschiedliche Ziele verfolgen.

Der *Félibrige*, der sich der Katalanen für seine Ziele zu bedienen versucht und nicht erkennt, dass ihre Bewegung schon damals einen stärkeren Rückhalt in der Gesellschaft hat, versucht zunächst, den Bruch nicht zur Kenntnis zu nehmen: bei der Reorganisation des Verbandes 1876 wird eine katalanische Provinz (*Mantenenço*) geschaffen, der 21 *Majoraux* [=Leiter, von 50] zugedacht sind. Diese beteiligen sich jedoch in der Folge nicht an den Arbeiten; möglicherweise ist die Auswahl der Kandidaten (die vor allem auf Quintana zurückgeht), nicht sehr glücklich; etliche wichtige Vertreter der *Renaixença*, wie Rubió i Ors, lehnen die Ernennung ab. Auch die Minorisierung der Katalanen dürfte eine Rolle gespielt haben. Auf jeden Fall muss der *Capoulié* Félix Gras (1844 – 1901) 1893 die katalanische Provinz in aller Stille schließen, fortan werden nur noch ganz vereinzelt Katalanen, gewöhnlich aus Nord-Katalonien, zum *Majoral* berufen (vgl. Barthe ²1962, 90-94, vor allem Martel 1992). Als letzte große gemeinsame Veranstaltung finden 1878 in Montpellier die *Fêtes Latines* statt, für die Quintana den Hauptpreis gestiftet hat. Er geht an den rumänischen Dichter und Politiker Vasile Alecsandri (1821 – 1890); damit soll Rumänien in die Gemeinschaft der romanischen Nationen eingegliedert werden. Zugleich soll eine gemeinsame (konservative) politische Aktion, vor allem gegen die zunehmende Bedeutung des neuen Deutschen Kaiserreichs, begründet werden (*l'idée latine*). Die praktischen Folgen dieser Feste bleiben indes gering (vgl. Barthe ²1962). Von nun an ist klar, dass die beiden Renaissance-Bewegungen unterschiedliche Wege gehen, sich zwar verbunden fühlen, aber keine gemeinsame Strategie mehr entwickeln können (vgl. Lafont 1969; Lafont/Anatole 1970/71, 499-507; Lafont 1978; Martel 2003).

Die okzitanische Renaissance bis zur Jahrhundertwende: mit dem Erscheinen von *Calendau* 1867 konkretisieren sich auf der einen Seite die politischen Vorstellungen von Mistral, der aufgrund des dort angedeuteten Autonomismus von Pariser Kreisen des Separatismus bezichtigt wird, ein (unberechtigter) Vorwurf, den er zu entkräften sucht, auf der anderen Seite kommt es in der Folge rasch zu einer grundlegenden Neuorientierung. Diese ist verschiedenen Faktoren geschuldet: die Mitte der sechziger Jahre sind nicht nur durch die Annäherung an die katalanische Renaissance gekennzeichnet sondern auch die allmähliche geographische Ausbreitung des *Félibrige* im okzitanischen Sprachraum. Damit wird die ursprüngliche mentale Eingrenzung der Bewegung auf die Provence hinfällig, wenn sie auch noch lange in manchen Köpfen fortbesteht. Das lässt auch die Frage nach der Bezeichnung der Sprache wieder virulent werden. Zum zweiten wird durch die wachsende Zahl der Anhänger allmählich eine Organisationsreform notwendig. Schließlich diversifizieren sich die Interessen der neuen Mitglieder, nicht zuletzt aufgrund der Unterschiede der verschiedenen Varietäten des Okzitanischen. Ein weiteres gewichtiges Element bildet die Veränderung des politischen Umfeldes.

Wie bereits angedeutet, haben der Krieg von 1870/71 und die *Commune* tiefgreifende Folgen für Mistral und damit für den gesamten Verband. In diesem Zusammenhang darf man nicht außer Acht lassen, dass auch in mehreren okzitanischen Städten, vor allem in Toulouse, Marseille, Narbonne, jeweils eine *Commune* ausgerufen wird. Zwar haben diese Aktionen nur kurzzeitig Erfolg, sie erschrecken jedoch die Bourgeoisie zutiefst. Infolgedessen rückt Mistral politisch nach rechts, der Verband steht der entstehenden Dritten Republik mit großer Reserve gegenüber, er wird stark von monarchistischen und klerikalen Kräften beeinflusst. Mistral lehnt den Gedanken des Fortschritts explizit ab. Dagegen wird sich im Verband eine Opposition bilden, die allerdings auf Dauer marginal bleibt. Mit dieser Hintanstellung der ursprünglichen politischen Vorstellungen wird er für weitere Kreise eines konservativen Bürgertums akzeptabel: die Zunahme der Mitgliederzahlen lässt sich nicht zuletzt damit in Zusammenhang bringen.

Der erste Schritt besteht in der Gründung des *Félibrige* als formaler Verband. Diese Etappe wird 1876 erreicht, Statuten werden verkündet. An der Spitze des Verbandes steht fortan ein *Capoulié* [*Capolièr*, Chef], der von einem Konsistorium von fünfzig *Majouraux* umgeben ist, sie entstammen nach einem relativ festen Schlüssel den verschiedenen Gebieten der Sprache. Das Gros der Mitglieder bilden die *Felibre Manteneire* [Bewahrer], aus denen sich die höheren Ränge rekrutieren. Jedes Jahr, am Tage der *Santo Estelo*, finden das große Fest und die Hauptversammlung des Verbandes statt. Als Ziel des Verbandes wird die sprachliche und literarische Wiedergeburt des Südens angegeben. Politische Vorstellungen werden nicht (mehr) erwähnt. Diese

Konzeption enthält implizit eine Vorstellung von der erhofften Funktion der Sprache: sie ist vor allem literarisch (angesichts einer gesellschaftlichen Umgebung, in der noch fast alle Bewohner des okzitanischen Sprachgebietes auch Okzitanisch sprechen, nicht so verwunderlich, aber auf einen elitären Gebrauch abzielend). Mistral übernimmt das Amt des *Capoulié* (bis 1888). Zwar sind diese Statuten seither in Details verändert worden, in ihren Grundzügen bestehen sie noch immer.

Parallel dazu beginnt die neuerliche Auseinandersetzung um die Referenzsprache. Bereits 1875 stellt der spätere Domherr Joseph Roux (1834 – 1905) aus Tulle die sprachliche Doktrin des *Félibrige* in Frage. Er möchte dem Primat des Provenzalischen den des Limousinischen entgegenstellen (aufgrund der zahlreichen Trobadore aus dem Limousin), er möchte die stark vom Französischen beeinflusste Graphie Roumanilles und Mistrals durch eine stärker auf den Traditionen des Mittelalters beruhende ersetzen. Allerdings sind seine linguistischen Kenntnisse bescheiden. Seine Reformvorschläge bleiben relativ ungeordnet, er verweigert sich letztlich jeglicher Innovation: « *Plus d'innovations, la tradition pure et simple.* » (Roux 1895, 2). Auf einer solchen Basis lässt sich keine moderne Referenzsprache errichten. Wenn auch seine direkte Bedeutung gering bleibt, wirft er erneut die Frage nach der äußeren Form der Sprache in die Debatte und bereitet damit einer Diskussion den Weg, die noch für lange Zeit im Zentrum der internen Auseinandersetzungen der Renaissance stehen sollte (und letztlich bis heute nicht abgeschlossen ist).

Zur ersten großen ideologischen Auseinandersetzung innerhalb des Verbandes kommt es kurz darauf. Im Oktober 1878 spricht Aubanel, der zahlreiche französische Intellektuelle zu seinen Freunden zählt, auf einem Bankett der dem *Félibrige* nahestehenden Vereinigung *la Cigale* in Paris; bei dieser Gelegenheit versucht er den Verband gegen den Vorwurf des Separatismus zu verteidigen, der Abend endet mit den Klängen der Marseillaise, mit anderen Worten mit einem Bekenntnis zur Republik. Darauf wütet der katholisch-konservative Flügel gegen ihn, neben Mistral den wichtigsten Vertreter der Renaissance-Literatur, und einen der höchsten Repräsentanten des Verbandes. Mistral unterstützt Aubanels Gegner, der schließlich kaltgestellt und isoliert wird. Fast zu gleicher Zeit entsteht, vor allem im Languedoc, eine Gruppierung, die sich als *Félibrige rouge* bezeichnet, republikanische und laizistische Werte verteidigt und sich gegen den Einfluss des katholischen Klerus stellt. Diese Gruppe vertritt auch den so genannten *Albigeismus*, die Erinnerung an die Opfer der Kreuzzüge gegen die Katharer, die zu jener Zeit durch die Publikationen des protestantischen Geistlichen Napoléon Peyrat (1809 – 1881) wieder in das Bewusstsein der Öffentlichkeit dringen. Die wichtigsten Vertreter sind Louis-Xavier de Ricard (1843 – 1911) und vor allem Auguste Fourès (1848 – 1891). Sie können sich auf Unterstützung in anderen Teilen des Sprachgebietes stützen, vor allem in Marseille mit seiner starken linken Tradition. Immer wieder werden sich oppositionelle Strömungen in dem Verband auf diese Vorläufer berufen. Sie können allerdings auf Dauer seine ideologische Ausrichtung nicht wesentlich beeinflussen, damit aber auch seine soziale und politische Selbstbeschränkung nicht aufheben.

Als sie in den Verband eintreten, veröffentlichen sie die folgende Erklärung:

> Nous voulons affirmer trois choses : notre adhésion à la renaissance méridionale représentée par le Félibrige ; les droits du dialecte languedocien à être traité d'égal à égal par le provençal ; la tradition libertaire et républicaine du Midi, sa vraie tradition nationale, selon nous, contre l'embauchage du Félibrige par les partis clérico-monarchiques qui, au contraire, furent pour le Languedoc au passé, et ont encore failli être dans le présent, des fauteurs et des artisans de ruines, de servitude et de misères.
>
> (nach Pansier 1924-32, vol. IV, 99-100)

Abb. 12: Auguste Fourès

Die letzten Jahrzehnte des 19. Jahrhunderts werden durch eine gewisse Stagnation gekennzeichnet. Zwar veröffentlicht Mistral weitere Epen, vor allem im Jahre 1899 *Lou Pouèmo dóu Rose* [Das Gedicht von der Rhône], in dem er den Untergang der traditionellen Schiff-Fahrt auf der Rhône und ihre Ablöse durch motorgetriebene Schiffe zum Thema macht; das Epos vereint die Ablehnung des Fortschritts mit dem Bewusstsein der Niederlage. Es ist ein Indiz für die Resignation Mistrals zu jener Zeit. Etwas früher (1886) schließt er sein großes Wörterbuch, *Lou Tresor dóu Felibrige* ab, das sich stark auf dasjenige Honnorats stützt und das neben einer reichen lexikalischen Ernte auch zahlreiche enzyklopädische Informationen enthält. 1888 löst ihn Roumanille als *Capoulié* ab, nach dessen Ableben übernimmt 1891 der Romancier Félix Gras das Amt;

Gras gilt als Minimalist, der sich nicht auf größere politische Vorstöße einlässt. Nach dessen frühem Tod 1901 wird Pierre Dévoluy[1] (1862 – 1932, eigentlich Paul Gros-Long) bis 1909 *Capoulié*.

Diese Resignation macht sich auch in den Forderungen bemerkbar, die der *Félibrige* an den französischen Staat richtet. Von im engeren Sinne politischen Forderungen ist kaum noch die Rede, sobald die Dritte Republik einigermaßen sicher installiert ist. Die allgemeine Schulpflicht, die 1881/82 durch den Erziehungsminister Jules Ferry (1832 – 1893) erlassen werden, und dem Französischen in den Schulen ein Monopol sichern (wollen), verändern die Situation insofern, als der *Félibrige* nun für die Einführung des Okzitanischen an den Schulen sich einzusetzen beginnt. Auch Mistral geht in seinen Reden, vor allem bei den jährlichen Festen, darauf ein. Daneben gibt es lebhafte Bemühungen um eine Pädagogie und Didaktik des Okzitanischen in den Schulen (am ehesten erhält die Sprache einen bescheidenen Platz in den religiösen Schulen).

Eine politische Initiative ist zu erwähnen: gegen den Minimalismus von Gras formiert sich zu Beginn des Jahres 1892 eine Gruppe von jungen Autoren, nämlich Frédéric Amouretti (1863 – 1903), Marius André (1868 – 1927) und Charles Maurras (1868 – 1952), die am 22. Februar 1892 in Paris ein *Manifeste des jeunes félibres fédéralistes* vortragen, in dem sie fordern, dass der Verband von Worten zu Taten übergeht und ernsthaft an einer Neuordnung Frankreichs auf föderalistischer Basis arbeitet. Die Autoren meinen, im Rahmen eines Föderalismus ließen sich „die zwei oder drei sozialen Fragen, die uns am meisten bewegen, mit weniger Schwierigkeiten lösen." Der Text erregt öffentliche Aufmerksamkeit, etliche wichtige Mitglieder schließen sich ihm an, er entzweit aber auch den Verband. Mistral scheint ihn mit Wohlwollen gelesen zu haben, er hat kurz zuvor die bis 1899 bestehende Zeitschrift *L'Aiòli* [=Mayonnaise mit Knoblauch] gegründet, dort räumt er den Verfassern einen gewissen Platz ein. Allerdings verläuft sich diese Initiative nach kurzer Zeit im Sande: französischer Nationalismus, katholische Intransigenz und provenzalische Ängstlichkeit verhindern gemeinsam, dass ihr eine weitere Bedeutung zukommt. 1898 wird im Zuge der Dreyfus-Affäre die *Ligue de la patrie française* gegründet, eine nationalistische und Organisation von Intellektuellen, die sich gegen Alfred Dreyfus (1859 – 1935) wendet; Mistral schließt sich ihr an und reiht sich damit definitiv und für jeden sichtbar in das konservative Lager Frankreichs ein. Das ist insofern ein gewisser Bruch, als er sich zeitlebens gegen eine Zugehörigkeit zur *Académie française*, aber auch gegen einen Sitz in der Nationalversammlung (er wird ihm mehrfach angetragen) entschieden hatte (Camproux 1953, 180-182; Jouveau 1970, 186-194; Lafont 1974, 151-155). Im Jahre 1900 wird, sozusagen auch als Spätfolge des *Manifeste* von 1892, eine *Fédération Régionaliste Française*, maßgeblich durch den *Félibre* Jean Charles-Brun

---

[1] Man findet die Graphien Dévoluy und Devoluy; nachdem die Landschaft, der dieses Pseudonym zugrunde liegt, Dévoluy geschrieben wird, übernehme ich, außer in Zitaten, diese Schreibweise.

(1870 – 1946) gegründet; es handelt sich um eine eher konservative Vereinigung, die kaum praktische Erfolge erzielt. Sie wird sich 1940 auf Seiten von Pétain engagieren, allerdings auch da nur mit geringem Erfolg, und daher nach der *Libération* von der Bildfläche verschwinden (vgl. zu dieser Periode auch Bladé Desumvila 1961).

1904 wird Mistral mit dem Literatur-Nobelpreis ausgezeichnet, gemeinsam mit dem spanischen Dramatiker José Echegaray (1832 – 1916), mit dem ihn inhaltlich nichts verbindet. Er ist bis heute der einzige Literatur-Nobelpreisträger, der in einer Minderheitensprache ohne offiziellen Status schreibt. Insofern verweist die Auszeichnung auf seine Bedeutung. Der greise Nobelpreisträger von 1904 hat indes nur noch wenig mit dem jungen Schriftsteller der fünfziger und sechziger Jahre gemein. Den Ausbruch des Ersten Weltkrieges erlebt er nicht, er stirbt am 25. März 1914.

Nach dem literarischen Aufbruch, den die Werke Mistrals und Aubanels in den fünfziger und sechziger Jahren bedeuten, wird es literarisch stiller um den *Félibrige*. Neben den bereits Erwähnten schreiben nur wenige der Autoren der folgenden Generation Werke von ähnlicher literarischer Bedeutung. Man kann den *Capoulié* Félix Gras als den eigentlichen Schöpfer des historischen Romans auf Okzitanisch nennen. Eine Generation jünger ist Valère Bernard (1860 – 1936), der, aus Marseille stammend, als Bildhauer und vor allem Graveur hervortritt und einige bedeutende realistische Prosawerke über die Unterschichten von Marseille hinterlässt. Wirklich bedeutend wird Joseph d'Arbaud (1874 – 1950), allerdings entsteht sein Werk in der Hauptsache erst im 20. Jahrhundert. Auch die Blüte des gaskognischen und bearnesischen *Félibrige* findet erst im 20. Jahrhundert ihre Vollendung. Einige Autoren gewinnen Bedeutung als Volksschriftsteller, die in ihren Regionen populär werden. Zu ihnen zählt etwa der Pfarrer Justin Bessou (1845 – 1918) aus dem Rouergue. Eine neue literarische Blüte von einiger Breite wird erst gegen Mitte des 20. Jahrhunderts wieder erkennbar werden.

Während die katalanische Renaissance zwischen 1833 und 1868 trotz einiger Rückschläge vor allem Fortschritte macht und von einer nur literarischen allmählich zu einer gesellschaftlichen Bewegung wird, die sich für eine Veränderung der Gesellschaft engagiert (wenn auch nicht alle ihre Anhänger dieselben Ziele haben), schlägt die okzitanische (provenzalische) Bewegung zwar zu Beginn einen ähnlichen Weg ein, während des Zweiten Kaiserreiches veröffentlicht Mistral manchen kühnen Gedanken, seit der Gründung der Dritten Republik konzentriert der *Félibrige* sich immer mehr auf die *Bewahrung* von Sprache und Literatur, ohne zu erwähnen, dass beide nur in einem geeigneten gesellschaftlichen Umfeld gedeihen können. Pläne für die Zukunft der Gesellschaft im okzitanischen Gebiet werden kaum mehr öffentlich. Von da an sind es immer die Außenseiter des Verbandes, die auf die grundlegenden Fragen zurückkommen; sie können sich indes auf Dauer nicht durchsetzen.

5 Die nachhaltige Politisierung des Katalanismus nach dem Ende der Ersten Republik

Die Revolution von 1868 bedeutet für die Katalanen zunächst einen Moment der Hoffnung: einer der wichtigsten Akteure ist ihr engerer Landsmann Prim, auch andere Katalanen, die der *Renaixença* nahestehen, sind beteiligt. Der Gedanke eines föderalen Staatsaufbaues liegt in der Luft. Auch nach Prims Ermordung Ende 1870 verschwinden diese Hoffnungen noch nicht gänzlich, wenn auch deutlich wird, dass sich einer energischen Erneuerung des Staats gewichtige Interessen entgegenstellen.

Die politische Öffnung von 1868 gibt den Katalanen neue Möglichkeiten, sich zu organisieren und an die Öffentlichkeit zu treten. Bereits am 18. Mai 1869 wird von verschiedenen föderalistischen Vereinigungen der ehemaligen Krone von Aragón (Katalonien, die Balearen, Valencia, Aragón) der *Pacte de Tortosa* verabschiedet. Er enthält ein Programm für eine föderalistische Neuordnung Spaniens mit einem Zusammenschluss der *Països Catalans* im engeren Sinne mit Aragón. Damit wird im ersten wichtigen politischen Manifest des erst entstehenden Katalanismus das Konzept der Katalanischen Länder in den Vordergrund gestellt. In der Folge dieses Paktes werden in verschiedenen anderen Teilen Spaniens ähnliche Pakte geschlossen, sie werden allerdings alle auf die weitere politische Entwicklung keinen nachhaltigen Einfluss ausüben. Die wichtigsten Prinzipien des Paktes stammen von Valentí Almirall i Llozer (1841 – 1904), der für mehr als eine Dekade die führende politische Figur des Katalanismus wird, ja, diesen eigentlich begründet. Almirall entstammt der damals in Barcelona führenden liberalen Bourgeoisie, er ist zunächst Föderalist und Republikaner, erst der Zusammenbruch der Republik lässt ihn zum Katalanisten im engeren Sinne werden. In seiner ersten Phase ist der politische Katalanismus linksliberal und nicht separatistisch; die Katalanen hoffen (noch) auf einen Ausgleich mit Madrid. Im selben Jahr 1869 gründet Almirall die kurzlebige politische Tageszeitung *El Estado Catalán* (noch mit kastilischem Titel), 1879-1881 wird er dann mit dem *Diari Català* die erste auf Katalanisch erscheinende Tageszeitung leiten. Zur gleichen Zeit, 1869/70 wird die *Jove Catalunya* gegründet, die erste explizit politische Organisation des Katalanismus. Wenn sie auch nur wenige Jahre bestehen wird, bildet sie doch den Ausdruck eines neuen kollektiven Bewusstseins.

Nach der Wiederkehr der Bourbonen mit der Thronbesteigung Alfons' XII. Ende Dezember 1874 kommt die fortschrittliche Periode der spanischen Geschichte zu einem vorläufigen Ende. Diese Restauration bedeutet nicht zuletzt für die Katalanen eine Enttäuschung. Sie müssen sich zugeben, dass eine staatliche Neuordnung auf der Basis der Gleichberechtigung der einzelnen Gebiete in Zusammenarbeit mit dem

Abb. 13: Valentí Almirall i Llozer

Zentrum Madrid nicht möglich scheint. Aus dieser Erfahrung erwächst allmählich die Erkenntnis, dass Allianzen mit Madrider bzw. gesamtspanischen Gruppierungen wenig aussichtsreich sind. Von nun an versuchen die Katalanen immer stärker, ihre Ziele alleine zu verwirklichen.

Zunächst verwirklicht sich die neue Ausrichtung auf organisatorischer Eben: verschiedene Vereinigungen entstehen, Valentí Almirall organisiert 1880 den *Primer Congrés Catalanista*, dem 1883 ein zweiter folgen wird. Auf dem ersten werden die Gründung einer Akademie der katalanischen Sprache und die Bewahrung des katalanischen Zivilrechts beschlossen, zunächst ohne Erfolg. Der zweite Kongress wird sich gegen die Mitgliedschaft von Katalanen in gesamtspanischen Parteien aussprechen, eine Haltung, die bis heute noch eine gewisse Bedeutung hat. 1882 wird, unter dem Einfluss von Almirall, das *Centre Català* gegründet, das sich rasch zur ersten politischen Partei des Katalanismus entwickelt, dann aber an seinen inneren Widersprüchen zerbricht. Almirall redigiert wiederum den 1885 veröffentlichten *Memorial de Greuges* [Beschwerdeschrift], der nach dem Tode Alfons' XII. an die Regentin María Christina (1858 – 1929), die Mutter des noch unmündigen Königs Alfons XIII. (1886 – 1941, reg. 1902-1931), gerichtet wird. Darin werden alle Beschwerden formuliert, welche die Katalanen gegen Madrid erheben. Auch dieser Text findet nicht das erwünschte Echo. Im folgenden Jahr 1886 publiziert Almirall sein Werk *Lo Catalanisme* mit dem Untertitel *Motius que'l llegitiman, fonaments cientifichs y solucions practicas* (Barcelona: Verdaguer/López), in dem er zum ersten Male die theoretischen Grundlagen für den Katalanismus als politische Doktrin legt. Alle späteren Autoren werden sich auf dieses Werk beziehen. Zwar ist es in seiner Grundausrichtung noch regionalistisch (das könnte ein Zugeständnis an die politische Situation sein), letzten Endes strebt der Autor (mindestens) eine weitgehende Autonomie an. Als Almirall sich 1887 gegen die Ausrichtung der Weltausstellung 1888 in Barcelona ausspricht, kommt es zu einer folgenschweren Spaltung des *Centre Català*. Die konservativeren und stärker an der Wirtschaft interessierten Kreise spalten sich ab und gründen 1887 die *Lliga de*

Catalunya, zunächst unter dem Vorsitz des bedeutenden modernistischen Architekten Lluís Domènech i Montaner (1850 – 1923). Damit gleitet der Katalanismus für mehrere Jahrzehnte stark auf die konservative Seite und wird zu einer vor allem bourgeoisen Bewegung. Der Einfluss von Almirall ist im Sinken, die gesellschaftliche Basis des Katalanismus wird schmäler. Die besonders in Barcelona immer stärker werdende Arbeiterklasse kann ihn daher schwerlich als Verbündeten sehen. Das späte 19. Jahrhundert erlebt die erste größere Einwanderungswelle aus anderen Teilen Spaniens; zwar werden die Zuwanderer, vor allem Proletarier, relativ rasch in die katalanische Kultur und Sprache integriert, denn das Katalanische ist inzwischen zur gesellschaftlichen Leitsprache geworden, der immer stärker vorherrschende rechte Katalanismus des ausgehenden Jahrhunderts ist für sie indes kein attraktiver Grund für ein Engagement.

Unter Federführung der *Lliga*, die seit 1892 durch die *Unió Catalanista* ergänzt wird, werden 1892 die *Bases de Manresa* veröffentlicht, neuerlich ein Text, der die Forderungen der Katalanen an den Staat formuliert. Er ist zwar von den früheren Texten beeinflusst, geht jedoch in manchem darüber hinaus. Die *Bases* fordern Autonomie und eine wirtschaftliche und politische Neuordnung Spaniens. Allerdings sind die Grundlagen des Textes im Hinblick auf die Gesellschaft traditionalistisch, sie ermöglichen auf der einen Seite eine Reihe von relativ weitgehenden Forderungen, machen auf der anderen zugleich die Koexistenz mit dem bestehenden System möglich.

Die folgenden Jahrzehnte werden durch eine Reihe von Spaltungen, Neugründungen, Gegengründungen beeinträchtigt, durch die deutlich wird, dass nicht nur sprachlich-kulturelle Fragen eine Rolle spielen, sondern dass die materiellen Interessen vielfach die Oberhand behalten. Neben einer Opposition Katalanen – Kastilier (Madrider) verschärft sich ein zweiter Widerspruch, welcher die (Groß-) Bourgeoisie den kleinen Leuten und namentlich dem Proletariat entgegen stellt. Diese doppelte Front bildet eine der entscheidenden Schwächen des Katalanismus bis in die Gegenwart. Nur wenn sie (zeitweise) aufgehoben werden kann, kommt es zu größeren Fortschritten.

Der Besuch des Königs Alfons XIII. in Barcelona 1904 führt zu einer Spaltung der *Lliga* im Hinblick auf die gegenüber der Krone einzunehmende Haltung. Nun beginnt die Periode, in der Enric Prat de la Riba (1870 – 1917) die katalanistische Politik bestimmen kann. Er veröffentlicht 1906 ein kurzes Werk, *La nacionalitat catalana*, in dem er die Grundzüge einer möglichen katalanischen Politik zu skizzieren versucht. Von nun an ist immer mehr von katalanischer *Nationalität* und wenig später auch von *Nation* die Rede. Damit vollzieht sich ein weiterer Schritt in der ideologischen Entwicklung der Emanzipation von Spanien. Eine wichtige Rolle bei der Verbreitung seiner Gedanken spielt die seit 1892 erscheinende Zeitung *La Veu de Catalunya* [Stimme Kataloniens], die ab 1899 als Tageszeitung erscheint. Auf der Linken entsteht, sozusagen als Replik, 1904 *El Poble Català*, der ab 1906 ebenfalls als Tageszeitung erscheint. Seit den neunziger Jahren stellen die Katalanisten bei Wahlen Kandidaten auf, zunächst ohne großen Erfolg, bis dann 1901 bei den Parlamentswahlen ein erster

Abb. 14: Enric Prat de la Riba

großer Sieg erreicht wird. Im gleichen Jahr wird die *Lliga* unter dem Namen *Lliga Regionalista* als politische Partei begründet, die für zwei Jahrzehnte eine führende Position einnehmen sollte (vgl. Soldevila 1976; Bernecker/Eßer/Kraus 2007; Gimeno 2010).

Die politische Entwicklung geht Hand in Hand mit einem kulturellen Aufstieg. Dabei spielen die Architekten eine große Rolle, die seit dem späteren 19. Jahrhundert Barcelona teilweise ein neues Gesicht geben, aber auch die Maler, Bildhauer und Musiker, die unter dem Zeichen des *Modernisme* einen weitgehend eigenständigen katalanischen Jugendstil entwickeln. Besondere Bedeutung kommt in dieser Phase den Schriftstellern zu. Es fällt auf, dass sie bei den ersten Anfängen der *Renaixença* eine weniger bedeutende Rolle gespielt haben als in der okzitanischen Bewegung. Im späten 19. Jahrhundert treten sie nun stärker in den Vordergrund. Eine besondere Rolle kommt dem Geistlichen Jacint Verdaguer (i Santaló, 1845 – 1902) mit seinen Epen *L'Atlàntida* (1877) und *Canigó* (1886) zu. In ähnlicher Weise wie Mistral, aber eben fast zwei Jahrzehnte später, schreibt er Epen, die vor allem in die Vergangenheit weisen. Auch politisch ist Verdaguer dem konservativsten Teil der katalanischen Gesellschaft zuzuordnen. In seinen Werken, vor allem dem zweiten, ist Katalonien noch auf der Suche nach sich selbst und seinen Möglichkeiten. Aufgrund seiner Werke anerkannt, spielen seine gesellschaftlichen Optionen keine entscheidende Rolle; die katalanische Bewegung verfügt in dieser Hinsicht bald über differenziertere Facetten als die okzitanische. Dagegen kommt dem Theater in einer nur in bescheidenem Ausmaß alphabetisierten Gesellschaft eine hohe Bedeutung zu. Nach dem Erneuerer des Theaters auf Katalanisch, Frederic Soler (1839 – 1895, bekannt vor allem unter seinem Pseudonym Serafí Pitarra) erreichen vor allem die Stücke von Àngel Guimerà (1845 –

Abb. 15: Jacint Verdaguer i Santaló

1924) große, auch internationale Bekanntheit. Unter den frühen Romanciers ist vor allem Narcís Oller (1852 – 1930) zu nennen. Auch in den anderen Gebieten des katalanischen Sprachraums treten bisweilen bedeutende Schriftsteller und Künstler auf, die sich dieser Kultur zugehörig fühlen. Sie und viele andere führen Katalonien um die Jahrhundertwende zu einer Blüte, die es seit langem nicht gekannt hat.

Fazit: während die okzitanische Renaissance sich gegen Ende des Jahrhunderts in mehrfacher Weise in einer Krise befindet – literarisch findet Mistral zunächst kaum wirkliche Nachfolger, besonders keine künstlerischen Neuerer von Bedeutung, politisch ist der *Félibrige* weitgehend ein Element des konservativsten Teils der französischen Gesellschaft, der die Republik und die beginnende Laizisierung der Gesellschaft ablehnt, der Aufbau *eigener* gesellschaftlicher und politischer Strukturen ist weitgehend gescheitert, was, gemessen an den Hoffnungen der Frühzeit als Niederlage gesehen werden muss – hat die katalanische eine fast kontinuierliche Aufwärtsbewegung hinter sich. Nach mühsamen Anfängen, die nicht zuletzt der politischen Lage in Spanien geschuldet waren, und zunächst weniger bedeutsamen literarischen Werken – die dazu beitragen, dass die Literatur nicht zu sehr in den Vordergrund tritt – hat er nach den nicht erfüllten Hoffnungen von 1868/74 sich zunehmend eine gesellschaftliche Basis aufbauen können, die ihn zu einem wichtigen politischen Faktor macht. Zweifellos hat der Katalanismus in der Dekade zwischen 1870 und 1880 die dritte Stufe des Modells von Miroslav Hroch erreicht. Diese Entwicklungen haben Auswirkungen auf die Sprachen: während das Katalanische in zunehmendem Maße neue Kommunikationsbereiche und Textsorten für sich erobert und an Prestige gewinnt, wenn auch allmählich die Zahl der Zweisprachigen aufgrund der verbesserten Ausbildungsbedingungen und der Mobilität wächst, können die Varietäten des Okzitanischen sich nicht von dem Makel befreien, sie seien nur sozial abgewertete *Patois*. Daraus resultiert eine wachsende Attraktivität des Französischen, das sich nach und nach verbreitet. Auch hier nimmt der Grad einer (unvollkommenen) Zweisprachigkeit in der Gesellschaft zu, allerdings werden langsam Tendenzen zur Aufgabe des Okzitanischen deutlich, so dass die Gefahr deutlich wird, dass es auf lange Sicht zu einer sprachlichen Substitution kommt. Während der Katalanismus um 1900 insgesamt recht optimistisch in die Zukunft blicken kann, stellen sich manche der aufmerksamsten Vertreter der okzitanischen Renaissance die Frage, ob es nicht einschneidender Kurskorrekturen bedarf.

Aufgaben zu Teil II

1. Vergleichen Sie Gedichte von Jasmin und Gelu in den originalen Graphien. Worin unterscheiden sie sich?
2. Lesen Sie die *Oda a la Pàtria* von Aribau und versuchen Sie, sie sprachlich und inhaltlich zu interpretieren. Inwiefern eignet sich der Text als Symbol für die *Renaixença*?
3. Lesen Sie den Anfang von Mistrals *Mirèio* und achten Sie dabei auf die Unterschiede zwischen dem provenzalischen und dem französischen Text. Welche Unterschiede können Sie feststellen?
4. Welche Gründe sehen Sie für das Scheitern der Integration der Katalanen in den *Félibrige*?
5. Interpretieren Sie den Auszug der Beitrittserklärung der *Félibres rouges* in sprachlicher, politischer und historischer Hinsicht.
6. Vergleichen Sie die großen Forderungskataloge der Katalanen – den *Pacte de Tortosa* 1869, das *Memorial de Greuges* von 1885 und die *Bases de Manresa* von 1982 auf ihre sprachenpolitischen Inhalte hin.

Teil III: **Das 20. Jahrhundert – die erste Hälfte**

6 Die Lage zu Beginn des 20. Jahrhunderts

6.1 Frankreich und Spanien um 1900

Frankreich: Nach einer längeren Zeit der Ungewissheit über die zukünftigen politischen Strukturen kann sich die Republik seit etwa Beginn der achtziger Jahre in der Gesellschaft verankern. Die Regierungen jener Zeit versuchen aufgrund dieser Unsicherheit durch verschiedene Maßnahmen, einer möglichen Rückkehr der Monarchie vorzubeugen. Die allgemeine Schulpflicht ist nur eine von ihnen. Eine andere ist die beginnende Politik der *Laizisierung*, d. h. der Trennung von Kirche und Staat. Damit soll die Katholische Kirche vor allem aus ihren bisherigen Machtpositionen im Erziehungswesen vertrieben werden. Seit den achtziger Jahren wird auch die koloniale Expansion wieder aufgenommen, als erstes wird Tunesien 1881 französisches Protektorat. Am Ende dieser Phase wird gegen 1900 das Kolonialreich etwa zehnmal so groß sein wie das eigentliche Frankreich. Mit diesen Schritten versucht Frankreich, sein durch die Niederlage von 1870/71 gesunkenes internationales Ansehen wieder zu heben. Gleichzeitig will es die *Revanche* vorbereiten, um die Niederlage von 1871 zu kompensieren.

Im Schatten der Konsolidierung der Republik stehen zahlreiche interne Konflikte, Streikwellen und auch die Versuchung des Autoritarismus, die sich in der Person des Kriegsministers Georges Boulanger (1837 – 1891) konkretisiert. Sein Versuch, 1889 die Macht auf legalem Wege zu erobern, scheitert zwar, öffnet jedoch auf längere Sicht Tür und Tor für einen organisierten Rechtsradikalismus. Auf der anderen Seite bildet sich langsam eine Arbeiterbewegung heraus, die meist den Gedanken von Karl Marx nahesteht; der Anarchismus bleibt – vor allem im Vergleich zu Spanien – vergleichsweise schwach. Da sie sich in unterschiedlichen Parteien und Gruppierungen organisiert, bleibt ihr Einfluss zunächst begrenzt. Erst 1905 schließen sich die wichtigsten Strömungen zur *Section Française de l'Internationale Ouvrière* [SFIO] zusammen, die danach rasch Erfolge erzielt.

Die Dritte Republik kann die politische Isolierung, in der sie sich zunächst befindet, durch die Russisch-Französische Militärkonvention von 1894 durchbrechen und 1904 durch die *Entente Cordiale* mit Großbritannien vollends aufheben. Verschiedene andere Abkommen wirken in dieselbe Richtung. Eines der Ziele der französischen Politik ist die politische Einkreisung des Deutschen Reiches.

Die größten gesellschaftlichen Spannungen entstehen durch die *Affaire Dreyfus*. Alfred Dreyfus (vgl. Kap. 4.2), der einzige jüdische, aus dem Elsass stammende Offizier im französischen Generalstab, wird 1894 wegen Hochverrats zu lebenslänglicher Deportierung auf die Teufelsinsel vor Cayenne (Französisch-Guayana) verurteilt. Von Anfang an wird dieses Urteil aufgrund von internen Widersprüchen seiner Begründung in Frage gestellt. Viele vermuten, es beruhe auf Antisemitismus und solle andere, meist adlige Verdächtige aus der Schusslinie bringen. Ein offener Brief von Emile Zola (1840 – 1902) mit dem Titel *J'accuse* (1898) zwingt zwar diesen ins Exil, die Justiz muss die Affäre indes wieder aufnehmen: 1899 erfolgt die Begnadigung von Dreyfus, erst 1906 seine völlige Rehabilitierung. Über mehr als ein Jahrzehnt hinweg spaltet sich die französische Gesellschaft in *Dreyfusards* und *Anti-Dreyfusards*, die ersten entstammen vor allem dem linken und republikanischen Lager, die zweiten konservativen, monarchistischen und antisemitischen Kreisen. Im Zuge der Auseinandersetzungen entstehen sowohl die französische Menschenrechtsliga als auch die schon erwähnte *Ligue de la patrie française*. Vor allem jedoch schafft Charles Maurras, kurz zuvor noch die große Hoffnung Mistrals für die Zukunft des *Félibrige*, die monarchistische und antisemitische *Action Française*, auf Jahrzehnte die stärkste Organisation der extremen Rechten in Frankreich. Die Verwerfungen, die aus dieser Auseinandersetzung erwachsen, werden die Positionierungen der Gruppen in der französischen Gesellschaft bis (mindestens) zum Zweiten Weltkrieg mitbestimmen. Die schweren inneren Kämpfe, die Frankreich nach dem Ersten Weltkrieg spalten, haben hier eine Wurzel.

Wirtschaftlich setzen sich in der Dritten Republik die schon angedeuteten Tendenzen des Zweiten Kaiserreichs fort: die Industrialisierung macht Fortschritte, allerdings vor allem im Norden und Osten Frankreichs, der Süden und Westen bleiben weitgehend agrarisch. Während das industrielle Frankreich, von einigen größeren Krisen unterbrochen, prosperiert, stagnieren die agrarischen Gebiete. Das führt weiterhin zur Abwanderung der Bevölkerung, vor allem in die wachsenden Städte, in denen ein immer größeres Proletariat unter unsicheren Bedingungen lebt. Fortan steht ein fortschrittliches städtisches und laizistisches Frankreich einem konservativen ländlichen gegenüber; der Beobachter hat mitunter den Eindruck, sich in zwei Welten zu bewegen (daher das verbreitete Schlagwort der *deux France* [sic]). Das Bevölkerungswachstum ist, im Vergleich zu anderen europäischen Staaten, gering. Obwohl die politischen Mehrheiten seit den neunziger Jahren meist (gemäßigt) nach links orientiert sind, wird eine konsequente Sozialpolitik nicht in die Wege geleitet. Daraus resultiert für lange Zeit eine Zweiteilung der französischen Gesellschaft, die bis heute in Ansätzen fortexistiert.

Die Dreyfus-Krise bestärkt die Laizisten in ihrem Vorhaben der konsequenten Trennung von Kirche und Staat, die definitiv durch das Gesetz vom 3. Juli 1905 erfolgt. Dadurch wird die Katholische Kirche in Frankreich in eine damals einmalige Lage im katholischen Europa versetzt: sie erhält keine staatlichen Gelder mehr, wodurch auf längere Sicht ihr Einfluss nachlässt. Auf der anderen Seite wird durch die mit der Trennung von Kirche und Staat zusammenhängenden Maßnahmen die Kluft zwischen den beiden gesellschaftlichen Lagern noch vertieft (vgl. Hinrichs [2]2003, 322-360).

Insgesamt hat sich Frankreich erstaunlich rasch von der Niederlage von 1870/71 erholt und unterzieht sich einem Prozess der (unvollständigen) Erneuerung, der dazu führt, dass es um 1900 als eine der europäischen Mächte konsolidiert erscheint. Allerdings wird das Problem der Reorganisation des Raumes nicht einmal angegangen, auch die Demokratisierung der Gesellschaft erfolgt nur teilweise: weder erhalten die Frauen politisches Mitspracherecht, noch werden die in Frankreich lebenden sprachlichen Minderheiten auch nur wahrgenommen. Auf die Schwächen der Sozialpolitik wurde bereits hingewiesen. Dennoch: insgesamt ist ein starker Staat entstanden, der von einem großen Teil der Bürger, wenigstens in besseren Zeiten, akzeptiert wird (vgl. Weber 1983).

Spanien: nach der Restauration von 1874 folgt fast ein halbes Jahrhundert, das zwar institutionelle Erschütterungen kennt, diese führen jedoch – im Gegensatz zur vorherigen Periode –, nicht zu großen Umwälzungen. Das beruht zum einen auf der Verfassung von 1876, die für Reformen relativ offen ist, vor allem jedoch aus ihrer Umsetzung, die für längere Zeit für eine relativ regelmäßige Aufeinanderfolge von konservativen und liberalen Regierungen sorgt. Die konservativen Regierungen versuchen, den Einfluss der Katholischen Kirche zu vertiefen, die liberalen durch Ausweitungen des Wahlrechts und andere Maßnahmen die Freiheitsrechte zu stärken. Allerdings bleiben sowohl die Carlisten auf der rechten Seite als auch die Arbeiterorganisationen auf der linken von der Machtteilhabe ausgeschlossen (der *Partido Socialista Obrero Español* [*PSOE*] wird zwar schon 1879 gegründet, also schon ein Vierteljahrhundert vor der französischen *SFIO*, erringt aber erst 1910 einen ersten Sitz im Parlament). Damit wird ein Machtkartell von einiger Dauer geschaffen, zu dessen Grundlagen auch eine hochentwickelte Korruption gehört. Die Regierungen können zwar die Tagesgeschäfte führen, größeren Herausforderungen sind sie nicht gewachsen. Im Laufe der Zeit nützt sich das System ab. Dadurch, dass es geschlossen ist und anderen Gruppen keine Chance lässt, an der Macht teilzuhaben, erklärt sich wohl, dass eine Reihe von führenden Politikern der Zeit ermordet wird.

Der Spanisch-Amerikanische Krieg endet 1898 mit einer vollständigen Niederlage Spaniens. Hervorgegangen ist er aus den Unabhängigkeitsbewegungen auf den Philippinen und Cuba; in beiden Fällen unterstützen die USA diese Bewegungen, nur um die Länder dann selbst indirekt oder direkt unter ihren Einfluss zu bringen. Puerto Rico haben sie sich bei dieser Gelegenheit bis heute einverleibt. Diese Niederlage bedeutet vorläufig das Ende von Spanien als Kolonialmacht – danach besitzt es nur noch kleine Gebiete in Afrika – und wird von den meisten Zeitgenossen in Spanien als tiefes Trauma empfunden. Die materiellen Folgen für die Gesellschaft halten sich in Grenzen, das kollektive Bewusstsein wird indes nachdrücklich beeinflusst. Die Verstörung stärkt konservative, teilweise reaktionäre Kräfte. Immerhin war Kastilien und später Spanien seit dem Ende des 15. Jahrhunderts über Jahrhunderte die bedeutendste europäische Kolonialmacht. Der Verlust Cubas hat auch für die Katalanischen Länder, vor allem die Balearen und den *Principat*, aufgrund der bis dahin engen wirtschaftlichen Beziehungen, negative Folgen.

Auf der anderen Seite sorgt die nach wie vor prekäre Lage der arbeitenden Schichten, in der Industrie wie auf dem Land, für die Bildung von Organisationen, die zunächst im Untergrund bleiben müssen und erst allmählich offen agieren können. Spanien unterscheidet sich dadurch vom Rest Europas, dass neben marxistischen Organisationen, wie dem *PSOE* oder der Gewerkschaft *UGT* [*Unión General de Trabajadores*, seit 1888], auch anarcho-syndikalistische wie die *CNT* [*Confederación Nacional del Trabajo*, seit 1910] erheblichen Einfluss bekommen, die letzten vor allem in Katalonien, Andalusien und Valencia. Diese Zweiteilung der Arbeiterbewegung, bei der lange Zeit die Anarchisten größeren Einfluss hatten, ist eine der Besonderheiten der spanischen Geschichte.

Um die Niederlage gegen die USA zu kompensieren, engagiert Spanien sich stärker in Marokko, um wenigstens einen Teil des Landes als Protektorat (= Kolonie) zu erhalten. Das führt zu jahrzehntelangen verlustreichen Kämpfen. In diesem Zusammenhang kommt es 1909 zur *Setmana tràgica* in Barcelona, als Militärdienstleistende nach Nordafrika verschifft werden sollen. Dagegen rufen Sozialisten und Anarchisten zum Generalstreik auf, der aufgrund der heftigen Spannungen in der Gesellschaft sich rasch verbreitet. Es kommt zu Gewalt, nicht zuletzt gegen Kirchengüter, schließlich „befriedet" das spanische Militär die Lage blutig. Der Eingriff des Militärs erfolgt vor allem auf Aufforderung der katalanischen Großbourgeoisie, die ihre Pfründen bedroht sieht. Im Zuge der folgenden Repression wird der Pädagoge Francesc (Francisco) Ferrer Guardia (1859 – 1909) zum Tode verurteilt und füsiliert. Ferrer, der selbst kein Katalanist ist, aber mit vielen Intellektuellen der Bewegung in Kontakt steht, ist einer der führenden Reformpädagogen seiner Zeit, seit 1901 Gründer und Leiter der *Escuela moderna* in Barcelona, welche versucht, Kinder nach rationalen und kindgerechten Grundsätzen zu bilden. Seine Ansätze werden bis heute an vielen Stellen fortgeführt. Als solcher ist er der Kirche, dem Militär und den Besitzenden ein Dorn im Auge. Daher liefern die Unruhen den geeigneten Vorwand, ihn, der mit den Aufständischen keine Verbindung hat, zu beseitigen. Damit vertieft sich die Kluft zwischen Links und Rechts; einmal mehr wird deutlich, dass für einen Teil der katalanischen Bewegung das Klassenbewusstsein über das katalanische geht.

Zwar können durch einen französisch-spanischen Vertrag 1912 die jeweiligen Einflusszonen in Marokko gegeneinander abgegrenzt werden, doch kann Spanisch-Marokko – letztlich bis zur wiedererlangten Unabhängigkeit Marokkos 1956 – nicht dauerhaft beruhigt werden. Das koloniale Abenteuer kostet weiterhin viele Menschenleben und ebenso viel Geld.

Wirtschaftlich kann die Zeit bis zum Ende des Ersten Weltkrieges als eine Periode der vorsichtigen Konsolidierung betrachtet werden. Diese geht von einem niedrigen Niveau aus, daher sind selbst am Ende der Periode die Unterschiede zwischen den verschiedenen sozialen Gruppen gewaltig. Das ländliche und städtische Proletariat verfügt weiterhin nur über unzureichende Einkommen, wenn sich auch die Situation zwischen Gebieten mit einer stärker entwickelten Wirtschaft wie Katalonien und rückständigen Gebieten wie Andalusien deutlich unterscheidet. Die unzureichenden sozialen Fortschritte sorgen dafür, dass die verschiedenen Organisationen der Arbeiter weiter Zulauf haben und dass es fast ständig zu oft blutig verlaufenden Auseinandersetzungen kommt.

So muss die Bilanz für Spanien zwiespältig bleiben. Zwar sind gewisse Fortschritte offensichtlich, insgesamt jedoch kommt es weder zu einem politischen noch zu einem sozialen Ausgleich. Vor allem drei Felder würden grundlegender Reformen bedürfen: in der Agrarpolitik wäre eine Bodenreform notwendig, in der Militärpolitik eine grundlegende Reform der Armee, und vor allem in zunehmendem Maße eine Reform der Verfassung, welche die Stellung der Peripherien verbessert. Die traditionellen Mächte, Kirche, Adel und Militär, verhindern größere Fortschritte, die Gegenseite verliert allmählich die Hoffnung auf ernsthafte Fortschritte und neigt in steigendem Maß extremen Gruppierungen zu. In dem hier vor allem interessierenden Zusammenhang wird deutlich, dass eine territoriale Neuordnung, die den einzelnen Gebieten auf wichtigen Gebieten wie Sprache und Kultur eine gewisse Entscheidungsfreiheit überlässt, unter den herrschenden Bedingungen nicht möglich ist, obwohl die Problematik auch manchen Regierungsvertretern bewusst ist.

6.2 Zur sprachlichen und kulturellen Lage in beiden Gebieten

Das okzitanische Sprachgebiet: die Dritte Republik übernimmt die sprachenpolitischen Vorgaben ihrer Vorgänger hinsichtlich des staatlichen Monopols des Französischen. Sie innoviert indes, indem sie durch die *Lois Jules Ferry* 1881/82 die allgemeine Schulpflicht für beide Geschlechter zwischen sechs und dreizehn Jahren vorschreibt. Ausschließliche Unterrichtssprache ist das Französische, diese Bestimmung, die in manchen Gebieten nicht (genügend) berücksichtigt wird, muss durch nachträgliche Erlasse den Lehrenden ins Bewusstsein gerufen werden. Das Gesetz greift, wenn auch nicht überall sofort. Da und dort erhebt sich, vor allem in ländlichen Gebieten, hinhaltender Widerstand dagegen – manche Landwirte sehen nicht ein, warum sie ihre Kinder anstatt auf die Weiden und Felder in die Schule schicken sollen. Immerhin, zwischen 1872 und 1901 soll die Rate der Analphabeten von 31 % auf 17,8 % gesunken sein (Petersilie/Keller [4]1923, 273). Die Jugend hat damit zum größten Teil Kenntnisse in der Staatssprache. Das bedeutet nicht, dass diese notwendig zur Erstsprache wird: vor allem in ländlichen Gebieten gewinnen nach der Absolvierung der Schulpflicht die dominierten Sprachen, darunter das Okzitanische, kommunikativ wieder die Oberhand. Auch ist der Grad der Beherrschung des Französischen unterschiedlich. Noch während des Ersten Weltkrieges kommt es zu mitunter tragisch endenden kommunikativen Problemen, wenn der Krieg auch zur Verbreitung der offiziellen Sprache beiträgt.

Die Mehrheit der Bevölkerung wird nun in unterschiedlichem Maße zweisprachig (sie würde sich selbst nicht so bezeichnen, da für sie das Okzitanische keine ernsthafte Sprache sondern „nur" ein *Patois* ist). Im Laufe der Zeit wird sich das Gewicht vom Okzitanischen auf das Französische verlagern. Dabei lassen sich wieder die üblichen Tendenzen erkennen: von den Oberschichten absteigend, von den Städten auf das flache Land, wobei die weibliche Bevölkerung der männlichen lange Zeit nachhinkt, bis es dann – allerdings gewöhnlich erst nach 1945 – zu einem Umschlag kommt und die Frauen die dominierte Sprache fliehen, die sie auch mit ihrer dominierten sozialen Situation verbinden. Sobald eine mindestens ordentliche Kenntnis des Französischen gewährleistet und das Okzitanische für die Kommunikation nicht mehr unerlässlich ist, wird dieses nach und nach aufgegeben. So kommt es nach einem sozialen Gipfel der Zweisprachigkeit, der wohl erreicht ist, als beide Sprachen von einem Großteil der Bevölkerung (etwa 75 %?) beherrscht werden, zu einem zunächst langsamen, dann immer rascheren Rückgang der Beherrschung des Okzitanischen. Dieser Kulminationspunkt dürfte gegen Ende der Dritten Republik, also gegen 1940, erreicht sein. Diese Darstellung stützt sich auf das Modell von Fañch Broudic für das Bretonische (Broudic 1995, 351). Man darf bei der vorsichtigen Übertragung des Modells einige Unterschiede nicht außer Acht lassen: während das Bretonische ein keltische Sprache ist und damit für Sprecher des Französischen weitgehend unverständlich (und umgekehrt), sind Französisch und Okzitanisch sprachlich nahe verwandt, eine fragmentarische Kommunikation ist daher leicht möglich. Daraus resultiert, dass die Grenzen weniger präzise gezogen werden können. Weiterhin wird das Bretonische vor allem von der Katholischen Kirche lange Zeit stark gestützt, das geschieht im okzitanischen Gebiet in viel geringerem Maße. Das Bretonische hat somit bis weit ins 20. Jahrhundert eine institutionelle Stütze, auf die das Okzitanische kaum zählen kann. Auch die Geographie spielt eine Rolle: während das bretonische Sprachgebiet knapp 20 000 km² ausmacht, die Kommunikationszusammenhänge daher eng sind, ist das Gebiet des Okzitanischen etwa zehnmal so groß. Das bringt mit sich, dass die sprachliche Situation bei weitem uneinheitlicher ist. Insgesamt muss man daher vermuten, dass der Substitutionsprozess im Falle des Okzitanischen früher eingesetzt hat und weniger offenkundig verlaufen ist.

Daher findet man in den Darstellungen auch große Unterschiede hinsichtlich der Zeitangaben für die Substitution. Für die Zeit nach 1900 dürften indes die Angaben von Jules Ronjat um 1920 nach wie vor ein recht genaues Bild geben:

> Les chiffres [...] donnent pour l'ensemble de notre domaine linguistique un total d'environ 9 500 000 âmes. J'ai déduit une partie de la population de quelques grandes villes ; il faudrait sans doute – mais je n'ai pas d'éléments d'appréciation bien précis – retrancher encore des étrangers, des fonctionnaires français du N., etc., et des indigènes qui, même dans des petits villes, ont abandonné leur langage naturel ; par contre, beaucoup de nos ressortissants sont établis dans

la France du N., dans les colonies françaises et à l'étranger. On ne risque pas de commettre une erreur importante en évaluant à dix millions environ le nombre des gens qui parlent notre langue (pour neuf environ ce peut être la langue la plus usuelle), soit à peu près le quart de la population totale de la France [...].

(Ronjat 1930-41, vol. I, 26)

Abb. 16: Jules Ronjat

Ronjat beschreibt zunächst die *Kompetenz*, die Sprachbeherrschung, erst danach, in der letzten Klammer, deutet er die *Performanz* an, die tatsächliche Sprachverwendung. Diese dürfte niedriger sein als er denkt; daher wird man seine Vermutung, für 90 % der Sprecher sei das Okzitanische die am meisten verwendete Sprache, etwas relativieren müssen (Ronjat ist nicht nur Sprachwissenschaftler sondern auch entschlossener Anhänger des *Félibrige*). Die übrigen Elemente seiner Schätzung sind sehr solide. Auf jeden Fall ist sicher, dass um 1900 die Beherrschung des Französischen bei weitem noch nicht allgemein ist. Erhebliche Teile der vor allem ärmeren älteren Bevölkerung haben allenfalls vage Kompetenzen in dieser Sprache. Daher ist die Beherrschung des Okzitanischen um 1900 nach wie vor (fast) unerlässlich, aber sie wird langsam *residuell*.

Einen wichtigen Unterschied zwischen den Kompetenzen gilt es zu erwähnen: während die Sprecher im Französischen im Allgemeinen alphabetisiert sind, sind fast alle Sprecher des Okzitanischen Analphabeten in dieser Sprache. Das hängt mit dem fehlenden Unterricht zusammen – trotz der vielfachen Gesuche des *Félibrige* ändert sich an dieser Situation bis nach dem Ersten Weltkrieg nichts (vgl. Martel 2016) –, aber auch mit dem Fehlen einer von allen Sprechern akzeptierten Referenzform. Damit gerät das Okzitanische in eine kommunikative Schieflage, denn es wird außer in wenigen Ausnahmefällen nicht für informative und wissenschaftliche Texte verwendet, es kann zwar für Literatur und für die zweckfreie Kommunikation benützt werden, (noch) nicht jedoch für alle weiteren kommunikativen Bedürfnisse. Diese Situation wird sich erst im Laufe des 20. Jahrhunderts teilweise ändern.

Um 1900 entwickelt sich im okzitanischen Sprachgebiet in unterschiedlicher Weise die Phase der gesellschaftlichen Zweisprachigkeit, dabei wird das Okzitanische klar in die dominierte Position geschoben. Es verschwindet zuerst in den Städten aus dem öffentlichen Leben, wenn auch mit großen Unterschieden in den verschiedenen sozialen Gruppen, deutlich später erst auf dem Lande. Immerhin wird der Rückgang für die Betroffenen fühlbar, so dass sich ab der Jahrhundertwende immer mehr an der Sprache Interessierte fragen, wie diese Tendenz umgekehrt werden könnte.

Katalonien und die Katalanischen Länder: wie bereits erwähnt, greift die Schulpflicht in Spanien insgesamt langsamer und in geringerem Maße als in Frankreich. Auch innerhalb des katalanischen Sprachgebietes lassen sich Unterschiede ausmachen: während im *Principat* mit seiner zahlreichen Bevölkerung und den dichten Infrastrukturen die Schulpflicht im Allgemeinen in höherem Maße umgesetzt wird, scheint sie in Valencia weniger zu greifen und am wenigsten auf den Inseln. Im Hinblick auf ganz Spanien lässt sich, grob gesagt, ein Nord-Süd-Gefälle feststellen. Nur sehr langsam, und mit Rückschlägen, verändert sich die Situation. Gegenüber Frankreich lässt sich ein deutlich niedrigerer Durchschulungs- und damit Alphabetisierungsgrad feststellen. Auch im Hinblick auf die Beschulung gibt es Unterschiede: als Reaktion auf die Versuche der siebziger Jahre, das Schulwesen dem katholischen Dogma und dem monarchischen System unterzuordnen, das zahlreiche Lehrende, bis hin zu den Universitäten, ihre Stellen kostet, entsteht ab 1876 die *Institución Libre de Enseñanza* unter Führung von Francisco Giner de los Rios (1839 – 1915), einem der betroffenen Professoren. Diese laizistische, auf damals modernen wissenschaftlichen und pädagogischen Erkenntnissen aufgebaute Institution stellt für lange Zeit ein Gegenmodell zum staatlichen Erziehungswesen dar (Schmidt/Herold-Schmidt 2013, 334). Es macht Schule, Ableger finden sich in etlichen großen Städten. Auch Francisco Ferrer Guardia ist mit seiner *Escuela Moderna* in diesem Kontext zu sehen (vgl. Kap. 6.1). In Katalonien bezieht ein Teil dieser Reformanstalten das Katalanische in den Unterricht ein; daher sind nicht alle Katalanisch-Sprecher Analphabeten in ihrer Sprache (trotz des noch anhaltenden Fehlens einer verbindlichen Norm). Natürlich sind solche Schulen schulgeldpflichtig und daher im Allgemeinen nur dem wohlhabenderen Teil der Bevölkerung zugänglich.

Daraus resultiert eine Aufgliederung der Bevölkerung in die relativ kleine Gruppe derjenigen, die *auch* auf Katalanisch alphabetisiert sind, diejenigen, die nur das kastilische Schulwesen besucht haben, und schließlich die völligen Analphabeten. Eine sprachliche Differenzierung kommt hinzu: der überwiegenden Mehrheit der Katalanischsprechenden steht eine Minderheit von Kastilischsprechern gegenüber, die sich erst allmählich sprachlich integriert. Diese letzte ist in Barcelona und Umgebung recht zahlreich, auf dem Lande spielt sie zahlenmäßig kaum eine Rolle. Gesellschaftlich gesehen ist Katalanisch indes immer mehr zur Zielsprache geworden, es hat das höhere Prestige, da die gesellschaftlich führenden Schichten sich damit identifizieren.

Das bedeutet auch, dass die sprachlichen Kompetenzen eine soziale Verteilung haben: die Mittel- und Oberschicht ist zweisprachig, die Unterschicht beherrscht entweder (fast) nur Katalanisch oder (fast) nur Kastilisch. Dabei soll um 1900 die Kompetenz auf Kastilisch sehr begrenzt gewesen sein – ein Abgeordneter der *Cortes* spricht um 1900 von nur 3 % der Bevölkerung – allerdings erschient diese Zahl auch Ferrer i Gironès, der sie referiert, zu niedrig (Ferrer i Gironès ⁵1986, 86). Man muss hinzufügen, dass die Zahl der Analphabeten in Spanien für das Jahr 1900 auf 63,8 % geschätzt wird (Petersilie/Keller ⁴1923, 273) und dass die für die katalanischen Provinzen angegebenen Zahlen nicht wesentlich günstiger sind. Sie schwanken zwischen 54 % für Barcelona und 66 % für Tarragona (Ferrer i Gironès ⁵1986, 86). Nun wird man solchen Angaben immer mit einer gewissen Vorsicht begegnen müssen: wie wird Alphabetisierung definiert? Welche Kriterien müssen erfüllt sein? Wie verlässlich sind die Rohdaten? Welche politischen Gründe gibt es, die Resultate stärker in die eine oder andere Richtung zu interpretieren? Lassen sie sich extrapolieren?

Aus den sehr unterschiedlichen Darstellungen dürften sich die folgenden Resultanten ergeben: in Katalonien (das gilt nicht für die anderen Gebiete des katalanischen Sprachraums) ist das Katalanische gesellschaftliche Zielsprache: der gesellschaftliche Aufstieg – außer in ausschließlich staatlichen Institutionen – macht seine Beherrschung fast unumgänglich. Die überwiegende Mehrheit der Bevölkerung spricht es als Erstsprache; allerdings ist nur ein Teil auch in ihr alphabetisiert (gewöhnlich die Mittel- und Oberschichten). Es macht dem Kastilischen die Rolle als öffentliche Sprache streitig, ohne indes in die staatlichen Institutionen eindringen zu können. Im Gegenteil: diese versuchen nach wie vor mit legalen und administrativen Mitteln, seine Rolle zu minimieren.

Dagegen ist das Kastilische vor allem die Sprache der vor kurzem eingewanderten städtischen Unterschichten: wenn sie die Schulen besucht haben, werden sie ausschließlich in dieser Sprache alphabetisiert. Außerdem sind die Organisationen der Arbeiterschaft, die zunehmend an Bedeutung gewinnen, gesamtspanisch organisiert und verwenden daher für ihre Propaganda aber auch im internen Verkehr hauptsächlich diese Sprache. Das erklärt sich unter anderem aus der bereits erwähnten politischen Ausrichtung des vorherrschenden Katalanismus des späten 19. und frühen 20. Jahrhunderts. Erst allmählich öffnen sich diese Organisationen und die Schichten, die sie vertreten, stärker der einheimischen Sprache. Die soziale Attraktivität des Katalanischen bewirkt indes, dass die individuellen Sprecher des Kastilischen es sich rascher aneignen (wenn auch oft unvollständig) als die Organisationen. In dem Maße, in dem das Zentrum des Katalanismus nach links rückt, öffnen sich auch diese.

Im Unterschied zum okzitanischen Sprachgebiet lässt sich in Katalonien keine stärkere Tendenz zur sprachlichen Substitution erkennen. Wenn die Sprache auch administrativ bedrängt wird, bleibt sie sozial attraktiv. In den anderen Teilen des Sprachgebiets unterscheidet sich die Situation von der im *Principat*. In Valencia lässt

Abb. 17: Teodor Llorente

sich, vor allem in den größeren Städten, ein gewisser Substitutionsprozess beobachten, weniger auf dem flachen Land und in den kleinen Städten. Die geringe soziale Mobilität trägt zur Langsamkeit der Entwicklungen bei. Die *Renaixença* bleibt dort weitgehend ein literarisches Phänomen, vertreten von Autoren wie dem konservativeren Teodor Llorente (1836 – 1911) oder dem republikanischen Constantí Llombart (1848 – 1893, eigentlich Carmel Navarro i Llombart). Ein valencianischer Regionalismus wird sich erst nach 1900 unter Impuls des Schriftstellers Vicente Blasco Ibañez (1867 – 1928) unter der Bezeichnung *Blasquismo* entwickeln; er hat kaum sprachliche Komponenten (wie auch Blasco nur zu Beginn für sein literarisches Werk auch das Katalanische verwendet, die späteren Werke sind alle auf Kastilisch abgefasst). Auf den Inseln ist die Lage noch deutlicher durch eine klare Diglossie gekennzeichnet: Katalanisch ist die gesprochene Sprache, Kastilisch die schriftlich verwendete, die allerdings aufgrund der hohen Zahl von Analphabeten nur relativ wenigen zur Verfügung steht. Zwar schließen sich einige Autoren aus den Inseln der *Renaixença* an, aber auch hier nur der literarischen Bewegung (wie etwa Tomàs Aguiló i Forteza, 1812 – 1884). Die wenigen, die weiter gehen wollen, lassen sich früher oder später in Barcelona nieder (wie sein Halbbruder, Marià Aguiló i Fuster, 1825 – 1897).

Diese sprachliche und politische Entwicklung spielt sich ab vor dem Hintergrund der weiter sich belebenden Kultur. Allerdings löst der *Noucentisme* nach 1900 den *Modernisme* als leitende Ausrichtung ab. Der wichtigste Autor des *Modernisme* ist der bis heute allgemein verehrte Joan Maragall (i Gosina, 1860 – 1911), der zwar politisch eine eher konservative Grundhaltung hat, sich jedoch nicht von der *Lliga* für politische Mandate vereinnahmen lässt. War der *Modernisme*, den man vereinfacht als die katalanische Form des Jugendstils bezeichnen könnte, stark vom Gedanken der (nicht nur künstlerischen) Freiheit beseelt, so verschreibt sich der *Noucentisme* stärker rationalen Ordnungsprinzipien. Sein Erfolg beginnt mit den Glossen des Schriftstellers Eugeni d'Ors i Rovira (1882 – 1954) in der Zeitung *La Veu de Catalunya*, (unter dem Pseudonym *Xènius*, er wird sich später als einer von wenigen katalanischen Intellektuellen dem Franquismus anschließen). Die neue Richtung möchte die phantasievollen, vielfach verspielten Formen der voraufgegangenen Zeit ablösen und zu „klassischeren" Formen kommen. Allerdings geht genau das teilweise auf Kosten der Kreativität. Man hat sogar gesagt, der *Noucentisme* verriegle der literarischen und künstlerischen Produktion den Weg zum Kreativen (Bonell 1994, 75). So ist es vielleicht nicht erstaunlich, dass anfangs vom *Noucentisme* beeinflusste Schriftsteller sich später wieder davon entfernen. Das gilt für Josep Carner (1884 – 1970) ebenso wie etwa für Jaume Alcover (1854 – 1926). Daneben schlagen einige Autoren ganz neue Wege ein. Es gibt auch eine realistische Literatur: sie wird besonders von der Romanautorin Victor Català (eigentlich Caterina Albert, 1869 – 1966) verkörpert. Ihre Vertreter bilden die katalanische Avantgarde. Dazu gehört andererseits auch Joan Salvat-Papasseit (1894 – 1924), der, vom Futurismus beeinflusst, bis heute noch geschätzt wird, wenn er auch relativ isoliert bleibt. Wieder einen anderen Weg schlägt J.V. (Josep Ventura) Foix (1893 – 1989) ein, der mit dem Surrealismus und damit verbundenen Richtungen sympathisiert, wenn er sich auch in seinem langen Leben ganz selbständig entwickelt.

In der Architektur bleibt Antoni Gaudí (i Cornet, 1854 – 1926) für lange Zeit die bestimmende Figur. Er ist zwar vom *Modernisme* stark beeinflusst, geht aber weit darüber hinaus und gewinnt dadurch seine Bedeutung, die international über die seiner Zeitgenossen wie Domènech i Montaner oder Josep Puig i Cadafalch (1867 – 1957) hinausgeht. In der Malerei und Plastik werden die neuen großen Namen sich erst nach dem Ersten Weltkrieg aufdrängen.

Fazit: um 1900 befinden sich beide Renaissance-Bewegungen in unterschiedlichen kritischen Phasen. Während im okzitanischen Gebiet der Optimismus der Gründungszeit des *Félibrige* einer gewissen Resignation Platz gemacht hat, die erst allmählich und von den Rändern bzw. von außen kommend, wieder versuchsweise aufgebrochen werden kann – die Versuche dazu beginnen zu dieser Zeit –, sind die Fortschritte des Katalanismus in der Gesellschaft ungleich größer, allerdings stellt sich die Frage, welche Richtung er einschlagen soll, ob er zum bloßen Phänomen der Bourgeoisie verkommt, oder ob er auch die breiten Volksmassen, die in den frühen Phasen der *Renaixença* durchaus aufgeschlossen waren, wieder integrieren kann. Das schlägt sich auf die sprachliche Situation nieder: während das Katalanische bereits wieder zu einer Sprache mit immer vollständigerer Kommunikationsfunktion wird, bleibt das Okzitanische auf einige, vor allem literarische Bereiche beschränkt, sieht man von seiner Verwendung als Alltagssprache eines großen Teils der Bevölkerung ab (vgl. u.a. Lafont 1991).

7 Anfänge des Okzitanismus ab 1900

7.1 Bis zum Ersten Weltkrieg

Die Anfänge der Okzitanisten: Die Erneuerung der okzitanischen Renaissance beginnt zunächst im Rahmen des *Félibrige*. Angeblich begegnen sich anlässlich der Trauerfeier für Auguste Fourès die Dichter Prosper Estieu (1860 – 1939) und Antonin Perbosc (1861 – 1944); beide sind Mitglieder des Verbandes. Beide sind von Beruf Lehrer an Grundschulen. Sie gehören damit zu den ersten Vertretern eines Berufsstandes im *Félibrige*, der von nun an besondere Bedeutung bekommen sollte. Zunächst stehen alle Grundschullehrer unter einer erheblichen Spannung: ihr Beruf verpflichtet sie zur Verbreitung des Französischen und – im besten Falle – zur Nichtbeachtung des Okzitanischen. Allerdings müssen sie, wie viele andere, feststellen, dass die Realität, vor allem auf dem Lande, eine andere ist: wenn die Schulkinder dort eingeschult werden, sprechen sie oft noch kein Wort Französisch. Der Lehrer muss also eine Brücke bauen. Diese Brücke kann nur in der Wahrnehmung und Nutzung der tatsächlich gesprochenen Sprache bestehen. Vor allem Perbosc unternimmt mit seinen Schülern ethnographische Erkundungen, um ihnen ihre Zweisprachigkeit zu verdeutlichen. Er wird deshalb mehrfach administrativ verwarnt. Ähnliches widerfährt vielen anderen Lehrern (vgl. Martel 2007, 69-118). Daraus entstehen innere Spannungen, die auf unterschiedliche Weise gelöst werden. Viele *Instituteurs* werden über rund ein Jahrhundert versuchen, die beiden Optionen in irgendeiner Weise zu verbinden, befinden sich aber damit in einem kontinuierlichen internen Widerspruch. Zugleich sind diese Männer, in zunehmendem Maße auch Frauen, gewöhnlich republikanisch eingestellte Anhänger der Trennung von Kirche und Staat, d. h. sie stehen zu einigen der (unausgesprochenen) Prinzipien des *Félibrige* in Opposition.

Das Ende des 19. Jahrhunderts ist zugleich der Zeitpunkt der Ausdehnung des Verbandes in den (westlichen) Languedoc und darüber hinaus. Damit wächst die Zahl derer, die ein *anderes* Okzitanisch sprechen und schreiben als die vom *Félibrige* vorgegebene Varietät. Die Frage nach den Referenzformen wird also virulenter.

Ein Ansatzpunkt ergibt sich aus der zunehmenden Zahl mittelalterlicher okzitanischer Texte, die im späten 19. Jahrhundert (in unterschiedlicher Qualität) ediert werden; dabei handelt es sich nicht nur um literarische Texte der Trobadore sondern auch um andere Textsorten. Die Editionen entstehen im okzitanischen Sprachgebiet ebenso wie im Ausland. Manche der Herausgeber weisen schon bald auf die (relative) Regelmäßigkeit der mittelalterlichen Schriftbilder hin. Einige von ihnen stehen der Renaissance nahe. Das ist etwa der Fall von Jean Baptiste Noulet (1802- 1880), einem Arzt aus Toulouse, der zahlreiche okzitanische Texte ediert, vor allem aus den Zeiten

Abb. 18: Antonin Perbosc

Abb. 19: Prosper Estieu

nach den Trobadoren. Vielfach stellt er den nach den Manuskripten publizierten Texten eine rekonstruierte Version gegenüber, die der Referenzform entsprechen soll, welche die Autoren (angeblich) angestrebt haben. Auch Camille Chabaneau (1831 – 1908), der dem *Félibrige* angehört, zunächst Postmeister in Nontron ist und von dort aufgrund seines überragenden Wissens auf eine Professur in Montpellier befördert wird, unternimmt solche Überlegungen. Zu gewissen normativen Eingriffen sind auch die Verfasser historischer Wörterbücher verpflichtet, wenn sie diese praktisch benutzbar machen wollen. Sie finden sich etwa im größten damals begonnen Wörterbuch, dem *Provenzalischen Supplement-Wörterbuch* von Emil Levy (1855 – 1917) in acht Bänden (Leipzig: Reisland, 1894-1924), das nur solche Eintragungen aufnimmt, die im Wörterbuch von Raynouard nicht erwähnt werden (daher der Titel). Diese Untersuchungen machen die (relative) Einheitlichkeit der Sprache im Mittelalter deutlich (die man allerdings nicht mit der Präzision und Lückenlosigkeit moderner Referenzformen gleichsetzen darf) und stellen damit implizit den vom *Félibrige* behaupteten Primat des Provenzalischen in Frage, dessen Sprachform sich weit von den mittelalterlichen Traditionen entfernt hat. Die Sprecher der anderen Varietäten, von denen eine zunehmend größere Zahl Mitglied des Verbandes wird, fordern nach Teilhabe, sowohl im Hinblick auf die Bezeichnung der Sprache als auch auf die Frage der Referenzform.

Die geographische Nähe zwischen Toulouse und Barcelona bringt es mit sich, dass die *Félibres* aus dem Languedoc die Entwicklungen in Katalonien mit besonderer Aufmerksamkeit betrachten und in oft engem Kontakt zu Vertretern der katalanischen Renaissance stehen. Für Estieu und Perbosc ist zu Beginn die wichtigste Kontaktperson Josep Aladern (1869 – 1918, eigentlich Cosme Vidal i Rosich), ein Autodidakt, der zugleich katalanistischen, republikanischen und anarchistischen Idealen anhängt. Eine gewisse Bedeutung bekommt er u. a. als Inspirator eines *Grup moder-*

nista in der Stadt Reus, der (nicht ganz ohne Widersprüche) von der Einheit von Katalanisch und Okzitanisch ausgeht und sich Gedanken um eine einheitliche Referenzsprache macht (vgl. Ginebra 1994).

Seit 1896 geben Perbosc und Estieu die kleine Zeitschrift *Mount-Segur* (später *Mont-Segur*) heraus, sie versuchen darin, sich weitgehend auf die Graphie der *Leys d'Amors* zu stützen, sie zu vereinheitlichen und weiterzuentwickeln. In diesem Blatt entwickelt Perbosc 1904 eine Reihe von Gedanken, welche zu den Grundlagen des sich langsam bildenden Okzitanismus gehören werden:

> Los restauraires seriozes dels parlars popularis se son apercebuts que la lenga d'Oc es en realitat unenca ; que tram las deformansas qu'a subidas en sept secles de descazensa, una granda part de sas formas e de sos vocables an escapat al abastardiment, se son servats dins l'un o l'autre dels terraires, e qu'ambe los troses escampilhats que son sempre blozes es posible, non pas de faire reviure la lenga classica dels trobadors, mas d'ausar a la vida literaria la lenga Occitana tala que s'es facha en una evolucion naturala à laquala n'a faltat que l'accion dels escribans nacionals per l'asegurar, la regularizar, la fortificar, l'espandir e l'illustrar:
>
> (Perbosc, 1904, 87-98)

Weiter unten fügt er abschließend hinzu:

> Cal tornar à la lenga – o, per milhor dire, cal fargar la lenga novela, la lenga occitana viventa de nostre temps, per la fuzion de tots los elements utilizables conservats dins los parlars popularis.
>
> (ibid., 114)

> [...] pensam qu'al desus dels parlars popularis e de la literatura popularia cal edificar la lenga nacionala d'Occitania, la granda literatura occitana.
>
> (ibid., 117)

Die Zeitschrift wird bald durch den Titel *Occitania* abgelöst (der *Félibre* Alphonse Roque-Ferrier, 1844 – 1907, hatte bereits im Jahre 1887 in Montpellier eine kurzlebige Zeitschrift gleichen Namens gegründet, der Name wird in der Folge immer wieder auftauchen); diese Zeitschrift vertritt ähnliche Positionen.

Mit seinem programmatischen Aufsatz wird Perbosc versuchen, der Renaissance neue Grundlagen zu geben: er will die Vorherrschaft der Provence durch die Gleichberechtigung aller Varietäten beseitigen (in Wirklichkeit ersetzt er die Vorherrschaft des Provenzalischen durch eine besondere Berücksichtigung des Languedokischen; da das Languedokische eine weitaus konservativere Varietät des Okzitanischen ist, kann er damit auf breitere Zustimmung hoffen; auch aus kommunikativer Perspektive erscheint der Vorschlag grundsätzlich sinnvoll), er wirft die Frage der Bezeichnung wieder auf und schlägt *Okzitanisch* für die Sprache vor und entsprechend *Occitania* für das Sprachgebiet. Zugleich schlägt sein Text eine sprachliche Referenzform vor, die zur Grundlage der auf den mittelalterlichen Traditionen beruhenden Graphien wird. Daneben enthält er die Vorstellung einer Sprache, die im Prinzip allen kommunikativen Bedürfnissen genügen soll, die im *Félibrige* zuletzt vorherrschende Idee einer nur literarischen Verwendung wird aufgegeben. Nicht zuletzt wird durch die Verwendung des Adjektivs „national" auch die Frage der politischen Rechte neu aufgerollt. Perbosc stützt sich auf Gedanken, die Charles de Tourtoulon aus Montpellier (1836 – 1913) bereits 1870 in der ersten Nummer der *Revue des Langues Romanes* geäußert hatte; Fourès weitet sie 1885 in einem wenig bekannten programmatischen Artikel noch aus (Fourès 1885).

Abb. 20: Pierre Dévoluy (Paul Gros-Long)

Es erstaunt nicht, dass diese Konzeption nicht nur auf Zustimmung stößt. Sowohl die Anhänger des minimalistischen *Félibrige* als auch die provenzalischen Erneuerer, die sich selbst um eine Wiederbelebung bemühen, um den *Capoulié* Pierre Dévoluy und um den *Baile* [Kassier] Jules Ronjat (1864 – 1925) wenden sich gegen die Gruppe im Languedoc und ihre zunächst noch recht wenigen Anhänger. Während den einen die impliziten nationalen und politischen Ansprüche Sorgen bereiten, sind die Erneuerer zwar diesen Gedanken nicht so fern – Dévoluy wird selbst in den späten neunziger Jahren eine *Istòri naciounalo de la Prouvènço e dóu Miejour di Gaulo* verfassen, die vollständig allerdings erst 1994 (Devoluy 1994) veröffentlicht und daher um einen Teil ihrer Wirkung gebracht wird –, sie unterstützen jedoch bedingungslos das Konzept der Referenzsprache nach Roumanille/Mistral, ohne Rücksicht darauf, dass sich die Renaissance dadurch selbst in Schwierigkeiten bringen könnte. Zunächst addieren sich diese Auseinandersetzungen zu den schon innerhalb des Verbandes brodelnden.

Der Félibrige und 1907: nach dem Tod von Félix Gras 1901 wird, wie schon erwähnt, Dévoluy zum *Capoulié* gewählt. Er wird als Kandidat der „Jungen" betrachtet, der als Offizier der französischen Armee und Protestant sich von seinen Vorgängern in mehr als einer Hinsicht unterscheidet, zugleich wird er geographisch der Provence zugerechnet (obwohl er aus dem Departement Drôme stammt), was bei der Wahl einen gewissen Vorteil bedeutet. Mistral unterstützt ihn unter der Hand. Dévoluy soll den Verband reformieren. Er macht sich an eine begrenzte Reform der Statuten, welche den aktiven Kräften mehr Raum geben soll; allerdings stößt er bei den beharrenden Kräften auf immer deutlicheren Widerstand.

In dieser Situation bricht 1907 die Weinbaukrise, vor allem im Languedoc, aus. Nachdem seit etwa 1880 der Weinbau im okzitanischen Gebiet in zunehmendem Maße von der Reblaus verwüstet wird, lässt sich die Lage erst allmählich stabilisieren; auf die einheimischen Stöcke werden widerstandsfähige Triebe aus Amerika gepfropft. Zugleich wird unter bestimmten Bedingungen und in bestimmten Gebieten mit ungünstigeren meteorologischen Bedingungen der Zusatz von Zucker zum Traubenmost gestattet. Die Krise hat indirekt die Erweiterung der verbleibenden Weingüter begünstigt, die Anbauflächen im Languedoc werden ständig vergrößert. Es kommt zur Überproduktion, die aufgrund der prekären Lage der kleinen Winzer und Landarbeiter eine gewaltige soziale Krise mit sich bringt. Seit Frühjahr 1907 versammeln sich Bauern und Landarbeiter jeden Sonntag in einer anderen Stadt zu friedlichen Protestaktionen. Die Zahl der Teilnehmer steigt kontinuierlich: wird sie am 31. März in Bize (Aude) auf 600 Teilnehmer geschätzt, kommen am 5. Mai bereits 60 000 bis 80 000 Personen in Narbonne zusammen, am 26. Mai in Carcassonne sind es zwischen 220 000 und 250 000 Teilnehmer, die größte Demonstration findet am 9. Juni 1907 in Montpellier statt, wo sich zwischen 600 000 und 800 000 Menschen versammeln (alle Zahlen nach Napo 1971, 201-202). Sind es zunächst vor allem materielle Forderungen, die unter Federführung des *Comité d'Argelliers* und seines Sprechers Marcelin Albert (1851 – 1921) erhoben werden, kommen politische hinzu, seit sich der Bürgermeister von Narbonne, der Arzt Ernest Ferroul (1853 – 1921) der Bewegung angeschlossen hat. Ferroul ist Sozialist, in seinen Reden verweist er auf den Widerstand der Albigenser und stellt die Frage nach einer politischen und gesellschaftlichen Neuordnung. Als Hunderte von Bürgermeistern in vielen Departements des Südens zurücktreten, vor allem in den vier „föderierten Departements" Aude, Hérault, Gard, Pyrénées-Orientales, ergreift die Regierung unter Leitung von Georges Clemenceau (1841 – 1929) drastische Maßnahmen: sie schickt das 17. Linienregiment gegen die Demonstranten nach Narbonne; dieses weigert sich allerdings, von den Waffen Gebrauch zu machen. Letzten Endes beschließt die Nationalversammlung einige Reformen, viele der Demonstranten werden bestraft, nicht wenige begnadigt, das Regiment in Kolonialkriege geschickt, seine Reste werden im Ersten Weltkrieg verheizt. Trotz der Weigerung des Regiments zu schießen sind mehrere Todesopfer zu beklagen.

In dieser Bewegung treten soziale neben kulturellen Motiven auf. Sie stellt, wenigstens für einen Augenblick, die Strukturen des Staates in Frage. Auf der anderen Seite kommt es zu erstaunlichen Koalitionen zwischen links und rechts. Zwar werden die Reden gewöhnlich auf Französisch gehalten (soweit sie überliefert sind), die Teilnehmer sprechen jedoch vor allem Okzitanisch, und auf den erhaltenen Fotografien lässt sich erkennen, dass sehr viele Plakate das Okzitanische verwenden. Die Bewegung birgt ohne Zweifel ein okzitanisches Moment. Mehrfach wendet sie sich an Mistral und bittet ihn um Unterstützung. Ferroul reist, begleitet von Dévoluy, nach Maillane. Noch am 5. Juni 1907 schickt Marcelin Albert ein Telegramm an Mistral:

> Nous venons de la terre et nous retournons à la terre, et de la terre nous autres voulons vivre. C'est pour cela que vous, qui avez chanté, avec une si grande voix, la terre mère du Midi, ferez plaisir à tout notre peuple, si vous venez, à côté de tous ceux d'Argelliers, à Montpellier, le 9 juin.
>
> (Jouveau 1970, 340)

Mistral allerdings schweigt; er begibt sich am 9. Juni zu einem Fest in Avignon. Seine Umgebung bekniet ihn, er solle der Bewegung seine Unterstützung gewähren, sie fordere schließlich nichts anderes als der *Félibrige*. Doch Mistral schweigt auch weiterhin. Dévoluy notiert: « *J'ai vu Calendal renié par son père.* » (Lafont 1974, 161/162) Natürlich ist es unwahrscheinlich, dass eine Stellungnahme von Mistral den Lauf der Dinge grundlegend geändert hätte, Zugeständnisse, auch kultureller Art, sind immerhin denkbar, denn der Staat befindet sich in einer schwierigen Lage. In diesem Moment hätte die zuletzt nur noch kulturelle in eine politische Bewegung umschlagen können. Allerdings macht Mistrals (der damals fast 77 Jahre alt ist) Schweigen deutlich, dass von den Worten zur Tat ein weiter Weg ist.

Aufgrund dieser Vorkommnisse ist auch die Stellung von Dévoluy geschwächt. Es kommt 1909 auf der Jahrestagung des *Félibrige* in Saint-Gilles zu Tumulten, schließlich tritt Dévoluy zurück. Seine wenig diplomatische Art hat ihm geschadet. Möglicherweise hätte er, mit genügend Unterstützung, die Geschichte nicht nur des Verbandes anders gestalten können. Im Oktober 1909 wird der Bildhauer und Schriftsteller Valère Bernard (1860 – 1936) zum neuen *Capoulié* gewählt; er wird es bis 1919 bleiben. Nicht nur die Kriegsereignisse sorgen dafür, dass dieser Vorsitz als Übergang empfunden wird (Jouveau 1970, 359-396). Wie bereits erwähnt, stirbt zunächst Mistral, dann bricht der Krieg aus, in allen beteiligten Staaten werden die internen Probleme zunächst beiseitegeschoben und kommen erst allmählich wieder ans Tageslicht. Eine der Folgen des Krieges wird die zunehmende Verödung zahlreicher Gebiete im okzitanischen Bergland sein (für die gesamte Zeit vgl. Abrate 2001, 75-151).

In dieser Zeit ergreift auch Jean Jaurès (1859 – 1914), der wichtigste Führer der französischen Sozialisten, mehrfach das Wort, gewöhnlich über die *Dépêche de Toulouse*, die wichtigste Tageszeitung der Region. Jaurès, der aus Castres stammt, ist selbst ein begnadeter Redner auf Okzitanisch. Während er 1907 den als korporatistisch empfundenen Interessen der Winzer reserviert gegenübersteht, ergreift er 1909 und 1911 Partei für die Verwendung des Okzitanischen in der Schule.

Abb. 21: Joseph Salvat

Damit stellt er sich gegen die Vorstellungen der meisten Sozialisten seiner Zeit, die glauben, nur die völlige sprachliche und kulturelle Einheit des Landes garantiere den Fortschritt. Wenn seine Stimme zu Anfang des Jahrhunderts in dieser Frage wenig Echo findet, so wird er viel später, nach dem Zweiten Weltkrieg, zum Ahnherrn der Neueinschätzung des Okzitanischen und der anderen dominierten Sprachen durch einen Teil der Linken in Frankreich.

Als Folge der Anstrengungen von Perbosc und Estieu wird 1919 in Avignonet-Lauragais die *Escòla Occitana* innerhalb des *Félibrige* gegründet, der neben den genannten der Tolosaner Professor Joseph Anglade (1868 – 1930) angehört. Sie bildet einen Ansatz zur Erneuerung innerhalb des Verbandes, stößt dort allerdings teilweise auf lebhaften Widerspruch. Erster Vorsitzender wird der greise Baron Marie-Louis Desazars de Montgailhard (1834 – 1927). Das aktivste Mitglied wird der Abbé Joseph Salvat (1889 – 1972), der auch 1921 eine Zeitschrift ins Leben ruft, die noch heute existiert: *Lo gai saber*. Salvat ist ein Mann der Aktion, er gründet 1927 mit dem *Collègi d'Occitania* die ersten Sprachkurse per Korrespondenz und schreibt dafür eine Grammatik, die zunächst im Mitteilungsblatt der Kurse erscheint, erst später als Buch (Salvat 1943); sie beruht auf den Vorstellungen von Perbosc und erzielt eine gewisse Verbreitung. Da Salvat indes kein Sprachwissenschaftler ist, kann das Werk nicht immer das Niveau der anderen bestehenden Grammatiken übertreffen; es bewegt sich weitgehend im Rahmen der damaligen Beschreibungen des Französischen. Auf jeden Fall bedeutet seine Aktion den großen Schritt von der Sprachbewahrung (*maintenance*) des *Félibrige* zur Wiederaneignung, und das zu einer Zeit, in der die Sprache noch allgemein verbreitet ist.

7.2 Die Gründung der Zeitschrift *Oc* und erste Bemühungen um eine Erneuerung der Bewegung

Das erste größere Lebenszeichen der Renaissance erfolgt einige Jahre nach Kriegsende: 1922/23 bildet sich, vom *Félibrige* ausgehend, ein *Comité d'Action des Revendications Nationales du Midi-Fédération des Pays d'Oc*, das die alten föderalistischen und kulturpolitischen Forderungen wieder aufnimmt, wenig später eine *Ligue de la Patrie Méridionale*, in der Angehörige des *Félibrige* und Außenstehende zusammenarbeiten. Auf Seiten des *Félibrige* spielt dabei Frédéric Mistral *neveu* (1893 -1968), tatsächlich ein Neffe des Dichters, eine größere Rolle. Beide Initiativen bleiben weitgehend erfolglos. Man sieht, dass die beiden Flügel der Renaissance, der dem Verband angehörende und die Außenstehenden, sich eine Zeitlang aneinander annähern. Sie kommen allerdings nur ausnahmsweise zu gemeinsamen Aktionen. Auf der anderen Seite sind die Grenzen zwischen den verschiedenen Bewegungen unscharf, die Zusammenarbeit funktioniert noch über die internen Spaltungen hinweg. Das intellektuelle und aktive Zentrum verschiebt sich indes immer stärker von der Provence nach Toulouse. Daneben entstehen verschiedene andere Initiativen, die eine stärkere Berücksichtigung der ursprünglichen Forderungen der Renaissance einfordern.

Am 1. März 1923 wird nach längeren Vorarbeiten die *Ligue pour la langue d'Oc à l'école* gegründet, die unter der Leitung von Jean Bonnafous (1894 – um 1985) steht. Bonnafous ist *Agrégé* und Gymnasiallehrer. Hier geht die Initiative nicht vom *Félibrige* aus, der die Bemühungen indes unterstützt. Immerhin gelingt es der *Ligue*, die Frage des Unterrichts vor die Nationalversammlung zu bringen, allerdings mit negativem Ergebnis. Letztlich wird auch dieser Versuch ohne größere Erfolge bleiben. Antonin Perbosc wird in diesem Zusammenhang 1926 sein Buch *Les langues de France à l'école* veröffentlichen, in dem er auf die Möglichkeiten eines zweisprachigen Unterrichts verweist und zum ersten Male die Bezeichnung *Langues de France* verwendet, die mittlerweile, seit Ende des 20. Jahrhunderts, allgemein üblich geworden ist.

1923 gründen zwei Ärzte aus Toulouse, Camille Soula (1888 – 1963) – Soula hatte bereits 1920 eine ephemere *Ligue OC* mitgegründet – und Ismaël Girard (1898 – 1976), die Zeitschrift *Oc*; die erste Nummer dieses mit Unterbrechungen bis heute bestehenden Organs trägt das Datum des 27. Januar 1924. Damit kann man die Geburtsstunde des Okzitanismus außerhalb der Strukturen des *Félibrige* begründen. Die Zeitschrift erscheint zunächst dreisprachig, mit okzitanischen, französischen und katalanischen Beiträgen. Wieder spielt die geographische Lage eine Rolle: mit dem Beginn der Diktatur von Primo de Rivera in Spanien müssen zahlreiche Vertreter des politischen und kulturellen Katalanismus für eine Zeit ins Exil gehen. So ist es nicht erstaunlich, dass bereits in der ersten Nummer ein Beitrag des Gelehrten und Politikers Antoni Rovira i Virgili (1882 – 1949) zu finden ist, der zu der Zeit in Toulouse im Exil lebt. Rovira zählt die drei wichtigsten katalanischen politischen Gruppierungen auf, nämlich *Acció Catalana*, die *Lliga Regionalista* und auf der Linken *Estat Català*, die damals schon für die politische Unabhängigkeit eintritt. Er selbst vertritt einen linksbürgerlichen Nationalismus. Neben aktuellen und politischen Texten widmet die Zeitschrift der okzitanischen Literatur, vor allem in den peripheren Gebieten, viel Aufmerksamkeit. Die zweite Nummer, vom 3. Februar 1924, enthält einen Text « *Pour la Renaissance occitane* », in dem erklärt wird, sie stehe für alle, ohne Unterschied des Dialektes und der gewählten Graphie, offen. Hiermit wird eine neue Seite aufgeschlagen (vgl. Ricard 1985; Toti [1997?]). *Oc* wird durch sehr unterschiedliche Perioden gehen, mit unterschiedlichen Ausrichtungen – von der politischen Wochenschrift über die vor allem wissenschaftliche Zeitschrift zum führenden Organ der okzitanischen Literatur – bis zu seinem Tode wird Ismaël Girard mit kurzen Unterbrechungen die Seele des Unternehmens sein – heute ist *Oc* eine der (wenigen noch verbleibenden) literarischen Zeitschriften.

Abb. 22: Ismaël Girard, um 1930

Ein wichtiges Ereignis bildet die Veröffentlichung der Sondernummer der Zeitschrift *L'Amic de les Arts* am 31. Dezember 1927. Sie erscheint in Sitges und ist ein Beleg dafür, dass unter der Diktatur von Primo de Rivera die Unterdrückung des Katalanischen nicht vollständig ist. Direktor ist Josep Carbonell i Gener (1897 – 1979), zu seinen Redakteuren gehören etwa J. V. Foix und Salvador Dalí (1904 – 1989). Diese Nummer 21 des zweiten Jahrganges der Zeitschrift ist der okzitanischen Kultur gewidmet, ihr Koordinator ist Ismaël Girard. Sie enthält eine Präsentation Okzitaniens sowie eine umfangreiche Darstellung und Anthologie der okzitanischen Literatur in den

Abb. 23: Louis Alibert

verschiedenen Teilgebieten aus der Feder der bedeutendsten zeitgenössischen Spezialisten. Von besonderem Interesse ist ein Beitrag von Josep Carbonell *"Per una ‚Societat d'Estudis Occitans'"* (139), welche die spätere Gründung der *SEO* detailgenau vorwegnimmt. Ismaël Girard erklärt in einem kurzen Beitrag die graphischen Regeln, denen die Beiträge folgen (es ist das von Perbosc und Estieu entworfene System in seiner damaligen Gestalt), während die katalanischen Beiträge bereits die gerade veröffentlichten Regeln des *Institut d'Estudis Catalans* verwenden (dazu vgl. unten Kap. 9). Schließlich wird auch eine Reihe von Dokumenten wieder abgedruckt, welche die politischen Forderungen der okzitanischen Renaissance seit dem späten 19. Jahrhundert zum Ausdruck bringen. Diese Sondernummer zeigt implizit die engen Beziehungen, die damals zwischen okzitanischer und katalanischer Renaissance bestehen und formuliert die Ziele dieses neuen Okzitanismus, den man als bürgerlich-national(istisch)e Bewegung charakterisieren kann.

Seit 1928 werden in den drei damaligen Zentren des Okzitanismus – Marseille, Montpellier, Toulouse – Organisationen der Jugend gegründet, welche die Forderungen verbreiten und ihnen mehr Nachdruck verleihen sollen (vor allem der *Nouveau Languedoc* in Montpellier wird eine Langzeitwirkung ausüben). Sie werden mit einem gewissen Erfolg bis zum Ausbruch des Zweiten Weltkrieges tätig sein und auch explizit politisch-strukturelle Forderungen stellen.

Am 16. März 1930 wird in Toulouse die (philologische Sektion der) *Societat d'Estudis Occitans* (*SEO*) gegründet, ziemlich genau nach den Vorstellungen, die Josep

Carbonell zwei Jahre zuvor formuliert hatte. Zum ersten Vorsitzenden wird der Philologe Joseph Anglade gewählt, nach dessen Ableben mit Valèri Bernard der frühere *Capoulié* des *Félibrige*. Diese Wahl macht deutlich, dass selbst bis tief in Reihen des alten Verbandes der Gedanke einer notwendigen Erneuerung Platz gefunden hat. Der wichtigste Mann der neuen Gesellschaft wird indes Louis Alibert (Loïs Alibèrt, 1884 – 1959) werden, der in diesen Jahren seine Grammatik schreibt, die später zur Referenz für den gesamten okzitanischen Sprachraum wird (vgl. Kap. 9). Alibert, von Brotberuf Apotheker, hat auch eine Ausbildung als Sprachwissenschaftler (bei Anglade) erhalten; in dieser Hinsicht ist er professioneller als seine Vorgänger im okzitanischen Gebiet. Die Ereignisse in Katalonien, wo 1931 die Zweite Spanische Republik ausgerufen und die katalanische Autonomie verkündet wird, beflügeln die Arbeit der Reformer. Die Grammatik von Alibert wird 1935-1937 in Barcelona gedruckt, der zweite Band kann aufgrund des Bürgerkrieges nur noch mit Mühe ausgeliefert werden. Sie bedeutet allerdings den Bruch mit der Gruppe um Estieu, Perbosc und Salvat, die die Vorschläge Aliberts nicht annehmen wollen; daneben bestehende politische Differenzen spielen zunächst nur eine untergeordnete Rolle. Anlässlich der Gründung der *SEO* erfährt *Oc* eine erste Veränderung: es wird von nun ab bis 1934 eine wissenschaftliche, vor allem philologische Zeitschrift, die in vierteljährlichem Abstand erscheint (vgl. zur Geschichte der *SEO* Fourié 1995).

Im Frankreich der Zwischenkriegszeit sind auch andere autonomistische Bewegungen aktiv und teilweise recht erfolgreich. Vor allem die bretonische und die elsässische Bewegung erzielen Erfolge bei Wahlen. Sie alle vertreten föderalistische bzw. autonomistische Gedanken. Die verschiedenen Bewegungen nehmen sich zwar gegenseitig zur Kenntnis, zu einer konsequenten Zusammenarbeit kommt es indes nicht.

1934 wird eine weitere Zeitschrift mit dem Titel *Occitania* gegründet, die diesen Forderungen Nachdruck verleihen soll. Wichtigster Autor ist Charles Camproux (Carles Camprós, 1908 – 1994), damals noch Lehrer an einem Gymnasium, später Professor an der Universität Montpellier. Camproux ist Anhänger der Vorstellungen von Proudhon (insoweit nähert er sich dem jungen Mistral an) und formuliert die Grundzüge eines auf dem katholischen Glauben basierenden offenen Föderalismus, die er 1935 in einem schmalen Band *Per lo camp occitan* (Camproux 1935) zusammenfasst. Es ist der erste Versuch, ein politisches föderales Programm für den gesamten okzitanischen Raum zusammenzustellen – fast fünfzig Jahre nach dem entsprechenden Werk von Valentí Almirall für Katalonien. In dem Werk finden sich, vor allem auf internationaler Ebene, einige Einschätzungen, die heute verwundern können, insgesamt zeigt es, dass dieser Okzitanismus eine neue Qualität bekommt.

Abb. 23: Charles Camproux, um 1970

In diesem Kontext entstehen Bemühungen zur Gründung einer politischen Partei. Ein 1935 gegründeter *Partit Occitanista* bleibt ohne Erfolg, der mit ihm verbundene *Partit Prouvençau/Parti Fédéraliste Provençau* beteiligt sich 1936 auf Seiten der Volksfront an den Parlamentswahlen und erhält ein gewisses öffentliches Echo. Seine wichtigsten Repräsentanten sind neben Camproux der Schriftsteller Georges (Jòrgi) Reboul (1901 – 1993) aus Marseille, der über Jahrzehnte die dortige Vereinigung *lo Calen* leitet, Max Rouquette (Max Roqueta, 1908 – 2005), der Arzt, der zum vielleicht bedeutendsten okzitanischen Schriftsteller des 20. Jahrhunderts wird und Paul Ricard (1909 – 1997), der bekannte Pastis-Fabrikant. Durch Zusammenarbeit von *Nouveau Languedoc* und *Partit Prouvençau* werden damals die ersten Radiosendungen auf Okzitanisch ausgestrahlt.

Der Sieg der Volksfront in den Wahlen 1936 eröffnet für die Repräsentanten der Peripherien in Frankreich gewisse Hoffnungen; die demokratischen und sozialpolitischen Grundpositionen der Volksfront scheinen auch institutionelle Veränderungen denkbar zu machen. Die Kommunistische Partei führt bis Anfang der dreißiger Jahre eine offene Sprachenpolitik – was nicht erstaunen muss, denn ihre Wähler rekrutieren sich vor allem aus den betroffenen Gruppen – erst unter dem zunehmenden Einfluss des Stalinismus wird sie zurückhaltender. Aber die von der Volksfront geleiteten Regierungen haben nur eine kurze Zeitspanne zur Verfügung. Zu wirklichen Fortschritten kommt es nicht.

Die dreißiger Jahre spielen sich ab vor dem Hintergrund der sich überstürzenden Ereignisse in Spanien und Katalonien. Während die Ausrufung der Republik große Hoffnungen auf okzitanischer Seite wach werden lässt, wird dieser Eindruck durch den Wahlsieg der Rechten 1934 gedämpft, und nach dem kurzen Moment der Wiederherstellung der Autonomie 1936 aufgrund des Sieges der spanischen Volksfront führt der Spanische Bürgerkrieg zur Katastrophe für Katalonien. Nun bedürfen Katalonien und die katalanische Kultur der Solidarität der Okzitanisten wie des *Félibrige*, die rückhaltlos, auch über ideologische Differenzen hinweg, gewährt wird. An das Ende des Bürgerkrieges schließt fast nahtlos der Beginn des Zweiten Weltkrieges an, nun überstürzen sich die Ereignisse im okzitanischen Gebiet.

Auf der einen Seite wird in der Zwischenkriegszeit ein neues Bewusstsein vor allem der jungen Okzitanen deutlich, die nun auch klare politische und institutionelle Forderungen stellen, auf der anderen ist ihnen nicht die Zeit vergönnt, diese Gedanken in der Bevölkerung genügend zu verbreiten. Zwar können sich politische Forderungen zum ersten Male seit mehr als einem halben Jahrhundert wieder artikulieren, die Massenrezeption, die ähnliche Gedanken in Katalonien erfahren, kann nicht erreicht werden. Im Vergleich zu Spanien ist der gesamtstaatliche Nationalismus in Frankreich viel stärker als der partikulare. *Occitania* verschwindet mit Kriegsbeginn, die meisten Okzitanisten werden zu den Waffen gerufen. Auf der anderen Seite wird die Kriegszeit nicht völlig negativ für sie verlaufen (vgl. insgesamt Lafont 1974; Abrate 2001).

8 Erfolge des Katalanismus und ihr Preis

Obwohl der Katalanismus seit den späten achtziger Jahren des 19. Jahrhunderts nach rechts gerückt und damit für manche Schichten der Bevölkerung nicht mehr leicht erreichbar ist, kann er sich zunächst bei den Wahlen durchsetzen und zur vorherrschenden politischen Kraft werden. Der Konservatismus der *Lliga* wird indes immer wieder zu Abspaltungen an ihrem linken Rand führen. Dabei fährt sie eine Doppelstrategie: auf der einen Seite möchte sie in Katalonien die führende Rolle spielen, ohne sich von Madrid abhängig zu machen (das ist die Position von Prat de la Riba), auf der anderen auch in Madrid ihre Bedeutung heben (für diese Option steht vor allem der Parteivorsitzende Francesc Cambó i Batlle, 1876 – 1947, der, entgegen dem Usus der Katalanisten, mehrfach Ministerposten in Madrid übernimmt; vgl. Bernecker/Eßer/Kraus 2007, 100-102).

Prat de la Riba ist ein herausragender Organisator. 1906 findet unter seiner Ägide und der Organisation von Antoni M. Alcover (vgl. Kap. 9) in Barcelona der *Primer Congrés de la Llengua Catalana* statt, auf dem Pompeu Fabra (i Poch, 1868 – 1948) einen viel beachteten Vortrag über die mögliche Referenzform der Sprache hält. Der Kongress beschließt u. a. die Gründung einer Akademie der Wissenschaften: 1907 wird das *Institut d'Estudis Catalans* (*IEC*) als diese Akademie gegründet. Seit 1911 umfasst es auch eine Sprachsektion (heute: *Secció filològica*), in deren Rahmen die Referenzform unter der Verantwortung Fabras erarbeitet wird. Fast gleichzeitig wird Prat de la Riba zum Vorsitzenden der Provinzdeputation von Barcelona gewählt. Und ebenfalls 1907 kann die *Solidaritat Catalana* 41 der 44 katalanischen Sitze im spanischen Parlament erringen (Bernecker/Eßer/Kraus 2007, 103).

Mit der *Setmana tràgica* von 1909 bricht die *Solidaritat* auseinander, da ihre Protagonisten, bildlich gesprochen, auf unterschiedlichen Seiten der Barrikaden stehen. Dennoch können die Autonomiebestrebungen in der Folge einen bedeutsamen Etappensieg erzielen: 1914 wird die *Mancomunitat Catalana* gebildet, ein Zusammenschluss der vier katalanischen Provinzen; sie hat zwar nur Verwaltungskompetenzen, keine politischen Befugnisse, aber Prat de la Riba als erster Präsident nutzt alle Möglichkeiten maximal aus. Neben dem Ausbau des Straßennetzes, der Förderung der Landwirtschaft und der Dienstleistungen werden etwa Bibliotheken errichtet, auch zahlreiche andere kulturelle Initiativen werden unterstützt. Damit wird zum ersten Male seit der Aufgliederung Spaniens in Provinzen (1833) Katalonien wieder als juristische Einheit erkennbar, wenn auch das erzielte Resultat deutlich hinter den Forderungen der Katalanen zurückbleibt. Nach dem frühen Tod Prat de la Ribas übernimmt 1917 der Architekt Josep Puig i Cadafalch, allerdings mit weniger Geschick, die Leitung. Die Verabschiedung eines Autonomiestatuts für Katalonien scheitert, wobei zentralistische Reserven und die teilweise unklare Haltung der *Lliga* sich wechselseitig neutralisieren.

Obwohl Spanien im Ersten Weltkrieg neutral bleibt und daher an dem Krieg gut verdient, besonders die katalanische Wirtschaft kann von der Lage profitieren, kommt es 1917 zu mehrfachen Krisen, in der Armee, in der Arbeiterschaft, aber auch im Katalanismus selbst, wo linke Gruppierungen die ausschließlich auf wirtschaftlichen Erfolg des (Groß-) Bürgertums gerichtete Strategie in Frage stellen. Nach Kriegsende spitzen sich die Widersprüche weiter zu, 1922 gründet sich links der *Lliga* die demokratisch-bürgerliche *Acció Catalana* (der sich Rovira i Virgili anschließt), wenig später gründet der Oberst Francesc Macià i Llusà (1859 – 1933) die noch weiter links stehende Organisation *Estat Català*. Beide fordern bereits damals die staatliche Unabhängigkeit Kataloniens. Die Periode wird überschattet von schweren Arbeitskämpfen und zahlreichen politischen Morden. Barcelona ist zu der Zeit ein unsicheres Pflaster, wobei die gegnerischen Gruppen sich mit denselben Waffen bekämpfen; politische Morde sind (in ganz Spanien) an der Tagesordnung. Außerdem spitzen sich die Auseinandersetzungen in Marokko wieder zu, die Rif-Kabylen unter Mohammed Abd el-Krim (1882 – 1963) kämpfen zunächst mit Erfolg gegen die Spanische Armee und Fremdenlegion. Die Verluste auf spanischer Seite sind erheblich. Erst als Abd el-Krim sich zugleich gegen die Franzosen wendet, unterliegt er und muss kapitulieren (Bernecker/Eßer/Kraus 2007, 110-117; Schmidt/Herold-Schmidt ³2013, 370-373, 383-386).

In dieser Situation putscht am 13. September 1923 der Generalkapitän von Barcelona, General Miguel Primo de Rivera (1870 – 1930) und errichtet mit Billigung des Königs Alfons XIII. eine Diktatur, um die anstehenden Probleme unter Bruch der Verfassung zu lösen. Erstaunlicherweise stößt er zunächst auf wenig Widerstand; offensichtlich wird die Politik als unfähig angesehen, die zahlreichen offenen Fragen zu beantworten. In Katalonien unterstützt die *Lliga* ihn zunächst, denkt sie doch, dass sie mit seiner Unterstützung ihre wirtschaftspolitischen Ziele umsetzen kann. Zunächst beschränkt sich die Diktatur auf die Verfolgung (eines Teils) der Linken und die Wiederherstellung der öffentlichen Ordnung, aber schon bald werden auch Mitglieder der *Lliga* verhaftet (zeitweise auch Cambó, der vom Gefängnis aus eine surrealistisch höfliche Korrespondenz mit dem Diktator führt), und 1925 wird die *Mancomunitat* aufgelöst, nachdem bereits 1923 das Zeigen der katalanischen Flagge, der *Senyera* und die Verwendung des Katalanischen in der Öffentlichkeit verboten worden war. Auch die katalanischen Zeitungen werden unterdrückt. Primo de Rivera verfolgt nun ein nationalistisches Konzept – gegen eine Anerkennung der Peripherien, gegen wirtschaftliche Reformen und für eine Stärkung des Militärs und der Kirche – und als sich der geringe Erfolg der von ihm vorgeschlagenen Maßnahmen zeigt und seine Zensur immer stärker angegriffen wird, verliert er an Rückhalt. Zu seinen wichtigsten Gegnern gehören nun große Teile der Arbeiterschaft, die (vor allem linken) Katalanisten, aber auch immer mehr bürgerliche Gruppen. 1926 versucht Francesc

Abb. 25: v. l. Ventura Gassol (kat. Kulturminister), Louis Alibert, Francesc Macià, Pompeu Fabra und Josep Carbonell i Gener in Barcelona 1932

Macià, vom französischen Prats de Molló aus, mit einer symbolischen Truppe in Katalonien einzumarschieren, scheitert aber bereits an der Grenze. Von nun an streben immer weitere Kreise der katalanischen Bewegung die Unabhängigkeit an, weil sie davon ausgehen, dass ein Kompromiss mit Madrid nicht mehr möglich ist. Mit dem Ausbruch der Weltwirtschaftskrise muss Primo de Rivera Anfang 1930 zurücktreten und stirbt kurze Zeit später. Die Übergangszeit ist von vergeblichen Versuchen erfüllt, die Monarchie zu retten, umgekehrt ist der König aufgrund seiner Unterstützung des Diktators aufs schwerste kompromittiert (Schmidt/Herold-Schmidt ³2013, 390-400).

Die Diktatur Primo de Riveras verfolgt zwar ähnliche Ziele wie später die Francos, sie bleibt jedoch in der Wahl der Mittel zurückhaltender (und ist auch weniger effizient). Insofern kann man sie nur begrenzt als einen Vorgeschmack auf die franquistische Herrschaft betrachten.

Schon im Jahr 1928 ist die Position des Diktators geschwächt. Das erlaubt u. a. die Gründung einer *Oficina de Relacions Méridionals* durch Josep Carbonell i Gener; dieser hat enge Beziehungen zu zahlreichen Schriftstellern und Künstlern, aber auch zu dem 1931 an die Macht kommenden politischen Personal. Die Gründung ist privat, erfolgt allerdings mit der materiellen Unterstützung einer größeren Zahl bekannter

Katalanisten. Die *Oficina* wird keinen offiziellen Status bekommen (ein solcher hätte leicht zu politischen Verwicklungen führen können), sie erhält allerdings immer wieder Subventionen von der *Generalitat*. Carbonell versucht wiederholt, sein Büro im Gebäude der *Generalitat* unterzubringen, das gelingt ihm nicht. Die selbst gestellte Aufgabe ist die Pflege der Beziehungen vor allem zum okzitanischen Sprachraum. Das ist insofern heikel, als viele Okzitanisten und Katalanisten von der Einheit der Sprachen (die sie als Varietäten ansehen) nördlich und südlich der Pyrenäen ausgehen, wodurch implizit die Staatsgrenze in Frage gestellt worden wäre. Neben Carbonell vertritt etwa der Dichter J. V. Foix eine solche Konzeption. Auf der anderen Seite möchten die Katalanen natürlich die Beziehungen über die Grenze hinweg verbessern, dabei spielen ideologische, mentale, nostalgische aber auch praktische Gründe komplementäre Rollen. Umgekehrt unterstützen viele Okzitanisten diese Einstellung; so können sie einen Anteil an den katalanischen Erfolgen haben; man spricht bisweilen von *Panokzitanismus*. Die Bedeutung der *Oficina* beruht auf der einen Seite auf einem ausgedehnten Mäzenatentum; ohne sie hätten die Okzitanisten in der Zeitspanne 1930-1937 kaum eines ihrer Werke veröffentlichen können. Daneben sorgt sie für Studentenaustausch, organisiert aber auch mindestens eine Vortragsreise von Alibert nach Barcelona im Jahre 1932 und organisiert Begegnungen von Alibert mit Pompeu Fabra und dem Präsidenten Macià. Erst der Einmarsch der franquistischen Truppen in Barcelona beendet diese Initiative. Die *Oficina* ist Ausdruck der engen Zusammenarbeit Kataloniens mit einem (aktiven) Teil des Okzitanismus (Alquezar i Montañés 1992, 48-57; Grau 1998; Panyella 2000, 184-192; Panyella 2003).

Die Kommunalwahlen am 12. April 1931 enden mit einem eindrucksvollen Sieg der republikanischen Opposition, vor allem in den größeren Städten. Überall gehen die Massen auf die Straße und fordern die Republik. Am 14. April ruft Francesc Macià, nun Führer der neuen *Esquerra Republicana de Catalunya* (*ERC*), welche in den katalanischen Städten die Wahl gewonnen hat, vom Palast der *Generalitat* aus die „Katalanische Republik im Rahmen der Iberischen Föderation" (also im Prinzip unter Einbeziehung von Portugal) aus (am gleichen Tage geht Alfons XIII. ins Exil). Doch verfügt seine Republik über keine bewaffnete Macht, so muss er zwei Tage später die Reduzierung seines Projekts auf die Dimensionen einer autonomen Region im Rahmen Spaniens hinnehmen. Die katalanische Regierung bekommt wieder die alte Bezeichnung *Generalitat*. Bereits am 2. August 1931 wird in einer Volksabstimmung das *Statut von Núria* von der katalanischen Bevölkerung angenommen. Es geht von einem spanischen Bundesstaat aus, die Ende 1931 verabschiedete spanische Verfassung jedoch von einem allenfalls dezentralisierten Einheitsstaat. So müssen die spanischen *Cortes* im September 1932 dem Statut zustimmen, dabei beschneiden sie einige der wichtigsten Rechte der Autonomie: die Steuereinnahmen der katalanischen Regierung werden stark gekürzt und diese damit finanziell von Madrid abhängig. Auch die Kompetenz für das Erziehungs- und Bildungswesen, die ursprünglich ausschließlich bei der Region liegen sollte, geht an den Zentralstaat.

Abb. 26: Ausrufung der Katalanischen Republik durch Francesc Macià am 14. April 1931 vom Palast der *Generalitat* aus

Katalanische Schulen sollten von der *Generalitat* selbst finanziert werden (deren Mittel stark beschnitten werden). Die Übertragung der Kompetenzen verläuft sehr zögerlich, immer wieder wird eine Obstruktionspolitik der Zentrale erkennbar. Und nicht zuletzt: Madrid investiert weniger in die Infrastruktur Kataloniens als früher (Bernecker/Eßer/Kraus 2007, 121-123; Schmidt/Schmidt-Herold ³2013, 406-408). Auf diese Weise wird bereits damals ein strukturelles Problem bemerkbar, das bis heute noch nicht überwunden ist: der Zentralstaat erweist sich einer wirklichen föderalen Reorganisation nicht fähig. Damit tut sich jenseits der Fähigkeit oder Unfähigkeit von einzelnen Politikern ein grundsätzliches Problem auf, das seiner Lösung harrt.

Immerhin bedeutet die neue Situation eine deutliche Verbesserung gegenüber der vorigen. Daher machen sich die Regierung und die Bevölkerung daran, den neuen Rahmen mit Leben zu erfüllen. Die gesamte Gesellschaft durchzieht eine Aufbruchsstimmung, die fünfundvierzig Jahre später bei den Überlebenden noch spürbar sein wird. Zwar haben die Katalanen nicht alles erreicht, aber das Gewonnene muss zunächst mit Inhalten angefüllt und belebt werden. Im Rahmen der Kompetenzen, die der autonomen Region verbleiben, entwickelt diese eine lebhafte gesetzgeberische Tätigkeit. Vor allem die Medien blühen auf: das gilt für das Zeitungswesen ebenso wie für den Rundfunk als neues Medium. Die Buchproduktion kann sich in wenigen Jahren fast verdreifachen. Dagegen kommt es rasch zu Spannungen mit Madrid aufgrund der katalanischen Sozialgesetzgebung, die – nach Meinung des spanischen Verfassungsgerichts – nicht zu den Kompetenzen der katalanischen Regierung gehört.

An Weihnachten 1933 stirbt Präsident Macià, sein Nachfolger wird Lluís Companys i Jover (1882 – 1940).

Abb. 27: Francesc Macià i Llusà

Mitten in die große Zeit der katalanisch-okzitanischen Zusammenarbeit platzt ein Manifest, das die Grenzen der gemeinsamen Interessen andeutet. Es wird am 6. Mai 1934 in der *Veu de Catalunya*, später auch in *Oc* veröffentlicht. Hier einige Auszüge:

> Desviacions en els conceptes de Llengua i de Pàtria
> [...]
> La nostra Pàtria, per a nosaltres, és el territori on es parla la llengua catalana. Comprèn, doncs, de les Corberes a l'Horta d'Oriola i de les comarques orientals d'Aragó a la Mediterrània. Composta de quatre grans regions – Principat, València, Balears i Rosselló – cadascuna amb interessants característiques pròpies, cal conservar en tots els ordres llur personalitat, que ens dóna una gran riquesa d'aspectes. No existeix cap perill – ni cap desig – d'absorció d'una regió per les altres. [...]
> De les dues errors que combatem, la primera, que limita la nostra pàtria al territori de les quatre ex-províncies, és, sens dubte, la més estesa i inveterada. [...]
> En la qüestió occitanista trobem avui, entre nosaltres, una fluctuació de conceptes: unes vegades Occitània és la suma de diverses regions que formen una nacionalitat única (com ja definia Josep Aladern a començaments de segle); altres vegades Occitània és un compost de nacionalitats amb personalitat pròpia que formen vagament una "supernació".
> Dins les dues concepcions indicades es troba força estesa l'opinió que tots els territoris compresos del Llemosí al sud de València, i dels Alps a l'Atlàntic, parlen una sola llengua amb

diversos matisos o dialectes, els quals – suposen – són poc divergents. Això porta, naturalment, a la conclusió que dintre el gran marc de la pretesa llengua occitànica es troben en un mateix peu d'igualtat el valencià i el català, el llemosí i el provençal, el gascó i el mallorquí, etc.
[...]
Altrament, hi ha una raó científica que s'oposa a aquestes teories occitanistes. Avui la lingüística afirma que el català i la llengua d'oc – coneguda per tots els romanistes – són dues llengües differents, constitueixen dos grups lingüístics a part, malgrat les semblances de diversa índole que hom i pugui trobar, les quals no són més grans que les que hi ha entre el castellà i el portuguès.[...]
Per a la comparació de dues llengües hem de tenir especialment en compte l'època dels textos comparats i dels dialectes a què pertanyien. Cal referir-se, naturalment, als temps actuals, i els termes de comparació no han d'ésser els dialectes fronterers, ans aquells que han cristallitzat en llengües literàries (dos escriptors la llengua dels quals pot servir a aqueste objecte, serien Mistral i Verdaguer). [...]
Recordem, [...] com les vacillacions ortogràfiques i gramaticals van retardar, durant el segle passat la concreció de la nostra llengua literària i han dificultat notoriament la seva expansió [dins la generació] actual. Cal evitar doncs, que unes vacillacions semblants en el concepte de Pàtria vinguessin ara a pertorbar i retardar en el nostre poble la consolidació d'una plena consciència nacional:

(Lamuela/Murgades 1984, 285-289, die Graphie der Vorlage wurde beibehalten)

Erster Unterzeichner ist Pompeu Fabra, dahinter folgen insbesondere Namen, die für ihre engen Beziehungen zur okzitanischen Renaissance bekannt sind: Ramon Aramon i Serra (1907 – 2000), Pere Bohigas (1901 – 2003), Josep M. de Casacuberta (1897 – 1985), Pere (1870 – 1939) und Joan Corominas (1905 – 1997), Jaume Massó i Torrents (1863 – 1943), Manuel de Montoliu (1877 – 1961), Lluís Nicolau d'Olwer (1888 – 1961), Antoni Rovira i Virgili, Pau Vila (1881 – 1980). Sicher ist es notwendig, diesen Text in den Kontext seiner Zeit zu verlegen: auf der einen Seite wird sofort die wenig komfortable Stellung der *Generalitat* sichtbar. Eine linke Regierung angesichts eines weit nach rechts gerückten Spanien, im Mai 1934 ist Alejandro Lerroux y García (1866 – 1949), der ehemalige „König des *Paral.lel*" (damals das Vergnügungsviertel in Barcelona) spanischer Ministerpräsident, der allseits verehrte und anerkannte Macià ist verstorben, ihm folgt Lluís Companys, der noch nicht dasselbe Ansehen genießt. Der Panokzitanismus um Carbonell und einige andere kann auch außenpolitisch gefährlich werden, wenn etwa jemand auf den Gedanken kommt, dadurch würden bestehende politische Grenzen in Frage gestellt (die Unruhen des 6. Februar 1934 in Paris haben Frankreich gerade erst in Besorgnis versetzt). Auf der anderen Seite soll hier ein Aktivismus gebremst werden, der außer Kontrolle geraten kann.

Praktisch zeitgleich mit dem Manifest schreibt Fabra einen persönlichen Brief an Alibert, in dem er ihn seiner Freundschaft versichert, wie er auch zuvor nicht immer so klar in seinen Abgrenzungen gewesen war. Das deutet darauf hin, dass der öffentliche Effekt das eine ist, die privaten Überzeugungen das andere. Die unterschiedlichen Interpretationen einer schwer zu fassenden Realität lassen sich am besten dadurch annähern, indem man zwar von zwei Sprachen, aber innerhalb einer gleichen Gruppe spricht. In einem späten Text von 1950 wird Alibert das folgendermaßen formulieren:

> Erem [= Fabra i Alibert] perfieitament d'acordi: per el i per ieu, lo catalan es vertadierament una lenga del fait de son desvolopament literari ancián e modern e del fait qu'es estat espleit d'un estat constituit. Mas se confrontam los parlars naturals de Catalonha e d'Occitania, i a pas cap de dobte, em [sem] en presencia de parlars d'una meteissa familha linguistica, la qu'ai qualificada d'occitano-romana, plaçada a egala distància entre lo francés e l'espanhol.
> (Alibert, in *Oc*, no. 7 [= 175], janvier 1950, p. 26)

Bisweilen stehen wissenschaftliche Erkenntnis und politische Opportunität einander im Wege (zu dem Komplex vgl. Lamuela/Murgades 1984; Kremnitz 1986 und vor allem Rafanell 2006, 885-1377).

Man muss die Entwicklung der (ersten) katalanischen Autonomie vor dem Hintergrund der stürmischen politischen Lage im Spanien der Zweiten Republik sehen: der 1931 siegreiche linke und linksliberale Block fällt bald auseinander, zwischen den verschiedenen Gruppierungen der Republikaner entstehen massive Widersprüche, zugleich formiert sich die politische Rechte nach und nach, nicht zuletzt aufgrund der Zuspitzungen der Lage im gesamten Europa in den dreißiger Jahren. Seit den Parlamentswahlen von November 1933 mit dem Sieg der Rechten (nun beginnt das so genannte *bienio negro*, in dem ein erheblicher Teil der bisherigen Reformen rückgängig gemacht wird), vor allem der *Confederación Española de Derechas Autónomas* (*CEDA*), wird die Lage noch angespannter, da diese von der Linken als philofaschistisch angesehen wird, die eine Machtergreifung nach italienischem oder deutschem Vorbild plane. Als sie im Oktober 1934 in die Regierung eintreten soll, kommt es verbreitet zu Streiks, die aber nur in Asturien zu einer wirklichen Kraftprobe werden; dort unterwerfen Truppen der Afrikaarmee und der Fremdenlegion unter der Leitung von Franco die aufständischen Arbeiter in einem Meer von Blut. Im gleichen Augenblick ruft Companys am 6. Oktober 1934 den *Katalanischen Staat in der Spanischen Bundesrepublik* aus, der nur wenige Stunden Bestand hat. Danach werden Companys und sein Kabinett, sowie weitere katalanische Intellektuelle wie Pompeu Fabra, verhaftet und zunächst auf dem im Hafen von Barcelona ankernden Dampfer *Uruguay* festgesetzt, das Autonomiestatut wird vorläufig suspendiert. Erst nach dem Wahlsieg der Volksfront bei den Wahlen vom 16. Februar 1936 wird das Statut wieder in Kraft gesetzt. Nun bleiben nur noch wenige Monate bis zum Ausbruch des Bürgerkriegs; strukturelle Aufbauarbeit kann in dieser kurzen Zeitspanne kaum noch geleistet werden (Bernecker/Eßer/Kraus 2007, 124-126).

Betrachtet man die Begleitumstände, so ist es beachtlich, was die autonomen Regierungen in den wenigen Jahren der Zweiten Republik zustande gebracht haben.

Abb. 28: Lluís Companys i Jover

Es ist ihnen gelungen, trotz aller Restriktionen eine quasi staatliche Gemeinschaft aufzubauen und vor allem Ansätze einer fortschrittlichen Sozialpolitik vorzulegen, die auf breite Zustimmung in der Bevölkerung stoßen: bei den Februarwahlen 1936 erzielt die in Katalonien um die *Esquerra* gescharte Volksfront nicht weniger als 59 % der Stimmen, die *Lliga* und ihre Verbündeten nur knapp 37 %. Diese wird sich nach dem Ausbruch des Bürgerkriegs nach kurzem Zögern auf die Seite der Aufständischen stellen und damit das ihr noch verbliebene Vertrauenskapital verspielen.

Am 17. Juli 1936 beginnt zunächst in Nordafrika die nationalistische Erhebung, die, als klassisches *Pronunciamiento* gedacht, sich wegen des Widerstandes der Bevölkerung rasch zum Bürgerkrieg ausweitet. Zwar kann der Aufstand in Barcelona und Katalonien binnen kurzem zurückgeschlagen werden, doch wird die Lage in Katalonien dadurch komplizierter, dass es innerhalb des republikanischen Lagers zu schweren Auseinandersetzungen kommt, sozusagen zu einem „Krieg im Kriege". Vor allem anarchistische Kräfte aus dem Umfeld der *CNT* und Kommunisten bekämpfen sich: die ersten wollen parallel zum Abwehrkampf gegen die Aufständischen, deren Oberhaupt seit 1. Oktober 1936 Francisco Franco y Bahamonde (1892 – 1975) ist, eine soziale Revolution in die Wege leiten, die zweiten wollen alle sozialen Veränderungen auf die Zeit *nach* dem Sieg verschieben. Das dürfte mit der in Moskau entwickelten Volksfrontpolitik in Verbindung stehen, die durch (vorläufigen) Verzicht auf soziale Reformen bürgerliche Verbündete nicht erschrecken will. Auf der einen Seite kämpfen alle Republikaner, aber vor allem die Anarchisten gegen die Franquisten, auf der anderen kommt es, vor allem in Barcelona, zu schweren Auseinandersetzungen zwischen verschiedenen Fraktionen der Republikaner. Zunächst haben die Anarchisten die Oberhand, die *Generalitat* ist von ihnen abhängig, danach jedoch kann Companys nach und nach an Einfluss für die *Generalitat* zurückgewinnen und schließlich die Grenzen des Statuts von Núria sprengen. Doch ist auch diese Situation von kurzer Dauer: die zunehmenden Niederlagen der Republik lassen paradoxerweise den Einfluss der Zentralregierung wieder anwachsen. Dazu trägt bei, dass die Kommunistische Partei in zunehmendem Maße an Bedeutung gewinnt und dafür sorgt, dass – sowohl in Gesamtspanien als auch in Katalonien – mögliche linke Konkurrenten ausgeschaltet werden. Dabei spielt die sowjetische Geheimpolizei eine entscheidende Rolle.

Bereits am 5. April 1938, als franquistische Truppen in das Gebiet von Lleida eindringen, wird durch Dekret das Autonomiestatut rückwirkend annulliert, werden die vier katalanischen Provinzen ebenso verwaltet werden wie alle übrigen. Damit wird deutlich, was auf Katalonien im Falle eines Sieges der Franquisten zukommt. Im katalanischen Sprachgebrauch ist es üblich, den Franquismus als Faschismus zu bezeichnen, obwohl ihm einige der charakteristischen Züge der übrigen faschistischen Bewegungen abgehen: dazu gehören etwa die fehlende, vor allem proletarische, Massenbasis oder der revolutionäre Impetus. Auf der anderen Seite steht die enge Verbindung des Franquismus mit der in Spanien damals besonders reaktionären Katholischen Kirche, die schwerste Verbrechen hingenommen und teilweise sogar inspiriert hat, sowie die Zusammenarbeit mit den alten monarchistischen Oberschichten. Das ungezügelte Gewaltpotential, vor allem bis Ende des Zweiten Weltkrieges, rückt den Franquismus wieder stärker in die Nähe der „eigentlichen" Faschisten. Erst aus diesen Besonderheiten wird seine Anpassungsfähigkeit an die veränderten Umstände nach 1945 deutlich, nur so kann er noch Jahrzehnte überleben. Zwar ist diese Differenzierung vielleicht unbequem, sie erlaubt indes eine präzisere Analyse der historischen Vorgänge.

Am 26. Januar 1939 wird Barcelona von franquistischen Truppen erobert, kurz darauf stehen sie an der französischen Grenze und am 5. Februar flieht die *Generalitat* über die Grenze nach Frankreich. Companys geht zunächst nach Paris, dann in die Bretagne, um sich um seinen schwer kranken Sohn zu kümmern. Dort wird er im August 1940, wahrscheinlich von der Gestapo, festgenommen, an Spanien ausgeliefert und dort zunächst in Madrid, dann in Barcelona verhört und nach einer summarischen Gerichtsverhandlung zum Tode verurteilt. Lluís Companys wird am 15. Oktober 1940 erschossen. Das bedeutet vorläufig das Ende der offiziellen *katalanischen Renaissance*.

Der Spanische Bürgerkrieg 1936-1939 steht im Prinzip nur am Rande des hier behandelten Themas der beiden Renaissance-Bewegungen. Auf der anderen Seite hat er für die neuere europäische Geschichte eine solche Wichtigkeit bekommen und bedeutet für die katalanische Renaissance einen solchen Rückschlag, dass hier wenigstens auf einige der größeren Darstellungen verwiesen werden soll. Dabei werden bewusst Werke mit unterschiedlichen Perspektiven nebeneinander gestellt, wie etwa Broué/Témime 1961, Preston 1986, Bernecker 1991, Beevor 2006; sie alle enthalten weiterführende Bibliographien.

Die Verfolgung spielt sich auf allen Ebenen ab: die Hälfte der Professoren der Universität Barcelona wird entlassen, ebenso 25 000 Angestellte des öffentlichen Dienstes, eine geringere Form der Bestrafung ist die Versetzung in andere Teile Spaniens. Alle Namen im Zivilregister ebenso wie alle Bezeichnungen für juristische Personen werden kastilisiert. Schilder, auch Ladenschilder, werden nur auf Kastilisch gestattet. Das Katalanische wird aus den Kinos verbannt. Ebenso muss es aus Telegrammen verschwinden. Besonderer Nachdruck wird darauf gelegt, dass es aus den Schulen verschwindet. Die Katholische Kirche macht sich mit großem Engagement zum Erfüllungsgehilfen der Diktatur und vertreibt das Katalanische so weit wie möglich aus den Kirchen. Die Maßnahmen gehen ins Detail: die *Plaça de Catalunya* wird zur *Plaza del Ejército Español*, usw. Die Zerstörungswut der Franquisten geht soweit, dass die meteorologischen Aufzeichnungen der meteorologischen Beobachtungsstation in Barcelona, die von Eduard Fontseré i Riba (1870 – 1970) aufgebaut worden war, teilweise vernichtet werden, da sie auf Katalanisch notiert sind. Die Liste lässt sich beliebig verlängern (vgl. Institut Català d'Estudis Polítics i Socials 1973; Benet 1995; Ferrer i Gironès 1985, 177-196; Preston 2006; Bernecker/Eßer/Kraus 2007, 135ff., zu den anderen Gebieten Massot i Muntaner 1992; Cortés 1995). Eine große Anzahl von Katalanen flieht vor dem Franquismus ins Ausland; nur ganz allmählich kommen manche der Flüchtlinge zurück. Bevorzugtes Ziel ist zunächst Frankreich, das allerdings rasch überfordert wirkt. Dennoch bleibt eine große Anzahl von Katalanen (auch von Spaniern aus den übrigen Gebieten der Republik) dort und integriert sich nach und nach (vgl. jetzt Pigenet 2017).

Den Katalanen bleibt in den folgenden Jahren nichts anderes als der Rückzug in die Zivilgesellschaft, soweit das möglich ist. Wie schon Jahrzehnte zuvor machen sich private Vereinigungen daran, die Gemeinschaftsaufgaben zu übernehmen, die der Staat nicht erledigt. Man darf nicht vergessen, dass Spanien damals nach wie vor eines der ärmsten Länder Westeuropas ist. Die kollektive Armut steigert sich noch durch die bis nach Ende des Zweiten Weltkrieges herrschende Politik der Austerität des Franquismus, der möglichst von Einfuhren unabhängig werden will und damit die durch den Bürgerkrieg geschwächte und hungernde Bevölkerung weiter auslaugt. Hinzu kommt, dass, vor allem in Katalonien, ein beträchtlicher Teil der Bevölkerung zeitweise gefangen gehalten wird und damit unter noch ungünstigeren Bedingungen existieren muss. Wer aus dem Gefängnis entlassen wird, findet nur schwer eine Arbeit. In den Jahren bis 1950 kommen viele Menschen, mindestens mittelbar, aufgrund der unzureichenden Versorgungslage ums Leben. Eindrucksvolle Schilderungen der elenden Lebensbedingungen, aber auch des hartnäckigen Widerstandswillens der Bevölkerung kann man manchen autobiographischen Schriften oder Romanen entnehmen, von denen viele auf Kastilisch abgefasst sind (auf Katalanisch wären sie einer doppelten Zensur unterlegen) wie etwa Juan Marsés (*1933) *Si te dicen que caí* (1973) oder Juan Goytisolos (1931 – 2017) *Coto vedado* (1985).

9 (Sozio-) linguistisches Intermezzo : die (teilweise) Lösung des Problems der Referenzsprachen und die kollektive Kompetenz

9.1 Die Entwicklung der Referenzsprachen

In den vorausgegangenen Kapiteln wurde immer wieder auf das Problem der Referenzsprache verwiesen, ohne in Details zu gehen. Das soll hier im Zusammenhang geschehen, soweit es für das Thema relevant ist.

Allgemeines: Die meisten auf der Erde gesprochenen Sprachen verfügen auch heute noch *nicht* über eine explizit definierte Referenzform, die meisten Sprecher bewegen sich indes in Sprachen *mit* einer solchen. Dieser Widerspruch lässt sich damit erklären, dass die Sprachen ohne Referenzform gewöhnlich nur von relativ wenigen Sprechern und gewöhnlich auch nicht im schriftlichen Gebrauch verwendet werden, während alle viel verwendeten Sprachen einen Normativierungsprozess erfahren haben. Die Bildung von Referenzformen hängt mit den sozialen Bedingungen zusammen: ihr Bedarf wird in konstituierten Gesellschaften sichtbar, diese verfügen umgekehrt erst über die Institutionen, die eine Referenzform in der jeweiligen Gesellschaft durchsetzen können. Die Bildung von Referenzformen erfolgt auf zwei Grundlagen: zum einen der Sicherung der Kommunikation, zum anderen einer gesellschaftlichen Architektur der Macht. Während die erste einfach im kommunikativen Austausch erfolgen kann – etwa wenn Sprecher unterschiedlicher sprachlicher Varietäten aufeinander treffen und zur Kommunikationssicherung versuchen, ihre sprachlichen Formen einander anzunähern, sie kann daher weitgehend herrschaftsfrei sein – bedarf die zweite der Möglichkeit von Sanktionen. Eine Referenzform oder Norm muss *gesellschaftlich* durchgesetzt werden (können), andernfalls scheitert sie.

Während im Römischen Reich das Lateinische die Sprache war, die über eine fixierte Norm oder Referenzform verfügte (im Osten auch das Griechische), begannen Normativierungsprozesse für andere Sprachen erst, als diese als Sprachen von Herrschaft verwendet wurden. Noch bis in die europäische Renaissance ist das Lateinische die einzige Sprache mit Regeln, erst dann wird es in zunehmendem Maße von den Sprachen der einzelnen Herrschaften zunächst ergänzt, dann abgelöst. Daher ist es kein Wunder, dass Okzitanisch und Katalanisch schon früh die Anfänge von Normativierungsprozessen durchmachen: beide dienen im Mittelalter als Verwaltungs- und Herrschaftssprachen. Natürlich sind diese Prozesse damals sehr viel einfacher und grober als heute. Die große Zeit der Normativierung der Herrschaftssprachen beginnt erst im 16./17. Jahrhundert, zunächst in Italien, dann vor allem in Frankreich, die anderen Staaten folgen. Der Prozess der Normerarbeitung ist damals langwierig, er betrifft zunächst fast ausschließlich Fragen der Graphie, nur gelegentlich spielen auch grammatische Probleme eine Rolle. Diese Normen sind nur für die (in fast allen Ländern) schmalen Schichten relevant, die alphabetisiert sind.

Die Normerarbeitung ist an Herrschaft geknüpft. Daher ist es nicht erstaunlich, dass die (noch relativ grobschlächtigen) Referenzformen des Okzitanischen und Katalanischen in dem Maße wieder in Vergessenheit geraten, in dem beide Sprachen nicht mehr für herrschaftsrelevante (administrative) Texte verwendet werden. Im Bereich des Okzitanischen ist dieser Punkt relativ rasch nach dem Edikt von Villers-Cotterêts von 1539 erreicht, im Katalanischen mehr als ein Jahrhundert später. Damit geht Hand in Hand die zunehmende Abwertung dieser Sprachen zu *Dialekten* oder *Patois*, d. h. zu Nicht-Sprachen, da sie eben keine Regeln besäßen. Diese Abwertungsspirale spielt vor allem in Frankreich eine zunehmende Rolle, die sich gegen das Okzitanische (und die anderen dominierten Sprachen) einsetzen lässt. Man muss sich indes deutlich machen, dass sprachliche Regeln auch ohne das Bewusstsein der Sprecher funktionieren – sonst wäre die große Mehrzahl der menschlichen Sprachen nicht als solche anzusehen, sonst wäre die Geschichte der Menschheit weithin eine sprachlose, was sie definitiv nicht ist.

Andererseits wird den Anhängern der Wiederbelebung von an den Rand der Kommunikation geratenen Sprachen bald deutlich, dass Sprachen, die in den modernen Gesellschaften einen Platz einnehmen können sollen, einer Referenzform bedürfen, die auch in der jeweiligen Gesellschaft funktioniert. Allerdings sind die (sozio-) linguistischen Kenntnisse, die dabei von Nutzen wären, zunächst noch bescheiden. Daher begegnen wir in den Anfängen solcher Bewegungen zunächst meist zwei Strategien: der Übernahme von graphischen Konventionen der jeweiligen dominanten Sprache – im Falle des Okzitanischen also die Übernahme und Adaptierung der französischen Graphieregeln. Allerdings basiert die französische Graphie zwar letztlich auf einer phonographischen Grundlage, d. h. einem Phonem entspricht ein Graphem, allerdings gibt es zahlreiche Ausnahmen, wie etwa morphonologische Schreibungen, aber auch etymologische oder ganz einfach historische Graphien (etymologische Graphien gehen auf eine Etymologie zurück, historische auf eine frühere Schreibweise, die auf „Fehlern" beruhen kann, wie etwa die französische Graphie *huile* gegenüber dem lat. Etymon OLEUM „Olivenöl"; das *h* wurde in mittelalterlichen Manuskripten hinzugefügt, um die Lesart *u* und nicht *v* abzusichern, vgl. etwa Catach 1990). Aufgrund der zahlreichen Ausnahmen der französischen Orthographie ist eine solche Strategie für das Okzitanische nicht glücklich: sie verstärkt seine Dependenz vom Französischen bis ins Irrationale. Die zweite Strategie besteht in der Wiederbelebung und Aktualisierung von Graphien der mittelalterlichen Texte. Allerdings ist in diesem Falle eine Adaptation an die Veränderungen der jeweiligen Sprache in der Zeit, in der sie nicht/kaum geschrieben wurde, unerlässlich. Eine dritte Strategie besteht in der Schaffung eines neuen graphischen Systems, ohne Bezug zur dominanten Sprache und ohne Rückgriff auf die eigene Vergangenheit. Diese Strategie wird nur selten angewandt und führt noch seltener zum Erfolg (da sich die Sprecher/Schreiber nur schwer damit identifizieren); eines der wenigen erfolgreichen Beispiele ist die heutige Graphie des Baskischen.

Während die besondere Situation des Französischen im Hinblick auf die Graphie die Frage im Okzitanischen bald zum Problem werden lässt, spielt sie aufgrund der höheren Regelmäßigkeit der kastilischen Graphie (und der größeren linguistischen Nähe zwischen Kastilisch und Katalanisch) eine geringere Rolle. Die Bandbreite der Graphien ist hier geringer. Grundsätzlich sind beide Sprachen indes vor dasselbe Problem gestellt.

Ein wichtiger Punkt kommt hinzu: jede referenzsprachliche Form transportiert eine Vision der jeweiligen Sprache. Dazu gehört etwa eine Vorstellung vom geographischen Raum und damit der Varietäten, die sie abdecken soll. Dazu gehört eine Vorstellung der kommunikativen Funktionen, die sie erfüllen soll. So wird eine Referenzform, die sehr stark von der dominanten Sprache beeinflusst ist, kaum auf eine umfassende, alle Textsorten erfassende Funktion verweisen. Neben einer Funktion der Kommunikationssicherung und -vereinfachung kommen einer Referenzform auch symbolische Funktionen zu, die eine erhebliche Rolle für das Selbstverständnis der Sprecher spielen können.

Der *Félibre* Bernard Sarrieu (1875 – 1935) hat für die Erarbeitung von Referenzformen für dominierte Sprachen bereits 1924 drei mögliche Konzeptionen einander gegenübergestellt (er dachte dabei an das Okzitanische, seine Gedanken lassen sich indes verallgemeinern), nämlich *lokalistische*, die nur ein eng umgrenztes Gebiet berücksichtigen und dort gelten sollen, *dialektale*, die eine der großen Varietäten einer Sprache erfassen sollen, und *unitarische*, die das gesamte Gebiet einer Sprache abdecken sollen. Innerhalb des Unitarismus kann man zwischen *natürlichem* und *synthetischem* Unitarismus unterscheiden: der erste sucht eine real gesprochene Varietät als Referenzsprache durchzusetzen, der zweite aus der Verwendung von Materialien aus verschiedenen Varietäten eine synthetische Lösung zu schaffen (in der sich möglichst alle Sprachverwender wiedererkennen sollen). Jede dieser Konzeptionen hat Vorteile, muss indes auch Schwierigkeiten überwinden. Für die Ziele einer Sprachrenaissance sind unitaristische Konzeptionen vorzuziehen, da sie einen weiteren Kommunikationsraum und umfangreichere kommunikative Funktionen vorsehen. Natürlich synthetische Konzeptionen geraten leicht in die Gefahr eines sprachlichen Imperialismus, wenn sie die anderen Varietäten abwerten. In der Praxis verbinden sich gewöhnlich Elemente dieser Konzeptionen, meist lässt sich ein Schwerpunkt erkennen. Die unterschiedlichen Konzeptionen stehen im okzitanischen Sprachgebiet lange Zeit in Auseinandersetzung miteinander, im katalanischen spielen sie eine geringere Rolle, da die Sprache durch weniger Varianz als das Okzitanische charakterisiert wird; erst in jüngster Zeit haben auch hier die Auseinandersetzungen zugenommen (Sarrieu 1924; Kremnitz 1974, 133-134; Kremnitz 2001, 22-23).

Der Erarbeitung einer Referenzsprache kann erst ihre Durchsetzung in der jeweiligen Gesellschaft folgen. Diese ist umso schwieriger, je weniger Möglichkeiten die Schöpfer einer Norm haben, diese in der Gesellschaft zu verbreiten. Der übliche Weg sind staatliche Institutionen, wenn diese sich jedoch einer Sprache versperren, wird die Verbreitung ungleich prekärer. Die beiden Sprachen Katalanisch und Okzitanisch befinden sich in dieser Hinsicht seit dem 18./19. Jahrhundert in extrem schwierigen Situationen, denn sie verfügen nur über wenige Möglichkeiten, ihre gesellschaftliche Präsenz zu erweitern.

Das Katalanische: zwar beginnen die Diskussionen um eine Referenzform in den beiden Sprachen fast zur gleichen Zeit, es scheint jedoch sinnvoll, sich zunächst dem Katalanischen zuzuwenden, das zuerst zu bleibenden Resultaten gekommen ist. Auf die Auseinandersetzungen zwischen *Jocfloralescos* und *Xarons* wurde bereits hingewiesen, ebenso auf die internen Auseinandersetzungen in der ersten Gruppe. Diese Überlegungen beginnen um die Mitte des 19. Jahrhunderts, also fast zeitgleich wie in der Provence. Anders als in der Provence wird früh die Frage nach der notwendigen geographischen Reichweite einer zukünftigen Referenzsprache gestellt. Dabei steht für die frühen Anhänger der Renaissance das Gebiet, in dem Katalanisch gesprochen wird, rasch außer Zweifel – die ehemalige politische Zusammengehörigkeit spielt dabei sicher eine hilfreiche Rolle. Stärker debattiert wird die Frage, ob auch das okzitanische Sprachgebiet zu berücksichtigen sei. Dabei dürfte die bedeutende Stellung der Trobador-Dichtung für die Anfänge der katalanischen Literatur eine Rolle spielen, wohl auch der Umstand, dass in den *Països Catalans* die Gelehrten am Anfang eine größere Rolle in der Debatte spielen als in Okzitanien. Es wurde bereits angedeutet, dass diese Diskussionen im katalanischen Sprachgebiet noch nicht genügend wissenschaftlich aufgearbeitet sind, vermutlich sind hier noch (kleinere) Entdeckungen zu erwarten. Einige interessante Schlaglichter lassen die Arbeiten von Ginebra (Ginebra 1994) und Fornés (Fornés 2001) bereits erkennen.

Aufgrund der geringeren sprachlichen Veränderungen, aufgrund der niedrigen Alphabetisierungsrate, aber nicht zuletzt auch wegen der raschen Verbreitung des geschriebenen Katalanischen spielen die Auseinandersetzungen im katalanischen Sprachgebiet eine geringere Rolle und verlaufen insgesamt in rationaleren Formen. Ein gewisser minimaler Konsens, hinter den nur schwer zurückzugehen gewesen wäre, lässt sich schon im späten 19. Jahrhundert erahnen. Zu gleicher Zeit werden die Fortschritte der (romanischen) Sprachwissenschaft allmählich bekannter. Früher als im Okzitanischen gibt es erste linguistische Beschreibungen, vor allem die von Milà i Fontanals aus dem Jahre 1875 (*Estudios de lengua catalana*, Barcelona: Alvar Verdaguer, 1875) oder die erst postum erschienene Arbeit das Mallorquiners Tomàs Forteza (1838 – 1898).

Abb. 29: Pompeu Fabra i Poch

Zu Beginn der neunziger Jahre (1890-1892) startet die Zeitschrift *L'Avenç* [Fortschritt] eine *Campanya lingüística*. *L'Avenç* ist eine Zeitschrift des fortschrittlichen Lagers, die sich gegen die zunehmende Suprematie der Rechten stellt. Sie will ein fortschrittliches Konzept der Referenzsprache erarbeiten. Damit sollen graphische Traditionen daraufhin untersucht werden, ob sie noch eine sprachliche Funktion haben oder nicht. Im zweiten Falle wären sie auszuscheiden, da sie den Erwerb der Referenzsprache erschweren. Man erkennt, dass es sich um den impliziten Versuch handelt, hier möglichen barocken Auswüchsen einer zukünftigen Referenzsprache entgegenzutreten. Die drei Protagonisten dieser Initiative sind Joaquim Cases Carbó (1858 – 1943), Jaume Massó i Torrents und Pompeu Fabra. Im Rahmen dieser Campagne publiziert Fabra auf Kastilisch einen *Ensayo de gramatica de catalan [sic] moderno*, der 1891 erscheint (Barcelona: L'Avenç), aber schon etliche Jahre früher geschrieben wurde. Es ist die Arbeit eines Heranwachsenden. Er legt mit diesem schmalen Werk die Grundlagen für seine späteren Vorschläge für eine Referenzform, wenn er auch naturgemäß in dieser ersten Arbeit noch vorsichtig ist. Der erste Teil enthält eine Beschreibung des Katalanischen in Barcelona, wie es damals mit geringen Unterschieden im ganzen *Principat* (außer in Teilen von Lleida und Tarragona) gesprochen wird. Im zweiten Teil, *"Catalán académico"*, zeigt er die Unterschiede zwischen geschriebener und gesprochener Sprache auf, danach schlägt er orthographische Lösungen vor. Er legt die Orthographie der *Real Academia de Buenas Letras* zugrunde, von der er nur gelegentlich abweiche, wie er betont. Die Einleitung schließt mit dem Satz: „*El meu principal objecte ha sigut presentar el català tal com se parla.*" (Fabra, 2005, *Obres completes*, vol. I, 210)

Der zweite Text Fabras in der Diskussion ist seine *Contribució a la gramatica de la llengua catalana* (Barcelona: L'Avenç, 1898), die bereits weit mehr ins Detail geht. Fabra hat nun eine der wichtigsten Stimmen in dieser Frage. Allerdings steht er gegen die konservative Richtung, die vor allem von dem Domherrn Antoni Maria Alcover (i Sureda, 1862 – 1932) aus Palma de Mallorca, dem Begründer der katalanischen Dialektologie, verkörpert wird. Um 1900 ist Alcover der wichtigste Mann in der katalanischen Sprachwissenschaft, er steht am Ursprung des zehnbändigen *Diccionari català-valencià-balear* (Francesc de B. Moll wird es zu Ende bringen, vgl. Kap. 13), das zwischen 1930 und 1963 (in Palma, im Verlag Moll) erscheint. Er organisiert den *Primer Congrés Internacional de la Llengua*, der im Oktober 1906 in Barcelona stattfindet und auf dem die Frage der Referenzsprache eine gewichtige Rolle spielt. Dieser Kongress ist vor allem ein mediales öffentliches Ereignis, mit 3000 Kongressisten zu einer Zeit, in der sich die wissenschaftlich solventen Sprachwissenschaftler in Katalonien an den Fingern einer Hand aufzählen ließen, wie Antoni Maria Badia i Margarit oft bemerkte. Alcover sucht Fabra fernzuhalten, er wird nicht als Referent bestellt. Das hindert Fabra, wie erwähnt, nicht daran, sich als Kongressist einzuschreiben und mit einem umfangreichen Vortrag über *"Qüestions d'ortografia catalana"* (jetzt in Fabra, 2006, *Obres completes*, vol. 3, 107-140) sich als der solideste Kenner der Frage der Referenzsprache zu zeigen.

Als Folge des Kongresses wird 1907 das *Institut d'Estudis Catalans* gegründet, dem 1911 eine *Secció Filològica* beigegeben wird. Zwar wird Alcover zunächst Präsident der Sektion, die wichtigste Position nimmt jedoch rasch Fabra ein. Dieser ist zu der Zeit Professor für Chemie in Bilbao, Prat de la Riba schafft im Rahmen der *Diputació* eine Stelle für ihn in Barcelona, damit er dort wirksam werden kann. Das geschieht, obwohl Fabra und Prat in politisch unterschiedlichen Lagern stehen; so hoch ist die fachliche Wertschätzung, die Fabra bereits genießt. Die Spannungen mit Alcover lösen sich praktisch dadurch, dass dieser 1913 Barcelona verlässt und sich nach Palma zurückzieht (vgl. Fabra 2005). Er kehrt zu seiner früheren Graphie zurück und wird erst auf dem Totenbett diejenige des *IEC* akzeptieren.

Sobald Fabra seine Arbeit in Barcelona aufnimmt, bemüht er sich um die referentielle Orthographie. Allerdings bedarf es eines gewissen Anlaufes, bis die *Normes Ortogràfiques* im Januar 1913 verkündet und wieder in der Druckerei des *Avenç* gedruckt werden können. Noch hat auch Alcover als Präsident unterschrieben. Sie erfahren noch einige kleinere Änderungen, haben allerdings im *Diccionari Ortogràfic* von 1917 (Barcelona: IEC) ihre definitive Form (vgl. Fabra, 2008, *Obres completes*, vol. 4). Bereits 1918 erscheint aus Fabras Feder die *Gramàtica catalana. Curs mitjà* (Barcelona: Editorial Pedagògica), die erste publizierte Grammatik, welche die neuen Referenznormen beschreibt und großen Einfluss auf die Verbreitung dieser Norm hat. Schließlich erscheint 1932 der *Diccionari General de la Llengua catalana* (ursprünglich Barcelona: Ed. Catalonia, spätere Auflagen bei EDHASA). Mit diesen Werken verfügt das Katalanische über die grundlegenden Hilfsmittel, die eine Sprache mit modernen Kommunikationsanforderungen benötigt.

Eine Referenzform muss nicht nur erarbeitet werden, sie bedarf danach vor allem der Durchsetzung in der Gesellschaft. Obschon der unmittelbare Erfolg nach 1913 groß ist, wird die Diktatur Primo de Rivera durch ihre Unterdrückung der öffentlichen Verwendung der Sprache einer aktiven Verbreitung ernste Hindernisse in den Weg legen. Fabra versucht, seiner Referenzform zur Durchsetzung zu verhelfen, indem er eine große Anzahl von erklärenden populärwissenschaftlichen Aufsätzen in verschiedenen Presseorganen schreibt; sie werden später unter dem Titel *Converses filològiques* in mehreren Bänden veröffentlicht; eine vermutlich vollständige Sammlung ist erst in den *Obres completes* zu finden. Trotz dieser Aktivitäten ist es erstaunlich festzustellen, wie rasch sich die Regeln Fabras in der Gesellschaft verbreiten. Das spricht nicht nur für das Vorhandensein eines kollektiven Bewusstseins sondern auch dafür, dass die vorgelegte Referenzform handwerklich solide gemacht ist (hätten die Positionen Alcovers sich durchgesetzt, wäre wohl noch ein längerer Prozess der „Entetymologisierung" unerlässlich gewesen). Erst gegen Ende der Diktatur kann die Propagierung des Modells wieder Fortschritte machen. Wichtig ist, dann schon in der Zweiten Republik, das Übereinkommen von Castelló de la Plana 1932, durch das sich zahlreiche Vertreter der valencianischen Renaissance der Referenzform des *IEC* anschließen. Ein ähnlicher Schritt der Schriftsteller der Balearen einige Jahre später hat wegen des Ausbruchs des Bürgerkrieges zunächst nur symbolische Bedeutung. Gesamteinschätzungen zur Bedeutung Fabras findet man bei Segarra (1985), Murgades (2000) und Solà (1987; 2006), sowie in den einleitenden Texten der *Obres Completes* von Fabra, die 2005-2013 in neun Bänden erschienen sind. Außerdem veranstaltet die Universität Tarragona seit 1999 in fünfjährigen Abständen größere Kolloquien über sein Werk.

Danach kommt die lange Nacht der franquistischen Diktatur. Zwar können vor allem durch die Umsicht von Ramon Aramon i Serra, des späteren Generalsekretärs, Teile der Bestände gerettet werden, insgesamt wird viel gewichtiges wissenschaftliches Material von den franquistischen Eroberern zerstört. Erst seit dem Beginn der sechziger Jahre kann wieder ein gewisser Minimalbetrieb aufgenommen werden. Der weitere Ausbau der Sprache muss das Ende der Diktatur abwarten.

Das Okzitanische: es wurde bereits erwähnt, dass in den frühen Schriften der okzitanischen Renaissance vor allem die Graphien des Französischen imitiert wurden. Eine gewichtige Ausnahme bildet Fabre d'Olivet mit seinen Schriften, der seine Zielvorstellungen – eine Wiederaufnahme und Modernisierung der mittelalterlichen Graphien – allerdings nicht ganz umsetzen kann, da er noch nicht über die notwendigen Kenntnisse verfügt und somit bisweilen seine eigenen Vorstellungen durchbricht. Etwas später arbeitet Jean-Joseph Diouloufet mit größerer Konsequenz in derselben Perspektive. Auf diesem Weg geht der Arzt Simon-Jude Honnorat in seinem großen Wörterbuch, das kurz vor der Jahrhundertmitte erscheint, noch weiter. Diese Autoren haben in zunehmendem Maße eine Vorstellung vom Einzugsbereich des Okzitanischen, das die großen Dialektgruppen – Provenzalisch, Languedokisch, Gaskognisch, Limousinisch, Auvergnatisch und Alpin – umfasst, sie gehen auf längere Sicht (allerdings gewöhnlich implizit) davon aus, dass die Sprache alle Bereiche der Kommunikation (wieder) abdecken könnte.

Die Gründung des *Félibrige* unterbricht diese Entwicklung zunächst. Der Verband bezieht sich in seinen Anfängen nur auf die Provence und stellt sich auch die Fragen nach den Verwendungsmöglichkeiten der Sprache nur vorsichtig. Zwar ist die von Roumanille und Mistral vorgeschlagene Norm für die Sprecher der unterrhonischen Varietät des Provenzalischen leicht zu erlernen, sowohl in der Richtung Laut – Schrift, als auch umgekehrt, sobald man sich aber sprachlich aus diesem relativ engen Gebiet hinausbewegt, wachsen die Schwierigkeiten rasch an, vor allem dann, wenn man den Bereich des Provenzalischen im engeren Sinne verlässt. Hinzu kommt, dass auch innerhalb der provenzalischen Varietät des Okzitanischen das Unterrhonische stark innoviert und daher als Grundlage einer Referenzsprache wenig geeignet ist. Insofern ist der Erfolg der Graphie Roumanille/Mistral für die okzitanische Renaissance in gewissem Sinne ein Pyrrhus-Sieg. Man kann die Absichten des *Félibrige* in seiner Frühzeit als natürlich unitarische betrachten, allerdings nur in Bezug auf die Provence. Als Vertreter der anderen Varietäten zum Verband stoßen, wird die Situation schwieriger: in Wirklichkeit lässt sich die Lösung des *Félibrige* nun als eine zwischen Lokalismus und Dialektalismus stehende Konzeption interpretieren, die einen unitarischen Anspruch erhebt (jedoch die Kommunikation in vielen Varietäten nur unzureichend abbildet). Die fehlenden Möglichkeiten zur Verbreitung der Norm in der Gesellschaft verschärfen das Problem.

Die Erarbeitung der „klassischen" Referenzform: sobald der Verband sich auf die anderen großen Varietäten ausdehnt, stellt sich die Frage nach der Referenz-Form erneut. Allerdings können die Gegner der herrschenden Referenzsprache, allen voran Joseph Roux, zunächst nur erkennen, dass diese *ihren* sprachlichen Gegebenheiten nicht entspricht, nicht jedoch, welche anderen Lösungsmöglichkeiten sich ergeben könnten. Erst die Überlegungen von Antonin Perbosc zwei Jahrzehnte später (vgl. Kap. 7.1) werden diese Lücke füllen, indem sie das gesamte okzitanische Sprachgebiet zum Referenzrahmen nehmen und die übergreifende Bezeichnung *Okzitanisch* vorschlagen, die seit dem späten 18. Jahrhundert bekannt, aber randständig ist. Darauf aufbauend gilt es, eine Referenzform zu entwerfen, die sich zum einen auf die überlieferten Texte des Mittelalters stützen kann, die seitherigen Veränderungen zur Kenntnis nimmt und die eine möglichst weitreichende Kommunikation gewährleisten kann. Daher sollte sich diese Referenzform auf eine möglichst zentrale und möglichst konservative Varietät stützen, auf diese Weise wird ein weiterer Kommunikationsradius erreicht. Das erste Ergebnis dieser Bemühungen ist das Werk von Jean Ladoux (1870 – 1951) *Essai de grammaire occitane* (1923). Sie wird später durch die Grammatik von Joseph Salvat weitgehend verdrängt, wobei Salvat seine Grammatik auf das Languedokische konzentriert; in den erwähnten Termini von Sarrieu handelt es sich bei beiden Grammatiken um dialektale Lösungen. Sowohl Ladoux als auch Salvat sind Mitglieder des *Félibrige* und wirken vor allem innerhalb des Verbandes. Sie sehen sich einer erbitterten Opposition vieler Mitglieder aus der Provence gegenüber, welche nicht vom Modell Mistrals lassen wollen.

Perbosc ist in seinen Gedanken stark von den damaligen Entwicklungen der katalanischen Renaissance beeinflusst, daher verwundert es, dass in den Konzepten seiner Anhänger die zu gleicher Zeit am *Institut d'Estudis Catalans* entstehende Referenzform des Katalanischen kaum eine Rolle spielt.

Im Zuge der Ausbreitung der Renaissance erreicht diese allmählich auch den westlichen Rand der Pyrenäen, den Béarn, wo 1896 in Pau die *Escole Gastoû Febus* des *Félibrige* gegründet wird. Diese steht zwar auf der einen Seite unter starkem geistigem Eindruck von Mistral, die unterschiedliche sprachliche Situation erlaubt jedoch eine Übernahme seiner Referenzsprache nicht. So erarbeiten die Gründer der *Escole* um Michel Camélat (1871 – 1962) und Simin Palay (1874 – 1965) eine eigene dialektale Referenzform, die sich zwar auf denselben Prinzipien aufbaut wie diejenige Mistrals, aber aufgrund der unterschiedlichen sprachlichen Entwicklungen zu anderen Resultaten kommt. Sie berücksichtigt bis zu einem gewissen Grad die Traditionen des Bearnesischen, das im westlichen Pyrenäenraum über Jahrhunderte als diplomatische Verkehrssprache diente. Ihre Vernachlässigung der gesamtokzitanischen Zusammenhänge macht diese Referenzform allerdings für die Sprecher der meisten anderen Varietäten schwer verständlich. So kann sie sich zwar, nicht zuletzt durch den hohen Organisationsgrad ihrer Mitglieder, in ihrem engeren Einflussbereich für längere Zeit, bis in die sechziger Jahre des 20. Jahrhunderts, eine wichtige Stellung verschaffen, bekommt aber außerhalb desselben keinen größeren Einfluss.

Louis Alibert nimmt, im Gegensatz zur *Escòla Occitana*, die Arbeiten des Katalanen Pompeu Fabra zur Kenntnis. Damit erklärt sich u.a. die theoretische Überlegenheit seines Werks. Zunächst ist Alibert Mitglied der *Escolo Moundino* in Toulouse, die sich aus Gegnern der *Escòla Occitana* gebildet hat, lange Zeit ist er deren Sekretär (=Geschäftsführer). Er verteidigt das graphische System Mistrals gegen die Gruppe um Perbosc und wendet sich verschiedentlich gegen einen „sterilen und trockenen Akademismus". 1923 veröffentlicht er in Toulouse in diesem Sinne eine Schrift *Le lengadoucian literàri*, die wie schon die Graphie des Titels zeigt, noch weit entfernt ist von seinen späteren Prinzipien. In der Zeitschrift *La Terro d'Oc* veröffentlicht er noch bis 1931 Beiträge zu Sprachwissenschaft und Referenzsprache; bis Ende 1933 wird er im Impressum noch als Sekretär der *Escolo Moundino* geführt. Allerdings muss sich in dieser Zeitspanne ein Wandel bei ihm vollzogen haben, vermutlich im Zusammenhang mit seiner Kenntnisnahme der im *Institut d'Estudis Catalans* geleisteten Arbeit. Diese hat zur Folge die Gründung der *SEO*, Alibert wird am 8. März 1930 ihr Sekretär. Josep Carbonell i Gener schreibt in seinem „Elucidari" [= Geleitwort] zu Valèri Bernards *Legenda d'Esclarmonda* in okzitanischer Graphie, die 1936 erscheint – der ehemalige *Capoulié* des *Félibrige* war nach dem plötzlichen Tod von Joseph Anglade noch 1930 Präsident der *SEO* geworden –

> [...] la revelació d'un gran gramàtic, del gramàtic de la Renaixença occitana: Lluís Alibert, la descoberta i amistat del qual tindrem sempre per un dels honors més alts de la nostra vida i per arxi-il.luminada l'hora en què li pregàrem de fixar, a imatge de Catalunya, les normes creadores de la puresa dels grans dialectes nord-pirenencs.
>
> (Carbonell in Bernard 1936, p. XXVIII)

Nimmt man diesen Text wörtlich, so wäre von einer katalanischen Initiative auszugehen. Allerdings gibt es dafür keine direkten Belege: die erhaltene Korrespondenz zwischen Alibert und Carbonell setzt Ende 1929 ein, dabei geht es bereits um die Gründung der (*Secció filologica*) der *SEO* (Alquezar i Montañés 1992). Nachdem Carbonell in dem erwähnten Beitrag im *Amic de les Arts*, der die Gründung einer *SEO* skizziert, den Namen Alibert nicht erwähnt, dürfte die Bekanntschaft beider zwischen diesen beiden Daten – Ende 1927 und Ende 1929 – zu datieren sein. Dafür spricht auch, dass beide in der Nummer 112 der Zeitschrift *Oc* vom 7. April 1929 zum ersten Male als Autoren auftreten, Alibert übrigens mit einem Beitrag *"Conversas filologicas"*, der stark an die entsprechende Artikelserie von Pompeu Fabra erinnert. Nähere Umstände sind (mir) nicht bekannt. Die Rolle von Carbonell in dieser Veränderung der Auffassungen Aliberts ist als erheblich anzunehmen, muss aber im Einzelnen offen bleiben. Es ist leicht vorstellbar, dass hier parallele Vorstellungen aufeinander stoßen. Gewichtige zusätzliche Informationen kann man der Präambel der Statuten der *SEO* entnehmen. Danach geht es um Folgendes:

> L'obra a complir se presenta jos un triple aspecte:
> a) Crear una grafia que concilie lo sistema Mistralenc, lo sistema restaurat de Perbosc-Estieu e lo sistema català per facilitar las relacions entre tots los occitans e nos far profeitar de la meravilhosa florida literària de nostres fraires de delà los Pirineus. Es plan entendut que podem pas demandar als catalans de modificar lor grafia recentament fixada.
> b) Unificar e depurar la lenga, tot en servant las caracteristicas dels grands dialectes, que considerarem pel moment coma irreductibles los uns als autres. Aquel trabalh consistirà subretot a admetre dins la lenga literària de formas curosament [sorgfältig] establidas e d'usatge mai espandit [=verbreitet].
> c) Dotar l'occitan d'un vocabulari scientific e tecnic rigorosament en comun en prenent per patrón lo vocabulari sabent del català.
>
> (*Oc*, no. 1 [= 132], juillet-août 1931, p.3-4; die damalige Graphie wurde beibehalten)

Aus dem Programm geht hervor, dass die katalanischen Formen als vorbildlich angesehen werden, sie können nicht verändert werden. Für Alibert, der den Text geschrieben hat, sind mithin Okzitanisch und Katalanisch nur Varietäten *eines* Diasystems. Offensichtlich ist auch Carbonell mindestens implizit dieser Ansicht. Alibert sieht im

Moment keine Möglichkeit, eine *gemeinsame* Referenzsprache für alle großen Varietäten des Okzitano-Katalanischen zu schaffen, deshalb wird seine Grammatik den Untertitel "*segón los parlars lengadocians*" tragen. Erst eine Synthese der Referenzgrammatiken der einzelnen Varietäten kann, nach seiner Vorstellung, zu einer Referenzsprache für den gesamten – okzitanisch-katalanischen – Sprachraum werden. Wenn er dabei von *Lenga literària* spricht, dürfte es sich um eine Übernahme aus dem katalanischen Sprachgebrauch handeln, wo die Referenzsprache als „literarische Sprache" bezeichnet wird; ähnliche Konzepte finden sich zu jener Zeit in vielen anderen – etablierten und erst zu etablierenden – Sprachen.

Nachdem die Grammatik zuerst zwischen 1930 und 1932 in Fortsetzungen in der neuen Serie der Zeitschrift *Oc* abgedruckt wird, wird sie, trotz des offiziellen Erscheinungsortes Toulouse, in Barcelona hergestellt, der Mäzen Joaquim Cases Carbó, ein Jugendfreund von Pompeu Fabra und Mitherausgeber des *Avenç*, finanziert die Publikation. Die Auslieferung des zweiten Bandes wird bereits durch den Bürgerkrieg in Mitleidenschaft gezogen. Erst 1976 erscheint postum eine zweite Auflage in Montpellier, die sich vor allem durch eine Reform der graphischen Akzente von der ersten unterscheidet und bis heute verbindlich bleibt. Diese Reform seiner bis dahin wenig glücklichen Regelung der Akzentsetzung hat Alibert selbst im Jahre 1950 vorgenommen.

Am Ende seiner Einleitung sucht Alibert zu zeigen, was mit seiner Arbeit erreicht ist, und was noch zu tun bleibt. Er betrachtet die erzielte Vereinheitlichung als erheblich, die aber noch weiter geführt werden muss, vor allem auf den Gebieten der Morphologie und der Syntax. Er ist der erste, der die Syntax mit in das Zentrum der Reformbemühungen stellt (bis dahin haben vor allem die Pariser Sprachwissenschaftler um Gaston Paris und Paul Meyer die Existenz einer von der französischen verschiedenen Syntax in Frage gestellt) und damit die Unterschiede zwischen Okzitanisch und Französisch hervorhebt (Alibert 1935-1937, XXXVIII). Am Ende seiner Einleitung muss er gegen das Argument der Künstlichkeit Stellung beziehen, das er selbst einst gegen die Reformer der *Escòla Occitana* schleuderte:

> Los metodes que venem de desvolopar brevament nos donaràn una lenga literària vertadiera, moderna, pro unificada, sens pr'aquò ofegar del tot las particularitats locals. Conciliarà las necessitats inerentas a la vida d'una lenga literària amb los embelinaments subtils que naisson de la sabor terrairenca.
>
> Sabem que nostres adversaris objectaràn qu'aquela lenga restaurada serà artificiala, incomprehensibla e extrangiera dins tots los països lengadocians.
>
> Oblidaràn qu'una lenga literària comporta necessàriament una part d'artifici e d'arcaïsme. Si volem una lenga coma lo francés, l'italiàn o l'espanhol devem pas rebufar las condicions d'existéncia de tot idioma literari.
>
> (Alibert 1935-1937, XXXVIII-XXXIX; ebenso, mit geänderten Akzenten, in Alibert 1976, XXXVII-XXXVIII)

Aufgrund der historischen Ereignisse bleibt der Erfolg Aliberts zunächst begrenzt. Die Niederlage der Spanischen Republik im Bürgerkrieg beraubt die Okzitanisten ihrer wichtigsten Alliierten, viele Katalanisten müssen 1939 fliehen, die Zurückgebliebenen müssen um die bloße Existenz kämpfen. Die Lage in Frankreich, auf die noch einzugehen sein wird, wird rasch unübersichtlich; erst nach der *Libération* 1945 konsolidiert sich mit der Gründung des *Institut d'Estudis Occitans (IEO)* am 28. April 1945 die Situation. Dieses übernimmt das alibertinische System als Referenzsprache, allerdings um den Preis einiger *Reinterpretationen*: am schwersten wiegt die spätere Anerkennung der *languedokischen Grammatik* Aliberts als *Referenzgrammatik* für den gesamten Sprachraum. Wie erinnerlich, ist Alibert der Meinung, die durch seine Grammatik erzielte Vereinheitlichung müsse noch weiter getrieben werden. Dahinter steht der Gedanke, eine Referenzsprache müsse monozentrisch sein, der damals auch unter Sprachwissenschaftlern weit verbreitet ist. Nicht zuletzt das (vermeintliche) Vorbild des Französischen lässt ihn in diese Richtung denken. Dabei sind – schon damals – die Realitäten viel komplexer. Hinzu kommt, dass die Jahre nach 1945 die Jahre der Auseinandersetzungen um die Zulassung der *Langues et dialectes locaux* (das ist die damals verwendete Bezeichnung) an den Schulen sein werden. Für den Fall des Erfolgs sollte ein unmittelbar verwendbares Modell vorliegen. Das *IEO* möchte daher in einem ersten Schritt die Graphie so weit wie möglich vereinheitlichen und schlägt dafür das Konzept der *Graphie-support* vor, bei dem eine einheitliche Graphie unterschiedliche Aussprachemöglichkeiten darstellen soll (Institut d'Etudes Occitanes 1949/50). Zwar funktionieren solche Konventionen in zahlreichen Sprachen in ähnlicher Weise, sie würden indes eines soliden Unterrichts und anderer medialer Stützen bedürfen, zumal in jener Zeit die Sprecherzahlen und die sprachlichen Performanzen rückläufig zu werden beginnen. In diesem Zusammenhang erfolgt die Optimierung des Systems der graphischen Akzente.

Immer wieder taucht die Frage nach dem Verhältnis zwischen Fabra und Alibert auf, vor allem im Hinblick auf die Frage, inwiefern Alibert von Fabra abhängig gewesen sei oder nicht. Wissenschaftlich ist diese Frage von begrenztem Interesse. Dennoch soll sie hier kurz diskutiert werden. Eine gewisse Abhängigkeit Aliberts von Fabra erwächst schon daraus, dass seine Grammatik zeitlich nach der des Katalanen erscheint, und er sich auf Fabras Werk als eine der Grundlagen einer (noch zu schaffenden) Referenzgrammatik für die okzitanisch-katalanische Sprachgruppe beruft. Sicher ist Fabra derjenige der beiden, der die damals aktuellen Strömungen der Sprachwissenschaft besser kennt und einschätzen kann, als Pionier tritt er vor allem bei seinen soziolinguistischen Überlegungen auf, mit denen er sozusagen eine Brücke zwischen der a-sozialen Sprachwissenschaft der Junggrammatiker und der für soziale Faktoren viel aufmerksameren französischen schafft. Dieser Aspekt von Fabras Tätigkeit wird noch immer zu wenig wahrgenommen (Kremnitz/Vallverdú 2013). Für Fabra sind das Katalanische und das Okzitanische eindeutig zwei verschiedene, wenn auch einander sehr nahestehende Sprachen (*Llengües bessones*[Zwillingssprachen]). Aliberts Grammatik ist von ähnlicher Präzision wie die Fabras, allerdings ist er soziolinguistisch letztlich weniger interessiert – seine Wertschätzung der *lenga literària* als letztlich ausschließliche Referenzform lässt es erkennen –, außerdem sieht er stärker als Fabra die okzitanisch-katalanische Gruppe als (virtuelle) Einheit. Für ihn liegt das virtuelle geographische Zentrum des gemeinsamen Sprachgebiets im Raum der südlichen Dialekte des Languedokischen (vgl. Kremnitz 1986). Diese Sicht erklärt nicht zuletzt einige seiner normativen Entscheidungen. Diese Haltung Aliberts erklärt sich aus der *communis opinio* der Okzitanisten der dreißiger Jahre, die wiederum (wenigstens teilweise) auf das Bewusstsein der Okzitanen zurückzuführen ist, dass die Katalanen dort Erfolg haben, wo er ihnen, den Okzitanen, verwehrt bleibt, nämlich im Gewinn eines populären Anhangs, der ihre Forderungen in praktische Politik umsetzt. Von diesen Erfolgen hätten die Okzitanisten gerne ein wenig profitiert (und versuchen, sozusagen auf den Zug aufzusteigen). Das persönliche Verhältnis zwischen beiden dürfte, nach allem, was man weiß, gut gewesen sein, wenn auch Fabra politisch links einzuordnen ist und Alibert rechts (er ist ein Anhänger des Pétain-Régimes (vgl. Lamuela/Murgades 1984; Kremnitz 1986, 2000, 2003).

Die praktische Arbeit des *IEO* in den Jahrzehnten nach dem Zweiten Weltkrieg konzentriert sich auf drei Komplexe: die Erarbeitung von Sub-Referenzformen für die großen Varietäten wie das Limousinische, Provenzalische und Gaskognische (vgl. etwa Grenier 1948; Lafont 1951; Alibert/Bec 1952; Bec 1959), später wird die Suche nach einer definitiven *Langue référentielle* (Pierre Bec) wiederaufgenommen, der dritte Punkt besteht in Detailkorrekturen. Eine gewichtige Ergänzung ist das erst postum erschienene Wörterbuch Aliberts *Dictionnaire occitan-français* (Alibert 1965); wie die Grammatik geht es vom Languedokischen aus, greift aber auf die anderen Varietäten aus. Trotz aller Bemühungen des *IEO*, den Band zu vervollkommnen, kann er die Autorität der Grammatik nicht erreichen. Der Erfolg des Okzitanismus in den späten sechziger Jahren führt nach und nach zur teilweisen Infragestellung der Vorstellungen des *IEO*, vor allem unter dem Eindruck einer zunehmenden Theoriefeindlichkeit nach 1968. Geht es bei manchen Diskussionen nur um Detailpunkte, werfen andere Autoren wieder Grundsatzfragen auf, wie die nach der Existenz oder Nicht-Existenz einer okzitanischen Sprache, und das alles vor dem Hintergrund einer raschen Veränderung der kommunikativen Situation. Eine Zeitlang kann sich der Beobachter nicht des Eindruckes erwehren, er habe es eher mit einer *Mouvance référentielle alibertine* (Kremnitz 2001, 36) zu tun als mit einer eindeutigen Referenzsprache, und das vor einer sich rasch verändernden Situation, die u. a. die Einführung eines staatlichen Lehramts des Okzitanischen und die vorsichtige Öffnung der Medien für die Sprache mit sich bringt. Erst die Gründung des *Conselh de la Lenga Occitana* 1996 bringt etwas Ordnung in die unübersichtliche Situation; er wird 2011 durch den *Congrès Permanent de la Lenga Occitana* abgelöst, der die Funktion einer okzitanischen Akademie erfüllen soll und in diesem Sinne seine Arbeit begonnen hat. Zwar fehlt es auch hier nicht an kritischen Zurufen, der *Congrès* kann sich indes auf die regionalen Institutionen stützen und gewinnt dadurch an Akzeptanz. Die Bezeichnungen für das damit vertretene Referenzsystem schwanken zwischen „alibertinisch", nach seinem wichtigsten Vertreter, und „klassisch", aufgrund des (teilweisen) Rückgriffs auf die Traditionen der Trobadore.

Bereits 1991 hat Robert Lafont auf die Möglichkeiten einer Rückeroberung des verlorenen sprachlichen Terrains hingewiesen:

> Abordam aicí lo grand problema de la recuperacion d'una lenga dins l'us social. Se ne coneis plan las condicions. La remonta d'una situacion diglossica se pòt pas far sens levar l'usatge de la lenga sotmesa al nivel d'una comunicacion normala, es-a-dire globalament sociala, dins un espaci sufisent per assegurar la normalitat. Aquò vòl dire qu'un sistema comun deu estre mes en foncion en dessùs de l'esparpalhament dialectal e sota-dialectal, simptomas de retard istoric e d'acantonament sociologic. Una territorializacion de contraofensiva sola pòt respondre a la desterritorializacion qu'opera la lenga dominanta. Del meteis movement, lo sistema dominat deu reconquistar los registres (en general los de la vida sociala dicha "auta" e los de la conceptualizacion abstracha) qu'a perduts.
>
> (Lafont 1991, 196)

Der „integrale Mistralismus": Praktisch zur gleichen Zeit wie die *Escòla Occitana* entsteht eine andere Richtung im *Félibrige*, welche im Hinblick auf die Referenzsprache entgegengesetzte Ziele vertritt. Die ersten Repräsentanten dieses *Mistralisme intégral* sind Dévoluy und Ronjat, die 1909 gescheiterten Reformer des Verbandes. Beide plädieren für eine ausschließliche Verwendung der Referenzform Mistrals im gesamten okzitanischen Sprachgebiet. Die Forderung beruht auf dem Gedanken, Mistral habe durch sein Werk bereits eine Referenzsprache geschaffen, weitere Arbeit in dieser Richtung sei nicht mehr nötig. Dévoluy schreibt:

> [...] une langue littéraire n'est jamais un compromis entre les divers parlers d'une langue naturelle; elle est un de ces parlers qui a réussi littérairement.
>
> (Devoluy [sic] 1941, 192)

Die Position beruht auf der Konzeption, Mistral komme aufgrund seines Werks ein *Droit de chef-d'oeuvre* zu. Gewöhnlich berufen sich die Verteidiger dieser Ansicht auf das (missverstandene) Beispiel Dantes für das Italienische. Damit zeigen sie, dass sie von linguistischen und kommunikativen Gedankengängen weitgehend unberührt sind. Später verzweigt sich die Gruppe: während die einen diese Konzeption auf den gesamten okzitanischen Sprachraum anwenden wollen (bisweilen unter Einschluss des Katalanischen, wie bei Dévoluy), ziehen sich andere auf die Provence im engeren Sinne zurück und gehen von der Existenz einer *provenzalischen Sprache* aus, die mit dem Okzitanischen wenig bis nichts zu tun habe. Zu dieser Gruppe gehören der bedeutende Dichter Sully-André Peyre (1890 - 1961) und der Schriftsteller Louis Bayle (1907 - 1989, der allerdings früher eine okzitanistische Phase hatte). Beide stehen auch dem „offiziellen" *Félibrige* distanziert gegenüber.

Eine gewisse Bedeutung haben die Nachfolger dieser beiden in jüngerer Zeit dadurch bekommen, dass ihre separatistische Sprachdoktrin von etlichen Politikern in der Provence übernommen wurde, welche diese Auseinandersetzungen für politische Ziele nutzen wollen (Abgrenzung vom übrigen okzitanischen Sprachgebiet). Ähnliche Konzeptionen sind, sozusagen als Replik auf die hier präsentierten, dann auch in den Gebieten anderer Varietäten entstanden, etwa in der Auvergne oder besonders im Béarn und in Teilen des Gaskogne. Da sie meist ohne belastendes wissenschaftliches Gepäck argumentieren, können sie gewisse Erfolge erzielen. Dazu trägt der Rückgang der Sprecherzahlen und des Sprachwissens in erheblichem Maße bei (Kremnitz 1974, 190-200; Kremnitz 2001, 32). In jüngerer Zeit geht die Wahrnehmung des Okzitanischen als *ein* Sprachraum stark zurück zugunsten einer stärkeren Akzentuierung der regionalen Varietäten. In der *Comunitat Valenciana* wird heute teilweise eine ähnliche Konzeption vertreten, die das Valencianische vom Katalanischen lösen möchte (vgl. Kap. 13).

9.2 Die Entwicklung der kollektiven sprachlichen Kompetenz bis nach dem Zweiten Weltkrieg

Die Entwicklung der sprachlichen Kompetenz zwischen 1900 und 1945/50 bis etwa 1970 verläuft in den beiden Gebieten unterschiedlich. Während im okzitanischen Sprachgebiet die kollektive Aneignung des Französischen erhebliche Fortschritte macht und das Okzitanische Sprecher verliert, ist die Entwicklung südlich der Pyrenäen uneinheitlicher.

Okzitanien: um 1900 ist das Okzitanische noch allgegenwärtig, sowohl was die Kompetenz betrifft, als auch im Hinblick auf die Performanz. Die Sprache ist noch *notwendig* für die Kommunikation, aber sie wird zugleich *residuell*. Das hängt damit zusammen, dass der Beginn des zwanzigsten Jahrhunderts den Siegeszug der staatlichen Schulen auch in den entlegensten Gebieten sieht. Nur noch in seltenen Ausnahmefällen können sich Kinder der Schulpflicht entziehen, praktisch alle werden durch die Schule mitgeprägt. Der Erste Weltkrieg trägt das Seine zur Verbreitung der Staatssprache bei; die überlebenden Soldaten gewöhnen sie sich zunehmend an und verschaffen sich auf diese Weise zusätzliches Prestige. Auch die Verbesserung der Verkehrswege trägt zur Verbreitung des Französischen auf dem Lande bei. Ein neuer Vektor des Französischen ist der Rundfunk, der in den zwanziger Jahren beginnt, in die Haushalte einzudringen und fast nur das (Norm-) Französische transportiert; war die Referenzsprache bis dahin für viele Menschen auf einige, meist nicht alltägliche Kommunikationssituationen beschränkt, so kommt sie nun in die Haushalte. Vor allem für die Jüngeren bekommt diese Präsenz erhebliche Bedeutung. Hat das Französische die Städte schon vor 1900 erreicht, so erobert es jetzt auch die ländlichen Gebiete. Allerdings beeinträchtigt die Kenntnis des Französischen die Praxis des Okzitanischen zunächst nur bedingt. Dieses ist für manche Formen der Kommunikation noch unerlässlich, daher wird es oft noch weitergegeben. Wichtig ist, dass um

1940/45 Menschen, die *nur* Okzitanisch beherrschen, zur großen Ausnahme geworden sind.

Hinzu kommt, dass sich die Kompetenz der Sprecher neu aufgliedert. Das Okzitanische kann die herkömmliche Lebensweise recht gut bedienen, sobald es jedoch um technische oder wissenschaftliche Innovationen geht, reicht üblicherweise die Kompetenz der Sprecher nicht mehr. Diese Materien werden nur auf Französisch besprochen und nötigen somit die meisten zur Verwendung dieser Sprache. Das Phänomen lässt sich schon früher beobachten, angesichts des Innovationsschubes auf allen Bereichen wird es nun immer bestimmender. Die (bescheidene) normativierende Arbeit der Okzitanisten kann diese Verluste nicht ausgleichen: sie erarbeiten zwar das notwendige sprachliche Material, verfügen jedoch über viel zu schwache Relais-Stationen, um ihre Vorschläge in der Gesellschaft verbreiten zu können. Zwar gibt es Innovationen, die sich durchsetzen, aber ihre Zahl bleibt begrenzt.

Das führt dazu, dass die Kompetenz auf Okzitanisch beginnt, für die Kommunikation weniger bedeutsam zu werden. Zunächst geht die Performanz zurück. Die Zahl und die Bedeutung der auf Okzitanisch besprochenen Themen nehmen ab. Das führt dazu, dass in einigem Abstand auch die Kompetenz nachlässt: nicht verwendete sprachliche Formen geraten in Vergessenheit, vor allem geht der Grad der generationellen Weitergabe zurück. Zunächst in den Städten, später auch auf dem Land erlernen die jungen Generationen die Sprache nur noch unvollständig (passiv) und schließlich gar nicht mehr. Dabei spielen natürlich viele Variable eine Rolle: die Zugänglichkeit oder Abgeschiedenheit einer Region, die wirtschaftlichen Strukturen, die soziale Position, nicht zuletzt auch das Geschlecht. Hat sich das Okzitanische lange Zeit bei weiblichen Sprechern besser gehalten, so kommt es – wohl schon kurz nach Kriegsende – zu einem Umschlag: sie wenden sich ganz dem Französischen zu, wohl auch um mit der herkömmlichen Rolle der Frau, vor allem auf dem Lande, zu brechen.

Anfang der fünfziger Jahre regt der damalige Generalsekretär des 1945 gegründeten *IEO*, Robert Lafont (1923 – 2009), eine breit angelegte *Enquête* über das Sprachverhalten an; zu dieser Befragung kommt es damals nicht – Lafont hat später vermutet, dass viele Okzitanisten Furcht vor den Resultaten hatten –, daher ist die Forschung auf mitunter grobe Schätzungen angewiesen (vgl. Lafont 1952). Pierre Bec (1921 – 2014) hat diejenigen von Ronjat und Anglade vom Beginn des 20. Jahrhunderts in folgender Weise fortgeschrieben:

> [...] il faut tenir compte aujourd'hui, d'une part, de l'augmentation de la population et, d'autre part, d'une certaine désoccitanisation des villes de moyenne importance. On peut donc fixer en gros à une douzaine de millions les gens qui, s'ils ne parlent pas coutumièrement la langue d'oc,

en sont du moins assez imprégnés pour la comprendre aisément et la réapprendre dans un minimum de temps : soit plus du quart de la population française pour une superficie équivalant approximativement au tiers du territoire national.

(Bec 1963, 15; ebenso ⁶1995, 12)

Abb. 30: Robert Lafont , um 1965   **Abb. 31:** Pierre Bec

Wenige Jahre später kommt Robert Lafont zu etwas differenzierteren Ergebnissen. Auch sie können allerdings nur auf Schätzungen beruhen. Er bezeichnet die okzitanische Sprachgemeinschaft als residuell und unterscheidet fünf Kategorien von Benutzern:

> 1) Les usagers 'à temps plein' d'un parler d'Oc, pour qui le français n'est qu'un moyen de relations extra-familiales.
> 2) Les usagers partiels, qui connaissent bien leur langue, mais n'en usent qu'à l'occasion.
> 3) Les usagers éventuels, qui ne parlent que le français régional, mais comprennent bien l'occitan et sont capables d'en user, si on les y sollicite.
> 4) Les post-usagers, pour qui l'occitan n'est plus qu'un substrat articulatoire et morpho-syntaxique, mais qui le comprennent encore avec un minimum d'effort.
> 5) les non-usagers, dont certains, dans la bourgeoisie urbaine, ont même perdu ce substrat.
> [...] divers sondages et évaluations permettent de situer entre un million et deux millions l'effectif de la catégorie 1, et autour de huit millions celui des catégories 1 à 3, ensemble.

(Lafont 1971, 56-57)

Lafont erwähnt gesondert die Zuwanderer, vor allem Spanier, Italiener, Armenier, Polen, die bis etwa 1930 das Okzitanische bei der Arbeit gelernt haben, seither immer weniger, und die französischen Beamten und andere Zuwanderer, die sich gewöhnlich nicht für das Okzitanische interessieren.

Vergleicht man diese Schätzungen mit denen von Ronjat fünfzig Jahre früher, so muss man angesichts der Bevölkerungszunahme einen Rückgang der Kompetenz um rund ein Drittel feststellen, die regelmäßige Performanz (das sind vor allem die Sprecher der Kategorie 1) ist noch viel weiter geschrumpft, von neun Millionen, die Ronjat annimmt, auf eine bis zwei. Dieses Bild deckt sich mit den Eindrücken, die der von außen kommende Beobachter um 1970 hat: eine noch relativ hohe, meist verborgene Kompetenz, die aber ohne große Schwierigkeiten aktualisiert werden kann. Außerdem darf man nicht vergessen, dass die Situation uneinheitlich ist: während in den Städten das Leben sich vielfach schon fast ohne Einsatz des Okzitanischen abspielt, gibt es bis zum Zweiten Weltkrieg noch immer da und dort, in abgelegenen Gegenden, Schulkinder, die ohne Kenntnis der Staatssprache ihre Schullaufbahn beginnen. Ihre Zahl wird nicht erhoben, daher gibt es auch keine Statistiken darüber. Nur aus den Biographien einzelner Okzitanisten ist bekannt, dass sie das Französische erst in der Schule erlernen; dazu gehören etwa Gaston Bazalgues (*1938) aus Couzou im Quercy und Michel Baris (*1947), der in den Landes aufgewachsen ist. Das Phänomen setzt sich vereinzelt noch etwas weiter fort. Allerdings ist es fast nicht möglich, außer im persönlichen Gespräch, solche sprachlichen Biographien zu erkennen.

Die hier skizzierte Entwicklung von Kompetenz und Performanz des Okzitanischen zeigt eine in starkem Wandel begriffene Gesellschaft. Das Okzitanische wird im gesellschaftlichen Rahmen immer weniger für die Kommunikation notwendig, es hat für die meisten nur eine geringe symbolische Bedeutung. So gibt es zwar Versuche, die Sprache aufrechtzuerhalten und zu modernisieren, aber sie sind auf relativ enge Gruppen beschränkt. Vor allem die noch lange über die tatsächliche Praxis hinausreichenden Vorurteile machen sich zuungunsten des Okzitanischen bemerkbar. Diese Haltungen werden von den staatlichen Institutionen vielfach unterstützt. Institutionell wird Mehrsprachigkeit mit einer dominierten Sprache noch lange Zeit – und zum Teil bis heute – nicht als Wert angesehen. Insgesamt verläuft der Trend zur Substitution zugunsten der jeweiligen Staatssprache im zu Spanien gehörenden Val d'Aran und in den italienischen Alpentälern deutlich langsamer (vgl. Kremnitz 2016).

Um 1960 ist das Okzitanische aus dem öffentlichen Leben weitgehend verdrängt. Man begegnet ihm noch relativ leicht auf Märkten oder in traditionellen Berufen, sonst beherrscht ausschließlich das Französische das Straßenbild, das öffentliche Leben und die Kontakte zwischen Unbekannten.

Katalonien und die Katalanischen Länder: im katalanischen Sprachgebiet sind die Entwicklungen zwischen 1900 und etwa 1950 noch schwerer zu erfassen. Auf der einen Seite macht der Schulunterricht nach 1900 langsame Fortschritte. Zwar soll er auf Kastilisch erfolgen, es ist jedoch aufgrund der Kompetenz von Lehrenden und Lernenden zu bezweifeln, dass das immer ausschließlich geschieht. Auch hier macht sich das soziale Gefälle ebenso bemerkbar wie das Stadt-Land-Gefälle: während in den größeren Städten die Präsenz der Staatssprache zunimmt, ist das auf dem Land langsamer der Fall. Hinzu kommen die Unterschiede zwischen den einzelnen Gebieten: im ehemaligen Königreich Valencia greift die Renaissance viel weniger als in Katalonien, bleibt weitgehend literarisch und stellt daher weniger Ansprüche auf eine öffentliche Präsenz der Sprache. Zudem sind die Mittel- und Oberschichten hier seit langem stärker kastilisiert. Der politische Valencianismus (*Blasquismo*), der sich seit Beginn des 20. Jahrhunderts zögerlich bildet, benützt weitgehend das Kastilische. Die fortdauernde soziale Rückständigkeit der Balearen bildet einen gewissen Schutzschild für das Katalanische, allerdings bleiben die dortigen Sprecher weitgehend Analphabeten (wenn sie alphabetisiert werden, dann nur auf Kastilisch). Erst als der Tourismus allmählich einsetzt, in den fünfziger Jahren, ändert sich die Situation langsam, gewinnt das Kastilische an Raum. Die Situation ist ähnlich in Andorra, wo zwar Französisch und Kastilisch die Sprachen der beiden Ko-Prinzen sind, in denen sich auch das (bescheidene) Schulwesen abspielt, das tägliche Leben der Einheimischen läuft weitgehend auf Katalanisch ab. Insgesamt dürften dort die Spanisch-Kenntnisse höher gewesen sein als die Französisch-Kenntnisse. Nordkatalonien, das Departement *Pyrénées-Orientales*, folgt weitgehend den Entwicklungen im okzitanischen Sprachraum, wenn auch mit einem gewissen zeitlichen Abstand. Hier werden erst der Zuzug der aus Algerien kommenden *Pieds-Noirs* seit den mittleren sechziger Jahren und die massive Zunahme des Tourismus eine nachhaltige Veränderung der sprachlichen Situation bewirken.

Widersprüchlicher sind die Entwicklungen im *Principat*. Auch hier ist die Schule allgemein ein Faktor der Kastilisierung, aber die Katalanen bemühen sich darum, ein eigenes Schulwesen aufzubauen, das vor allem in den Städten und für eher bürgerliche Schichten funktioniert. Umgekehrt wird man sich die Schulen auf dem Lande nicht ganz ohne Katalanisch vorstellen können: wenn die Kinder zum ersten Mal in die Schule kommen, sprechen sie sehr oft kein Kastilisch. Zwar gilt offiziell bis zur Autonomie von 1931/32 das Monopol des Kastilischen, die Wirklichkeit dürfte komplexer gewesen sein.

Das parallele katalanische Schulwesen kann sich in der Zeit vor der Diktatur Primo de Riveras (1923-1930) ganz gut entwickeln, betrifft allerdings vor allem die städtischen Mittel- und Oberschichten. Dann kommt es zu einer Unterbrechung, die nach Ausrufung der Zweiten Republik durch eine stürmische Aufwärtsentwicklung abgelöst wird. Nun ist die Referenzform des Katalanischen voll ausgearbeitet, die autonome Regierung unterstützt ihre Verbreitung in der Gesellschaft und vor allem in den Schulen. Allerdings ist diese Periode so kurz, dass man sich fragen muss, ob sie ausreicht, um massive Verschiebungen zu erzielen. Zwar kann man davon ausgehen, dass nach wie vor die überwiegende Mehrheit der Bevölkerung das Katalanische als Erstsprache verwendet, es gibt noch immer eine nur langsam abnehmende Zahl von Menschen, die *nur* Katalanisch beherrschen, wenn auch die wachsende Zahl der Zuwanderer dem Kastilischen eine größere Präsenz vermittelt. Insgesamt nimmt der Grad der Zweisprachigkeit deutlich zu. Auf der anderen Seite ist für einen großen Teil der Zuwanderer das Katalanisch nach wie vor Zielsprache, denn es ist das Symbol für den sozialen Aufstieg. Im Hinblick auf die Alphabetisierung gibt es einen Aufholbedarf des Katalanischen, der in den relativ kurzen friedlichen Perioden nur teilweise befriedigt werden kann. Insgesamt dürfte sich folgendes paradoxes Bild darbieten: einer großen Mehrzahl von Katalanischsprechern steht eine Minderheit von Kastilischsprechern gegenüber, im Hinblick auf die Alphabetisierung dürfte sich, vor allem bei den Unterschichten, ein Vorteil für das Kastilische ergeben. Gesellschaftlich führende Sprache ist indes das Katalanische. Eine dritte, langsam kleiner werdende Gruppe kommt hinzu: diejenigen, die in keiner Sprache lesen und schreiben erlernt haben. Es ist bekannt, dass während des Bürgerkrieges die Hoffnung, diese Fertigkeiten zu erwerben, für nicht wenige ein Grund für das Engagement auf Seiten der Republik ist.

Mit dem Sieg des Franquismus 1939 ändert sich das Bild grundlegend: das Katalanische wird völlig aus der Öffentlichkeit herausgedrängt, in Zukunft soll nur noch das Kastilische eine Rolle spielen. Die Wirklichkeit ist auch hier komplexer: das Katalanische wird sozusagen in den Untergrund gedrängt, vorhandene Kompetenzen können zwar geleugnet, nicht aber von einem Moment zum anderen ungeschehen gemacht werden. Außerdem führt das relativ geringe Interesse der Diktatur an Bildungspolitik dazu, dass im Hinblick auf die Durchsetzung des Kastilischen weniger gemacht wird als möglich gewesen wäre – nicht aus fehlendem Willen, sondern aus mangelnder Kompetenz und Umsetzung. Außerdem gibt es nach wie vor (wenige) gesellschaftliche Instanzen, die ihre Hand vorsichtig schützend über das Katalanische halten. So bleibt die Kompetenz zunächst erhalten, die Performanz geht massiv zurück. Auch das Bekenntnis zum Franquismus geht nicht in jedem Falle Hand in Hand mit einem Verzicht auf das Katalanische. Das lässt sich an der Praxis einiger Schriftsteller ablesen. Durch die Vertreibung des Katalanischen aus dem öffentlichen Leben geht die neu erworbene Vertrautheit mit der eben erst geschaffenen Referenzform zu großen Teilen wieder verloren. Ebenso wird der Ausbau des Katalanischen unterbrochen. Hier entsteht zwischen 1939 und dem Beginn der siebziger Jahre eine Lücke, die danach nur schwer zu schließen sein wird, denn in dieser Zeit verändern sich die Kommunikationsbedingungen insgesamt massiv. 1939 ist die Situation des Katalanischen zunächst so schlecht wie zuletzt nach dem Ende des Erbfolgekrieges 1714. Nach 1975 ist es vor allem die (Wieder-) Alphabetisierung auf Katalanisch und der Sprachausbau, die vorangetrieben werden müssen. Hinzu kommt die Rückgewinnung des Prestiges der Sprache, das durch die lange Abwertung durch die Diktatur gelitten hat, andererseits durch die weit verbreitete Opposition gegen diese Diktatur gestützt wird.

Man kann abschließend feststellen, dass die Folgen der Franco-Diktatur in einer aufgrund der langen Dauer massiven Zunahme der Kompetenz und der Performanz auf Kastilisch bestehen, gleichzeitig in einer Stagnation des Katalanischen, vor allem im Hinblick Alphabetisierung und Ausbau. Umgekehrt wird das Katalanische, sobald die Opposition gegen die Diktatur sich wieder konsolidiert, zu einem der Kennzeichen der Gegnerschaft gegen die Diktatur; in den sechziger und siebziger Jahren verwenden auch nicht aus Katalonien stammende Politiker der Opposition demonstrativ das Katalanische im öffentlichen Gebrauch (vgl. Kremnitz 2007; Kremnitz 2017; einen guten Überblick gibt die Synthese von Brinkmann 2007).

Aufgaben zu Teil III

1. Informieren Sie sich über den Inhalt der *lois Jules Ferry* und über die Erfolge der Umsetzung der allgemeinen Schulpflicht bis 1914.
2. Informieren Sie sich über den langsamen Rückgang des Analphabetismus in Spanien und besonders in Katalonien. Vergleichen Sie die Entwicklung mit der in Frankreich.
3. Versuchen Sie, den abgedruckten Text von Antonin Perbosc zu lesen und auf seine sprachlichen und politischen Inhalte hin zu interpretieren.
4. Vergleichen Sie, anhand der abgedruckten Texte von Perbosc, Alibert und Lafont, die Veränderungen, um die Entwicklung der „klassischen" Graphie nachzuzeichnen.
5. Interpretieren Sie die Auszüge des Manifests von 1934 auf ihre sprachlichen und politischen Argumente hin.
6. Überlegen Sie anhand der Abfolge der Erscheinungsdaten der Referenzwerke zum Katalanischen, ob sich dahinter eine Strategie erkennen lässt.

Teil IV: **Das 20. Jahrhundert – nach den Katastrophen**

10 Der *Etat Français* 1940-1944 und der Okzitanismus nach 1945

10.1 Der Etat Français

Bekanntlich verläuft der Krieg gegen Hitler für die Dritte Republik nicht gut: auf die *drôle de guerre*, den Stellungskrieg im Herbst und Winter 1939/40 folgt seit 10. Mai 1940 die deutsche Offensive, die bereits am 22. Juni mit dem Abschluss eines Waffenstillstandes (in Compiègne) endet, den der soeben ernannte Regierungschef Philippe Pétain (1856 – 1951) mit Hitlerdeutschland abschließt. Pétain, dem der Ruhm eines „Siegers von Verdun" 1916 vorausgeht, hat sich seit den frühen dreißiger Jahren der äußersten Rechten angenähert. Folgerichtig wird er 1939 zum (ersten) Botschafter Frankreichs bei Franco ernannt, am 18. Mai 1940 holt ihn Ministerpräsident Paul Reynaud (1878 – 1966) als seinen Stellvertreter in das Kabinett. Am 17./18. Juni folgt Pétain auf Reynaud, der vergeblich für eine Fortsetzung des Krieges plädiert. Pétain nutzt die Wirren zu einem Umbau des Staates, am 10. Juli 1940 wird er in Vichy zum Präsidenten des *Etat français* gewählt, mit großen Vollmachten ausgestattet und der Erarbeitung einer neuen Verfassung betraut (569 zu 80 Stimmen). Diese enthält alle Elemente eines autoritären, antidemokratischen Regimes und soll die Erinnerung an die Errungenschaften der Bürger seit der Französischen Revolution auslöschen. Die revolutionäre Devise *Liberté, Egalité, Fraternité* wird durch eine (etwas biedere) Trias *Travail, Famille, Patrie* ersetzt, bald werden Juden, Freimaurer und Kommunisten mehr und mehr aus der Gesellschaft ausgeschlossen. Außenpolitisch sucht der neue Staat die Zusammenarbeit mit Hitlerdeutschland und dem faschistischen Italien. Nur der am 5. Juni 1940 von Reynaud als Unterstaatssekretär in das Kriegsministerium berufene Charles de Gaulle (1890 – 1970) flieht angesichts der Niederlage nach London und ruft am 18. Juni 1940 über *BBC* die Franzosen auf, den Kampf fortzusetzen, zunächst nur mit bescheidenem Erfolg. Einige andere Parlamentarier wollen von Nordafrika aus den Kampf weiterführen.

Zunächst kann sich Pétain mit seiner Politik auf breite Unterstützung in der Bevölkerung verlassen, und das, obwohl der Waffenstillstand drückend ist: das Land wird in mehrere Zonen aufgeteilt, nur der Süden (entspricht zu großen Teilen dem okzitanischen Sprachgebiet) wird nicht von deutschen bzw. italienischen Truppen besetzt. Letztlich hat Pétain nur in dieser Zone eine gewisse Souveränität (bis Ende 1942, dann wird ganz Frankreich besetzt). Kriegsgerät, Maschinen und Rohstoffe sind abzuliefern, hohe Besatzungskosten kommen hinzu. Eine große Anzahl von Kriegsgefangenen und Zwangsarbeitern werden ins Deutsche Reich geschickt. Innenpolitisch kann sich der Antisemitismus der *Action Française* voll austoben. Bereits am 3. Oktober 1940 werden Juden unter einen eigenen Judenstatus gestellt; dabei ist die Situation zunächst für französische Bürger etwas günstiger, für Ausländer oder Staatenlose wird sie rasch prekär. Sie werden an Deutschland ausgeliefert. Die Polizei der

Vichy-Regierung wird zur Zusammenarbeit mit den deutschen Polizeikräften verpflichtet, vor allem soll sie bei der Verfolgung deutscher Nazi-Gegner und Juden tätig werden. Aus heutiger Kenntnis wissen wir, dass sich die französischen Polizisten und Militärs sehr unterschiedlich verhalten haben – von begeisterter aktiver Beteiligung an den Verfolgungen über stillschweigende Tolerierung von Untergetauchten bis hin zu ihrer aktiven Unterstützung. Manche der Geflüchteten suchen, oft mehr oder weniger gezwungen, ihre Rettung durch den Beitritt zur Fremdenlegion, viele gehen aber bald in den Untergrund und in die seit 1942 rasch wachsende *Résistance*. Vor allem zahlreiche Flüchtige aus dem Spanischen Bürgerkrieg wählen diesen Weg. Zunächst steht die Kommunistische Partei der *Résistance* fern. Erst nach dem Überfall Deutschlands auf die Sowjetunion am 22. Juni 1941 vollzieht sie einen Schwenk und wird zu einer der stärksten Komponenten des Widerstandes, der angesichts zunehmender deutscher Rückschläge kontinuierlich anwächst.

Die Ideologie des Vichy-Régimes versteht sich als *Révolution nationale*; sie ist im Wortsinne „reaktionär", denn sie will die seit der Französischen Revolution stattgefundenen Veränderungen rückgängig machen. Dabei stützt sie sich, wie die Devise sagt, auf die Familien, im weiteren Sinne dann aber auch auf die „gewachsenen" Regionen. Sie ersetzt die demokratischen Rechte durch Elitedenken. Vor allem in den ersten Jahren bekommt sie die nahezu bedingungslose Unterstützung der Katholischen Kirche, die als ein wichtiges Relais im Machtaufbau zu sehen ist. Pétain vollzieht selbst einige Gesten, die als Unterstützung der Ideen des *Félibrige* gewertet werden können: am 8. September 1940 ein Schreiben an die Witwe Mistrals zum 110. Geburtstag des Dichters, am 6. November 1940 der feierliche Empfang des Marschalls durch die *Académie des Jeux Floraux* in Toulouse. Diese Gesten erklären sich leicht, einmal aus den Überzeugungen von Pétain selbst, zum anderen daraus, dass ein erheblicher Teil des *Félibrige*, aber auch etliche Okzitanisten, diesen Ideen nahe stehen. Dabei spielt vor allem Charles Maurras als Berater Pétains in ideologischen Fragen eine gewichtige Rolle; schließlich ist der *Etat Français* die weitgehende Umsetzung seiner Vorstellungen in praktische Politik. Auf der anderen Seite sehen auch Männer wie Ismaël Girard, der ideologisch dem Pétain und seinen Auffassungen fern steht, in der Anerkennung der augenblicklichen politischen Realitäten die einzige Möglichkeit zu überwintern.

Noch im Jahre 1940 wenden sich Okzitanisten und *Félibrige* in einem gemeinsamen Schreiben an den Marschall, in dem sie ihn ihrer Unterstützung versichern, zugleich aber die Hoffnungen zum Ausdruck bringen, die sie in den neuen Staat setzen. Dabei stehen die Unterschriften von überzeugten Anhängern des Regimes – wie Joseph d'Arbaud, Michel Camélat, Philadelphe de Gerde (Claude Duclos, *épouse* Réquier, 1871 – 1952, eine bedeutende Dichterin), Frédéric Mistral *neveu*, André-Jacques Boussac (1889 – 1964), Louis Alibert – neben solchen, die nur der Situation gehorchend unterzeichnen, wie Pierre Azéma (1891 – 1967), Léon Cordes (1913 – 1987) und Ismaël Girard. Die Liste lässt sich auf beiden Seiten verlängern. Denn die Alternativen sind klar: entweder ist die okzitanische Renaissance zum Schweigen und zum Untergrund verurteilt (der 1940 praktisch noch nicht existiert) oder sie muss versuchen, die eigenen, in den letzten Jahren veröffentlichten Vorstellungen (vor allem von Camproux) teilweise in die *Révolution nationale* einzubringen. Verständlicherweise lassen sich Kontakte am ehesten zwischen Nahestehenden aufbauen, daher wird Joseph Salvat zu einem der wichtigen Gesprächspartner der rasch wechselnden Minister in Vichy; Salvat ist noch zu Ende seines Lebens ein überzeugter Anhänger des Marschalls. Zunächst kommt er mit dem Juristen Georges Ripert (1880 – 1958) ins Gespräch, dem Bruder des *Félibre* und Historiker des *Félibrige* Emile Ripert (1882 – 1948), der eine unverbindliche Zirkularnote *Pour l'enseignement de l'histoire locale et de la langue d'Oc* erlässt. Mehr Folgen zeitigen seine Kontakte zu Riperts Nachfolger, dem Althistoriker Jérôme Carcopino (1881 – 1970), der 1941-1942 im Amt ist. Nach zwei Kongressen in Arles und Toulouse über den Unterricht des Okzitanischen folgen am 24. Dezember 1941 Erlasse Carcopinos zum *Enseignement des langues dialectales*. Damit ist in der Hauptsache das Okzitanische gemeint, die größte der dominierten Sprachen in Frankreich, die ihr Verbreitungsgebiet vor allem in der (noch bestehenden) *Zone libre* hat.

Das Echo dieser Erlasse ist unterschiedlich: überschwänglich bei Salvat, der sich eine Rolle in dieser Entwicklung zuschreibt (sicher zu Recht, denn wenig später erscheint seine Grammatik des Okzitanischen mit einem Vorwort von Carcopino), ähnlich bei dem Journalisten Pierre-Louis Berthaud (1899 – 1956), der als parlamentarischer Korrespondent viel zur Umsetzung des Vorhabens beigetragen hat. Allgemein sehen die Mitglieder des *Félibrige* die durch die Erlasse gegebenen Möglichkeiten als größer an als die Okzitanisten. Vor allem Girard und Camproux weisen von Beginn an auf die internen Widersprüche der Erlasse hin. Immerhin bleiben diese nicht ganz folgenlos: in kurzer Folge erscheinen etliche Lehrwerke (solche hatten bislang weitgehend gefehlt), in verschiedenen *Académies* wird der freiwillige Unterricht, allerdings mit unterschiedlichem Engagement, eingerichtet, die ersten Lehrer werden ausgebildet (vgl. Lafont 1974, 252-254; Abrate 2001, 324-336; Lespoux 2016).

Das Zeitfenster für diese Maßnahmen ist indessen eng. Bereits im Laufe des Jahres 1942 wendet sich der Krieg, mit der deutschen Niederlage von Stalingrad Anfang 1943 wird das Ende absehbar. Inzwischen hat sich die fast religiöse Unterstützung für Pétain gelegt, die *Résistance* wird immer stärker, und diejenigen, die 1940 vorübergehend gewisse Konzessionen gemacht haben, gehen zunehmend auf Distanz zum Regime. Manche der Jüngeren aus den Kreisen der Renaissance engagieren sich bereits in der *Résistance*, die vor allem im Französischen Zentralmassiv immer stärker an Bedeutung gewinnt. Dabei spielt mitunter das Okzitanische eine Rolle als Kommunikationsmittel. Die Befreiung von Toulouse gelingt der *Résistance* ohne Unterstützung durch die Armee; sie steht dort vor allem unter kommunistischem Einfluss. De

Abb. 32: Pierre-Louis Berthaud

Gaulle befürchtet, dass die politische Befreiung zu einer sozialen Revolution weitergeführt werden könnte. So rasch wie möglich versucht er, den eigenen Einfluss dort zu erhöhen (und die *Résistance* vom Nachschub abzuschneiden). In Ansätzen wird bereits deutlich, dass hinter dem Krieg zwischen Hitlerdeutschland und seinen Gegnern eine zweite Front sich aufbaut, die zwischen liberalen Demokratien alten Stils und den Anhängern von tiefgreifenden sozialen Veränderungen verläuft.

Für den neu erwachenden Okzitanismus spielt eine bereits im Februar 1943 herausgegebene Sondernummer der in Marseille erscheinenden Zeitschrift *Cahiers du Sud* eine wichtige Rolle als Katalysator; sie trägt den Titel *Le Génie d'Oc et l'homme méditerranéen* und wird vor allem von dem Schriftsteller Joë Bousquet (1897 – 1950), Jean Ballard (1893 – 1973), dem Direktor der Zeitschrift und René Nelli vorbereitet. Diese Nummer benennt die für die Zukunft – nach dem Ende des Krieges – für die okzitanische Kultur relevanten Fragen. Sie innoviert auch insofern, als nicht aus dem okzitanischen Sprachgebiet stammende Schriftsteller sich unvoreingenommen für diese Kultur zu interessieren beginnen (vgl. Lavelle 2004, 466-472).

10.2 Die Gründung des *IEO* und die literarische Blüte nach 1945

Aufgrund der *Collaboration* mit dem Vichy-Regime sind sowohl die *SEO* als vor allem der *Félibrige* in einer schwierigen Situation. Die *SEO*, deren letzter Präsident René Nelli (1906 – 1982) ist, verschwindet relativ bald, der *Félibrige* existiert weiter, hat aber für geraume Zeit unter der Last seines Engagements für Vichy zu leiden. Eine neue Organisation muss geschaffen werden: am 28. April 1945 wird in Toulouse in einer feierlichen Zeremonie das *Institut d'Estudis Occitans (IEO)* gegründet, in Gegenwart von Pierre Bertaux (1907 – 1986), dem damaligen dortigen Kommissar der Republik, später einem berühmten Germanisten. Zum ersten Präsidenten wird Jean

Cassou (1897 – 1986) gewählt, nicht zuletzt aufgrund seiner untadeligen Vergangenheit als *Résistant*; er hat allerdings trotz seiner okzitanischen Herkunft nie eine Zeile auf Okzitanisch verfasst. Immerhin verschafft dieser Vorsitzende dem neuen *Institut* die Anerkennung, die es dringend braucht. Zu den weiteren Vorstandsmitgliedern zählen Camille Soula, Ismaël Girard, Joë Bousquet, René Nelli u.a. Der *IEO* beruft sich auf die *Résistance*. So heißt es in der Präsentation in der (einzigen) Nummer von *Oc*, die 1945 erscheint:

> L'Institut d'Etudes Occitanes a été créé sous les auspices de l'Université et de l'Union des Intellectuels. [...] Né de la Résistance, il entend servir la culture occitane méditerranéenne comme valeur humaine, source de richesse pour l'homme.
> (*Oc*, no. 168, 1945, Supplément)

Im Nachhinein ist diese Berufung auf die *Résistance* bisweilen in Frage gestellt worden. Sicher ist, dass nicht alle der frühen Mitglieder *immer* der *Résistance* nahe gestanden haben – wenn auch meist aus konjunkturellen Gründen. Die Zahl der überzeugten Pétainisten in den Kreisen des Okzitanismus ist nicht groß: Louis Alibert ist zu nennen, André-J. Boussac, vor allem Roger Barthe (1911 – 1981), der spätere Historiker der *Idée latine*, im Gegensatz zur Situation im *Félibrige*, dessen Anhänger in ihrer großen Mehrheit den Positionen und der Person Pétains nahestehen. Ismaël Girard, der 1940 noch am Beginn des erwähnten Schreibens an Pétain steht, muss sich 1942 in den Untergrund begeben. Camproux und Berthaud spielen in der *Résistance* führende Rollen (Berthaud kommt deshalb ins KZ Dachau, Camproux ist lange Zeit im Untergrund). Robert Lafont wird trotz seiner jungen Jahre, er ist damals 21, bei der Befreiung von Nîmes für einige Zeit Bürochef des neuen Präfekten. Dagegen engagieren sich nun Kommunisten in größerer Zahl für die okzitanische Renaissance; sie kommen gewöhnlich aus der *Résistance* oder ihrem Umfeld, so etwa Max Allier (1912 – 2002) oder Félix Castan (1920 – 2001). Der Historiker Laurent Abrate (*1955) meint, wohl zu Recht, der *IEO* sei weniger aus der *Résistance* als aus der *Libération* entstanden. Auf jeden Fall ist der *IEO* für die Politiker der neu entstehenden Vierten Republik ein möglicher Gesprächspartner, im Gegensatz zum damaligen *Félibrige*.

Steht die Gründung des *IEO* auf der einen Seite für eine ideologische Öffnung, welche die Renaissance auch außerhalb der bis dahin fast ausschließlich interessierten bürgerlichen Kreise akzeptabel macht, so darf man auf der anderen nicht aus dem Auge lassen, dass die Idee zu dieser Gründung bereits aus der Zwischenkriegszeit stammt (vgl. das Programm, das Josep Carbonell i Gener 1927 im *Amic de les Arts* formuliert, vgl. Kap. 7.2). Sie geht vom Zuschnitt des *Institut d'Estudis Catalans* aus, das sich auf eine autonome Regierung stützen soll, die in Katalonien immerhin einige Jahre lang existiert. Nach 1945 gibt es keinerlei eigene politische Instanz im okzitanischen Sprachgebiet und die einzigen, die dafür vielleicht zu gewinnen gewesen wären, die Kommunisten, werden bald an den Rand gedrängt. Das *Institut d'Estudis Occitans* steht somit bei seiner Gründung auf nicht sehr sicheren Beinen, zumal es,

Abb. 33: Max Rouquette, um 1940

namentlich zu Beginn, eine Versammlung von Generalen ohne Armee ist. Schließlich ist 1945 ein Jahr des *französischen Nationalismus*, neben dem für einen okzitanischen kein Platz ist (vgl. vor allem Lafont 1974, 255).

Die neue Organisation muss sich von Beginn an einer Reihe von Problemen/Widersprüchen stellen. Dazu gehört die Frage der Beziehung zum Katalanischen zu einem Zeitpunkt, in dem die Grenzen nur schwer passierbar sind und das neue Frankreich dem franquistischen Spanien feindlich gesonnen ist. Die Okzitanisten von 1945 – mit Ausnahme der jüngsten – gehören der Generation an, die seit den späten zwanziger Jahren nach Barcelona geblickt und von dort bis zum Ausbruch des Bürgerkriegs auch vielfache Unterstützung erhalten hat. Für sie ist es schwierig, mit der doppelt neuen Situation – Vierte Republik im eigenen Lande, Franco-Diktatur in Spanien – fertig zu werden. Daher ist es nicht erstaunlich, dass Max Rouquette in seiner Eigenschaft als Generalsekretär des *IEO* Anfang 1950 erklärt: „*Tenem lo catalan per un dialecte occitàn coma lo provençau, lo gascón, lo lengadociàn e o lemosin.*" (in *Oc*, no.

7 [= 175], janvier 1950, 45, noch in der älteren Orthographie). Dagegen erklärt das *Bureau Directeur* des *IEO* auf einer Sitzung in Narbonne am 9. März 1952: « *L'Institut d'Etudes Occitanes porte aux questions catalanes une attention bienveillante [...].* » (in *Oc*, no. 16 [= 184], avril 1952, 47). Damit ist die Inskription des organisierten Okzitanismus in das Gebiet innerhalb der französischen Grenzen zunächst geklärt; gleichzeitig werden die politischen und institutionellen Forderungen weitgehend vertagt, die kulturellen erhalten den Vorrang. Die (oft widerwillige) praktische Anerkennung des katalanischen Manifests von 1934 (vgl. Kap. 8) erfolgt zu einem Augenblick, wo sie nur in Frankreich selbst eine gewisse Bedeutung bekommt. Gerade zu diesem Zeitpunkt schließt sich eine größere Zahl von Autoren aus Nord-Katalonien, dem historischen *Rosselló*, dem *IEO* an oder tritt in engen Kontakt mit ihm. Das gilt für den späten Josep-Sebastià Pons (1886 – 1962), der auf die jüngeren Generationen der katalanischen und okzitanischen Dichter großen Einfluss ausübt, ebenso für Edmond Brazès (1893 – 1980) oder vor allem Jordi Pere Cerdà (eigentlich Antoni Cayrol, 1920 – 2011). Diese Autoren werden sich erst nach 1968, als der Katalanismus in Katalonien sich wieder in Ansätzen öffentlich artikulieren kann, stärker nach Süden orientieren.

Ein zweites Problem ist die Frage nach der Beziehung zwischen Okzitanismus und sozialen Forderungen der Bevölkerung; diese Frage stellt sich verstärkt in dem Maße, in dem Angehörige der Unterschichten, für die das Okzitanische damals mindestens noch zum Teil die Alltagssprache ist, an die Renaissance herangeführt werden sollen. Erstaunlicherweise sind es die der Kommunistischen Partei Angehörigen, die sich am massivsten auf einen bloßen Kulturalismus beschränken wollen, nach dem Vorbild der UdSSR, in der die verschiedenen Völker (angeblich) ohne Probleme miteinander leben. Damit übernimmt der *Parti Communiste Français* (*PCF*) die Positionen des französischen Nationalismus und verlässt eine minderheitenfreundlichere Politik, die er in den zwanziger Jahren vertreten hatte. Dieser Kulturalismus wird – nicht nur – dem *IEO* etliche Krisen bescheren. Er trennt die Positionen von Castan, der von einer politisch einheitlichen aber kulturell pluralen französischen Nation ausgeht, und Lafont, der zwischen einer primären (sprachlich-kulturellen) okzitanischen und einer sekundären (politischen) französischen Nation ausgeht (vgl. Lafont 1968; 1974, 256-257).

Ein erheblicher Teil der Auseinandersetzungen entspinnt sich, vor allem nach der Verabschiedung der *Loi Deixonne* 1951 (s. u. Kap. 10.3), um Inhalte und Formen des Unterrichts. Viele Okzitanisten vertreten die Methoden der *Ecole moderne* von Célestin Freinet (1896 – 1966), die allerdings aus ihrer Sicht dem Okzitanischen (und anderen dominierten Sprachen) nicht genügend Platz einräumen und daher ergänzt werden sollten. Auf der anderen Seite gelingt es nicht, vor allem aufgrund der geringen Mitgliederzahl, Strukturen zu schaffen, welche für eine konsequente Umsetzung der Pläne sorgen können. Daneben entwickeln sich in den fünfziger Jahren neben der pädagogischen Debatte Ansätze für einen Neo-Regionalismus (als Weiterentwicklung der Gedanken von Camproux), der schon 1954/55 von den ersten Trieben eines okzitanischen Nationalismus ergänzt wird (Lafont 1974, 255-263). Schließlich kann zwar die neue, von Girard und Berthaud gegründete, Zeitschrift *Occitania* (1956-1960) den Kulturalismus überwinden, indem sie über kulturelle und wirtschaftliche Themen berichtet und auch die Frage der Dezentralisierung Frankreichs aufwirft, sie kommt nicht soweit, praktikable Lösungen vorzuschlagen. Im Zuge dieser Auseinandersetzungen wird 1959 ein ephemerer *Parti Nationaliste Occitan* (*PNO*) gegründet, der nur wenige Mitglieder besitzt, aber als Katalysator eine gewisse Rolle spielt (vgl. Lavelle 2004, 496-512). Die Krise kommt ab Ende 1961 zum Ausbruch, als die Kohlenminen von Decazeville im Departement Aveyron (okzitanisch: *La Sala*) geschlossen werden sollen und die dort beschäftigten Kumpel einen Streik mit Besetzung der Minen unternehmen. Dieser Streik erhält massive regionale Unterstützung, die großen gesamtfranzösischen Gewerkschaften verhalten sich dagegen auffallend still. Als Antwort darauf erfolgt Anfang 1962 in Narbonne (unter der Büste von Ernest Ferroul) die Gründung des *Comité Occitan d'Etudes et d'Action* (*COEA*), das für die Diskussion um eine Neugliederung Frankreichs auf der Linken eine entscheidende Rolle spielen sollte. Das geschieht um den Preis des weitgehenden Verlustes des nur-kulturalistischen Flügels (vgl. Lafont 1974, 271-279; Abrate 2001, 423-451); 1964 werden Ismaël Girard, Bernard Manciet und Félix Castan aus dem *IEO* ausgeschlossen. Ein wichtiges Instrument der Analyse wird das Konzept des *Colonialisme intérieur*, das im Zusammenhang mit den Vorgängen um Decazeville entwickelt wird und noch immer bemerkenswert ist (vgl. Lafont 1967, 140-183).

Zu gleicher Zeit verschlechtern sich die Beziehungen zwischen dem *IEO* und dem *Félibrige* nachhaltig. Gab es schon seit den dreißiger Jahren ein gewisses Konkurrenzverhältnis, so spitzen sich die Dinge nach Kriegsende zu. Auf der einen Seite steht ein *IEO*, das damals mit einer gewissen politischen Unterstützung rechnen kann, auf der anderen ein *Félibrige*, der sich durch seine Nähe zu dem Pétain-Regime selbst in eine schwierige Situation gebracht hatte. Es ist aus heutiger Perspektive nicht mehr wichtig, an welchen Details sich diese Spannungen aufgebaut haben – beide Seiten haben redlich dazu beigetragen. Für geraume Zeit sind die Auseinandersetzungen zwischen den beiden Flügeln der Renaissance vordergründig lebhafter als die Versuche, die Lage von Sprache und Kultur zu verbessern. Natürlich spielt die Opposition Rechts-Links eine gewichtige Rolle, und natürlich gewinnt der *Félibrige* Terrain, sobald 1959 die Fünfte Republik ausgerufen wird und für geraume Zeit die Rechte in Frankreich an die Macht kommt. Bereits in den frühen fünfziger Jahren entsteht im Umfeld des *Félibrige* eine Organisation *Lou Prouvençau à l'Escolo*, die den Schulunterricht (nur des Provenzalischen) fördern soll, kurz darauf ein *Groupement d'Etudes Provençales* zur Förderung der Forschung; man wird beide in gewissem Sinne als Antworten auf Initiativen des *IEO* verstehen dürfen. Erstaunlicherweise tritt das Verhalten vieler Anhänger des *Félibrige* während der Pétain-Zeit in den Hintergrund, leider lähmt der Konflikt auf Jahrzehnte die Wirksamkeit beider Organisationen mehr als für eine Klärung der jeweiligen Positionen notwendig gewesen wäre. Zweifellos kommen diese Auseinandersetzungen den sukzessiven Zentralregierungen nicht ungelegen (Abrate 2001, 451-460; die extremsten Positionen der Gegner des *IEO* etwa bei Bayle 1975).

Die ersten Jahre des *IEO* lassen auch ein Aufblühen der okzitanischen Literatur erkennen, wie es seit Jahrzehnten nicht mehr vorgekommen ist. Vor allem öffnet sich das Spektrum der Textsorten allmählich, der Anteil der Poesie nimmt langsam ab, die Zahl der Prosatexte steigt. Damit zeigt sich eine Tendenz zu einer Normalisierung der Sprachverwendung, weg von den Sonntagstexten, hin zu einem alltäglich(er)en Gebrauch. Neben Älteren wie Pierre Azéma, Ismaël Girard (der seine Gedichte unter dem Pseudonym Delfin Dario veröffentlicht), Jòrgi Reboul, und Charles Camproux sind Léon Cordes zu nennen, der vor allem als Theaterautor hervorgetreten ist, Roger Lapassade (1912 – 1999), der eine wichtige Rolle im Béarn spielt. René Nelli schreibt eine gelehrte Dichtung, die sich aus seiner lebenslangen Beschäftigung mit den Trobadoren speist. Besondere Bedeutung kommt Max Rouquette zu, der bis in seine letzten Jahre unermüdlich, vor allem Prosa und Theater bedient. Sein wohl wichtigstes Werk ist das zuletzt auf fünf Bände angewachsene Ensemble von Prosatexten *Verd Paradis*. Zu den Autoren, die im Krieg oder in der unmittelbaren Nachkriegszeit hervortreten, gehört Robert Lafont, der sich in nahezu allen literarischen Genres versucht, man hat ihn zu Recht als *Polygraphe* (vgl. Gardy 2017) bezeichnen können; er schreibt fast ohne Unterlass. Sein wissenschaftliches Werk (meist auf Französisch, auch auf Okzitanisch) hat viele neue Fragestellungen eröffnet, seine literarische Produktion (mit einer Ausnahme auf Okzitanisch) enthält eine Reihe von Texten, die neue Wege gehen und aufgrund ihrer Qualität großen Erfolg erzielen. Zur selben Generation gehört Jean Boudou (Joan Bodon, 1920 – 1975), der zunächst mit seinen Romanen, später auch mit Gedichten großen Erfolg hat, bislang aber noch nicht genügend übersetzt ist. Auch Pierre Bec gehört der Kriegsgeneration an; neben zahlreichen wissenschaftlichen Veröffentlichungen (meist auf Französisch) steht eine größere Zahl von literarischen Texten (auf Okzitanisch). Ein weiterer Romancier von großer Bedeutung ist Bernard Manciet (1923 – 2005), der in einer nur schwer zugänglichen Varietät des Gaskognischen (*Parlar negre*) schreibt, aber auch eine weitere Rezeption verdienen würde. Diese Blüte wird sich in den fünfziger Jahren und bis nach 1968 fortsetzen. Sie erfasst nicht nur Okzitanisten; vor allem in der Provence treten eine Reihe von Autoren hervor, die sich zum *Félibrige* bekennen, aber dennoch mit ihrer Literatur neue Wege gehen. Zu ihnen gehören Charles Galtier (1913 – 2004), Max Philippe Delavouët (1920 – 1990), René Méjean (1904 – 1986), um nur einige zu erwähnen. Es wären noch viele Namen zu nennen (vgl. Lafont/Anatole 1970/71, 769-831), leider gibt es seit der Literaturgeschichte von Lafont/Anatole, deren Berichtszeitraum notwendig gegen 1970 endet, keine neuen exhaustiven Synthesen; wichtige Informationen lassen sich bei Gardy 1992 und 1996 finden. Eine (auch theoretisch) erneuerte Gesamtdarstellung wäre ein dringender Bedarf. Erfreulicherweise wird dieses Aufblühen der Literatur in okzitanischer Sprache von einem größeren Teil der französischen Presse vor allem in den fünfziger und frühen sechziger Jahren wahrgenommen; diese Aufmerksamkeit lässt sich später kaum mehr feststellen (vgl. A. P. Lafont 1962; Nelli 1972; Eygun 2004).

10.3 Die französische Sprachpolitik nach 1945; die *Loi Deixonne*

Die politischen Veränderungen von 1944/45 bringen die Annullierung der politischen Entscheidungen des Vichy-Regimes mit sich. Dazu gehört die Annullierung der Erlasse von Ripert und Carcopino bezüglich der Einbeziehung der anderen Sprachen Frankreichs in das Schulwesen. Der französische Nationalismus von 1945 und die Haltung mancher Anhänger der dominierten Sprachen während der Kriegszeit machen den Versuch, das bereits Errungene wieder zu bekommen, nicht einfacher. Andererseits kann die Vierte Republik eigentlich nicht hinter dem zurückbleiben, was das vorherige Regime unternommen hat. Das Gewicht der kommunistischen Abgeordneten in der Nationalversammlung trägt dazu bei, die Frage wieder aufs Tapet zu bringen; es sind vor allem Teile *ihrer* Wählerschaft, für die sich die Sprachenfrage damals noch als praktisches Problem stellt. Auf der anderen Seite sind die Kommunisten durch ihre Haltung in der *Résistance* seit Sommer 1941 über jeden nationalen Zweifel erhaben; ihre Gegner sind es, die sich vielfach rechtfertigen müssen. Ein Weiteres kommt hinzu: während die ersten Anträge auf eine Erneuerung der Gesetzgebung sich meist nur auf *eine* Sprache beziehen, werden sie nach und nach gebündelt, dadurch kommen weitere Allianzen zustande. Schnell werden allerdings die Sprachen herausgenommen, die nationale Probleme bereiten könnten: das Deutsche im Elsass und Teilen Lothringens, das Italienische auf Korsika und das Flämische an der belgischen Grenze. Auf diese Weise bleiben das Bretonische, das Baskische, das Katalanische, zu denen schließlich das Okzitanische kommt (mit der Bezeichnung *langue occitane*, darin liegt ein symbolischer Erfolg für die Okzitanisten). Die Kreolsprachen der soeben 1946 neugeschaffenen Überseedepartemente Martinique, Guadeloupe, Guyane und Réunion werden nicht in Betracht gezogen (damals gibt es dort noch keine Gruppierungen, die die entsprechenden Forderungen stellen). Die langwierige Erarbeitung des Gesetzes braucht hier nicht referiert zu werden (vgl. dazu jetzt die detaillierten Darstellungen von Moliner 2010 und Lespoux 2016). Es wird am 11. Januar 1951 in einer Nachtsitzung der Nationalversammlung verabschiedet und tritt mit der Verkündigung im *Journal Officiel* am 13. Januar 1951 in Kraft. Große Verdienste um die Verabschiedung des Gesetzes erwirbt sich der Berichterstatter Maurice Deixonne (1904 – 1987), Abgeordneter der *SFIO* für das Departement Tarn, welcher der Materie zwar ursprünglich bestenfalls neutral gegenübersteht, schließlich jedoch aktiv versucht, aus den weit auseinander gehenden Positionen einen Kompromiss zu schmieden. Das Gesetz vereint die Vor- und Nachteile eines solchen: intern nicht ganz widerspruchsfrei, schreibt es einen Minimalkonsens fest, der niemanden befriedigt. Vor allem der Sprachwissenschaftler Albert Dauzat und der Schriftsteller Georges Duhamel (1884 – 1966) führen in den Spalten der Zeitungen *Le Monde* und *Le Figaro* einen unermüdlichen Kampf gegen das Gesetz, der erst allmählich nach seiner Verabschiedung abklingt, als die beiden erkennen müssen/können, dass seine Wirkung begrenzt ist. Es geht auf der einen Seite um Unterricht im Umfang von einer Wochenstunde – gemäß dem Prinzip der „doppelten Freiwilligkeit", nämlich der Lehrenden wie der Schüler –, um eine freiwillige zusätzliche Prüfung im *Baccalauréat*, die allerdings nicht für das Bestehen der Reifeprüfung angerechnet werden darf sondern nur für Prädikate und schließlich um die Einrichtung entsprechender Lehrstühle und Studiengänge an einigen Universitäten. Diese letzte Bestimmung ist wohl auf lange Sicht die wichtigste, denn sie sorgt für das langsame Entstehen einer akademisch gebildeten Schicht in den dominierten Sprachen. Die Umsetzung erfolgt zögerlich, nicht nur auf politischer Ebene, die Anwendungsdekrete lassen oft lange auf sich warten, auch die Verwaltung zeigt sich vielfach unwillig. Daher setzt bereits unmittelbar nach der Verabschiedung des Gesetzes der Ruf nach seiner massiven Verbesserung ein. Trotz einer großen Zahl von Anläufen aus allen Fraktionen des Parlaments kommt es im Laufe der Jahrzehnte nur zu Verbesserungen durch einzelne Erlasse, die zwar teilweise eine gewisse Wirkung haben, aber den Gesamtrahmen nicht verändern (vgl. Lafont 1974, 227-233).

Damit wird zwar eine gewisse testimoniale Präsenz einiger dominierter Sprachen im Unterrichtswesen ermöglicht, wissenschaftliche Forschung verstärkt, eine Präsenz der Sprachen im öffentlichen Leben der Gesellschaft ist jedoch kaum möglich. Von diesen Grundpositionen werden die aufeinander folgenden Gesetzgeber der Vierten und Fünften Republik nicht abgehen. Das staatliche Selbstverständnis schließt die Existenz von Minderheiten auf französischem Boden aus und versperrt daher die Möglichkeit zur Anerkennung der unterschiedlichen, im französischen Staat vereinigten Gruppen und Kulturen. Was sich zunächst nur als negativ auf die autochthonen Minderheiten auswirkt, bekommt im Laufe der Zeit zunehmende Bedeutung für Zuwandererminderheiten, gleichgültig ob sie aus den ehemaligen Kolonialgebieten oder aus anderen Herkunftsstaaten kommen.

Erst nach dem Ersatz der Vierten durch die Fünfte Republik erfolgt eine erste leichte Verbesserung durch die Ausdehnung des Unterrichtsangebots durch die *Loi Haby* von 1975 (nach dem damaligen Erziehungsminister René Haby, 1919 - 2003), welche den Unterricht in den so genannten Regionalsprachen über die gesamte Schulzeit erlaubt. Allerdings spricht das Gesetz von *Langues d'oc* im Plural und scheint damit die Positionen einiger Provenzalisten zu übernehmen. Zu gleicher Zeit wird umgekehrt Ende 1975 die *Loi Bas-Lauriol* zum Schutze der französischen Sprache gegen fremde Einflüsse verabschiedet (damit sind vor allem anglo-amerikanische Einflüsse gemeint), die bisweilen auch gegen das Okzitanische und die anderen autochthonen Sprachen verwendet wird (sie wird 1994 durch die *Loi Toubon* ersetzt). Bald nach der Verabschiedung des Bas-Lauriol-Gesetzes wird der Sitz der okzitanischen Schallplattenfirma *Ventadorn* in Béziers an einem frühen Morgen durch Polizei gestürmt, durchsucht und Teile des Lagers beschlagnahmt, da *Ventadorn* gegen das Gesetz verstoße (die Plattenetiquette sind ausschließlich auf Okzitanisch beschrieben) ...

Immerhin wird sich das offizielle Frankreich (vorübergehend?) des Sprachenproblems bewusst. 1981 verkündet François Mitterrand (1916 - 1996) als Kandidat für die Präsidentschaft auf einer Rede in Lorient (Bretagne) *« le droit à la différence »*. Der neu ernannte Kulturminister Jack Lang (*1939) beauftragt den Literaturwissenschaftler und Okzitanisten Henri Giordan (*1937) mit einem Bericht über die sprachliche Situation Frankreichs, der 1982 unter dem Titel *Démocratie culturelle et droit à la différence* veröffentlicht wird. Giordan fordert darin eine Politik der Anerkennung der Minderheitskulturen und -sprachen und behandelt die Gruppen *sans implantation territoriale* (damit sind ältere und neuere Zuwanderergruppen gemeint) und die vor allem territorial fixierten Gruppen (die Sprecher der autochthonen Sprachen) gemeinsam; außerdem weist er auf die Notwendigkeit einer angemessenen Sprachenpolitik in den Überseedepartements hin (Giordan 1982, 50-57). Zwar werden seine Vorschläge damals breit und kontrovers diskutiert, die Folgen bleiben letztlich bescheiden (vgl. Kremnitz 2015, 18-19).

Praktisch haben einige Zirkularnoten des damaligen Unterrichtsministers Alain Savary (1918 – 1988) mehr Bedeutung, denn sie erweitern die Möglichkeiten des Unterrichts in den autochthonen Sprachen beträchtlich. Eine ähnliche Strategie schlägt 1995 der Zentrumspolitiker François Bayrou (*1951) als Unterrichtsminister ein. Schon seit 1979 hat die okzitanische Bewegung aufgrund der Untätigkeit der aufeinander folgenden Regierungen versucht, selbst Abhilfe zu schaffen: in diesem Jahr wird in Pau die erste *Calandreta* gegründet, eine private Schule, in der Okzitanisch die erste Unterrichtssprache ist. Dieser Schultyp existiert noch immer (in ähnlicher Weise für die anderen autochthonen Minderheiten Frankreichs) und erfasst im Jahre 2016 etwa 3600 Schüler in 62 Schulen und 3 *Collèges*. Es gibt seit 1995 auch eine Ausbildungsstätte, die als Hochschule vom Staat anerkannt wird, das *Centre APRENE* [= Lernen] in Béziers, das dem *Institut Supérieur des langues de la République Française* angeschlossen ist. Natürlich können diese Schulen den Bedarf nicht decken, ihr Erfolg hat das staatliche Schulwesen indes dazu bewogen, selbst zweisprachige Klassen – wenn auch in ungenügender Zahl – einzurichten. Die *Calandretas* zeichnen sich durch moderne, auf Freinet und andere zurückgehende Methoden aus; daher werden sie auch von Kindern besucht, die nicht okzitanischer Herkunft sind. Sie haben auf diese Weise auch eine spürbare Wirkung als Katalysatoren.

Wie es oft mit mühsamen Kompromissen der Fall ist: das Gesetz hat eine lange Existenz, da sich die politischen Gremien nicht auf eine bessere Regelung einigen können. Die Grundlagen der *Loi Deixonne* sind über ein halbes Jahrhundert bewahrt worden, obwohl sie in vieler Hinsicht unzureichend war und die Vertreter aller Minderheitensprachen unermüdlich um ihre Verbesserung gekämpft haben (vgl. den Wortlaut etwa bei Kremnitz 2015, 178-179).

11 Die allmähliche Politisierung des Okzitanismus seit 1962 und die gegenläufige Entwicklung ab 1981

11.1 Bis zur Jahrtausendwende

Der erwähnte Streik von Decazeville führt zu einer bis dahin nicht gekannten Politisierung des Okzitanismus. Dafür gibt es mehrere Gründe: einer liegt in der Erkenntnis der Verteidiger des Okzitanischen, dass alle Erfolge auf dem Papier kaum etwas an den Tendenzen zur Abnahme der Sprecherzahlen ändern. Manchen Vertretern der Renaissance wird bewusst, dass eine Beschränkung auf kulturelle Themen nicht ausreicht. Die wichtigste Rolle als Katalysator kommt zweifellos Robert Lafont zu, der eine Zeitlang Generalsekretär des *IEO* ist, danach sein Präsident. Der Streik von Decazeville 1961/1962 beschleunigt die Entwicklungen, die Gründung des *COEA* führt zu einer gewissen Trennung der sprachlichen und kulturellen Arbeit von der politischen. Pierre Bec übernimmt in diesem Augenblick die Präsidentschaft des *IEO* (bis 1980), Lafont leitet das *COEA* (vgl. Bringuier 2013). In den folgenden Jahren erarbeitet er seine wichtigsten Thesen im Rahmen zunächst noch eines verstärkten Neo-Regionalismus, etwa in dem Werk *La Révolution régioniste* (1967). Eine historische Vertiefung seiner Gedanken bietet *Sur la France* (1968), in dem die Integration der verschiedenen Peripherien in den Französischen Staat geschildert wird, weitere Arbeiten werden folgen. Nach dem Ende des *COEA* entsteht 1968/69 als Ausdruck eines linken Okzitanismus eine neue Organisation, *Lucha Occitana*, welche die bisherigen Analysen in die Tat umsetzen soll. Sie scheitert letztlich daran, dass es sich um einen Generalstab ohne Truppen handelt.

Allerdings erscheint *Sur la France* praktisch gleichzeitig mit dem Aufbrechen der Bewegung von Mai 1968, die für Frankreich einen tiefen Einschnitt bildet. Das Land wird für Wochen von einer allgemeinen Streikbewegung lahmgelegt, es ist nun möglich, viele Fragen zu stellen, die in der gaullistischen Republik bis dahin keine Rolle spielten. Zwar kann die Rechte die Wahlen zur Nationalversammlung vom Juni 1968 um den Preis einschneidender sozialer Reformen deutlich gewinnen, aber die Präsidentschaft de Gaulles schleppt sich nur noch mühsam bis April 1969 fort. Zu seinem Nachfolger wird Georges Pompidou (1911–1974), viele Jahre sein engster Mitarbeiter; er scheint die Reformbedürftigkeit Frankreichs zu erkennen. Der frühe Tod von Pompidou verhindert eine tiefergreifende Reform im konservativen Sinne, die auch seinem Nachfolger Valéry Giscard d'Estaing (*1926) nicht gelingt.

Abb. 34: Claude Marti, um 1980

Mai 1968 ist auch für die Okzitanisten – und für die Vertreter aller sprachlichen Minderheiten in Frankreich – ein tiefer Einschnitt. Zum ersten Mal können sie sich einer weiten Öffentlichkeit bemerkbar machen, werden ihre Forderungen wahrgenommen, und vor allem bekommen sie einen ungeahnten Zustrom von jungen Anhängern. Natürlich stammen diese aus unterschiedlichen politischen Lagern, es kommt zu internen Auseinandersetzungen, aber die grundlegenden Forderungen sind auf einmal in einer breiten Öffentlichkeit präsent. Viele der neuen Anhänger haben zunächst nur eine geringe okzitanische Kultur und Sprachkompetenz, das wird sich jedoch im Laufe der Jahre rasch bessern (oft mit Hilfe von Larzac 1971 und den dort enthaltenen, mitunter etwas grobschlächtigen, aber massenwirksamen Analysen). Viele sind auch von den basisdemokratischen und teilweise anarchistischen Forderungen der Mai-Bewegung beeinflusst, das kann zu bisweilen kontraproduktiven Folgen führen. So ist etwa die Öffnung des Forschungs-Sektors des *IEO* für alle Mitglieder der engagierten Forschung nicht dienlich, es wird mehr als ein Jahrzehnt dauern, um wieder zu einer ernsthaften wissenschaftlichen Praxis zurückzukehren. Auf jeden Fall bedeutet Mai 1968 für den Okzitanismus einen Ansatz des Massenechos, das der Katalanismus seit dem späten 19. Jahrhundert kennt.

Im Zusammenhang damit ist auf ein Phänomen zu verweisen, das auf der einen Seite von der breiten Rezeption getragen wird, ihr andererseits Dauer verleiht: das Entstehen der *nòva cançon occitana*. Ihre Anfänge reichen etwas weiter zurück. In den frühen sechziger Jahren, nicht zuletzt unter dem Einfluss der ersten Erfolge der *nova cançó catalana*, beginnt Guy Broglia (*1939), damals Medizinstudent in Montpellier und Hörer von Lafont, Texte von Robert Lafont und später Charles Camproux zu vertonen. Seine erste Schallplatte stammt aus dem Jahr 1965. Unter dem Einfluss der Massenbewegung von 1968 erlebt diese Protestmusik wachsenden Erfolg, eine immer größere Zahl von Interpreten und Liedermachern tritt mit zunehmendem öffentlichem Echo auf. Zum bedeutendsten wird für mehr als ein Jahrzehnt Martí (Claude Marti, *1940), der eine professionelle Karriere als Sänger verweigert und weiterhin hauptberuflich Lehrer in einem Dorf bei Carcassonne bleibt. Ein Jahrzehnt lang ist diese *Cançon* vor allem Protest, erst allmählich diversifiziert sie sich, auch in dem Maße, in dem das politische Engagement zurückgeht. Später erneuert sich die Musik sowohl inhaltlich als auch technisch; sie kann sich durch die Verbindung unterschiedlicher musikalischer und textlicher Traditionen ein teilweise neues Publikum erobern (vgl. Rouquette 1972; Kisters 1997; Mazerolle 2008; Martel/Saïsset 2016). In den Jahren nach 1968 spielt auch das engagierte okzitanische Theater, zunächst vor allem das von Claude Alranq (*1947) und seiner Gruppe ins Leben gerufene *Teatre de la Carrièra* [Straßentheater] eine beachtliche Rolle; den größten Erfolg erntet das Stück *Mort et résurrection de Monsieur Occitania*, das sprachliche und sozialpolitische Anklagen publikumswirksam verbindet (Teatre de la Carrièra 1970; Alranq 1995).

Wahrscheinlich hat der Erfolg des politischen Okzitanismus nach 1968 neben etlichen anderen einen gewichtigen Grund, der bislang kaum diskutiert und weniger noch untersucht worden ist: die sechziger und siebziger Jahre sind die Zeit, in denen die okzitanische Sprachkompetenz am sichtbarsten abnimmt. Die Generation der damaligen Großeltern beherrscht die Sprache noch, oft gut, hat sie aber gewöhnlich nicht an ihre Nachkommen weitergegeben, so dass die damals junge Generation – bewusst oder nicht – sich allmählich die Kommunikationslücke deutlich macht. Das diffuse Gefühl eines Verlustes, der als solcher empfunden aber nur teilweise rückgängig gemacht wird, trägt stark zum Erfolg des Okzitanismus bei. Zehn bis fünfzehn Jahre später ist die sprachliche Distanz weitaus größer, das massenhafte Engagement folglich geringer.

Zwei weitere Probleme stützen die Präsenz des Okzitanismus in der Gesellschaft: das eine ist die seit 1970 geplante Erweiterung des Militärlagers auf der Hochebene des Larzac im Süden des Departements Aveyron (im Rouergue). Das Gebiet wird vor allem von Schafzüchtern genützt; die Milch ihrer Schafe liefert den Rohstoff für den Roquefort-Käse. Der Plan der Erweiterung des Lagers auf die sechsfache Größe stößt auf den heftigen Widerstand der betroffenen Landwirte, denen es gelingt, sich ein weltweites Echo zu verschaffen, so dass am 20. August 1973 mehr als fünfzigtausend Menschen aus der ganzen Welt sich zum friedlichen Protest auf dem Larzac versammeln. Der Widerstand gegen diese (militärisch nicht notwendige) Erweiterung wird zu einem Symbol der weltweit entstehenden Friedensbewegung. Vor allem im okzitanischen Sprachgebiet entwickelt er eine hohe Mobilisierungskraft; die Präsenz des Okzitanischen spielt eine gewisse Rolle. Die Schafzüchter können ihren Widerstand bis zur Präsidentschaftswahl 1981 aufrechterhalten; eine der ersten Maßnahmen des neugewählten Präsidenten Mitterrand wird die Rücknahme der Pläne zum Ausbau des Lagers sein.

Während dieser Zeit verschlechtert sich die wirtschaftliche Lage der meisten Gebiete des okzitanischen Sprachraums kontinuierlich. Darin liegt das zweite Problem. Das traditionelle Wählerverhalten, das in den meisten Gebieten nach links tendiert, verstärkt sich. Auf der einen Seite werden allmählich die noch vorhandenen Bergbaubetriebe in den Cévennen geschlossen, auf der anderen sehen die Winzer im Süden ihre Lage als immer bedrohter an. Sie leiden unter der Überproduktion, die durch Einfuhren aus anderen Gebieten der Europäischen Union verstärkt wird. Die daraus resultierenden Auseinandersetzungen nehmen immer dramatischere Formen an, bis es am 4. März 1976 bei dem Ort Montredon (bei Narbonne) zu Schießereien kommt, bei denen ein Winzer und ein Polizeioffizier getötet werden. Viele Winzer stehen dem Okzitanismus nahe, für viele von ihnen ist das Okzitanische damals noch die Sprache des Berufs. Neben den *Comités d'Action Viticole* bildet sich im Herbst 1975 eine kleinere Gruppe namens *Mouvement d'Intervention des Viticulteurs Occitans (MIVOC)*, deren Namen für sich spricht. Die führende Persönlichkeit dieser Richtung ist Jean Huillet (*1944), der später eine Zeitlang im Europäischen Parlament sitzt. Auch hier bildet sich ein starkes Solidaritätsmoment, das von weiten Teilen der Zivilgesellschaft im okzitanischen Gebiet unterstützt wird. Es kommt zu großen Demonstrationen, die bisweilen an die von 1907 erinnern (diese Referenz ist immer sehr deutlich). Sogar die wichtigste politische Losung ist okzitanisch: „*Volèm viure e trabalhar al país*". Unter diesem Motto ergreift neben anderen Robert Lafont am 29. April 1976 vor über 100 000 Teilnehmern das Wort. Es scheint, dass der Okzitanismus sein Publikum gefunden hat (vgl. Lafont 1997, 209). In dieser Zeit unterstützt vor allem die in einigen languedokischen Departements mächtige Kommunistische Partei einen Teil der Thesen Lafonts und verleiht ihnen eine große Öffentlichkeitswirkung. Indessen tragen die latenten Spannungen innerhalb der Linken nicht dazu bei, die Erfolgschancen dieser an sich mächtigen Bewegungen zu vergrößern.

Bereits bei den Präsidentschaftswahlen 1974 wird eine Kandidatur Robert Lafont lanciert, die im letzten Moment scheitert, da angeblich nicht genügend Unterstützungserklärungen eingegangen seien (von 114 Unterschriften wurden 96 anerkannt, 100 wären nötig gewesen). Die Gründe für diese Entscheidung sind nie völlig geklärt worden (Lafont selbst ging immer davon aus, dass mindestens 105 Unterschriften in Ordnung waren). Zur Unterstützung dieser Kandidatur entsteht eine neue Bewegung, *Volèm viure al País (VVAP)*, die bis 1987 existiert.

Im Herbst 1978 veröffentlichen Robert Lafont, Emmanuel Maffre-Baugé (1921 – 2007) und Jean-Pierre Chabrol (1925 – 2001), die für unterschiedliche Sektoren der öffentlichen Meinung vor allem im Languedoc repräsentativ sind, ein Manifest *Mon País escorjat*, das ein weites Echo erreicht (Lafont/Maffre-Baugé/Chabrol 1979). Es ist der Versuch, die Parteien und Gruppierungen der Linken zur Verteidigung eines anderen Gesellschaftsmodells zu vereinigen. Maffre-Baugé ist der langjährige Präsident der französischen Winzer, 1979-1989 sitzt er, als Gast der Kommunistischen Fraktion,

Abb. 35: Yves Rouquette, um 2007

im Europäischen Parlament. Die Kommunistische Partei unterstützt die Aktion. Allerdings kann auch dieses Dokument eine gemeinsame Politik der linken Parteien nicht herbeizaubern (vgl. dazu Touraine/Dubet/Hegedus/Wieviorka 1981).

Es kommt zu einigen Versuchen, okzitanische Gegenstrukturen zu bilden. Einer der wichtigsten ist die Gründung des *Centre International de Documentation Occitane (CIDO)* in Béziers, das vor allem auf Initiative des Schriftstellers Yves Rouquette (1936 – 2015, nicht verwandt mit Max Rouquette) und einer günstigen lokalpolitischen Konstellation entsteht. Lange Jahre wird es sehr erfolgreich von François Pic (*1954) geleitet. In den späten neunziger Jahren wird eine Reorganisation eingeleitet; 1999 öffnet es erneut seine Tore, nun unter der Bezeichnung *Centre Interregional de Developpement de l'Occitan (CIRDOC)*, das durch die Einbindung in regionale und gesamtstaatliche Strukturen eine sichere Grundlage bekommt. Es ist heute das größte Dokumentationszentrum für die okzitanische Sprache und Kultur und arbeitet mit modernsten Mitteln.

Die Wahl von François Mitterrand zum französischen Präsidenten verändert die Situation in mehrfacher Weise. Wie bereits erwähnt, wird Henri Giordan mit einer Mission zur Sprach- und Kulturpolitik betraut, das Projekt der Erweiterung des Militärlagers auf dem Larzac wird binnen Tagen abgesagt, zunächst versucht Mitterrand auch eine andere Wirtschaftspolitik, muss jedoch 1983 dem Sperrfeuer der europäischen Partner und der USA nachgeben und die Wirtschaftspolitik neu orientieren. Mit Ministerpräsident Pierre Mauroy (1928 – 2013) verlassen 1984 auch die kommunistischen Minister die Regierung.

Zwar kommt es zu einer Reihe von Verbesserungen für die autochthonen Sprachen in Frankreich, diese bleiben jedoch weit hinter dem erwarteten Ausmaß zurück.

Das führt nach einiger Zeit zur heftigen Enttäuschung über die linken Regierungen. Bis heute stellt sich die Frage nach dem Warum dieser Entwicklung. Häufig wird hervorgebracht, wahrscheinlich zu Recht, dass die Vertreter der Minderheiten nach 1981 eine automatische Umsetzung ihrer Wünsche erwartet hätten, ohne zu bedenken, dass auch auf Seiten der Linken nicht alle Gruppierungen für ihre Rechte eintreten. Es hätte, so meinen die Vertreter dieser Auffassung, nach 1981 nicht einer Abschwächung sondern im Gegenteil einer Verstärkung des Druckes bedurft, um die Umsetzung des „Rechts auf Differenz" zu erreichen. Andererseits sind 1981 viele Posten neu zu besetzen, auch etliche Angehörige der Minderheiten kommen in neue Positionen; sie sind zum einen nicht mehr nur für ihre bisherigen Anliegen verantwortlich und müssen zum anderen in größeren Zusammenhängen denken. Manche verlieren dabei ihre ursprünglichen Ziele (zu stark) aus den Augen. Nicht zuletzt ist für den Betrachter von außen offenkundig, dass die Verwaltung viele Reformen mit scheelem Blick gesehen hat. Man darf nicht aus dem Auge lassen, dass unter den Berufsbeamten seit 1958 die Anhänger der Linken in Führungspositionen stark unterrepräsentiert waren. Aus heutiger Sicht kann man hinzufügen, dass die Unterstützung der Minderheiten durch die Linken weniger ausgeprägt war und ist, als es lange Zeit den Anschein hatte. Es ist für den Betrachter von außen immer wieder erstaunlich, wie eng das Gesichtsfeld auch vieler Intellektueller in dieser Hinsicht ist.

Das Resultat der Entwicklungen ist, dass der politische Okzitanismus, der in den siebziger Jahren ein nicht unwichtiger Faktor im Süden ist, wenn er sich aufgrund des Wahlrechts und der Parteistruktur auch kaum in Abgeordnetensitzen niederschlägt, sich seit der Wahl Mitterrands allmählich auf dem Rückzug befindet. Zwar gibt es nach wie vor in den großen Parteien Anhänger und Repräsentanten der Minderheiten, ihr Gewicht ist indes bescheiden. Das schlägt sich auf die okzitanistischen Organisationen nieder: etliche lösen sich auf, andere versuchen durch Zusammenschlüsse zu überleben. Auf *VVAP* folgt 1987 der *Partit Occitan* (*PO*), der sich 1994 im Hinblick auf die Wahlen zum Europäischen Parlament mit anderen Gruppierungen zur Föderation *Régions et Peuples Solidaires* zusammenschließt. Vorsitzender dieses losen Verbunds ist der Vorsitzende des *PO*, Gustave Alirol (*1948). Die Partei bzw. ihre Untergruppierungen können da und dort einzelne Sitze erringen. Der Einfluss des Okzitanismus ist heute eher indirekt, am stärksten war er bislang in manchen Regionen.

Ein folgenschweres Ereignis fällt bereits in das Jahr 1980: auf der Hauptversammlung des *IEO* in Aurillac stehen sich zwei Listen für die anstehenden Neuwahlen des Vorstandes gegenüber, eine mit eher nationalistischem Anstrich und eine mit regionalistisch-autonomistischem. Hinter diesen programmatischen Gegensätzen steht sehr stark eine Konfrontation zwischen den Personen Yves Rouquette, zusammen mit seinem Bruder Jean (*1938), der sich als Schriftsteller Jean Larzac nennt, und Robert Lafont. Als die von Rouquette unterstützte Liste die Mehrheit erhält, kommt es praktisch zur Spaltung. Lafont und viele seiner Anhänger verlassen das *IEO*, andere ziehen sich aus der praktischen Arbeit zurück. Der nun an der „Macht" befindliche Flügel der Bewegung ist kaum in der Lage, sein nur unscharf formuliertes Programm umzusetzen, die bereits erwähnten äußeren Umstände wirken sich auch nicht in seine Richtung aus, so dass es zu einer jahrelangen Stagnation kommt. Erst als David Grosclaude (*1959) 2001 zum Präsidenten gewählt wird, kommt es zu einer zielstrebigen Restrukturierung mit klaren sprachenpolitischen Optionen und zu einer deutlicheren Trennung der politischen und der kulturellen Arbeit. Auf alle Fälle werden durch diese Spaltung die Positionen des Okzitanismus nachhaltig geschwächt. Die Gründung der *Association Internationale d'Etudes Occitanes* (*AIEO*) im Jahre 1981 anlässlich eines Kongresses in Lüttich bringt insofern eine gewisse Kompensation, als die wissenschaftliche Arbeit auf diesem Wege weitergeführt werden kann; allerdings kann man die *AIEO* nicht als Teil der Renaissance ansehen.

Eine Folge dieser Entpolitisierung ist darin zu erkennen, dass die Rolle des *Félibrige* seit den achtziger Jahren langsam wieder gewachsen ist. Ein wichtiger Grund dafür ist die Gründung der Bewegung *Parlaren* [Wir werden sprechen] im Jahre 1975 auf Initiative des Schriftstellers Bernard Giély (*1945). Sie verfügt über Zeitschriften, Rundfunk- und Fernsehsendungen, ein Verlagshaus usw. und ist damit die aktivste Organisation in der Provence. Sie sieht das Provenzalische als eine Varietät des Okzitanischen und ist zur Zusammenarbeit mit dem *IEO* bereit. Weitere Institutionen wurden gemeinsam mit ihm gegründet. Der *Capoulié* Pierre Fabre (*1957), der 1992-2006 den *Félibrige* führt, hat seinerseits viel für eine Wiederannäherung getan. Die historischen Auseinandersetzungen der letzten Jahrzehnte sind heute Geschichte, zwischen den verschiedenen Zweigen der Renaissancebewegung herrscht eine Art friedlicher Koexistenz.

Eine der nachhaltigen Neuerungen Mitterrands ist die Schaffung von Regionen als politischen Einheiten; sie erfolgt durch die *Lois Defferre*, die nach dem damaligen Innenminister Gaston Defferre (1910 – 1986) benannt sind. Durch sie werden 1982/83 Regionen mit einer Regierung und einem Parlament geschaffen. Ihre Zuständigkeiten sind bescheiden, die kleineren Departements verfügen nach wie vor über mehr Mittel und mehr Kompetenzen. Immerhin gehören manche Aspekte der Sprach- und Kulturpolitik dazu, so dass im Laufe der Zeit die Regionen zu den wichtigsten Unterstützern der Minderheitensprachen werden. Zunächst allerdings dauert es in den meisten Fällen einige Zeit, bis sie sich dieser Materie annehmen, dann gibt es auch große Unterschiede in der Intensität des Engagements, teilweise gibt es auch die Verweigerung der Zusammenarbeit zwischen Regionen. Erstaunlich ist, dass die Regionen bzw. ihre politischen Instanzen nicht im Laufe der Zeit auf eine Erweiterung ihrer Kompetenzen und eine bessere Dotierung gedrängt haben. Hier steht wohl die französische zentralistische Tradition dem Eigeninteresse im Wege. Immerhin führen nach einem gewissen Zögern die Regionen *Midi-Pyrénées*, *Languedoc-Roussillon*, *Aquitaine*, *Limousin*, *Rhône-Alpes* in Ansätzen eine regionale Sprachenpolitik durch. *Provence-Alpes-Côte d'Azur* schert nach einigen Schwankungen insofern aus, als sie heute nur die Besonderheit des Provenzalischen verteidigt und damit in Ansätzen den Konzeptionen eines Teils der Provenzalisten nahesteht (diese Ausrichtung ist weitgehend von den politischen Mehrheiten im Regionalparlament abhängig). Wohl als erste hat die Region *Languedoc-Roussillon* eine zwar mit bescheidenen Mitteln ausgestattete, aber dennoch zielstrebige Politik der Förderung des Okzitanischen und Katalanischen in die Wege geleitet und damit gezeigt, was im bestehenden gesetzlichen Rahmen geleistet werden kann (vgl. Hammel 1996). Die anderen Regionen werden sich teilweise davon inspirieren lassen.

Im Rahmen dieser Politik sorgt der regionale Verantwortliche Etienne Hammel (*1945) für die Durchführung von Umfragen zur Sprachkompetenz der Bevölkerung. In relativ kurzer Folge werden 1991 und 1997 zwei Umfragen im Auftrag der Region durchgeführt. Es gibt zwar von wissenschaftlicher Seite kleinere Einwände gegen die verwendete Methodologie, die Parallelität der Methoden und der kurze Zeitabstand machen die Resultate indes umso wertvoller. Während für den okzitanischen Teil der Region 1991 48 % der Befragten erklären, die Sprache zu verstehen, 28 % sagen, sie könnten sprechen und immerhin 9 % behaupten, das Okzitanische häufig zu verwenden (die entsprechenden Angaben für Lesen und Schreiben liegen bei 45 % und 6 %), sinken diese Zahlen für 1997 deutlich ab: nur noch 34 % erklären, das Okzitanische zu verstehen, 19 % geben an, es zu sprechen und 5 %, es häufig zu verwenden (die Werte für Lesen und Schreiben liegen bei 39 % und 6 %). Diese beiden Umfragen ergeben ein relativ klares Bild, nämlich die rasche Erosion der sprachlichen Kompetenz. Sie erlauben zum einen, das Anfang der siebziger Jahre vorgestellte Tableau von Robert Lafont für wahrscheinlich zu erklären (vgl. Lafont 1971, 56-57), auf der anderen Seite wird erkennbar, dass die Kompetenz rascher sinkt, als alle Beobachter damals annehmen (für die erste der Umfragen vgl. Hammel/Gardy 1994; zum Vergleich Boyer 2001).

Am 1. Januar 2016 tritt eine Regionalreform in Kraft, welche größere Regionen schafft, die in Europa konkurrenzfähig sein sollen. Dabei werden aus den bisherigen sieben ganz oder teilweise im okzitanischen Sprachgebiet gelegenen Regionen vier neue, nämlich, von West nach Ost: *Nouvelle Aquitaine* (aus *Aquitaine*, *Limousin*, *Poitou*), *Occitanie* (aus *Midi-Pyrénées* und *Languedoc-Roussillon*), *Auvergne-Rhône-Alpes* (aus *Rhône-Alpes* und *Auvergne*) und *Provence-Alpes-Côte d'Azur* (unverändert). Die Kompetenzen werden nicht erweitert, ebenso wenig wie die Budgets. Diese Neuordnung sorgt zunächst für zusätzliche Schwierigkeiten: die neuen Institutionen müssen geschaffen werden und zu funktionieren beginnen. Außerdem verringert sich durch die Vergrößerung der ersten drei Regionen die Bürgernähe erheblich. Es wäre andererseits sinnvoll gewesen, nicht nur bisherige Regionen zusammenzuschließen sondern, mindestens in verschiedenen Gebieten, sich Gedanken über einen Neuzuschnitt zu machen. Die Reform von 2016 kann nach dem heutigen Stand nicht als eine Stärkung der Regionen – und damit der dominierten Sprachen – betrachtet werden. Es ist derzeit unwahrscheinlich, dass es zu substantiellen Nachbesserungen kommt.

Vor allem eine Maßnahme hat zur Entkrampfung der Situation zwischen *Okzitanisten* und *Félibrige* beigetragen, nämlich die Schaffung eines *CAPES* (*Certificat d'aptitude au professorat de l'enseignement secondaire*), d. h. eines *Concours* für das Lehramt und damit einer regelmäßigen Lehrerausbildung in den Jahren 1991/92. Das Okzitanische erhält diesen Studiengang als letzte der autochthonen Sprachen, begonnen wird schon Mitte der achtziger Jahre mit dem Bretonischen, auf nachhaltige Anregung des bretonischen Afrikanisten Yves Person (1925 – 1982), eines persönlichen Freundes von Mitterrand. Vor der Einrichtung ist eine Einigung über Bezeichnungen und Graphiesysteme notwendig, die zu Gesprächen und Kompromissen zwingt. Heute heißt dieses *CAPES Occitan-Langue d'oc*, sowohl die klassische (alibertinische) als auch die mistralsche Referenzform sind zulässig. In den ersten Jahren funktioniert das System recht gut, eine größere Zahl von Lehrern wird berufen, so dass auf längere Sicht zu hoffen ist, dass ein genügend dichtes Netz über das Land geworfen werden kann. Nach einigen Jahren geht die Zahl der zu vergebenden Posten jedoch drastisch zurück – nach einiger Zeit können teilweise nicht einmal mehr die frei werdenden Posten nachbesetzt werden. Es ist klar, dass dieser Stellenabbau indirekt Konsequenzen für die Zahlen der Studierenden hat. Zwar wird im Jahre 2017/18 auch eine *Agrégation* eingerichtet, das ist der höherrangige *Concours*, als aber Ende 2017 eine einzige Stelle ausgeschrieben wird, kommt es zu massiven Protestaktionen.

Fast gleichzeitig wird, in Vorbereitung auf den Maastricht-Vertrag, die französische Verfassung geändert. An die Spitze des Art. 2. wird der Satz gestellt: « *La langue de la République est le français* ». Er soll vor allem als psychologisches Beruhigungsmittel gegenüber Befürchtungen gedacht sein, das Englische könne auch innenpolitisch eine immer größere Rolle spielen. Die sehr enge Auslegung des Artikels durch den *Conseil constitutionnel* in der Folge versperrt jedoch einen Teil der bescheidenen Entfaltungsmöglichkeiten für die *Langues de France*, die bisher gegeben waren. So wird etwa die *Ratifizierung der Europäischen Charta der Regional- und Minderheitensprachen*, die im gleichen Jahr zum Beitritt aufgelegt wird, wegen angeblicher Unvereinbarkeit als unmöglich erklärt (obwohl die *Charta* 1999 von Frankreich unterzeichnet wurde). Dabei hatte die Linksregierung von Lionel Jospin (*1937) die Möglichkeiten sehr sorgfältig ausgeleuchtet, um solchen Querschüssen entgegenzutreten. Im Rahmen dieser Arbeiten veröffentlicht der Sprachwissenschaftler Bernard Cerquiglini (*1947) im offiziellen Auftrag eine Liste der *Langues de France*, die im ersten Anlauf schon 75 Einheiten umfasst (später kommen noch einige wenige dazu). Seit ihrer Veröffentlichung wird diese Liste als „offiziös" wahrgenommen. Eine weitere Verfassungsänderung von 2007, Art. 75.1, die die „Regionalsprachen" als zum kulturellen Erbe Frankreichs gehörig bezeichnet, ist bislang in Ermangelung eines Ausführungsgesetzes ohne praktische Folgen geblieben (vgl. Woehrling, 2013, 84).

So befindet sich das Okzitanische um das Jahr 2000 in einer paradoxen Situation: auf der einen Seite kann man von einer *teilweisen Institutionalisierung* der Sprache sprechen, die vor allem von den Regionen, teilweise auch von den Departements und Städten/Gemeinden, gestützt wird, auf der anderen Seite setzt sich die sprachliche

Substitution, die vor dem Zweiten Weltkrieg ernsthaft begonnen hat, ungebremst fort (die Entwicklung dürfte recht ähnlich verlaufen sein wie im Falle des Bretonischen, die Broudic sehr klar darstellt, vgl. Broudic 1995, vor allem 351). Sicher ist die Entwicklung aufgrund der sprachlichen Nähe zwischen Okzitanisch und Französisch diffuser, gibt es mehr Grauzonen etwa des teilweisen Verstehens, Produktionen, die sich nicht klar zuordnen lassen wie das *Francitan* (vgl. Couderc 1975 und Boyer 1990), an der Richtung der Entwicklung kann es keinen Zweifel geben.

Zwar hat die okzitanische Renaissance bis 2000 das kollektive Bewusstsein der Sprecher massiv ausbauen können, es ist ihr jedoch nur zu einigen günstigen Momenten gelungen, dass ihre Forderungen von einem größeren Teil der Bürger aufgenommen und darüber hinausgehend für so wichtig gehalten werden, dass ein Engagement dafür sinnvoll ist. Das Gewicht der Engagierten ist nicht genügend groß, um ernsthafte politische Veränderungen oder auch nur Konzessionen zu erreichen. Immerhin scheint der kollektive Minderwertigkeitskomplex, der noch vor wenigen Jahrzehnten deutlich spürbar war, nur noch in Resten zu bestehen.

11.2 Die Entwicklungen nach 2000

Die Entwicklungen verlaufen auch nach der Jahrtausendwende unterschiedlich. Auf der einen Seite nehmen die (bescheidenen) Momente der langsamen Institutionalisierung zu, auf der anderen gelingt die Rekrutierung neuer Sprecher nur in bescheidenem Ausmaße. Auch die politischen Entwicklungen verlaufen uneinheitlich. So bleibt die Aufnahme der autochthonen Sprachen in die Verfassung (2007) als „kulturelles Erbe" fast folgenlos (vgl. Kap. 11.1). Hoffen die Repräsentanten der *Langues de France* nach der Wahl von François Hollande (*1954) aufgrund seiner Wahlversprechungen doch noch auf eine Ratifizierung der *Europäischen Charta der Regional- und Minderheitensprachen*, so schwindet auch diese Aussicht nach und nach aufgrund der wenig konsequenten Haltung des Präsidenten. Hohe Repräsentanten seiner eigenen Partei versuchen, einen Kurswechsel zu erreichen (vgl. Jung/Urvoas 2012), einzelne Minister sehen die Dringlichkeit ein, andere weniger, unabhängige Beobachter schlagen zum Teil Alarm (vgl. Kranzer 2015, der die Abläufe ab 1999 im Detail nachzeichnet), erreicht wird schließlich in der *Loi Peillon* vom 5. Mai 2013, die das Unterrichtswesen neu regelt, die Anerkennung des Unterrichts *der* und *in den* so genannten Regionalsprachen als Recht. Der gleichzeitig veröffentlichte *Rapport* des *Comité consultatif pour la promotion des langues régionales et de la pluralité linguistique interne* (2013) geht für das Jahr 2007 von einer Zahl von 110 000 Sprechern des Katalanischen in Frankreich und 600 000 Sprechern des Okzitanischen aus, zu denen noch 1,6 Millionen gelegentliche Sprecher kommen (das ist in etwas anderer Form die Wiederaufnahme der alten Gliederung von Lafont 1971; es ist allerdings nicht klar, auf welcher Grundlage diese Zahlen beruhen). Zusammen mit den anderen Sprachen der *Liste*

Cerquiglini ist die Zahl der (potentiellen) Sprecher beträchtlich; die konsequente Umsetzung der *Loi Peillon* wäre sinnvoll. Hollandes Nachfolger Emmanuel Macron (*1977) zeigt sich indes wenig interessiert an der kulturellen Vielfalt, insofern scheinen die Aussichten auf Verbesserungen der Rahmenbedingungen derzeit gering, solange kein hinreichender Druck von unten erfolgt. Die bekannt gewordenen Pläne für eine neue Gesetzgebung geben zu wenig Optimismus Anlass.

2012 veröffentlicht Fabrice Bernissan (2012) eine Untersuchung über die Zahl der Okzitanischsprecher, die hohe Wellen schlägt. Nach einer detaillierten Auszählung der Sprecher im Departement *Hautes Pyrénées* wagt er sich an eine Extrapolation seiner Resultate auf das gesamte okzitanische Sprachgebiet und kommt zu dem Ergebnis, dass im Jahre 2012 die Zahl der Okzitanischsprecher sich auf etwa 110 000 belaufe, zu denen noch 1,2 Millionen Menschen kommen, die er als *„plus ou moins imprégnés"* (493) bezeichnet. Weiterhin weist er darauf hin, dass die Sprecherzahl sich durch die Nicht-Ersetzung der verschwindenden Sprecher rasch vermindert; für 2030 sieht er nur noch 14 000 Personen in der Kategorie „Sprecher". Diese Angaben sind aus Kreisen des Okzitanismus auf starken Widerspruch gestoßen, sie stärken natürlich die okzitanistischen Forderungen nicht. Eine genauere Lektüre der Schätzungen von Bernissan legt einige Schlussfolgerungen nahe: bezieht man sich auf die Kategorien von Lafont (1971), so rekrutieren sich die „Sprecher" von Bernissan weitgehend aus dessen erster Kategorie, die der Menschen, die für ihre gewöhnliche Kommunikation das Okzitanische verwenden. Dass deren Zahl am massivsten gesunken ist, steht außer Zweifel. So genau die Zahlen für die *Hautes Pyrénées* erhoben sein mögen, jede Extrapolation enthält ein gewisses Risiko, auch wenn sie versucht, die unterschiedlichen Bedingungen der Kommunikation zu berücksichtigen. Insofern sind die Angaben von Bernissan eine möglichst genaue Schätzung. Für jeden Beobachter, der die Entwicklung der letzten fünfzig Jahre in Betracht zieht, ist der Rückgang der Kompetenz und mehr noch der Performanz offensichtlich. Die 1,2 Millionen Menschen indes, die vom Okzitanischen beeinflusst sind, bilden dagegen ein nicht zu vernachlässigendes Reservoir. Auf jeden Fall ist die Erosion des Sprecherpotentials rasch vor sich gegangen, die Verteidiger der Sprache und Kultur sollten sich darauf einstellen, dass schon heute nur noch wenige *primäre* Sprecher leben (die das Okzitanische als Erstsprache erworben haben) und dass es in absehbarer Zukunft nur noch *sekundäre* Sprecher geben wird (welche die Sprache erst im weiteren Verlauf ihres Lebens durch eigene Entscheidung gelernt haben). Dazu kommt, dass spätestens seit dem Ende des Zweiten Weltkrieges praktisch alle Sprecher des Okzitanischen (mindestens) zweisprachig sind. Auch andere Sprachen sind in einer ähnlichen Situation; sie muss nicht unbedingt bedrohlich sein, wenn ein starkes kollektives Bewusstsein die Situation trägt.

Daraus hat sich jüngst unter Okzitanisten eine Diskussion entsponnen, die von folgenden Fragen ausgeht: Eric Fraj, *Quin occitan per deman?* (2013) bzw. Joan Eygun, *Ua lenga que s'esvaneish?* (2015), denen Sergi Javaloyès zu antworten sucht mit *Au nom de la lenga* (2015). Erste Beobachtung: diese drei Werke werden zweisprachig veröffentlicht, vermutlich wegen eines Bedarfs und nicht aus bloßen Launen der Verfasser heraus. Auch die Themen sind bekannt: die Frage nach der Ausrichtung an einer Referenzform bzw. deren teilweise Ablehnung. Nun ist es mittlerweile hinlänglich aus den Erkenntnissen der Soziolinguistik bekannt, dass *jede* Referenzform dem Sprachbenutzer eine gewisse Entfremdung auferlegt, auf der anderen Seite die Ablehnung jeglicher Referenz der Kommunikation enge Grenzen setzt. Es gilt daher, Referenzformen auf der einen Seite benutzerfreundlich zu konstruieren, so dass sie den Sprechern nicht zu viele Verbiegungen abnötigen, auf der anderen Seite kommunikationsfreundlich, so dass die Verständigungszonen möglichst weit reichen. Natürlich ist bei einer Sprache wie dem Okzitanischen die weite Auffächerung der Varietäten zu berücksichtigen, umgekehrt aber sollte jeder Unterricht an eine Referenzform heranführen, wenn er für die Praxis nützlich und nicht nur ein Zeitvertreib sein soll. Wer Sprache *nur* als Identitätsmerkmal ansieht, trägt mit großer Sicherheit zu ihrem rascheren Verschwinden bei. Mit diesem Argument sollten sich all jene einmal befassen, die glauben, nur mit der genau abgebildeten Varietät einer kleinen Einheit könnten sich Sprecher (oder interessierte Nicht-Sprecher) identifizieren. Sprache hat *zunächst* eine kommunikative Funktion, dann erst kann sie (muss aber nicht notwendig) eine identitäre annehmen (wenn das auch häufig der Fall ist, es gibt Gegenbeispiele von Gemeinschaften, wo Sprachen keine oder nur eine geringe ideologische Bedeutung haben; in solchen Fällen kann es relativ rasch zum Sprachwechsel einer Gesellschaft kommen, vgl. Roy 1997, 31-34). Natürlich ist es nicht einfach, angesichts einer solchen Spannung einen sinnvollen Ausgleich zu finden, dennoch ist die Bemühung darum unerlässlich. Auch in Bezug auf die Erarbeitung von Referenzformen gibt es Moden: gehen die Referenzformen aus der Zeit des Nationalismus vor allem von der Einheitlichkeit aus, bevorzugen damit eine große Reichweite und vernachlässigen teilweise den individuellen bzw. regionalen Ausdruck, so tragen die Demokratisierungsschübe der letzten Jahrzehnte zu einer stärkeren Berücksichtigung des Individuums bzw. kleiner Gruppen bei, vergessen dabei aber mitunter die Kommunikationsfunktion der Sprachen. Es wäre dringlich, diese Diskussionen zu intensivieren und Lösungswege vorzuschlagen, welche über das heute allgemein Anerkannte – Unterricht, Medien, kulturelle Aktivitäten – hinausgehen. Dabei sollte in den okzitanischen Institutionen der Blick wieder stärker auf das Gemeinsame und weniger auf lokale und regionale Besonderheiten gelegt werden.

Ein weiteres kommt hinzu: seit dem Aufkommen der Psychoanalyse zu Beginn des 20. Jahrhunderts wissen wir, dass unser Verhalten in hohem Maße vom Unbewussten gesteuert wird. Das gilt auch für das sprachlich-kommunikative Verhalten, wenn sich auch die Fachdisziplinen bislang kaum damit befassen. Das schmale Bändchen von Yannick Martin, *Lo tust de la lenga* (Nîmes: MARPOC, 2015) gibt einige interessante Ausblicke auf diese unbewussten Anteile des kommunikativen Verhaltens. Einen anderen Zugang zu dem Problem bieten die Forschungen über (sehr) alte Menschen.

Ein großer Fortschritt besteht darin, dass ab ungefähr 2000 das *IEO* seinen vielfältigen Aufgaben wieder besser nachkommen kann. Nach einer Beruhigungsphase in den späten neunziger Jahren übernimmt 2001 David Grosclaude seine Leitung mit einem klaren sprachenpolitischen Programm. Daraus entstehen die erfolgreichen Kundgebungen von Carcassonne 2005, Béziers 2007 und wieder Carcassonne 2009 zur Stärkung der Präsenz des Okzitanischen in den Medien. Die vorläufig letzte dieser Demonstrationen mit rund 30 000 Teilnehmern findet in Toulouse statt (Grosclaude 2017, 65).

Nicht zuletzt deshalb macht die partielle Institutionalisierung des Okzitanischen (und der anderen autochthonen Sprachen) Fortschritte. Teilweise erwachsen sie aus der Selbstorganisation von Institutionen wie dem *Conselh de la Lenga Occitana*, der in den neunziger Jahren des 20. Jahrhunderts Referenzprobleme zu lösen sucht, schließlich aber an internen Widersprüchen scheitert. 2011 wird mit Hilfe von vier der damaligen Regionen der *Congrès Permanent de la Lenga Occitana* gegründet, der die Funktionen einer Sprachakademie erfüllen soll. Obwohl von manchen angefeindet, erfüllt er bislang seine Aufgaben mit einem gewissen Erfolg. 2015 entsteht nach dem Vorbild des Baskischen und Bretonischen ein *Ofici Public de la Lenga Occitana*, das alle Aktivitäten zugunsten der Sprache koordinieren soll. Bislang haben sich ihm nur zwei der neuen Regionen angeschlossen (*Nouvelle Aquitaine* und *Occitanie*), immerhin lebt in ihnen die Mehrheit der (potentiellen) Sprecher. Weitere Beitritte erscheinen nicht ausgeschlossen. Beide Institutionen verfügen über Informationszentren, welche dem Publikum zu sprachlichen, aber auch anderen Fragen zur Verfügung stehen; daneben fördern sie die Forschung und vor allem Dokumentationsarbeiten. Grosclaude, der 2010-2015 als Regionalrat der *Aquitaine* für die Politik für die autochthonen Sprachen mit verantwortlich ist, hat 2017 sein sprachenpolitisches Konzept in einer vor allem autobiographischen Schrift niedergelegt. Zum ersten Male seit langer Zeit wird ein kohärentes sprachenpolitisches Programm vorgelegt, dessen Ziele naturgemäß bescheidener sind als fünfzig Jahre zuvor (Grosclaude 2017).

Zwar gibt es auf Seiten des *Félibrige* keine entsprechenden Organismen zum Ausbau der Referenzform (diese gilt ja als gegeben), er bemüht sich allerdings nachdrücklich um den Ausbau des Schulwesens. Daneben stehen dem Verband mehrere Bibliotheken und Dokumentationszentren nahe, es gibt auch ein Service-Zentrum für das Publikum. Insgesamt scheint es, dass der *Félibrige* sich stärker mit der Bewahrung der Sprache und Kultur befasst und ein traditionelleres Konzept von Sprache und Kultur vertritt. Allerdings beteiligt er sich immer an den großen Kundgebungen zur Förderung der Sprache. Überhaupt hat sich die Normalisierung der Beziehungen zwischen den beiden Zweigen der *Renaissença* fortgesetzt und stabilisiert, angesichts der Lage der Sprache wäre jede andere Haltung unverantwortlich.

12 Katalonien unter dem Franquismus und in der Demokratie

12.1 Die Zeit der Diktatur

Wie bereits gesagt (vgl. Kap. 8), führt das Ende des Spanischen Bürgerkrieges zu einer Situation der katalanischen Sprache und Kultur, die nicht einmal mit der Lage von 1714 zu vergleichen ist, weil inzwischen die *Renaixença* und die Autonomie in Ansätzen und mit großem Erfolg Infrastrukturen geschaffen hatten, nachdem die katalanische Zivilgesellschaft seit der zweiten Hälfte des 19. Jahrhunderts die Grundlagen dafür gelegt hatte.

Im Hinblick auf die Institutionen versucht die Diktatur, alles rückgängig zu machen, was bis dahin erreicht war. Der öffentliche Gebrauch der Sprache, der Flagge und der Hymne werden untersagt, Zuwiderhandlungen werden am Anfang hart bestraft. Die Katalanen sollen sich in jeder Hinsicht als besiegtes Volk fühlen. Zu groß ist die (angebliche) Furcht der Sieger vor möglichem Separatismus. Hinzu kommt, dass ein großer Teil der Führungsschichten und der Intelligenz fliehen muss, dieses Volk wird seiner Sprecher beraubt. Bis 1953 werden allein in Katalonien etwa 3800 Personen durch Kriegsgerichte zum Tode verurteilt und hingerichtet (Bernecker/Eßer/Kraus 2007, 135; man liest in anderen Quellen auch andere Zahlen, die Größenordnungen bleiben dieselben). Die Zahlen der ohne Urteil Getöteten lassen sich schwer schätzen. Zwar gibt es in der Bourgeoisie einige Anhänger der sich nun etablierenden Diktatur, diese werden aber nur akzeptiert, wenn sie die großspanischen Töne übernehmen, die das Regime vorschreibt (wenn das sicher auch für etliche kein Opfer ist). Sogar Francesc Cambó, der einstige Führer der *Lliga*, der den Aufstand der Generäle zu Beginn wohl finanziell unterstützt hat, muss ins Exil gehen. Das Regime misstraut grundsätzlich *allen* Katalanen, nur sehr wenige von ihnen kommen im Verlauf der fast vierzig Jahre Diktatur in Führungspositionen, umgekehrt drängt es nur vergleichsweise wenige Katalanen in den Staatsdienst (was natürlich zur Folge hat, dass der Beamtenapparat in Katalonien in hohem Maße von Zuwanderern besetzt ist).

Im Verwaltungsapparat machen sich die Anhänger der *Falange* breit. Sie erhalten viele Posten als Anerkennung für ihre Beteiligung am Krieg, auch wenn es oft an der Kompetenz für die neuen Positionen fehlt. So fällt Spanien – und mit ihm Katalonien –, dessen Verwaltung schon bis dahin nicht durch übermäßige Effizienz auffiel, im europäischen Vergleich weiter zurück. Arroganz und Inkompetenz geben sich die Hand. Das durch den Krieg zerstörte Land und seine Gesellschaft werden durch die Autarkiepolitik der ersten Jahre weiter ins Elend getrieben. Erst Mitte der fünfziger Jahre werden das Volkseinkommen und die Wirtschaftsleistung das Niveau der Zeit vor dem Bürgerkrieg erreichen (um dann allerdings aufgrund der geänderten Wirtschaftspolitik rasch anzusteigen).

Natürlich wird das Katalanische aus allen Bildungsinstanzen verbannt. Da es nach dem Ende des Bürgerkrieges noch einsprachige Kinder in größerer Zahl gibt, bedeutet das eine massive Verschlechterung der Bildungschancen, vor allem für die ärmeren Schichten, eine Konsequenz, die das Regime zumindest nicht stört.

Der Einbruch der kulturellen Produktion lässt sich am Beispiel der Zahl der auf Katalanisch veröffentlichten Buchtitel ermessen: für das Jahr 1940 werden in allen Katalanischen Ländern zusammen 18 Titel auf Katalanisch veröffentlicht, mit einer einzigen Ausnahme alle im Untergrund, zu denen noch 10 Titel im Ausland kommen (im Jahre 1936, dem letzten einigermaßen normalen Jahr, waren es 865 gewesen). Im Jahr 1946 sind es dann immerhin wieder 176 Titel, zu denen 51 im Ausland veröffentlichte kommen. Blickt man auf die Inhalte, so handelt es sich fast ausschließlich um religiöse Werke, auch bei den im Untergrund gedruckten (Manent/Crexell 1988, 1989). Als Anfang der fünfziger Jahre die ersten Werke auf Katalanisch eine Druckerlaubnis erhalten, wird diese zunächst nur für Werke gegeben, die *nicht* in der Referenzsprache von Pompeu Fabra abgefasst sind; außerdem werden nur teure bibliophile Ausgaben erlaubt. Übersetzungen ins Katalanische sowie dessen Verwendung für wissenschaftliche Publikationen bleiben weiter verboten. Teilweise gelingt es den katalanischen Verlagen mit unterschiedlichen, bisweilen skurrilen Argumenten, die Zensur zu übertölpeln und so auch anderes zu veröffentlichen, doch das Verlagswesen auf Katalanisch bleibt fast bis zum Ende der Diktatur ein Nischengeschäft, die Zensur überwacht die Publikationen auf Katalanisch mit besonderer Aufmerksamkeit, wenn auch nicht immer mit besonderer Kompetenz. Als 1966 durch ein neues Zensurgesetz des Informationsministers Manuel Fraga Iribarne (1922 – 2012) die Vorzensur abgeschafft wird, was viele Betroffene als eine zwiespältige Maßnahme ansehen, da die Nachzensur weiterhin besteht, werden ausdrücklich die Veröffentlichungen in den anderen Sprachen Spaniens ausgenommen. An diesem Beispiel lässt sich zeigen, dass die Peripherien bis zum Ende der Diktatur der Repression in besonderem Maße ausgesetzt sind. 1960 liegt die Zahl der veröffentlichten Titel bei 183, 1970 bei ca. 450, und erst 1977 wird die Zahl von 1000 Titeln überschritten, 2005 sind es über 8500 Titel (Llanas 2007, 175, 176, 179).

Erst 1959 kann wieder eine katalanische Zeitschrift veröffentlicht werden, nämlich *Serra d'Or*, auf lange Zeit das einzige ernsthafte Periodikum auf Katalanisch (einige Vorlaufsnummern erscheinen unter dem Titel *Germinàbit*). Sie wird von Mönchen des Klosters Montserrat herausgegeben, die auf diese Weise von dem Konkordat, das die Katholische Kirche sofort nach dem Ende des Bürgerkrieges mit Franco abgeschlossen hat, profitieren können. Obwohl es sich um eine anspruchsvolle Zeitschrift handelt, die alle gesellschaftlichen und kulturellen Themen aufgreift, wird sie rasch von 12 000 Menschen abonniert. Erst gegen Ende der *Transició* konzentriert sie sich weitgehend auf kulturelle Fragen.

Die Katalanen reagieren auf den Druck auf der einen Seite so weit wie möglich mit Verweigerung und Rückzug in die Zivilgesellschaft. Von neuem, wie schon im späten 19. Jahrhundert, übernehmen private Organisationen Gemeinschaftsaufgaben; man kann davon sprechen, dass sie *Gegeninstitutionen* aufbauen, soweit das möglich ist. Auf der anderen Seite kommt es auch zu massiven Unmutsbekundungen, wie zu dem Straßenbahnboykott von 1951 in Barcelona, der sich gegen eine Erhöhung der Preise richtet, die rückgängig gemacht werden muss. Im selben Jahr kommt es wenig später zu einem Generalstreik, der das Potential der Unzufriedenheit deutlich macht (Bernecker/Eßer/Kraus 2007, 136).

Außerdem organisieren sich nach der Niederlage, vor allem, als der Ausgang des Zweiten Weltkrieges absehbar wird, Widerstandsgruppen, die immer wieder versuchen, einen allgemeinen Aufstand gegen die Diktatur einzuleiten. Vor allem die große Zahl der in der französischen *Résistance* kämpfenden Spanier beunruhigt das Regime. Es zieht starke Truppeneinheiten an der Pyrenäengrenze zusammen. Ein Einfall von *Résistance*-Kämpfern in das Val d'Aran im Herbst 1944 wird abgewehrt, aber noch bis zum Anfang der fünfziger Jahre kommt es immer wieder zu bewaffneten Aktionen. Definitiv befriedigt wird die Grenze erst nach dem Ende der Vierten Republik, als sich die konservative Regierung de Gaulle um eine Verbesserung der Beziehungen zu Spanien bemüht.

Spätestens seit dem Fall von Stalingrad Anfang 1943 muss Franco sich eingestehen, dass seine Verbündeten, Hitler und Mussolini, den Krieg nicht gewinnen werden, sondern dass die Alliierten vor dem Sieg stehen. Zwar ist er seit Kriegsbeginn klug genug, offiziell neutral zu bleiben, aber er schickt, unter dem Zeichen des „Kampfes gegen den Bolschewismus" die *División Azul*, die 18 000, nach anderen Quellen bis zu 30 000 Mann umfasst haben soll, an der Seite der deutschen Truppen in den Kampf gegen die Sowjetunion (bis März 1944). Franco muss befürchten, dass die siegreichen Armeen im Zeichen des Kampfes gegen den Faschismus auch in Spanien einmarschieren könnten. Deshalb kommt es gegen Kriegsende zu einer ersten politischen Wende: am 17. Juli 1945 wird das *Fuero de los Españoles*, eine Art Grundgesetz, erlassen, dessen Rechtekatalog für den Einzelnen indes deutlich hinter dem zurückbleibt, was in Demokratien üblich ist; grundsätzliche Opposition gegen das Regime ist auch weiterhin nicht gestattet. Am 26. Juli 1947 wird ein Gesetz erlassen, das Spanien im Prinzip zur Monarchie erklärt, die Staatsführung jedoch auf Lebenszeit an Franco überträgt; er hat das Recht, einen Nachfolger zu benennen. Damit bewegt sich der Staat von den offen faschisierenden Tendenzen der Kriegsjahre zu einer stark autoritären katholisch-konservativen Ausrichtung, die im bald beginnenden Kalten Krieg für manche Kreise im Westen akzeptabel erscheint. Dennoch empfiehlt die UN-Vollversammlung von 1946 allen Mitgliedern, ihre diplomatischen Beziehungen zu Spanien abzubrechen; alle außer Argentinien und dem Vatikan folgen dieser Empfehlung, die erst 1950 im Zuge des nun voll entwickelten Kalten Krieges zurückgenommen wird.

Innenpolitisch ändert sich wenig; das erklärt die latente Opposition großer Teile der Bevölkerung, ganz besonders in Katalonien. Soziale und studentische Unruhen kehren sporadisch wieder. Die wirtschaftliche Lage ist, aufgrund der weiterhin herrschenden Autarkiepolitik, schlecht, die Versorgung nur auf niedrigem Niveau gewährleistet.

Erst das erneuerte Konkordat mit dem Vatikan (das u. a. die Zivilehe und die Scheidung wieder abschafft) und das Abkommen mit den USA (beide 1953) bedeuten erste Schritte zu einer Öffnung und internationaler Anerkennung. 1955 wird Spanien in die Vereinten Nationen aufgenommen. Wichtiger ist die Abkehr vom Autarkiekurs und der Beginn einer „liberalen" Wirtschaftspolitik in den späten fünfziger Jahren, der einen langsam ansteigenden Lebensstandard beschert. Diese Kursänderung wird vor allem von Ministern durchgeführt, die dem *Opus Dei*, einer 1928 gegründeten katholischen Laienvereinigung angehören, die aufgrund ihrer autoritären Strukturen letztlich gut in das System passt, aber einen gewissen Modernisierungsschub veranlasst. Vor allem der stark anwachsende Tourismus erweist sich als zwiespältig für das Regime: zwar bringt er Devisen in das Land, ebenso jedoch Meinungen und Verhaltensweisen, die mit den Vorstellungen des Regimes in Konflikt geraten. Diese Veränderungen haben für Katalonien positive Folgen, dort wird die Industrie wieder aufgebaut und modernisiert, der Tourismus öffnet die Tore für neue Gedanken. Die Arbeiterschaft beginnt, sich wieder vorsichtig in unabhängigen (geheimen) Gewerkschaften zu organisieren; die „offiziellen" des Regimes genießen nur geringe Achtung. Zu gleicher Zeit beginnt die Arbeitsmigration: Arbeiterinnen und Arbeiter aus Spanien werden in zahlreiche europäische Länder vermittelt, arbeiten dort – gedacht ist an vorübergehende Aufenthalte – und überweisen erhebliche Geldsummen nach Spanien. Zugleich werden sie jedoch mit den Arbeiterorganisationen in den jeweiligen Ländern bekannt, daraus entsteht weiterer Druck auf das Regime.

Die vorsichtige Öffnung betrifft bis zu einem gewissen Grade auch die Politik gegenüber den Peripherien. Nachdem das *Institut d'Estudis Catalans* nach der Eroberung Barcelonas 1939 seine Arbeit zunächst völlig einstellen muss und einen Teil seiner Dokumentation durch Vandalismus verliert (vgl. etwa Carbonell 2017, 335-347), wird ihm 1942 immerhin eine eingeschränkte wissenschaftliche Tätigkeit gestattet, die weitgehend unter Ausschluss der Öffentlichkeit stattfinden muss. Zwar gelingt es Ramon Aramon i Serra, dem langjährigen Generalsekretär, zahlreiche Sammlungen zu retten und einen Minimalbetrieb aufrechtzuerhalten, auch die internationalen Beziehungen wieder zu beleben, das *IEC* steht jedoch unter steter Beobachtung der politischen Polizei. So bleiben die Unterlagen für das große Wörterbuch bis 1974 unter Polizeiverschluss. Das *IEC* verfügt über keine eigenen Räume mehr, so dass die Sitzungen seines Büros in den Wohnungen der Mitglieder durchgeführt werden müssen. Erst die Gründung von *Òmnium Cultural* (*OC*) 1961, das kulturelle Arbeit mit Öffentlichkeitswirkung durchführen will und bis heute die wichtigste kulturelle Dachorganisation ist, erleichtert die Situation des *IEC* insofern, als es seit 1962 in dessen Räumen Unterkunft findet. Allerdings muss *OC* bereits 1963 seine legalen Aktivitäten

Abb. 36: Ramon Aramon i Serra

unterbrechen und wird erst 1967 definitiv zugelassen. Es organisiert unter anderem Sprachkurse, die 1971 bereits von 10 000 Lernenden besucht werden (Bernecker/Eßer /Kraus 2007, 139).

In diesen Zeitraum fällt die erste größere Auseinandersetzung des Regimes mit der Katholischen Kirche, als 1963, im Zusammenhang mit dem Zweiten Vatikanischen Konzil, der Abt des Klosters Montserrat, Aureli Maria Escarré (i Jané, 1908 – 1968), sich in einem Interview mit der Pariser Tageszeitung *Le Monde* kritisch über den Franquismus im Allgemeinen und seine antikatalanische Politik im Besonderen äußert. Es kommt zu längeren Auseinandersetzungen, die zeigen, dass vor allem die unteren Ränge der Katholischen Kirche die Politik des Regimes mit kritischen Augen sehen. Dieses zwingt Escarré 1965, entgegen dem Konkordat, ins Exil; er kann erst zurückkehren, um in der Heimat zu sterben. Infolge der Beschlüsse des Konzils erkennt die Kirche 1965 Katalanisch und Baskisch als Kirchensprachen an. Weiterhin fordern die spanischen Bischöfe mehr soziale Gerechtigkeit.

In den frühen sechziger Jahren beginnt die Zeit der katalanischen Liedermacher, die großen Einfluss auf die öffentliche Meinung gewinnen können. Die Bewegung beginnt auf Anregung von Josep Maria Espinàs (i Massip, *1927), einem Schriftsteller, der auch als Chansonsänger hervorgetreten ist. Es kommt zur Gründung der Gruppe der *Setze Jutges* [Sechzehn Richter], die sich nach einem katalanischen Zungenbrecher benennt. Bis zum Ende der Diktatur werden sie trotz ständiger Verfolgung große Erfolge erzielen und damit eine ungeheure Arbeit für die Wiederbelebung des Katalanischen und seine Akzeptanz vor allem durch die Jüngeren leisten. Zu den wichtigsten Vertretern gehören Raimon (Ramon Pelegero Sanchis, *1940) aus Xàtiva bei

Abb. 37: Raimon (Ramon Pelegero Sanchis), um 1965   **Abb. 38:** Lluís Llach i Grande

València und Maria del Mar Bonet (i Verdaguer, *1947) aus Mallorca. Der größte Erfolg ist indes Lluís Llach (i Grande, *1948) mit seinem Lied *L'Estaca* [der Pfahl] gelungen (vgl. etwa Stegmann 1979, 86-89); sein Erfolg geht weit über Katalonien hinaus. Da die Liedermacher aus allen Teilen des katalanischsprachigen Gebiets stammen, stärken sie auch das kollektive Bewusstsein für die Existenz der *Països Catalans*. Ihre Wirkung hält bis weit in die Zeit nach dem Ende der Diktatur an, sie dienen vielfach als Vorbild, zunächst für die okzitanischen Liedermacher (vgl. Kap. 11), aber auch etwa für polnische Künstler der achtziger Jahre.

Dass sich das Regime in seinem Kern wenig gewandelt hat, zeigt 1963 die Verhaftung von Julián Grimau (1911 – 1963). Grimau, Mitglied des Zentralkomitees der Kommunistischen Partei, ist seit kurzem einer der Leiter der Untergrundarbeit in Spanien (er ist dort vermutlich Nachfolger des Schriftstellers Jorge Semprún, 1923 – 2011). Er wird, wahrscheinlich durch Verrat, festgenommen und in einem fragwürdigen Verfahren zum Tode verurteilt; ihm werden Delikte vorgeworfen, die er in Barcelona in der Zeit des Bürgerkrieges begangen haben soll. Trotz einer internationalen Kampagne für seine Begnadigung, an der sich sogar die englische Königin beteiligt, wird er am 20. April 1963 erschossen.

Offensichtlich rechnet das Regime im Moment der (vorläufigen) Öffnung von 1962 nicht mit dem Umfang der Opposition, so dass es ab 1967 zu einer neuerlichen repressiven Phase kommt, die den Katalanismus in eine Krise führt, zugleich aber für neue Formen von Zusammenschlüssen sorgt. 1969 wird die *Comissió Coordinadora de Forces Polítiques de Catalunya* gegründet, 1970 wird in Montserrat von über 300 katalanischen Intellektuellen ein *Manifest de Montserrat* verkündet, das die Opposition zum bestehenden Staat erklärt und sich insbesondere gegen den Prozess von Burgos wendet, in dem 16 Mitglieder der baskischen Organisation *Euskadi ta Askatasuna* (*ETA*, = Baskenland und Freiheit) angeklagt sind, und 1971 kommt es zur Bildung der *Assemblea de Catalunya*, die in den folgenden Jahren immer wieder im Untergrund zusammentritt und eines der wichtigsten Foren der Opposition wird. Ein wichtiger Aspekt bei diesem Erstarken des Widerstandes besteht darin, dass sich nun auch größere Teile der Bourgeoisie engagieren, die sich bislang vorsichtig verhalten hatten. Diese neue Form des Katalanismus zeichnet sich durch ein starkes katholisches Engagement aus, es ist (teilweise) klassenübergreifend. Eine der Organisationen nennt sich *Cristians Catalans*, in ihr spielt Jordi Pujol i Soley (*1930), der spätere langjährige Präsident der *Generalitat*, eine wichtige Rolle Bernecker/Eßer/Kraus 2007, 144/145).

Das Regime bemüht sich, die Kontinuität zu sichern: am 23. Juli 1969 wird Prinz Juan Carlos von Borbón (*1938) zum Nachfolger Francos erklärt; auf diese Weise versucht der Diktator, Juan Carlos' Vater, den als liberal(er) geltenden Grafen von Barcelona, Juan de Borbón (1913 – 1993), von der Krone fernzuhalten. Der Prinz ist sozusagen unter Aufsicht des Diktators erzogen worden, er sollte eigentlich ein Garant der Kontinuität sein. Angesichts der zunehmenden körperlichen Hinfälligkeit des Diktators wird am 4. Juni 1973 Admiral Luis Carrero Blanco (1903 – 1973), der einzige, dem Franco noch wirklich zu vertrauen scheint und der sein Weltbild weitgehend teilt, zum Ministerpräsidenten ernannt. Er fällt bereits am 20. Dezember 1973 einem Bombenattentat der *ETA* zum Opfer. Sein Nachfolger wird Carlos Arias Navarro (1908 – 1989). Zunehmend machen sich innerhalb des Regimes Widersprüche breit, da seine verschiedenen Gruppierungen unterschiedliche Wege für die Zukunft sehen. Die wachsende Opposition erkennt zu gleicher Zeit, dass dieses Regime im Inneren morsch ist. Außerdem deutet das Ende der Diktaturen in Portugal und Griechenland im Jahr 1974 darauf hin, dass es auch in Spanien bald zu Änderungen kommen muss.

Für die Katalanen spielt die 1969 zum ersten Male in Prades/Prada de Conflent, also in Frankreich, abgehaltene Katalanische Sommeruniversität eine wichtige Rolle als Katalysator und Gegeninstitution. Sie gestattet das Treffen und den freien Austausch zwischen Katalanen aus dem gesamten Sprachgebiet, neue Initiativen und vor allem neue (immer noch mehr oder weniger heimliche) Organisationsformen. Sie wird zu einem Laboratorium des Katalanismus der Zeit nach der Diktatur und findet bis heute alljährlich statt.

In diesen Kontext gliedert sich der *Congrés de Cultura Catalana* ein, der von 1975-1977 aus einer Reihe von Tagungen besteht, ein „*Congrés de congressos*", wie der Schriftsteller Jaume Fuster (1945 – 1998) schreibt, der ihm eine Monographie gewidmet hat. Ins Leben gerufen zu Beginn des Jahres 1975 und organisiert vom Kollegium der Rechtsanwälte von Barcelona, ist er gedacht als ein Kongress zur Verteidigung der Katalanischen Kultur und geht von der Konzeption der *Països Catalans* aus. Insgesamt gliedert er sich in vierundzwanzig Bereiche, jeder von ihnen veröffentlicht zu Ende des Diskussionsprozesses seine Resolutionen, die für den Aufbau der zukünftigen katalanischen Gesellschaft nach der Diktatur eine wichtige Rolle spielen sollen. Zusammengefasst werden die Erkenntnisse in einem *Manifest de la Cultura Catalana*.

Es ist noch heute interessant zu lesen, was damals überlegt wurde und welche Konsequenzen die Resolutionen schließlich gezeitigt haben. Die Schlussveranstaltung findet am 27. November 1977 im Kongresspalast mit Tausenden von Teilnehmern statt; es ist zugleich der zweite öffentliche Auftritt des gerade aus dem Exil zurückgekehrten Präsidenten der *Generalitat* Josep Tarradellas (1899 – 1988). Die Rückkehr von Tarradellas bedeutet ein Moment der Kontinuität in dieser Zeit der raschen Veränderungen. Der *Congrés* wird zur richtigen Zeit einberufen, um bei der Überwindung der Diktatur eine gewichtige Rolle spielen zu können (Congrés de Cultura Catalana 1978; Fuster 1978).

12.2 Die *Transició*

Nach langem Siechtum Francos werden am 20. November 1975 endlich die Apparate abgestellt, am 22. November wird Juan Carlos I. zum König von Spanien ausgerufen. Er verspricht in seiner Thronrede ein größeres Mitspracherecht der Bevölkerung, lehnt einen sofortigen institutionellen Bruch, wie ihn zahlreiche Oppositionelle fordern, jedoch ab. Folgerichtig wird Arias Navarro zunächst erneut Ministerpräsident, muss jedoch bereits im Juli 1976 aufgrund seiner zögerlichen Politik seinen Platz räumen zugunsten von Adolfo Suárez González (1932 – 2014), der bislang Generalsekretär der Bewegung, also der franquistischen (Partei-) Organisation, war, mithin dem Zentrum der bisherigen Macht entspringt. Suárez erkennt rasch, dass ein (relativ) friedlicher Übergang nur um den Preis umfassender Reformen möglich ist. Damit macht er sich einen Teil der franquistischen Bewegung zum Gegner. Zugleich leidet Spanien noch immer unter den Folgen der Ölkrise von 1973: die Inflation steigt, die Arbeitslosigkeit nimmt zu, das Wirtschaftswachstum geht stark zurück. Suárez versucht, durch das Einschlagen eines hohen Tempos den Gegnern von Reformen den Wind aus den Segeln zu nehmen: am 4. August 1976 wird ein Gesetz zur politischen Amnestie erlassen, am 18. November verabschieden die (franquistischen, ständestaatlichen) *Cortes* ein Gesetz zu ihrer Selbstauflösung und am 15. Dezember 1976 wird der Reformkurs durch ein Plebiszit mit 95 % Zustimmung (bei 77 % Wahlbeteiligung) von der Bevölkerung akzeptiert. Zwar kommt es zu Attentaten der extremen Rechten und Linken, sie können jedoch keine entscheidende Wirkung ausüben (insgesamt muss man für die Zeit der *Transició* mit etwa 500 Todesopfern der Auseinandersetzungen rechnen, von denen mindestens die Hälfte den staatlichen Organen anzulasten ist): die Furcht vor einem neuerlichen Bürgerkrieg bewegt die Bevölkerung in ihrer großen Mehrheit zur Akzeptanz des eingeschlagenen mittleren Kurses. Zunächst werden Gewerkschaften zugelassen, dann auch Parteien, zuletzt am 9. April 1977 die Kommunistische Partei (*Partido Comunista Español, PCE*). Damit können die Wahlen vom 15. Juni 1977 praktisch frei stattfinden, wenn auch die bis dahin verbotenen Oppositionsparteien gegenüber den schon zuvor präsenten Anhängern der

Diktatur praktisch im Nachteil sind. Gewinner dieser Wahl wird die von Suárez neugegründete *Unión del Centro Democrático* (*UCD*) mit rund 35 % der Stimmen. Ihr folgt der wieder gegründete *PSOE* mit 29 %. Zu den Verlierern der Wahlen gehören der *PCE* mit 9,2 % und die *Alianza Popular*, die von dem „gemäßigten" Franquisten Fraga Iribarne gegründet und angeführt wird, mit 8,3 %. Die „harten" Franquisten der *Fuerza Nueva* müssen sich mit weniger als einem Prozent der Stimmen begnügen. Damit erteilen die Wähler dem Franquismus eine klare Absage. Umgekehrt kann man aus dem Ergebnis einen gewissen Realismus und Skeptizismus herauslesen: keine zu großen Schritte, damit es nicht zur Rückkehr einer Diktatur kommt (Schmidt/Herold-Schmidt ³2013, 484-485).

Eine der wichtigsten Aufgaben des neuen Parlaments ist die Ausarbeitung einer Verfassung. Sie wird schließlich am 31. Oktober 1978 in den *Cortes* (mit 325 Stimmen bei 350 Abgeordneten) angenommen, am 6. Dezember durch ein Plebiszit akzeptiert (87,8 % Ja-Stimmen, allerdings bei einer Beteiligung von nur 67 % der Stimmberechtigten) und tritt am 27. Dezember 1978 in Kraft. Diese Verfassung ist oft als großer Sieg der Demokratie gefeiert worden, die späteren Entwicklungen veranlassen zu einer skeptischeren Einschätzung. Sie ist ein Kompromiss zwischen sehr weit auseinander stehenden Positionen und Möglichkeiten. Während die demokratischen Kräfte nur über den Anhang der Mehrheit der Wähler verfügen, stehen den beharrenden Elementen zunächst noch der gesamte staatliche Apparat und vor allem die militärische Macht zur Verfügung. Diese soll unter halb ausgesprochenen Drohungen einzelne Artikel in die Verfassung hineinreklamiert haben, besonders den Art. 2 über die unauflösliche Einheit der spanischen Nation und den Art. 8, der die bewaffneten Kräfte mit der Sicherung der territorialen Einheit und Souveränität betraut. Art. 145 verbietet die Föderation von autonomen Regionen und Art. 155 gibt der Zentralregierung unter bestimmten Bedingungen das Recht zum Eingriff in Regionen, die – wie die jüngste Vergangenheit zeigt – bis zur Entmachtung einer Regionalregierung führen können. Letzten Endes ist die Grundlage dieser Verfassung ein dezentralisierter Einheitsstaat, der zwar von der Existenz von autonomen Regionen ausgeht, diese jedoch nur unter der Kontrolle der Zentralmacht sich entfalten lässt. Die Verfassung geht von der Existenz einer einzigen spanischen Nation aus und nimmt das Selbstverständnis vor allem der Katalanen und Basken, selbst jeweils eine Nation zu sein, nicht zur Kenntnis. Man wird mehrere ihrer Grundannahmen als zumindest unsicher und nicht unumstritten bezeichnen dürfen. Immerhin wird im Art. 96.1 festgelegt, dass die internationalen Abkommen, denen Spanien beigetreten ist, Teil des innerspanischen Rechts sind (dazu gehört etwa die Erklärung der Menschenrechte).

Angesichts dieser Situation verzichten die katalanischen Verhandler von vornherein auf die Option der Unabhängigkeit (sie war im Vorfeld bei oppositionellen Kreisen durchaus in der Diskussion, hat aber am Ende der Diktatur nur eine geringe Anhängerschaft in der Bevölkerung, Umfragen sprechen von ca. 2 %).

Die Verfassung sieht zwei Wege zur Bildung von autonomen Regionen vor. Der eine ist die unmittelbare Anerkennung und Wiederaufnahme der Situation der Zweiten Republik, von ihm sind Katalonien, das Baskenland und Galicien betroffen, der andere bietet – nach einem Zeitraum von einigen Jahren – auch anderen Regionen die Möglichkeit zur Autonomie (grundsätzlich mit minderen Rechten). Was die Verfassungsväter wohl nicht erwarten, ist die rasche Aufteilung des gesamten Staatsgebiets in Regionen, der so genannte *Estado de las Autonomías*. Die Ausweitung der Autonomien geht auf die doppelte Initiative von Regionalpolitikern, die auf diese Weise ihren Spielraum vergrößern und Finanzen lukrieren wollen, und der Zentralregierung zurück, die damit das Autonomierecht insgesamt nivellieren will. Die so entstandene Vielfalt kann nicht verdecken, wie beschränkt letztlich die Kompetenzen sind.

Es wäre sicher sinnvoll gewesen, diese Verfassung nach etwa zwanzig Jahren einer gründlichen Revision zu unterziehen, Elemente aus der Diktatur zu entfernen und den Verfassungstext an die politische Wirklichkeit anzugleichen. Dass das nicht geschehen ist, ist eine der größten Belastungen der Gegenwart. Andererseits muss man den politischen Realismus der Verfassungsväter mit berücksichtigen: sie wissen, dass das Zustandekommen der neuen Staatsform nicht zuletzt vom Stillhalten der Streitkräfte abhängt. Umgekehrt will niemand einen neuen Bürgerkrieg, die Erinnerung an ihn ist 1977/78 noch zu lebhaft und schmerzlich. Schließlich durchzieht in jenen Jahren ein großer Optimismus das Land: es hofft, rasch den Anschluss an die politischen Entwicklungen in Westeuropa zu finden und es hofft auf einen respektvollen Umgang der gesellschaftlichen Gruppen miteinander.

Bereits vor Inkrafttreten der Verfassung wird am 29. September 1977 eine vorläufige katalanische *Generalitat* gebildet, am 18. Oktober wird Josep Tarradellas, der letzte Präsident im Exil, zum vorläufigen Präsidenten ernannt. Diese Maßnahme vollzieht sich weitgehend im rechtsfreien Raum, sie soll wohl die Katalanen vom guten Willen der neuen Regierung überzeugen. Tarradellas kehrt wenig später aus dem Exil zurück und hält am 23. Oktober 1977 eine historisch gewordene Rede, die mit den Worten beginnt: „*Ciutadans de Catalunya! Ja sóc aquí!*" Die katalanischen Abgeordneten und Senatoren der *Cortes* redigieren im Jahre 1978 das neue Statut (*Statut von Sau*), das am 25. Oktober 1978 in einem Plebiszit der Bevölkerung Kataloniens angenommen wird. Danach passiert es die beiden Kammern des spanischen Parlaments (mit gewissen Veränderungen), um am 18. Dezember vom König unterzeichnet und am 22. im Gesetzblatt veröffentlicht zu werden. Es handelt sich um ein „schlankes" Statut mit 57 Artikeln, 7 Zusatzbestimmungen und 8 Übergangsartikeln. Dieses Statut verkörpert den Geist der Zeit: große Zuversicht und Hoffnung, dass die Organisation des Zusammenlebens der Teile des Staates dieses Mal gelingen möge.

Das Statut bleibt in manchen Punkten hinter dem 1932 in Kraft getretenen Statut von Núria zurück, vor allem im Sicherheits- und Justizbereich, kann aber den kulturpolitisch wichtigen Aspekt der Kooffizialität des Katalanischen ausbauen. Vor allem im Hinblick auf die Finanztransfers ist es für Katalonien ungünstig; die Region gibt

Abb. 39: Jordi Pujol i Soley, um 1980

viel mehr Mittel an die Zentralregierung als sie zurückbekommt. Das geht so weit, dass Katalonien heute eine der am höchsten verschuldeten Regionen des Spanischen Staates ist. Darunter leidet die Infrastruktur, die in dem dicht besiedelten Land den Ansprüchen kaum genügen kann. Versuche der aufeinander folgenden katalanischen Regierungen, Verbesserungen zu erreichen (etwa nach dem Vorbild des baskischen Modells), sind immer wieder gescheitert (angeblich wird den katalanischen Politikern gesagt, sie hätten eben besser verhandeln müssen) und heute eine der Ursachen für die schweren Spannungen zwischen Barcelona und Madrid.

Am 20. März 1980 finden die ersten Wahlen zum Katalanischen Parlament nach dem neuen Statut statt. Die bürgerliche Parteienkoalition aus *Convergència Democràtica de Catalunya und Unió Democràtica de Catalunya* (*Convergència i Unió, CiU*) unter der Leitung von Jordi Pujol gewinnt eine relative Mehrheit; er bleibt bis zu seinem Abtreten 2003 mit wechselnden Mehrheiten Präsident der *Generalitat*. Er wird das Bild des neuen Kataloniens für lange Zeit prägen. Gleichzeitig wird deutlich, dass die Parteiensysteme in Spanien und in Katalonien verschieden sind. In Katalonien spielen vor allem katalanische Parteien eine Rolle (ein Schlagwort der achtziger Jahre heißt: *Catalunya no és una sucursal!*). Die großen gesamtstaatlichen Parteien geben sich zumindest besondere Bezeichnungen, so heißt der *PSOE* in Katalonien *Partit dels Socialistes de Catalunya* (*PSC*), die Kommunistische Partei nennt sich, wie schon in der Zwischenkriegszeit, *Partit Socialista Unificat de Catalunya* (*PSUC*). Eine zunächst nur geringe Rolle spielt die *Esquerra Republicana de Catalunya*, sie war einst die Partei von Macià und Companys, und wird erst im Laufe der Zuspitzung der Konflikte mit Madrid wieder erstarken. Natürlich hat die lange Dauer der Regierung von Pujol und seiner Partei nicht nur positive Folgen: auch hier spielen politische Nahverhältnisse bisweilen eine wichtigere Rolle als fachliche Kompetenz bei der Besetzung von Posten, auch hier kommt es zu Korruptionsfällen. Insgesamt jedoch gelingt es Pujol, das Land weiter zu entwickeln und es international zu positionieren.

Inzwischen finden in Spanien am 1. März 1979 neuerlich Parlamentswahlen statt, die Suárez in seinem Amt bestätigen. Die großen Transformationsarbeiten sind jedoch geleistet, die Regierungstätigkeit stagniert, zudem nimmt die Auseinandersetzung im Baskenland an Gewalt zu. Vor allem rechte Kräfte machen für diese Konflikte die (begrenzte) Regionalisierung des Landes verantwortlich. Auch Teile der Armee sind mit der Entwicklung nicht zufrieden, es kommt zu mehreren rechtzeitig aufgedeckten Putschversuchen. Schließlich erklärt Suárez seinen Rücktritt und soll von Leopoldo Calvo Sotelo (1926 – 2008) abgelöst werden. Am 23. Februar 1981 soll es zum zweiten Wahlgang im Parlament kommen, nachdem der Kandidat im ersten nicht die notwendige Stimmenzahl erhalten hat. In diese Sitzung platzt ein Oberstleutnant der *Guardia Civil*, Antonio Tejero Molina (*1932), mit bewaffneten Kräften, um die Wahl zu verhindern und einen Machtwechsel zu organisieren. Allerdings scheint das Unternehmen nicht gut koordiniert gewesen zu sein – nachdem der König mehrere Stunden isoliert ist, danach mit zahlreichen hohen Militärs Kontakt aufnimmt, hält er schließlich am 24. Februar gegen ein Uhr früh eine Ansprache im Fernsehen, in der er den Versuch verurteilt und die Putschisten zum Aufgeben auffordert, was diese nach einigen weiteren Stunden auch tun. Vieles an diesen Ereignissen ist bis heute ungeklärt, offensichtlich haben mögliche Teilnehmer am Putsch sich im letzten Moment zurückgezogen, auch die Rolle des Königs bleibt trotz seiner Rede, die entscheidende Bedeutung für die weiteren Ereignisse bekommt, unklar. Vor allem sein Verhalten in der Zeit *vor* dem Putsch ist widersprüchlich. Auf jeden Fall hat sich dieser Putschversuch vielen Spaniern und besonders Katalanen tief ins Gedächtnis geschrieben und teilweise traumatisiert: er macht offenkundig, dass die Diktatur wiederkehren kann.

Der Putsch hat letzten Endes zwei bedeutsame Folgen: bei den Wahlen zu den *Cortes* am 28. Oktober 1982 siegt der *PSOE*, sein Vorsitzender Felipe González Márquez (*1942) wird bis 1996 spanischer Ministerpräsident. Damit wird zum ersten Male ein demokratischer Machtwechsel vollzogen, der die zunehmende Belastungsfähigkeit der Demokratie zeigt. Die andere Konsequenz ist der Wunsch nach Begrenzung und Koordinierung der Autonomien im Zentrum. Die beiden führenden Parteien, *UCD* und *PSOE*, vereinbaren die Verabschiedung einer *Ley Orgánica para la Armonización del Proceso Autonómico (LOAPA)*, welche die Stärkung der Zentralgewalt auf Kosten der Autonomen Gemeinschaften anstrebt. Dieses Gesetz wird ohne Konzertierung mit den katalanischen und baskischen Nationalisten im Parlament verabschiedet; es bedeutet damit erstmalig einen Bruch mit der bisherigen Praxis, einen möglichst weitgehenden Konsens zwischen den wichtigen politischen Kräften zu erzielen. Damit wird das bisher vorherrschende Konsensdenken durch zunehmende Konfrontation abgelöst, eines der Prinzipien der Überwindung des Franquismus aufgegeben. Die katalanische und die baskische Regierung empfinden das Gesetz als Affront und reichen dagegen eine Verfassungsklage ein, der der spanische Verfassungsgerichtshof in großen Teilen entspricht. Mit diesem Gesetz beginnt eine Entwicklung, in der Zentrale und Peripherien sich zunehmend als Gegner sehen und die bis heute noch nicht überwunden ist.

12.3 Katalonien bis zum Urteil des Obersten Gerichtshofes von 2010

Die Zeit zwischen 1980 und heute lässt sich im Hinblick auf Katalonien relativ leicht in zwei Perioden teilen, eine erste der sich entfaltenden Autonomie, des Aufbruchs und der Hoffnung, bis in die späten neunziger Jahre, und eine zweite der Defensive und des zunehmenden Misstrauens, die sich recht unmittelbar anschließt.

In den Jahren nach der Wiedererrichtung der Autonomie geht es zunächst darum, deren Möglichkeiten mit Leben zu füllen und eine institutionelle Konsolidierung zu erreichen, sozusagen, das Verlorene zurückzuholen. Das betrifft zunächst alle Felder des Autonomiestatuts; darüber hinaus geht die Regierung Pujol davon aus, dass alle nicht durch die Verfassung der ausschließlichen Kompetenz des Staates zugeordneten Bereiche ihr ebenfalls offenstehen (das wäre das, was man im deutschen Verfassungsrecht als konkurrierende Gesetzgebungskompetenz bezeichnet). Daraus ergeben sich erste Konflikte, die ab dem Augenblick zunehmen, als die Zentralregierungen in Madrid die Kompetenzen der Regionen auf niedrigerem Niveau zu vereinheitlichen suchen.

Zunächst gilt es, das Katalanische wieder in seiner während der Zweiten Republik geltenden Rolle einer Amts- und Verkehrssprache durchzusetzen. Die Jahrzehnte der Diktatur haben ihre Spuren hinterlassen: die Hintansetzung des Katalanischen in vielen vor allem der weniger gebildeten Kreise der Bevölkerung lässt sich nicht durch einen Erlass aufheben; es müssen neue Regeln für die Sprachverwendung eingeübt werden. Die meisten Sprecher sind als weitgehende Analphabeten in der eigenen Sprache zu betrachten; Alphabetisierungskurse können das Problem nur teilweise lösen. Die Inexistenz katalanischer Medien über Jahrzehnte hat Lücken hinterlassen.

Erst 1976 wird mit der Tageszeitung *Avui* diese Karenz im Ansatz überwunden; später kommen Rundfunk und Fernsehen dazu. Die mangelnde berufliche Erfahrung der Radio- und Fernsehsprecher ist in den ersten Jahren noch deutlich hörbar. Kommt man in den frühen achtziger Jahren in ein katalanisches Regierungsgebäude, dann spricht einen das (meist sehr freundliche) Empfangspersonal gewöhnlich auf Kastilisch an, weil ihm die entsprechende Erfahrung auf Katalanisch fehlt. Erst allmählich ändert sich das Bild. Es wäre leicht, mit ähnlichen Szenen aus anderen Bereichen des Alltagslebens aufzuwarten.

Abb. 40: Antoni Maria Badia i Margarit

Ein gewichtiger Schritt zur Beseitigung dieser Situation ist der Aufbau eines funktionierenden Unterrichtswesens. Es beruht auf dem Prinzip der Zweisprachigkeit – alle Schüler sollen am Ende ihrer Schulzeit beide Sprachen, Katalanisch und Kastilisch, gleichermaßen beherrschen. Die Einschulung erfolgt in der Sprache, die ein Kind mehrheitlich verwendet, die zweite wird nach und nach erlernt. Allerdings besteht aufgrund der Politik der Diktatur zunächst ein erheblicher Nachholbedarf für das Katalanische. Außerdem geht die katalanische Schulpolitik – sicher mit Recht – davon aus, dass aufgrund der Präsenz des Kastilischen in den Medien und der Öffentlichkeit eine gewisse Asymmetrie herrscht, die durch eine entsprechende Förderung des Katalanischen auszugleichen sei. Die Ausbildung der Lehrer beginnt fast sofort – immerhin hat die Schaffung eines Lehrstuhls für Katalanische Sprache und Kultur an der Universität Barcelona in den frühen sechziger Jahren es gestattet, eine gewisse Vorarbeit zu leisten. Allerdings dauert es natürlich Jahre, bis alle Schüler gut ausgebildete Lehrer bekommen. Umgekehrt ist es bewundernswert, mit welcher Geschwindigkeit die notwendigen Infrastrukturen aufgebaut werden.

In diesen Kontext gehört die 1983 verabschiedete *Llei de Normalització Lingüística*, die, wie der Name sagt, den Rahmen für die öffentliche Verwendung des Katalanischen abstecken soll. Dieses Gesetz beruht zu einem erheblichen Teil auf den Arbeiten, die seit den späten sechziger Jahren, immer am Rande der damaligen Legalität, im Rahmen der katalanischen Soziolinguistik geleistet worden sind. Ähnliches gilt für den *Segon Congrés Internacional de la Llengua Catalana* 1986, der, nach dem Vorbild des Kongresses von 1906, die Zukunft der Sprache planen soll. Antoni Maria Badia i Margarit (1920 – 2014) ist sein Präsident. Spätere Früchte dieser Planungen sind der 1995 in erster und 2007 in zweiter Auflage vom *Institut d'Estudis Catalans* herausgegebene *Diccionari de la llengua catalana*, der das Wörterbuch von Pompeu Fabra von 1932 ergänzen und ablösen soll, die 2016 von derselben Institution veröffentlichte *Gramàtica de la llengua catalana*, welche die Fabras Grammatik von 1918 ersetzen soll, und schließlich 2017 eine *Ortografia catalana* (für die es nicht wenige Vorarbeiten gab). Alle drei Werke erheben einen normativen Anspruch. Im Rahmen des Kongresses entsteht auch ein kollektives *Llibre blanc sobre la unitat de la llengua catalana* (1989), in dem internationale Forscher die fachlichen Argumente für die Einheit der Sprache (in ihrer – begrenzten – Vielfalt) vorlegen, wie um den Auseinandersetzungen der Folgejahre die Spitze abzubrechen: ohne Erfolg! Auch sonst erheben sich in dieser Zeit erste warnende Stimmen wie die des Sprachhistorikers Modest Prats (1936 – 2014), die über die Situation des Katalanischen beunruhigt sind (vgl. Prats 1989).

Bereits kurz nach der Schaffung des Lehrstuhls für Katalanistik Anfang der sechziger Jahre beginnt Antoni Maria Badia i Margarit ein großes Projekt zur Erforschung der Sprachpraxis in Barcelona, dessen erste Ergebnisse 1969 veröffentlicht werden (vgl. Badia i Margarit 1969); die Arbeit erlaubt einen ersten Überblick über die tatsächliche sprachliche Situation nach dreißig Jahren Franquismus. Wichtigstes Ergebnis der Befragung ist, dass 78,9 % der Befragten das Katalanische als Umgangssprache angeben, bei den persönlich geführten Interviews sind es 63,2 %; Badia sieht diese zweite Angabe näher an der Realität. Aus diesen Forschungen und aus den Erkenntnissen von jungen Forschern, vor allem aus València, in den USA, bildet sich nach und nach informell ein *Grup Català de Sociolingüística*, der weltweit zu einem der wichtigsten Repräsentanten der peripheren Soziolinguistik wird. Diese Soziolinguistik speist sich letztlich aus zwei Quellen: einer romanistischen, die vor allem von Badia vertreten wird, und einer vor allem soziologischen, an deren Anfang Lluís V. Aracil (i Boned, *1941) und Rafael Ll. Ninyoles (*1943) stehen. Im Unterschied zu anderen Strömungen der Soziolinguistik, in denen die linguistische Komponente meist die soziologische in den Hintergrund treten lässt, spielt hier die Soziologie eine gleichberechtigte Rolle, was den Ergebnissen der Forschung vielfach zugute kommt. Auf Aracil und Ninyoles geht das Konzept des *Sprachkonflikts* in der katalanischen Gesellschaft zurück (es ist zwar schon früher formuliert worden, wird hier aber zum ersten Male auf theoretische Grundlagen gestellt). Eine wichtige Rolle spielt auch der

Dichter und Verlagsleiter Francesc Vallverdú i Canes (1935 – 2014), der sich in mehreren Publikationen mit der Rollenverteilung der beiden Sprachen in der Gesellschaft befasst und später großen Einfluss auf die Ausbildung von Orthophonieregeln in den Medien bekommt (vgl. etwa Vallverdú 1973, ²1979). Eine erste internationale Anerkennung erhält die Gruppe 1974 auf dem 8. Weltkongress für Soziologie in Toronto, wo sie sich als Ganze vorstellt (bezeichnenderweise nimmt sie damals einen okzitanischen Forscher in ihre Reihen auf, nämlich Robert Lafont, den Vater der okzitanischen Soziolinguistik). Die gesellschaftliche Bedeutung der Soziolinguistik ist seither eine der Konstanten der katalanischen Wissenschaftspolitik, sie liefert auch immer

Abb. 41: Francesc Vallverdú i Canes

wieder erneuerte Resultate. Inzwischen sind längst eine zweite und dritte Generation an die Stelle der Pioniere getreten (vgl. für die Anfänge Kremnitz 1979, 11-43).

Die Schaffung eines gesetzlichen Rahmens ist aus mehreren Gründen wichtig: es bedarf einer konsequenten Politik, die sich nicht durch auseinander strebende Initiativen selbst lähmt, es bedarf aber auch eines klaren Rahmens, da sich seit Beginn der achtziger Jahre immer wieder Initiativen von einzelnen Bürgern oder Gruppen gegen die sprachliche Normalisierung des Katalanischen wenden. Laut ihren Erklärungen fühlen sie sich diskriminiert; vielfach fordern sie die Aufhebung der zweisprachigen Ausbildung. Man muss diese Haltung nicht unbedingt als Franquismus ansehen (wenn auch vielfach die hinter den Initiativen stehenden Personen oder Organisationen eine solche Interpretation nahelegen), Reste eines kolonialpolitischen Verhaltens sind schwer zu leugnen (hier lässt das u. a. von Lafont vorgeschlagene Konzept des „inneren Kolonialismus" ins Spiel bringen). Auf alle Fälle laufen diese Initiativen dem Ziel eines friedlichen Miteinander der Gruppen zuwider.

Gegen diese Haltung erhebt sich eine Vielzahl von Bürgerbewegungen, die zur Unterstützung der Katalanisierung antreten. In diesem Umfeld wird zunächst das Schlagwort *"Som una nació"* wieder aufgenommen. Die mangelnde Bereitschaft mancher Kastilischstämmiger, sprachliche Differenz und Vielfalt anzuerkennen, führt zu entgegengesetzten Reaktionen und zu einer gewissen Spaltung der katalanischen Gesellschaft, die zwar zu Beginn nur selten dramatische Formen annimmt, dann aber an Bedeutung gewinnt, als die spanische Politik zunehmend versucht, sie zu instrumentalisieren. Wiederum umgekehrt bestärken diese Auseinandersetzungen die katalanischen Politiker, allen voran den Präsidenten Pujol selbst, eine Politik des *fer país* [wörtlich: das Land machen, d. h. Katalonien Gewicht zu verleihen] zu praktizieren. Zunächst sind die Umstände günstig, denn die Entwicklung der EU in den neunziger Jahren gibt den Regionen eine immer größere Bedeutung; es scheint, als würden die (National-) Staaten langsam an Bedeutung verlieren. Pujol wird 1992 zum Präsidenten der *Versammlung der Regionen Europas* gewählt und versucht, zunächst mit Erfolg, deren Bedeutung zu steigern. Nach der (teilweise voreiligen) Zulassung zahlreicher neuer Mitglieder zur EU um die Jahrtausendwende, die zunächst ihren eigenen Nationalismus auskosten wollen und die europäische Solidarität nur von der Empfängerseite her akzeptieren, kommt es zu einem (vorläufigen?) Wiedererwachen des Staatsnationalismus auch in manchen der „alten" Mitgliedsstaaten, der sich auf Kosten der erhofften Bürgernähe abspielt. Das geringe Ansehen, das die EU derzeit in der Bevölkerung genießt (auch wenn der Höhepunkt der Skepsis überwunden scheint), lässt sich, neben dem zunehmenden Auseinanderklaffen der Einkommensschere, mit auf diese Entwicklungen zurückführen. Eine grundlegende Reform in Richtung auf mehr soziale Gerechtigkeit und Bürgernähe wäre dringend, scheint aber angesichts der mühsamen Entscheidungsfindung nicht in Sicht.

Diese Tendenz zur *Renationalisierung* macht sich seit den mittleren neunziger Jahren auch in der spanischen Politik bemerkbar. Ein Element dafür ist die Reorganisation der *Alianza Popular*, die im Januar 1989 in *Partido Popular* (*PP*) umbenannt wird; die Parteiführung übernimmt als Nachfolger von Fraga Iribarne José María Aznar López (*1953). Obwohl mit der Umbenennung eigentlich der franquistische Makel, der der Partei anhaftet, getilgt werden soll, zeigt die Person des neuen Parteiführers, der aus einer Familie stammt, die mit dem Franquismus eng verbunden war, dass diese Verbindungen (bis heute) nicht verschwunden sind. Der neue Ton der spanischen Politik macht sich beim Wahlkampf 1996 in rüden persönlichen Angriffen gegen Pujol bemerkbar, die allerdings sofort verstummen, als Aznar zwar eine relative Mehrheit gewinnt, die *CiU* in den *Cortes* jedoch als Mehrheitsbeschaffer braucht (das erklärt sich daraus, dass die wirtschaftspolitischen Positionen zwischen beiden

Gruppierungen vereinbar sind; wahrscheinlich hat Pujol mit dieser Unterstützung einen Fehler begangen, denn autonomierechtlich liegen Welten zwischen den beiden Parteien. Allerdings geht Pujol 1999 auch in Katalonien einen Pakt mit dem *PP* ein). Es wird indes deutlich, dass eine Periode zu Ende gegangen ist: die Gemeinsamkeiten der Verfolgung in der und der Überwindung der Diktatur gelten für die neue Generation nicht mehr. Sobald Aznar 2000 eine absolute Mehrheit erringt, wird die Konfrontation mit der katalanischen Regierung erneuert und intensiviert. Seither sind nationalistische Positionen, die in der Zeit der Franco-Diktatur einer der Grundpfeiler der Macht waren, in einem gewissen Grade wieder hoffähig geworden. Zwar wehrt sich der *PP* immer gegen solche Vergleiche, die politische Praxis lässt allerdings erkennen, dass eine Überwindung des Franquismus allenfalls in Ansätzen gelungen ist.

Zwei weitere Entwicklungen schwächen die Position des Katalanismus und des Katalanischen: einmal wird Spanien seit etwa 1990 vom traditionellen Auswanderungsland zu einem Einwanderungsland. Die Einwanderer kommen vor allem aus zwei Richtungen, nämlich aus Südamerika und aus Nordafrika und Afrika insgesamt. Ihr sprachliches Verhalten ist unterschiedlich: während die oft vielsprachigen Afrikaner meist keine Probleme mit der Anerkennung der sprachlichen Situation Kataloniens haben und viele von ihnen rasch auch das für den Alltag notwendige Katalanisch erwerben (es gibt bereits eine Reihe von auf Katalanisch schreibenden Schriftstellern aus ihren Reihen), verwenden viele Lateinamerikaner nur das Kastilische und lehnen teilweise das Katalanische offen ab. Damit wird die lange Zeit geltende klare Rolle des Katalanischen als gesellschaftliche Zielsprache relativiert. Zum anderen lässt sich seit den achtziger Jahren ein internationales Ansteigen des Prestiges des Spanischen erkennen, das im Umkehrschluss das Ansehen des Katalanischen, auch im eigenen Sprachgebiet, relativiert (vgl. Kremnitz 2012).

Besondere Erwähnung verdient die Behandlung des *Val d'Aran*, in dem eine okzitanische (gaskognische) Varietät gesprochen wird. Bereits im Statut von 1979 steht im Art.3., Abs. 4., dass das Aranesische besonderen Respekt und Schutz verdient und als Unterrichtssprache verwendet werden soll; eine Erklärung, dass es sich um eine Varietät des Okzitanischen handelt, erfolgt dort nicht. Eine erste Präzisierung erfolgt 1983 in der *Llei de Normalització Lingüística*, Art. 28. (vgl. zu den Details Viaut 1987), die vor allem den offiziellen Gebrauch und den Schulunterricht regelt. Das Statut von 2006 geht weiter. Es stellt den Zusammenhang zum Okzitanischen dar und besagt im Art. 6., Abs. 4:

> La llengua occitana, denominada aranès a l'Aran, és la llengua pròpia d'aquest territori i és oficial a Catalunya, d'acord amb el que establexen aquest Estatut i les lleis de normalització lingüística.

Aus dieser Bestimmung folgt die Verabschiedung eines Gesetzes vom 22. September 2010, welches das Aranesische zur kooffiziellen Sprache *in ganz Katalonien* erklärt. Ob diese Bestimmung angesichts der Sprecherzahl (höchstens etwa 6000) und der

Kompetenz der übrigen Katalanen auf Aranesisch/Okzitanisch wirklich hilfreich ist, dürfte eine offene Frage bleiben; wahrscheinlich wäre eine Begrenzung der Kooffizialität auf die Provinz Lleida realistischer gewesen. In den achtziger Jahren wird (unter anderem durch Pierre Bec und Xavier Lamuela, *1950) eine Referenzform für das Aranesische geschaffen, die sich von der "klassischen" Referenzform ableitet, aber etliche Sonderbestimmungen enthält (die beste Darstellung des aranesischen Okzitanisch ist Carrera 2009). Die bevorzugte Behandlung des Okzitanischen darf man wohl als Hinweis darauf auffassen, wie Katalonien (im Gegensatz zu Madrid) mit Mehrsprachigkeit umgeht. Teile des Gesetzes werden im März 2018 vom Obersten Gerichtshof für verfassungswidrig erklärt.

Zu dieser zweiten, defensiven Phase des Autonomismus kann man die zu Beginn des Jahres 1998 in Kraft tretende *Llei de Política Lingüística* zählen, die zum einen neuen kommunikativen und medialen Entwicklungen Rechnung tragen soll, zum anderen aber auch alle Maßnahmen festzuschreiben versucht, die bislang *de facto* er-

Abb. 42: Joan Solà i Cortassa

reicht worden sind. Zu dieser Zeit wird die Situation des Katalanischen aus den erwähnten Gründen mit größerer Skepsis gesehen als noch wenige Jahre zuvor. War zuvor die Verstehensquote kontinuierlich gestiegen, von 80,5 % im Jahre 1981, auf 90,6 % im Jahre 1986 und 95,0 % im Jahre 1996, und kann sie sich auch ungefähr auf diesem Niveau halten, so sinken allmählich die Gebrauchswerte (Kremnitz 2016, 366). Nach Miquel Àngel Pradilla (*1960) geben um 2010 nur noch 39,5 % der Befragten das Katalanische als üblicherweise verwendete Sprache an (Pradilla 2015, 124), nachdem nach dem Ende der Diktatur der Gebrauch zunächst massiv angestiegen war. Über die Kompetenz und die Verwendung des Katalanischen liegen viele Untersuchungen vor, die ein relativ genaues Bild der Veränderungen gestatten; zwar folgen nicht alle genau denselben Kriterien, eine „Übersetzbarkeit" ist jedoch im Allgemeinen gegeben. Viele der älteren gehen auf die Initiative von Modest Reixach i Pla (1931 – 2011) zurück, neuere, die auch methodisch innovieren, werden in mehreren Werken von Ernest Querol i Puig (*1959) vorgeschlagen. Querol veröffentlicht vor allem eine vergleichende Untersuchung aller katalanischen Länder von hohem Wert (2007). Die relativ kleine Zahl der einsprachigen Katalanischsprecher, die gegen 1975 noch erhoben wird, ist in der Zwischenzeit verschwunden. Insgesamt verläuft die Entwicklung spätestens seit der Jahrtausendwende zuungunsten des Katalanischen.

Am 1. Juli 2009, nicht lange vor seinem frühen Tod, spricht der Sprachwissenschaftler Joan Solà (i Cortassa, 1940 – 2010) vor dem katalanischen Parlament. Er sagt dabei eingangs: *"La llengua catalana no està bé de salut: ni de salut política ni de salut social ni de salut filològica."* (Solà 2009). Diese Entwicklungen muss man beim Lesen des Folgenden mitbedenken.

In dieser Zeit taucht bei vielen katalanischen Politikern der Wunsch nach einem neuen Autonomiestatut auf. Allerdings scheint ein solches Vorhaben während der Konfrontation Aznar – Pujol kaum aussichtsreich. 2003 kommt es zur Ablösung Pujols durch eine linke Dreiparteienregierung von Sozialisten, Grün-Roten und der erstarkten *Esquerra* unter der Präsidentschaft von Pasqual Maragall (i Mira, *1941), und 2004 verliert Aznar relativ überraschend die Parlamentswahlen, der Generalsekretär des *PSOE*, José Luis Rodríguez Zapatero (*1960) wird mit einer relativen Mehrheit im Parlament neuer spanischer Ministerpräsident. Er macht rasch deutlich, dass er der Verabschiedung eines neuen Status nichts in den Weg legen will. So kommt es zur Erarbeitung des *Statuts von Miravet*, das 2004 vom katalanischen Parlament mit großer Mehrheit verabschiedet wird. Allerdings enthält es eine Reihe von Bestimmungen, die in den *Cortes* in Madrid als nicht akzeptabel angesehen werden, so etwa die (symbolische) Erklärung Kataloniens zur Nation. Infolgedessen schneiden die *Cortes* das Statut deutlich zurück, was die Begeisterung der Bevölkerung relativiert. Nur 49 % der Wähler beteiligen sich an der Volksabstimmung, von denen 73 % ihm zustimmen (das ist nur etwa ein Drittel der Wahlberechtigten; *ERC* und *PP* rufen aus entgegengesetzten Gründen zum Nein auf). Es steht also auf wenig soliden Beinen. Zudem ist über den Auseinandersetzungen um das Statut die Regierung auseinandergebrochen, allerdings findet sich nach den Neuwahlen dieselbe Koalition, nun unter José Montilla Aguilera (*1955, *PSC/PSOE*), zusammen, die zähneknirschend das Ergebnis hinnehmen muss.

Dieses Statut unterscheidet sich durch seinen Umfang vom vorigen: es enthält 223 Artikel plus einiger Zusatzbestimmungen. Damit wird deutlich: die Zeit des Optimismus und des gegenseitigen Vertrauens ist vorbei. Alles wird bis zum letzten Detail in diesem Statut festgeschrieben, möglichst wenig soll der Interpretation unterliegen. Die Kompetenzen der *Generalitat* sollen gegen Eingriffe der spanischen Regierung geschützt werden (Bernecker/Eßer/Kraus 2007, 237; vgl. zu dem Prozess Nagel 2015).

Die Bestimmungen zu den Sprachen stehen im Art. 6. Im Abs. 1 wird das Katalanische als *Llengua pròpia* [= eigene Sprache] Kataloniens bezeichnet. Dieser Begriff taucht schon länger in den Arbeiten zum katalanischen Sprachenrecht auf; er ist schwierig und teilweise kontrovers; mittlerweile gibt es umfangreiche Literatur, vgl. als Synthesen Viaut 2004, sowie mehrere Beiträge in Viaut 2007; Wurl 2011). Daraus wird das Recht auf seine bevorzugte Verwendung abgeleitet. Hier werden praktische Konsequenzen daraus gezogen; allerdings erklärt der Oberste Gerichtshof in seinem Urteil von 2010 diese bevorzugte Verwendung des Katalanischen für verfassungswidrig und daher nichtig. Darüber hinaus ist ein ganzer Abschnitt, die Art. 32 bis 36, dem Sprachenrecht gewidmet. Durch diese Bestimmungen sollte bei aller rechtlichen Gleichheit dem Katalanischen der erste Platz in der Gesellschaft eingeräumt werden.

Allerdings ist der oppositionelle *PP* mit den restriktiven Beschlüssen der *Cortes* nicht zufrieden und reicht gegen zahlreiche Bestimmungen des Statuts beim Obersten Gerichtshof Klage ein. Dieser lässt sich mit seiner Entscheidung sehr viel Zeit: erst am 30. Juni 2010 verkündet er sein Urteil, das zwar die meisten der Klagen des *PP* zurückweist, ihm jedoch in einigen hochsensiblen Punkten, wie etwa der Selbstdefinition Kataloniens als *Nation*, Recht gibt. Es ist von mehreren Seiten bezweifelt worden, dass der Gerichtshof zum Zeitpunkt seines Spruchs rechtmäßig zusammengesetzt war, auf jeden Fall ist die politische Nähe der Mehrzahl der Richter zum *PP* offenkundig. Außerdem ist zu fragen, ob dieses Urteil, das teilweise Dinge zurücknimmt, die lange Zeit außer Streit standen, von politischer Klugheit zeugt.

Umgekehrt kommt es auch auf katalanischer Seite zu diskutierbaren Entscheidungen: als 2007 Katalonien und das Katalanische Ehrengast auf der Frankfurter Buchmesse sind, beschließen die Katalanischen Institutionen, *Generalitat* und Schriftstellerverband, dass nur Autoren offiziell vorgestellt werden sollen, die (vor allem) auf Katalanisch publizieren. Das führt zu Protesten jener Autoren (und Verlage), die auf Kastilisch schreiben. Dieser Bruch dürfte recht nachhaltig sein. Es muss sich die Frage stellen, ob man hier nicht einen Kompromiss hätte finden können. Natürlich hätte die Gefahr bestanden, dass sich die internationale Aufmerksamkeit auf die auf Kastilisch schreibenden Autoren richtet, andererseits wäre es vielleicht möglich gewesen, nicht einen erheblichen Teil der in Katalonien schreibenden Autoren auszuschließen. Zwar hat die Messe für die katalanischen Autoren und Verlage einen internationalen Durchbruch bedeutet, die Frage muss sich indes stellen, ob der Preis dafür nicht zu hoch war. Es ist evident, dass eine solche Entscheidung in einem weniger gespannten Klima unwahrscheinlich gewesen wäre.

12.4 Die Entwicklungen seit 2010

Man kann sich die Frage stellen, ob die Entwicklungen in Katalonien seit 2010 in einen Bericht über die Renaissancebewegungen gehören. Auf der einen Seite bilden sie den vorläufigen Endpunkt der Emanzipationsbestrebungen, die von katalanischer Seite ganz stark mit kultur- und sprachpolitischen Argumenten geführt werden. Zwar spielen auch finanzielle Argumente eine Rolle, sie sind jedoch im Laufe der Zeit stärker an den Rand getreten. Auf der anderen Seite handelt es sich um eine machtpolitische Auseinandersetzung.

Bereits am 10. Juli 2010, nur wenige Tage nach dem Urteil, ergießt sich aus Protest gegen die Gerichtsentscheidung eine riesige Demonstration über die Straßen von Barcelona. Mehr als eine Million Menschen sind nach übereinstimmenden Berichten aller Beobachter unterwegs. In der ersten Reihe marschieren der Präsident Montilla und seine Minister zur Verteidigung der Autonomie, aber schon kurz hinter ihnen beginnen die Rufe: *"Som una naciò!"*, an die sich die Forderung nach Unabhängigkeit anschließt. In den Befragungen seit den späten siebziger Jahren waren zwischen 2 % und 4 % der Befragten Anhänger der Unabhängigkeit, nach der Jahrtausendwende steigen die Werte kontinuierlich in die Höhe. Allerdings waren es noch 2006 nur 14%

Abb. 43: Demonstration vom 10. Juli 2010 in Barcelona, Passeig de Gràcia

der Befragten, 2012 dann 31 %. Nach den Wahlen von 2017 zum Parlament, wo die Haltung zur Unabhängigkeit die alles entscheidende Frage ist, muss man mit 47 % erklärten Anhängern der Unabhängigkeit rechnen. Mit anderen Worten: die Zahlen steigen weiter, nicht zuletzt dank der Haltung der spanischen Regierung (Nagel 2015).

Dabei hätte sich die Entwicklung mehrfach verändern lassen: in den Wahlen zum katalanischen Parlament 2010 erleidet die linke Regierung eine Abfuhr, *CiU*, nun unter Artur Mas (i Gavarró, *1956) kann die neue Regierung bilden und schlägt dem neuen spanischen Regierungschef Mariano Rajoy Brey (*1944, *PP*) Verhandlungen, vor allem über die finanziellen Differenzen, vor. Dieser jedoch sieht keine Notwendigkeit zu Gesprächen und erreicht dadurch, dass Mas, bis dahin wie fast die gesamte *CiU* Autonomist, angesichts der Mobilisierung der Bevölkerung, auf den Unabhängigkeitskurs einschwenkt. Allerdings wirkt seine Person in dieser Rolle aufgrund seiner früheren Haltung nicht besonders glaubwürdig. Aber der Wunsch nach Unabhängigkeit wird immer virulenter, die Beteiligung an den entsprechenden Demonstrationen immer stärker; Vorkämpfer dieser Lösung wie der Sprach- und Literaturwissenschaftler Jordi Carbonell i de Ballester (1924 – 2016) sehen sich ihrem Ziel nahe. Der Unwille der spanischen Regierung, über die Forderungen der *Generalitat* auch nur zu verhandeln, führt zu einer Lähmung der katalanischen wie der spanischen Politik. Dabei hätte die Formulierung von Art. 96, Absatz 1 der Verfassung entsprechende Reaktionen geradezu zwingend notwendig gemacht.

Seit 2010 wird in fast regelmäßigen Abständen das Parlament aufgelöst und neu gewählt. Die entscheidende Frage ist dabei seit 2012 die der Unabhängigkeit. Die Parteien, die sie befürworten, erhalten regelmäßig eine Mehrheit im Parlament. Sie sind aufgrund der Anordnung der Wahlkreise leicht überrepräsentiert, bei den (vorläufig) letzten Wahlen vom Dezember 2017 erzielen sie 47 % der abgegebenen Stimmen, allerdings bei einer hohen Wahlbeteiligung. Fragt man nur nach dem Recht auf Abhaltung einer Volksabstimmung, so kommt man deutlich über 50 % der Wähler. Es ist schwer verständlich, dass angesichts einer solchen Krisensituation die spanische Regierung sich jeglicher politischen Lösung verweigert und sich darauf beschränkt, katalanische Politiker zu verhaften und mit harten Strafen zu bedrohen bzw. ins Exil zu treiben. Man muss sich fragen, ob die Auseinandersetzungen mit Katalonien nicht von den schweren Korruptionsvorwürfen ablenken sollen, mit denen die Regierung (und Rajoy persönlich) konfrontiert ist. Die Madrider Politik sorgt durch ihr Verhalten vor allem dafür, dass die Anhänger der Unabhängigkeit immer weiteren Zulauf bekommen; hatte sie eine Abnützungsstrategie geplant, so greift diese (noch?) nicht.

Es folgt eine knappe Übersicht über die Wahlen 2010 bis 2017; die nebenbei zeigt, welche Folgen sich für die verschiedenen Parteien ergeben (auf die Veränderungen des Parteiensystems im Einzelnen soll nicht eingegangen werden).

Tab. 1: Wahlen in Katalonien, 2010 – 2017

28.11.2010 Präs. Mas	CiU: 62	ERC: 10	SI: 4	ICV/EUiA: 10	PSC: 28	PP: 18	C's: 3
25.11.2012 Präs. Mas	CiU: 50	ERC: 21	CUP: 3	ICV/EUiA: 13	PSC: 20	PP: 19	C's: 9
27.9.2015 Präs. Puigdemont	JxSi: 62		CUP: 10	CSRP: 11	PSC: 16	PP: 11	C's: 25
21.12.2017	JxC: 34	ERC: 32	CUP: 4	Cat.comú: 8	PSC: 17	PP: 4	C's: 36

Legende: Die in den linken Spalten angeführten Gruppierungen sind Anhänger der Unanbhängigkeit; die mittlere Spalte zeigt die Anhänger eines Plebiszits, ohne ausdrückliche Forderung nach Unabhängigkeit, die drei rechten Spalten zeigen die gegen die Unabhängigkeit auftretenden Gruppen.
Auflösung der noch nicht erwähnten Siglen: SI *Solidaritat Catalana per la Independència*; ICV/EUIA *Iniciativa per Catalunya Verds/Esquerra Unida i Alternativa*; C's *Ciutadans*; CUP *Candidatura d'Unitat Popular*; JxSi *Junts pel Sí*; CSRP *Catalunya sí que es pot*; JxC *Junts per Catalunya*; Cat. Comú *Catalunya en Comú*.

Die Regierungsbildung nach den Wahlen 2015 bereitet Schwierigkeiten, da die CUP, deren Stimmen für die Bildung einer independentistischen *Generalitat* unerlässlich sind, nicht bereit ist, Mas aufgrund seiner vorherigen konservativen Politik zu wählen. Schließlich wird der Bürgermeister von Girona, Carles Puigdemont (i Casamajó, *1962), zum Präsidenten gewählt. Am 1. Oktober 2017 soll eine Volksabstimmung über die Frage der Unabhängigkeit stattfinden, die von Madrid verboten wird, spanische Polizei greift ein und verhindert eine korrekte Durchführung. Immerhin, von über 2 Millionen abgegebenen Stimmen sprechen sich fast 90 % für die Unabhängigkeit aus. Allerdings hat das recht massive Vorgehen der *Guardia Civil* international Entsetzen ausgelöst, besonders da die Katalanen sich einer absoluten Gewaltlosigkeit verschreiben (und sie bislang auch durchhalten). Darauf beschließt das katalanische Parlament mehrheitlich die Unabhängigkeit, die zunächst ausgesetzt wird. Die spanische Regierung antwortet mit juristischen Maßnahmen, der Oberste Gerichtshof erklärt die Beschlüsse des katalanischen Parlaments für hinfällig. Schließlich werden katalanische Politiker verhaftet, andere sind bereits zu hohen Geldstrafen verurteilt, das Autonomiestatut wird zeitweise außer Kraft gesetzt, eine Madrider Ministerin mit der Führung der Geschäfte beauftragt (ob das juristisch abgesichert ist, ist auch unter Juristen offen), Puigdemont flieht nach Brüssel ins Exil. Nach den Wahlen von Dezember 2017 beansprucht er zunächst ein neues Mandat, das er allerdings nur bei persönlicher Anwesenheit im Parlament postulieren könnte; da die spanische Regierung ihn sofort verhaften will, verzichtet er schließlich. Vermutlich werden die Anhänger der Unabhängigkeit irgendwann einen Ersatzkandidaten (oder eine Kandidatin) präsentieren, wenn sie auch über die weiter zu verfolgende Strategie nicht einig sind[1]. Diese Uneinigkeit ist der katalanischen Sache nicht zuträglich. Natürlich kann man den katalanischen Politikern Fehler vorwerfen; sie sind allerdings von einer strikt gewaltfreien und von den Wählern getragenen Politik ausgegangen; darauf *nur* mit juristischen Maßnahmen zu antworten, zeugt von einem Politikverständnis, in dem sich (zu) viele Reste des Denkens der Diktatur finden. Wollen ein Stärkerer und ein Schwächerer zusammenleben, muss der Stärkere maximale Rücksicht auf den Schwächeren nehmen, sonst wird sich dieser eines Tages unterdrückt fühlen und die

---

[1] Am 14. 5. 2018 wird Joaquim Torra i Pla (*1962) auf Vorschlag seines Vorgängers zum neuen Präsidenten gewählt.

Trennung anstreben. Es ist sehr bedauerlich, dass der derzeitige König von Spanien, Philipp VI. (Felipe VI, *1968) unfähig ist, eine vermittelnde Position einzunehmen, wie es eigentlich seine Aufgabe wäre (man muss indes hinzufügen, dass Spanien mit seinen Königen in den letzten drei Jahrhunderten wenig Glück hatte). Wenn es nicht zu einer kraftvollen Vermittlung, durch wen auch immer, kommt, ist damit zu rechnen, dass die Auseinandersetzung dauerhaft werden wird. Es ist, gelinde gesagt, erstaunlich, dass die Europäische Union sich nicht energischer mit dieser Krise auseinandersetzt, denn sie rührt an die Grundfesten ihres (ursprünglichen) Projekts.

Hatten die schottischen Bemühungen um Unabhängigkeit wenige Jahre zuvor ein insgesamt freundliches Echo in der europäischen Öffentlichkeit gefunden, so ist die Stimmung Katalonien gegenüber weniger offen. Das Argument des Bruches der spanischen Verfassung wird weitgehend akzeptiert, obwohl Verfassungen geändert werden können (und das auch der spanischen zwei Male widerfahren ist) und obwohl die Menschen- und Bürgerrechte von einer Verfassung, die demokratisch sein will, in genügender Weise respektiert werden müssen. Angesichts der Tatsache, dass mindestens rund die Hälfte der Bevölkerung Kataloniens aus dem spanischen Staatsverband austreten möchte – nachdem jahrzehntelange Bemühungen um Anhörung und Ausgleich erfolglos geblieben sind – kann eine verantwortungsbewusste Zentralregierung sich eigentlich nicht nur in Obstruktion üben. Im Augenblick sieht es so aus, als ob hier ein neuer langdauernder Konflikt in Europa entstehe, der nur für alle Beteiligten nachteilig sein kann. Unparteiische Vermittlung wäre dringend erforderlich, anstatt der Solidarität der Herrschenden untereinander.

Auf der einen Seite hat die Katalanische Renaissance die Übernahme ihrer Vorstellungen durch die breiten Massen (wieder, wie schon 1931) erreicht, auf der anderen Seite befindet sich der Katalanismus heute in einer Krise, deren Ausgang nicht abzusehen ist. Angesichts der derzeit unauflösbar scheinenden Spannungen wäre die rasche Abhaltung eines Referendums zu wünschen, andernfalls deutet vieles auf lange Sicht, und nach vielen Opfern, auf eine Unabhängigkeit Kataloniens in einer günstigen weltpolitischen Perspektive hin.

13 Die übrigen *Països Catalans* nach dem Ende der Diktatur

War der Gedanke der *Països Catalans* in der unmittelbaren Zeit der *Transició* in den öffentlichen Diskussionen sehr präsent, ist er aufgrund der unterschiedlichen Entwicklungen in den einzelnen Gebieten heute stark in den Hintergrund getreten. Schon immer war die *Renaixença* in València und auf den Balearen viel ausschließlicher literarisch und weniger politisch, dieser Unterschied im kollektiven Bewusstsein hat die Zeit überdauert. Teilweise kommt es auch zu internen Auseinandersetzungen, diese werden von außen – besonders von den Zentralregierungen – vielfach geschürt. In Randgebieten, wie dem östlichen Streifen von Aragón, in dem auch Katalanisch gesprochen wird, hat die *Renaixença* auch früher kaum gegriffen, so dass sich dort das Paradox ergibt, dass die Sprache zwar einen hohen Gebrauch verzeichnen kann, aber der Katalanismus kaum präsent ist. Auch im französischen Nordkatalonien, hat, wie gesagt, der *Renaixença*-Gedanke erst spät und nur bei einer relativ schmalen Schicht von Intellektuellen Platz gefunden. Heute scheint der Katalanismus weithin auf Katalonien konzentriert, viele katalanische Intellektuelle aus den anderen Teilen des Sprachgebiets wandern daher früher oder später in den *Principat* aus, wenn sie *in* ihrer Sprache und Kultur leben wollen. Diese Tendenzen haben sich seit der Renationalisierung des spanischen kollektiven Bewusstseins in den letzten beiden Jahrzehnten noch verstärkt. Allerdings gibt es in all diesen Gebieten auch Menschen, die ihre Katalanität *vor Ort* verteidigen wollen; alle durchzieht daher auch ein interner Widerspruch.

Hinzu kommt, dass für die *Comunitat Valenciana* und die *Illes Balears* die Autonomie eine relativ neue Erfahrung ist: erst seit Juli 1982 (València) bzw. Februar 1983 besitzen sie die ihnen zugebilligten Rechte, ihre Politiker haben zunächst – anders als die in Katalonien – keine Erfahrungen, wie damit umzugehen ist. Erst allmählich bilden sich eigene politische und gesellschaftliche Stile heraus.

Im Folgenden sollen die einzelnen Gebiete kurz betrachtet werden.

Comunitat Valenciana: das zweitgrößte Gebiet katalanischer Sprache ist das ehemalige *Regne de València*. Nach der Ausdehnung des aragonesischen Reiches im Mittelmeer läuft die Stadt València im späten Mittelalter und in der Renaissance Barcelona den Rang ab; seit damals wird die Sprache oft auch als Valencianisch bezeichnet. Nach dem Aufstand der *Germanies* 1522-1523 kommt es zu einer raschen Kastilisierung

Abb. 44: Joan Fuster i Ortells

der Oberschicht. Den drei bei der Provinzgliederung 1833 entstandenen Provinzen – Castelló de la Plana, València, Alacant (Alicante) – wurden einige kastilischsprachige Gebiete im Westen zugeschlagen, so dass heute nicht die gesamte *Comunitat* Katalanisch als autochthone Sprache hat. Die *Renaixença* fasst seit der Mitte des 19. Jahrhunderts Fuß, bleibt aber – wie gesagt – weitgehend literarisch. Zwar entwickelt sich ein politischer Regionalismus, der sich indes weniger über die Sprache artikuliert als in Katalonien (vgl. Kap. 8). In der Spätzeit der Franco-Diktatur wird Joan Fuster (i Ortells, 1922 – 1992) zum wichtigsten Intellektuellen in València. Er versucht die Konzeption der *Països Catalans* als kultureller und sprachlicher Größe wieder zu beleben und bemüht sich darum, zwischen dem bisweilen intransigenten Katalanismus aus Barcelona und einem spiegelbildlich ähnlichen Valencianismus zu vermitteln. Aufgrund seiner oft scharfen Formulierungen macht er sich nicht nur Freunde, vor allem, als in der Spätzeit der Diktatur manche Franquisten ihre valencianische Ader entdecken, die sich gegen einen sich entwickelnden (angeblichen) Pan-Katalanismus richtet. Gegen Fuster werden mehrere erfolglose Attentate verübt. Dasselbe widerfährt allerdings auch dem mehr auf Ausgleich bedachten Philologen und Sprachwissenschaftler Manuel Sanchis Guarner (1911 – 1981).

Aufgrund der geschichtlichen Abläufe gehört València nicht zu den historischen Regionen, die als erste in das neue System des *Estado de las Autonomías* eingegliedert werden. Das zeigt sich auch an der mühevollen Bezeichnung *Comunitat Valenciana* (die älteren Bezeichnungen *Regne de València* oder *País Valencià* werden als unzeitgemäß angesehen). Bereits 1978 wird indes ein *Consejo Pre-Autonómico* gebildet, dessen erster Präsident, der Sozialist Josep Lluís Albinyana (i Olmos, *1943), wegen seiner zu regionalistischen Vorstellungen rasch ersetzt wird. 1982 wird unter dem

Abb. 45: Manuel Sanchis Guarner

Sozialisten Juan Lerma (*1951) die erste aus Wahlen nach der Verabschiedung des Statuts hervorgegangene Regierung gebildet (auch sie führt die Bezeichnung *Generalitat* bzw. *Generalidad*). Im Art. 7 des Statuts werden das Valencianische und das Kastilische als gleichermaßen offizielle Sprachen anerkannt; in einem Absatz wird die Förderung des Valencianischen nach dem Rückschlag der Diktatur besonders erwähnt. Die Bezeichnung der Sprache als „Valencianisch" stellt deren Katalanität (zunächst) nicht in Frage. Die sukzessiven vom *PSOE* geführten Regierungen suchen gute Nachbarschaft zu Katalonien; auf zahlreichen Bereichen kommt es zu einer fruchtbaren Zusammenarbeit.

Die Situation ändert sich, als 1995 der *PP* bei den Wahlen die Mehrheit erringt und unter Eduardo Zaplana Hernández-Soro (*1956) die Regierung bildet. Zaplana, der aus Múrcia stammt und selbst offensichtlich kein Valencianisch beherrscht, leitet eine Politik in die Wege, die das Valencianische zu einer vom Katalanischen verschiedenen Sprache erklärt. Das geht so weit, dass aus den Lehrbüchern Autoren entfernt werden, die aus anderen Teilen des katalanischen Sprachgebiets stammen. Die sprachliche Autorität des *IEC* wird geleugnet, es soll durch eigene Institutionen ersetzt werden. Teilweise werden völlig abstruse Theorien über die Verschiedenheit von Valencianisch und Katalanisch auf den wissenschaftlichen Markt geworfen; allerdings schließt sich kein ernstzunehmender Sprachwissenschaftler solchen Positionen an. Es kommt zu einer Konfrontation mit Katalonien, aber auch innerhalb der valencianischen Gesellschaft selbst, die über zwei Jahrzehnte mit unterschiedlicher Intensität anhält. Eine ausführliche Darstellung dieser Auseinandersetzungen findet sich etwa bei Viadel (^{2}2009). Es wurde oft die Frage nach den Gründen dieser Politik gestellt. Sicher gibt es schon lange eine gewisse Rivalität zwischen den beiden größten Städten des Sprachgebiets. Wichtiger ist indessen der Gedanke des *Divide et impera*, der dem franquistischen Erbe entstammen dürfte. Ob der Gedanke dazu in València entstanden ist oder in Madrid, lässt sich nicht mit Sicherheit sagen, sicher ist hingegen, dass diese Konfrontation gut zu den politischen Vorstellungen der Volkspartei passt. Andererseits hätte sich eine solche Auseinandersetzung nicht inszenieren lassen, hätte es nicht ein gewisses gesellschaftliches Fundament dafür gegeben. Zaplana nutzt den Streit politisch aus: sobald Aznar die Unterstützung von Pujol in Madrid benötigt, schwächt er ihn ab. Sein Nachfolger Francisco Camps (Ortiz, *1962), der von 2003 bis 2011 die valencianische *Generalidad* leitet, und selbst die Sprache spricht, macht eine Glaubensfrage aus dem Konflikt und vertieft ihn so. Zwar wird das Valencianische in einem gewissen Umfang respektiert, die im Statut vorgesehene besondere Förderung der Sprache findet indes nicht statt. Vor allem in den Schulen zeigen sich viele weiße Flecken. So stagniert nach allen Umfragen die Kompetenz des Valencianischen weitgehend, die Performanz ist oft rückläufig. Vor allem in der südlichen Provinz Alacant ist der Rückgang der Sprecherzahl, nicht zuletzt aufgrund des starken Tourismus, drastisch; darauf weist schon die Untersuchung von Montoya Abat (1996) hin, ähnlich wie Montoya Abat/Mas i Miralles (2011). Die eigentlich an eine Kooffizialität zu stellenden Anforderungen werden vielfach nicht erfüllt.

Erst die Wahlen von 2015 bringen eine Dreiparteienkoalition unter Leitung von Ximo Puig (i Ferrer, *1959) an die Macht, deren eine Komponente der als *Compromís* bezeichnete Zusammenschluss mehrerer regionalistischer Gruppierungen ist, die sich stark für die autochthone Sprache und Kultur einsetzt.

Illes Balears: auch auf den Balearen war der Katalanismus in der Vergangenheit vor allem literarisch, die Sprache hatte aber eine feste Verankerung in der Bevölkerung, da bis weit ins 20. Jahrhundert fast die gesamte Bevölkerung einsprachig auf Katalanisch ist. Die Analphabetenraten sind allerdings auch für Spanien hoch. Für 1835 sollen auf Mallorca etwa 8,3 % der männlichen und 1,3 % der weiblichen Bevölkerung Lesekompetenz haben und noch 1860 werden 78 % der männlichen und 92,9 % der weiblichen Bevölkerung als Analphabeten gezählt (Radatz 2010, 82). Allerdings trägt die relative Isolierung zur Ausbildung von kleinräumigen Sprachkonzeptionen bei, die den Zusammenhang mit dem übrigen Gebiet des katalanischen Sprachraumes nicht sehen; diese lokalistischen Konzeptionen existieren in Resten noch bis heute. Auf den Inseln lässt sich das Phänomen der "Auswanderung" nach Barcelona schon früh beobachten, die Inseln mit ihrer sehr geschlossenen Gesellschaft und der intellektuellen Vorherrschaft der Geistlichen bieten für selbständige Geister nur geringe Möglichkeiten zur Entwicklung (zumal sie bis 1978 über keine höheren Bildungseinrichtungen verfügen). Einer der wenigen, die geblieben sind und der damit zur Leitfigur der *Renaixença* wird, ist Francesc de Borja Moll (1903 – 1991), der als Schüler und Mitarbeiter Alcovers beginnt und nach dessen Tod selbständig 1930-1962 den großen *Dicconari Català-Valencià-Balear* in zehn Bänden herausgibt, das bis heute umfangreichste Wörterbuch des Katalanischen. Es gibt zunächst auf den Inseln nur

Abb. 46: Francesc de Borja Moll

wenige Bestrebungen nach politischer Regionalisierung. Seit dem Beginn des Tourismus in den späten fünfziger Jahren der folgenden starken Einwanderung, sowohl aus anderen Teilen Spaniens als auch aus dem Ausland (v. a. Großbritannien und Deutschland), entstehen zusätzliche Probleme für das Katalanische. Wahrscheinlich ist die autochthone Bevölkerung heute schon in der Minderheit. So vollzieht sich die Bildung der Autonomie relativ langsam. Zwar wird schon 1977 ein *Pacto Autonómico* geschlossen, aber das Autonomiestatut tritt erst im Februar 1983 in Kraft. Im Art. 3 werden Katalanisch und Kastilisch zu gleichberechtigten offiziellen Sprachen erklärt.

Die ersten sechzehn Jahre erhalten die rechten Parteien, zuletzt dann der *PP*, die Mehrheit. Sie vertreten vor allem die Repräsentanten des Massentourismus, der kulturpolitisch allenfalls am Folklore ein gewisses Interesse entwickelt. So stellen sie zwar das Katalanische nicht in Frage, zögern aber in der Praxis mit der Umsetzung der Kooffizialität. Erst die linken Regierungen der Jahre 1999-2003, 2007-2011, und seit 2015 versuchen auf der einen Seite, den überbordenden Tourismus zu begrenzen und auf der anderen, das Katalanische stärker zu fördern, das mittlerweile aufgrund der massiven Zuwanderung in eine schwierige Lage gekommen ist. Die einzelnen Inseln – Mallorca, Menorca, Eivissa, Formentera – besitzen Inselräte, denen die Pflege der autochthonen Sprache in stärkerem Maße am Herzen liegt. Allerdings verzerrt die Omnipräsenz der Touristen die Situation überall. Hubmaier (2010) vermittelt eine anschauliche Darstellung der Situation auf Menorca nach der Jahrtausendwende.

Aragón: auch am östlichen Rand von Aragón wird Katalanisch gesprochen (die Katalanen sprechen von der *Franja del Ponent*). Die Sprachbewahrung ist hoch, obwohl das Katalanische in den Erziehungsinstitutionen meist einen schweren Stand hat. Die Sprecher ideologisieren die Sprache wenig, bekennen sich also nur relativ selten zum Katalanismus. Auch hier wiederholt sich die nun schon bekannte Situation: rechte Regierungen tun wenig für das Katalanische (ebenso wie für das Aragonesische, das in einer weitaus schwierigeren Situation ist), linke Regierungen akzeptieren die sprachliche Vielfalt im Allgemeinen besser. Das Autonomiestatut vom August 1982 erklärt im Art. 7, dass die verschiedenen *Modalidades lingüísticas* als Teile des kulturellen Erbes Schutz genießen (das Statut bezieht sich auf den Art. 3.3. der spanischen Verfassung). Weitergehende Regelungen sind lange ausgeblieben. Die von 2011 bis 2015 im Amt befindliche Rechtsregierung will sogar die Bezeichnung "Katalanisch" aus den offiziellen Texten tilgen. Nach der Bildung einer linkszentristischen Koalition 2015 verschwinden diese Bestimmungen wieder. Sie werden allerdings nicht durch eine aktive Politik der Förderung der Sprachen abgelöst.

Andorra: bekanntlich ist Andorra nicht Teil Spaniens sondern seit dem späten Mittelalter unabhängig. Es steht unter der Herrschaft von zwei Ko-Prinzen, dem Präsidenten der Französischen Republik (als Rechtsnachfolger der französischen Könige, die wiederum Rechtsnachfolger der Grafen von Foix sind) und dem Bischof von Urgell (Katalonien). Lange Zeit leben die Katalanisch sprechenden Bergbauern von den kargen Erträgen ihrer Landwirtschaft, daneben etwa seit dem 19. Jahrhundert vom Schmuggel. Nach 1939 ist der spanische Ko-Prinz zunächst ein eingefleischter Franquist, der versucht, den Einfluss der Diktatur auf Andorra auszudehnen. Offizielle Sprachen sind Französisch und Kastilisch, das Katalanische als die wirklich gesprochene Sprache hat keinen anerkannten Status. Auf der anderen Seite wird Andorra während des Zweiten Weltkrieges zu einer Brücke zwischen Frankreich und Spanien, etliche Flüchtlinge durchqueren es, einige bleiben sogar. Der sich seit den sechziger Jahren allmählich entwickelnde Tourismus (nicht zuletzt ein Schmuggeltourismus) führt zu einer langsamen Infragestellung des noch immer weitgehend feudalen Regierungssystems. Bereits 1968 lässt sich klar erkennen, dass die Einwohner, von denen inzwischen nur noch eine Minderheit Autochthone sind, nach Möglichkeiten zur Veränderung suchen. Es kommt zu einem friedlichen Emanzipationsprozess, der zur Erarbeitung einer modernen Verfassung und zur Erlangung der Souveränität am 3. Juni 1993 führt. Seither ist Katalanisch einzige offizielle Sprache, wenn auch nicht alle der etwa 73 000 Bewohner (2016) es beherrschen (die stärksten sprachlichen Minderheiten werden von Spaniern, Portugiesen und Franzosen gebildet); das führt zu einer recht aktiven Sprachenpolitik. Seit 1993 ist Andorra weltweit der einzige katalanischsprachige Staat. Es beteiligt sich an den kulturellen Initiativen der übrigen katalanischsprachigen Gebiete und bringt mittlerweile auch eigene Vorschläge ein.

Pyrénées Orientales: in diesem französischen Departement wird Katalanisch als autochthone Sprache gesprochen. Das Gebiet kommt im Pyrenäenfrieden von 1659 an Frankreich. Die katalanischen Bezeichnungen sind *Rosselló* und *Cerdanya* (zu denen noch andere Grafschaften kommen), heute sagt man meist *Catalunya del Nord*. Bei der Neugliederung Frankreichs in Departements 1790 kommt der okzitanischsprachige *Fenouillet* hinzu. Allerdings sind die sprachlichen Unterschiede zwischen okzitanischen und katalanischen Varietäten so gering, dass die Kommunikation nicht in Frage gestellt ist. Bereits 1700 wird durch einen Erlass Ludwigs XIV. die Verwendung des Französischen in offiziellen Texten vorgeschrieben, die Praxis folgt aber, gewöhnlich aufgrund fehlender Sprachkenntnisse, nur langsam. Noch im 19. Jahrhundert zählt das Departement zu den am wenigsten franzisierten Gebieten des Staates. Erst mit der Einführung der allgemeinen Schulpflicht verändert sich die Lage langsam. Man kann aber noch im späten 20. Jahrhundert vereinzelt auf Sprecher stoßen, die (fast) kein Französisch beherrschen.

Die Beteiligung an der *Renaixença* erfolgt erst relativ spät (nicht zuletzt deshalb, weil die Praxis des Katalanischen bis zum Ersten Weltkrieg allgemein ist). Auch die politische Grenze wirkt als retardierendes Element. Intellektuelle aus Nordkatalonien schließen sich eher dem *Félibrige*, später dem *IEO* an, erst ab etwa 1968 blicken sie stärker nach Süden. Zu gleicher Zeit macht sich die massive Substitution bemerkbar, die mit dem zunehmenden Tourismus und der Ansiedlung einer größeren Anzahl von aus Algerien geflüchteten Franzosen (die oft nicht französischer Abstammung sind) einhergeht. Daher kommt es nach 1968 zu stärkeren sprachlichen und kulturellen Forderungen, die an der Untätigkeit der Behörden abprallen. So greifen die Vertreter der katalanischen Kultur oft zur Selbsthilfe und schaffen sich die notwendigen Strukturen: ähnlich wie in Okzitanien werden private Schulen eröffnet (*Bressoles* [Wiegen] oder *Arrels* [Wurzeln]), Radiosender gehen in Betrieb, eine erhebliche Bedeutung bekommen die Ableger der *Nova Cançó*, vor allem die Emigrantin Teresa Rebull (1919 – 2015) wird mit ihrer eindrucksvollen Stimme Erfolg haben. Über lange Zeit ist ein anderer Emigrant, Pere Verdaguer (1929 – 2017), unermüdlich für die katalanische Kultur in Frankreich tätig. Gleichzeitig gehen jedoch Performanz und Kompetenz zurück. Zwar ergibt die Befragung von 1993 noch 63,2 %, die Katalanisch verstehen und 48,6 %, die sagen, sie sprechen es gut, 40, 7 % können lesen und 40,0 % schreiben (Média Pluriel 1993) – das sind Zahlen, die deutlich über den entsprechenden für das benachbarte Okzitanische aus denselben Jahren liegen –, aber ähnlich wie bei den parallelen Befragungen zum Okzitanischen gehen die Zahlen rasch zurück. Leider liegen keine verlässlichen neuen Zahlen vor, alle kompetenten Beobachter erkennen indes dieselbe Entwicklung. Immerhin bekommt das Katalanische durch die Nachbarschaft mit dem Süden eine gewisse Unterstützung: es gibt einige Buchhandlungen und andere kulturelle Multiplikatoren. Auf der anderen Seite ist die Zusammenarbeit mit okzitanischen Gruppierungen schwächer geworden. Einen guten, relativ aktuellen Überblick über die Entwicklungen in Nordkatalonien seit dem Beginn der *Renaixença* gibt Iglesias (2006).

L'Alguer: auf Sardinien liegt die Stadt, die auf Italienisch Alghero und auf Sardisch S'Alighèra heißt. Sie wird 1354 von Truppen der Krone von Aragón erobert und mit

Katalanen, vor allem aus dem Penedès, besiedelt. Seither hält sich dort das Katalanische, zunächst als Herrschaftssprache, später gerät es in Konkurrenz zum Sardischen als in der Umgebung gesprochener und dem Italienischen als offizieller Sprache. Solange die Alphabetisierungsraten auf Sardinien gering sind, kann es sich als Sprache vor allem der städtischen Bourgeoisie gut halten, die ihm Prestige verleiht, wenn es auch massive Einflüsse von den beiden anderen Sprachen erfährt. Die Situation ändert sich allmählich nach dem Greifen der Erziehungsinstitutionen und dem zunehmenden Einfluss der Medien, also etwa seit dem Ende des Zweiten Weltkrieges. Das Katalanische verliert, bisweilen auf dem Umweg über das Sardische, zugunsten des Italienischen, an Sprechern. Nach dem Ende der franquistischen Diktatur versucht sich die Katalanische *Generalitat* in kultureller Unterstützung, da die entsandten Lehrer aber auf der Vermittlung der Referenzsprache von Barcelona insistieren sollen, ist der Erfolg begrenzt. Nach einer von der *Generalitat* veranlassten Zählung sollen im Jahre 2007 13,9 % der knapp 44 000 Einwohner das Katalanische als gewöhnliche Sprache verwendet haben, immerhin 22 % haben es danach als erste Sprache erlernt.

Die sardischen und italienischen Formen der Sprachenpolitik sind offener als die französische, allerdings sehr langsam. Bereits in den neunziger Jahren versucht die Region Sardinien, mit begrenztem Erfolg, die Position der autochthonen Sprachen Sardisch und Katalanisch zu stärken, 1999 wird das italienische Minderheitengesetz verabschiedet, das den Minderheiten, die nach Unterstützung rufen, diese auch zusagt. Natürlich ist eine vielleicht 6000 Sprecher umfassende Gruppe ohne umfassende staatliche Stützung (wie etwa im Val d'Aran) in einer schwierigen Position. Daher muss sich die Frage stellen, ob das Katalanische in L'Alguer auf längere Sicht überleben kann.

Ist die Beteiligung Valèncias an der *Renaixença* insgesamt beachtlich und auch die der Inseln nicht zu vernachlässigen, wird man die Nordkataloniens als angesichts der geringen Ausdehnung des Gebietes respektable bezeichnen dürfen, so sind die der anderen Gebiete eher sporadisch involviert. Allerdings hat es überall immer wieder Personen gegeben, die sich der katalanischen Kultur verschreiben, daher sind sie wenigstens zu erwähnen.

Aufgaben zu Teil IV

1. Überlegen Sie, welche Gründe den *IEO* veranlasst haben könnten, seine Haltung gegenüber dem Katalanischen zu verändern.
2. Analysieren Sie die *Loi Deixonne* auf innere Widersprüche hin.
3. Informieren Sie sich über die wichtigsten auf Okzitanisch schreibenden Autoren zwischen 1945 und 1968.
4. Hören, lesen und interpretieren Sie das Lied *"L'Estaca"* von Lluís Llach.
5. Vergleichen Sie den Inhalt der *Llei de normalització lingüística* (1983) mit dem der *Llei de política lingüística* (1998).
6. Vergleichen Sie die sprachlichen Aspekte der beiden Statute von Sau und von Miravet.
7. Lesen und interpretieren Sie die die Sprachen betreffenden Artikel der Statute der *Comunitat Valenciana*, der *Illes Balears* und von *Aragón*.

14 Rückblick und Ausblick 2018

Sind um 1800 die Situationen der beiden Sprachen, Katalanisch und Okzitanisch, in vieler Hinsicht relativ ähnlich, so hat sich das Bild zu Beginn des 21. Jahrhunderts stark verändert. Auf der einen Seite steht das Katalanische, nach Meinung der professionellen Beobachter von Minderheiten in Europa die am besten abgesicherte unter den Sprachen, die keinen Staat in ihrem Hintergrund haben, mit einer Sprecherzahl, welche die nicht weniger Staatssprachen übersteigt. Allerdings schwanken die Schätzungen der Sprecherzahl sehr, gewöhnlich zwischen 10 und 13 Millionen. Auf der anderen das Okzitanische, ohne ernsthaften legalen Status (außer im Val d'Aran), mit einer heute kleinen Sprecherzahl, die sich nur mühsam schätzen lässt und deren Mehrheit nach wie vor Analphabeten in der eigenen Sprache sind, deren Namen sie oft nicht kennen oder bisweilen sogar ablehnen. Hat das Katalanische nach diesen Betrachtungen die Stufen der Entwicklung nach Hroch alle zurückgelegt, so bleibt das dem Okzitanischen teilweise verwehrt.

In den Einzelheiten ist die Situation komplexer. Die katalanische *Renaixença* beginnt in den ersten Jahrzehnten des 19. Jahrhunderts, zunächst, unter dem Absolutismus Ferdinands VII. eher verdeckt, nach den Veränderungen von 1833 offen. Sie kann binnen weniger Jahrzehnte eine kulturelle Wiedergeburt erreichen, die zunächst den *Principat* erfasst, aber rasch auch auf die anderen katalanischsprachigen Gebiete ausgreift. Zu einem erheblichen Teil wird diese positive Entwicklung durch die wirtschaftlichen Erfolge Kataloniens mit getragen, das sich seit der zweiten Hälfte des 18. Jahrhunderts zur führenden Industrieregion des Spanischen Staates entwickelt; die dadurch entstehende Bourgeoisie und Großbourgeoisie akzeptiert das Katalanische ab dem späten 19. Jahrhundert mindestens teilweise als identitäres Symbol. Diese Haltung verstärkt sich in dem Maße, als die Madrider Regierungen kaum bereit sind, den Interessen dieser peripheren Bourgeoisie Rechnung zu tragen. Bereits in den späten sechziger Jahren kommt es zur Formulierung von politischen Forderungen, allerdings fast ausschließlich im *Principat*, in den anderen *Països Catalans* bleibt die Renaissance (zunächst) kulturell.

Das Scheitern der Ersten Spanischen Republik und die Wiedererrichtung der Monarchie 1874 dürften einen gravierenden Einschnitt bedeuten. Waren die katalanischen Politiker bis dahin bestrebt, zu Kompromissen mit den (fortschrittlichen) politischen Kreisen in Madrid zu kommen, sehen sie fortan die Chancen dieser Option als gering an. Das politische System in Katalonien entwickelt sich von nun an in unterschiedlicher Weise von dem im Rest Spaniens. Damit werden die zu Beginn nur in kleinen Kreisen diskutierten politischen Forderungen an die Öffentlichkeit getragen, die Texte der achtziger und neunziger Jahre zeigen die Entwicklung der Gedanken auf. In relativ kurzer Zeit werden die Phasen zwei und drei nach Hroch erreicht. Zugleich findet ab den späten achtziger Jahren ein Rechtsruck des Katalanismus statt:

an die Stelle der Liberalen und Fortschrittlichen, wie Balaguer und Almirall, die ursprünglich die Bewegung bestimmen, treten Konservative wie Prat de la Riba. Gleichzeitig vergrößern sich die Unterschiede zu den übrigen Teilen des katalanischen Sprachgebietes, wo es nur in geringem Maße zur Entwicklung von politischen Regionalismen oder Autonomie-Wünschen kommt, und wenn, dann sind sie nur in geringem Maße an Sprache und Kultur gebunden. In Katalonien selbst hält diese „rechte" Option des Katalanismus die Arbeiterschaft auf Distanz, für die indes das Katalanische – zumindest damals noch – meist die einzige verfügbare Sprache ist. Die hohe Zeit dieses konservativen Katalanismus liegt um die Jahrhundertwende; sie drückt sich in dem gewaltigen Sieg der *Solidaritat Catalana* bei den Wahlen 1907 aus. Im gleichen Jahr wird das *Institut d'Estudis Catalans* gegründet, das die Funktionen einer Akademie der Wissenschaften übernehmen soll; allerdings kann man die Gründung des *Institut* in Barcelona, ohne Rücksichtnahme auf die anderen Zentren der katalanischen Kultur, auch als einen Versuch der Bevormundung ansehen.

Schon zwei Jahre später, während der Streiks in der *Setmana Tràgica*, kommt es zu einem massiven Rückschlag, denn die Bitten der katalanischen Unternehmer an Madrid, die Regierung möge das Militär gegen die streikenden Arbeiter einsetzen, zeigen, welche Kriterien letzten Endes die entscheidenden sind. Zwar wird 1914 die *Mancomunitat* gebildet, die zunächst von Prat de la Riba geleitet wird, der zwar ein Konservativer ist, aber in gesamtgesellschaftlichen Zusammenhängen denkt. Durch seine Initiativen können in diesen Jahren infrastrukturell viele Verbesserungen erreicht werden. Die Bildung der *Mancomunitat* ist indessen ein Kompromiss, denn sie ist keine politische sondern nur eine Verwaltungsinstitution. Allerdings wird Prat de la Riba seine Kompetenzen so weit als nur möglich nutzen (und in dieser Hinsicht Vorbild für spätere Entscheidungsträger sein). In dieser Zeit kommt es zur Bildung eines valencianischen Regionalismus, der sich sprachlich wenig engagiert. Die Diktatur Primo de Riveras 1923-1930 bedeutet einen heftigen Rückschritt, 1925 löst der Diktator die *Mancomunitat* auf, obwohl ihn die katalanische *Lliga* (ähnlich wie manche spanische Gewerkschaften) zunächst unterstützt. Gleichzeitig situiert sich der Katalanismus von nun an viel weiter links; damit können sich ihm auch Arbeiter und Pächter (die berühmten *Rabassaires* [landwirtschaftliche Pächter]) leichter anschließen. Aus heutiger Warte betrachtet wird man diese Diktatur als eher paternalistischen Versuch mit wenig tauglichen Mitteln betrachten können, eine Art Generalprobe für die folgende. Durch sie wird der Kampf des Zentrums gegen die Peripherien (neben den katalanischen Autonomismus sind inzwischen der baskische und, viel schwächer, der galicische getreten) zu einem entscheidenden Projekt der spanischen Rechten, nachdem bislang eher konservative Richtungen wenigstens ein gewisses Verständnis für regionale Sonderentwicklungen zeigten, Liberale und Linke gehen in Anlehnung an die Ziele der Französischen Revolution von einem Einheitsstaat aus; von nun an kehren sich die Positionen weitgehend um.

Die Zweite Republik von 1931 bringt Katalonien die weitgehende Verwirklichung seiner Ziele. Zwar kann die von Macià verkündete Unabhängigkeit nur zwei Tage lang bewahrt werden, aber die im *Statut von Núria* erreichte Autonomie erlaubt vieles. Die Zweite Republik existiert indes nur für wenige Jahre. Dazuhin ist sie ständig von schweren internen Widersprüchen durchzogen. Auch die europäische Entwicklung, mit den immer zahlreicheren autoritären und totalitären Regimen, trägt zur Radikalisierung bei. Barcelona bildet fortan das Zentrum der katalanischsprachigen Kultur, bereits seit Beginn des 20. Jahrhunderts nimmt die Wanderungsbewegung von Intellektuellen zu, die sich als Angehörige der katalanischen Sprache und Kultur fühlen. Zugleich bringen diese Wanderungen eine relative Schwächung des katalanischen Elements der übrigen Gebiete mit sich (sofern sie überhaupt an der *Renaixença* beteiligt sind).

Der Sieg Francos im Bürgerkrieg bedeutet einen absoluten Tiefpunkt, zumal er mit einer *bewussten* Verfolgung und Vernichtung der katalanischen Kultur und ihrer Träger Hand in Hand geht. Dieser Trend schwächt sich zwar notgezwungen, aufgrund der historischen Abläufe, im Laufe der Zeit etwas ab, aber bis Ende der Diktatur werden Katalanisten verhaftet und gefoltert, wenn sie die staatlichen Interessen stören. Gleichzeitig erschwert die Diktatur die Verbindungen zwischen den einzelnen Teilen des katalanischen Sprachgebiets.

Die *Transició* verkörpert in ihren Anfängen eine große Hoffnung, nämlich, dass ein neues Spanien möglich sei, in dem alle dieselben Rechte und Möglichkeiten hätten und in dem die unterschiedlichen Sprachen und Kulturen mit- und nebeneinander existieren und sich gegenseitig befruchten können. Das Konzept der *Països Catalans* spielt in dieser Übergangszeit wieder eine Rolle. Allerdings zeigt die Verfassung, dass die Möglichkeiten begrenzt bleiben, indem sie etwa den Zusammenschluss von Regionen verbietet. Der große Vorteil dieser zweiten Autonomie Kataloniens ist, dass sie nun seit vier Jahrzehnten existiert und sich fortentwickeln kann. Die Träume der Jahre 1977-1980 verwirklichen sich nur zum Teil. Zweifellos ist das *Statut von Sau* in den Augen vieler Katalanen nur ein Anfang, die Autonomie soll im Laufe der Zeit noch weiter entwickelt werden; so wird es bei seiner Verabschiedung allgemein verstanden. In den Augen der sukzessiven Zentralregierungen wird es dagegen rasch zu einer Extremlösung, die es zu stutzen gilt. Hinzu kommt eine (teilweise) Rehabilitation des spanischen Nationalismus, der zwar vom *PP* ausgeht, aber mehr oder weniger auch die anderen gesamtspanischen Parteien erfasst. Hier liegt ein praktischer Nachteil der Sonderentwicklung des katalanischen Parteiensystems: es hat nur relativ wenige informelle Kontakte nach Madrid, damit wird es schwieriger, ein Gesprächsklima zu schaffen (diese Bemerkung gilt natürlich in beide Richtungen). Die öffentliche Meinung in Europa sieht viel zu wenig, dass die Entwicklung der Forderung nach Unabhängigkeit in Katalonien viel mehr eine *Reaktion* auf das Verhalten der politischen Klasse in Madrid ist als eine von Barcelona ausgehende *Initiative*. Die meisten Katalanen hätten sich lange Zeit mit einer funktionierenden Autonomie begnügt.

So ist die Bilanz heute gemischt: zwar ist es gelungen, über vier Jahrzehnte eine Autonomie zu erhalten. Im Augenblick scheint es allerdings keinen verfassungsmäßigen Ausweg aus der Krise zu geben, Vermittlung von außen wäre dringend notwendig; die EU würde sich dafür anbieten, durch ihre Inaktivität wird sie zur Verräterin an ihren eigenen Zielen. Hier zeigt sich, wie zukunftweisend der Gedanke von Pujol und anderen Regionalisten war, die Bedeutung der Staaten durch den Ausbau der europäischen Institutionen und der Regionen nach oben und nach unten zu relativieren; leider wurde er stillschweigend aufgegeben. Immerhin ist zu hoffen, dass wenigstens die Autonomie bald wieder in Kraft gesetzt wird. Die katalanische Gesellschaft selbst ist in dieser Frage gespalten, so ist es darüber zu einer Neuaufstellung des Parteiensystems gekommen. Die Parteienkoalition von Jordi Pujol, *CiU*, ist an dieser Frage zerbrochen. Das zeigt, dass das katalanische Bewusstsein eines Teils der Bourgeoisie noch immer hinter materiellen Interessen zurücktritt. Die starke Immigration der letzten Jahrzehnte hat die Lage weiter verkompliziert, denn eine Gesellschaft, die so stark im Wandel ist wie die katalanische, wird fragil. Unbedachte Reaktionen von Madrid werden auf Dauer den Willen zur Unabhängigkeit stärken. Auf der Verlustseite ist der kollektive Rückgang der sprachlichen Performanz zu nennen. Außerdem spielt das Konzept der *Països Catalans* in den heutigen politischen Diskussionen kaum eine Rolle; wenigstens eine gemeinsame Kulturpolitik, vor allem nach außen, wäre indes wünschenswert. Kulturell ist das Katalanische heute eine voll funktionstüchtige Sprache, es zählt eine erhebliche Anzahl bedeutender Schriftsteller (aus allen Gebieten des Sprachraums!), und katalanische Künstler aus anderen Bereichen spielen oft weltweit eine führende Rolle. Viele von ihnen sind bekennende Katalanisten.

Insgesamt ein Teilerfolg.

Auch die okzitanische *Renaissença* beginnt im frühen 19. Jahrhundert und kann sich auf die sprachliche Kompetenz der überwiegenden Mehrheit der Sprecher stützen. Im Unterschied zu Katalonien ist der Französische Staat von Beginn an viel stärker als der Spanische, er verfügt über effizientere Strukturen und er kann sich auf den Glanz der Revolution von 1789 mit den Schlagworten *Liberté, Egalité, Fraternité* stützen, wenn sie in Wirklichkeit auch bestenfalls teilweise zum Tragen kommen. Beide Staaten besitzen eine zentralistische Tradition, nur wird die Frankreichs konsequenter durchgesetzt. Einen weiteren Nachteil für die okzitanische Renaissance bedeutet der Umstand, dass Okzitanien im 19. Jahrhundert einer der Verlierer der wirtschaftlichen Entwicklung in Frankreich ist. Eine Blüte wie in Katalonien lässt sich nicht erkennen, eine aufsteigende Bourgeoisie ebenso wenig. Die residuelle lokale Bourgeoisie identifiziert sich kaum mit den Zielen der *Renaissença*, sie geht eher den Weg der Assimilation (vielleicht in Erkenntnis ihrer Schwäche). Hinzu kommt, dass der *Félibrige* nicht in einem großen urbanen Zentrum wie Barcelona gegründet wird, sondern in einem kleinen Provinzort bei Avignon. Es ist bezeichnend, dass Mistral seinen Ruhm erst mit dem Erfolg von *Mirèio* in Paris konsolidieren kann, dass der *Félibrige* auch danach immer ängstlich nach Paris schielen wird. Die Schaffung eines Gegenzentrums gelingt kaum. Zwar vertritt der frühe Mistral föderalistische Gedanken, sogar auf gesamteuropäischer Ebene, er lehnt den französischen Zentralismus ab und verweist auf eine Vergangenheit, in der die Vielfalt der Gebiete an erster Stelle steht und ein Zeichen ihrer Entfaltung ist. Noch um 1860 wird er bei manchen Minderheiten als einer der Vordenker einer neuen europäischen Ordnung wahrgenommen. Anders als in Katalonien verdichten diese diffusen Gedanken sich nicht zu einem mehr oder weniger kohärenten politischen Programm. Hinzu kommt die Umgebung Mistrals: sein Lehrer und engster Gefährte Roumanille ist ein borniert katholischer Monarchist, der mit den reaktionären Kreisen um den Bischof von Avignon in engem Kontakt steht. Der andere große okzitanische Schriftsteller aus seiner Gruppe, Théodore Aubanel, von Beruf Drucker des päpstlichen Stuhles in Avignon, versucht, den daraus entstehenden Widersprüchen zu entkommen, indem er sich mit einigen der wichtigsten französischen Schriftsteller seiner Zeit anfreundet, wodurch er in Konflikt mit den reaktionären Mitgliedern des *Félibrige* gerät und schließlich in dem Verband keine Rolle mehr spielt.

Im Zusammenhang mit dem Krieg von 1870-1871 und der Bildung der *Commune* in Paris (und in etlichen okzitanischen Städten) wendet sich Mistral definitiv nach rechts. Das beraubt ihn mancher seiner katalanischen Freunde. Er sieht den *Félibrige* nun als eine ausschließlich literarische Vereinigung, die keine politischen Ziele hat und sich in die französische Nation integriert. Diese Position lässt sich auf Dauer nicht durchhalten, denn es bedürfte staatlicher Unterstützung für die Weiterexistenz der okzitanischen Kultur, insbesondere nach Einführung der allgemeinen Schulpflicht, und die Entwicklung einer eigenen Kultur in der Provence bzw. in Okzitanien ist nur möglich, wenn es zur Bildung unabhängiger kultureller und politischer Zentren kommt, in welcher Form auch immer. So taucht, Mistral zum Trotz, der Gedanke der Reform des französischen Staates immer wieder auf: im Verband selbst mit der Erklärung der *Jeunes Félibres* von 1892, eher am Rande in der Zusammenarbeit von Perbosc, Estieu und dem Katalanen Josep Aladern gegen Ende des 19. Jahrhunderts, die schließlich zur Gründung der *Escòla Occitana* innerhalb des *Félibrige* führt.

Der Erste Weltkrieg bildet einen Einschnitt, insofern er zu einem neuerlichen Bekenntnis der Okzitanen zum französischen Staat führt (es wird ihnen abgefordert). Aber kurz nach Kriegsende werden neue Forderungen laut, die jetzt eindeutig (kultur-) politisch sind. Sie erklären sich, mindestens teilweise, aus der Proklamation von Wilsons Vierzehn Punkten und aus den Pariser Vorortverträgen von 1919/20 mit dem dort verkündeten (und großenteils nicht eingehaltenen) Recht der Völker auf Selbstbestimmung. Sie kommen sowohl von Anhängern des *Félibrige* als auch von den nun sich gruppierenden unabhängigen Okzitanisten. Der Okzitanismus der späten zwanziger und dreißiger Jahre, etwa in den Positionen von *Oc* und den Vorstellungen von Charles Camproux, formuliert in sich kohärente politische Forderungen, wie sie in

Barcelona spätestens seit den siebziger Jahren des 19. Jahrhunderts auftauchen. Allerdings hat um diese Zeit die sprachliche Substitution bereits massiv begonnen, hat die okzitanische Literatur und Kultur mit der französischen nicht Schritt halten können. So gibt es zwar Programme, diese jedoch erhalten in der Gesellschaft nur begrenzten Zuspruch. Vielleicht hätte bei einem ruhigeren historischen Verlauf ein Ausbau dieser Programme und ein stärkerer Zuspruch von seiten der Bevölkerung erfolgen können. Immerhin verliert die okzitanische Bewegung in dieser Zeit ihre bis dahin vorherrschende Rechtslastigkeit, und wird auch für andere Zielgruppen potentiell erreichbar. Der Zweite Weltkrieg sorgt jedoch wiederum für eine Unterbrechung der Entwicklung.

Das Intermezzo der Herrschaft Pétains beschert dem Okzitanismus (und den anderen autochthonen Minderheiten Frankreichs) die Erlasse Carcopino über den freiwilligen Unterricht, die zwar weit von dem entfernt sind, was sich die Verteidiger der Sprache erhoffen, doch immerhin zum ersten Male eine Regelung vorsehen und somit die Existenz des Problems rechtlich anerkennen. Hinter diese Möglichkeiten kann das Frankreich der *Libération* nicht zurückgehen, zumal sich der Okzitanismus in der Kriegszeit stark nach links entwickelt hat. Die Gründung des *Institut d'Estudis Occitans* im Jahre 1945 entspringt dieser Veränderung. So kommt es zur *Loi Deixonne* von 1951, die über mehr als ein halbes Jahrhundert die Möglichkeiten und Grenzen der Minderheiten fixieren sollte. In den sechziger und siebziger Jahren wird ein politischer Okzitanismus formuliert (die wichtigste Person dabei ist Robert Lafont, der in der zweiten Hälfte des 20. Jahrhunderts eine führende Rolle spielt, allerdings aufgrund seiner insgesamt konsequenten Haltung mehr angefeindet wird als Mistral ein Jahrhundert zuvor); er kann nur in günstigen Momenten ein Massenecho findet. Immerhin wird er als politischer Regionalismus in den politischen Instanzen diskutiert und findet nach der Wahl Mitterrands mit den Regionalisierungsgesetzen eine teilweise Umsetzung.

Auf der anderen Seite setzt, wohl mit dem Ende des Ersten Weltkrieges, eine sprachliche Substitution ein, die zu den dargestellten Resultaten führt. So gibt es heute eine begrenzte Institutionalisierung des Okzitanischen, aber die Zahl der Sprecher geht weiter rasant zurück. Immerhin scheint die *Bataille de la honte* (der Begriff stammt von Gaston Bazalgues) heute wirklich gewonnen, ob es doch noch zum Wiederauferstehen eines politischen Okzitanismus kommt, kann nur die Zukunft zeigen. Mehrfach hat er das Stadium Zwei des Schemas von Hroch erreicht, zu einigen günstigen Augenblicken auch das Stadium Drei, aber jeweils nur für kurze Zeit. Bereits zu Beginn der neunziger Jahre spricht Robert Lafont von einem *Temps tres* des Okzitanismus (Lafont 1991). Ob es erreicht wird?

Die Situation ist in Bezug auf den Status viel günstiger im Val d'Aran, nur etwas günstiger in den oberitalienischen Tälern.

Der vergleichende Überblick über die beiden Renaissance-Bewegungen endet, aus heutiger Sicht, im Hinblick auf die politische Seite mit der Feststellung eines teilweisen Erfolgs auf katalanischer Seite, aber eines weitgehenden Misserfolges auf okzitanischer. Kulturell ist die Bilanz weniger unausgeglichen, wenn auch die katalanische Kultur immerhin eine gewisse weltweite Rezeption erzielt, die okzitanische jedoch nur eine begrenzte. Angesichts der derzeitigen Tendenzen zur Globalisierung muss die Frage offen bleiben, ob weitere Entwicklungen für die beiden Sprachen und Kulturen günstiger werden können. Da jede Sprache durch ihre Sprecher ihren Blick auf die umgebende Realität wirft, würde der Verlust einer jeden die Menschheit einer ihrer möglichen Perspektiven berauben.

Die unterschiedliche Geschichte beider Renaissance-Bewegungen zeigt, dass eine Vielzahl von Faktoren für Erfolg oder Misserfolg eine Rolle spielen. Die Klarheit der Forderungen und eine relative Einigkeit der jeweiligen Gruppe bildet ein wichtiges Element (weswegen staatliche Gegenspieler immer auf die Entzweiung der Minderheiten setzen). Es ist wichtig für die Minderheiten, dass wenigstens relevante Teile ihrer Eliten auf *ihrer* Seite stehen. Die Stärke des Staates und seine Integrationskraft spielen eine Rolle; ein schwacher oder schwächer werdender Gesamtstaat erleichtert die Rolle der Minderheiten. Ganz wichtig ist die Frage, ob und inwieweit der Staat die Grundrechte seiner Bürger anerkennt; wo nicht minimale Standards der Menschenrechte eingehalten werden, können Minderheiten sich nur mit Gewalt ihre Unabhängigkeit erkämpfen. Gewöhnlich wird diese Gewalt über mehrere Generationen hin in beiden betroffenen Gesellschaften – bei der Mehrheit wie bei der Minderheit – fortwirken; die Folgen lassen sich sowohl bei ehemaligen Kolonisatoren wie bei ehemals Kolonisierten vor unseren Augen beobachten. Insofern kann das Fazit dieses Büchleins nur ein Aufruf zu einem respektvollen Umgang mit schwächeren Gruppen, Minderheiten, und zur weitgehenden Berücksichtigung ihrer Forderungen, sein. Zu leicht können sie sich sonst als Unterdrückte fühlen und dagegen reagieren. Der Stärkere kann oft nicht nachvollziehen, was für den Schwächeren Diskriminierung ist; an dieser Stelle liegt der Urgrund des Problems.

Bibliographie

Abrate, Laurent, 2001. *Occitanie 1900/1968*. Des idées et des hommes. L'émergence et l'histoire de la revendication occitane. [Toulouse:] Institut d'Estudis Occitans.
Alén Garabato, Carmen, 2008. *Actes de résistance sociolinguistique*. Les défis d'une production périodique militante en langue d'oc. Paris: L'Harmattan.
Alén Garabato, Carmen/Colonna, Romain (dir.), 2016. *L'auto-odi*. La « haine de soi » en sociolinguistique. Paris: L'Harmattan.
Alibert, Louis, 1923. *Le lengodoucian literàri*. Toulouse: Bertoumiu.
Alibert, Loïs, 1935-37. *Gramatica occitana* segón los parlars lengadocians. Tolosa : Societat d'Estudis Occitans [Barcelona : Casa de Caritat] 2 vols., [²1976. *Gramatica occitana* segon los parlars lengadocians. Montpelhièr: Centre d'Estudis Occitans; Nachdrucke].
Alibert, Louis, 1965. *Dictionnaire occitan-français* d'après les parlers languedociens. Toulouse: Institut d'Etudes Occitanes.
Alibert, Louis/Bec, Pierre, 1952. L'application de la réforme linguistique occitane au gascon. Toulouse: IEO.
Alquézar i Montañés, Manuel, 1992. *La correspondència entre Loïs Alibert i Josep Carbonell i Gener* (Material per a l'estudi de la codificació de la llengua occitana). Barcelona: Institut d'Estudis Catalans.
Amade, Jean, 1924. *Origines et premières manifestations de la renaissance littéraire en Catalogne au XIXe siècle*. Toulouse/Paris : Privat/Didier.
Armengaud, André/Lafont, Robert (dir.), 1979. *Histoire d'Occitanie*. Paris: Hachette.
[Arnauld, Antoine/Lancelot, Claude] 1660. *Grammaire Générale et raisonnée contenant les fondemens de l'art de parler, expliquez d'une manière claire & naturelle* ; les raisons de ce qui est commun à toutes les langues & des principales différences qui s'y rencontrent ; et plusieurs remarques nouvelles sur la langue françoise. Paris: Pierre le Petit [zahlreiche Nachdrucke, Neuauflagen und Bearbeitungen].
Alranq, Claude, 1995. *Théâtre d'oc contemporain*. Les arts de jouer du Midi de la France. Pézenas: Domens.
Badia i Margarit, Antoni Maria, 1969. *La llengua dels Barcelonins*. Resultats d'una enquesta sociològico-lingüística. Vol. I: L'enquesta. La llengua i els seus condicionaments. Barcelona: Ed. 62 [der Rest ist viel später in stark gekürzter Form erschienen].
Badia i Margarit, Antoni M., 2007. « L'*Institut d'Estudis Catalans* et les travaux de langue et civilisation catalanes. Esquisse d'histoire. Bibliographie », in: *Estudis Romànics* (Barcelona), XXIX, 7-41.
Balanzá, Maria-Amparo, 1982. *Les relations catalano-provençales à travers la correspondance de Frédéric Mistral et Victor Balaguer*. Thèse Université Paul Valéry Montpellier, 2 vol. [nicht veröffentlicht].
Barthe, Roger, ²1962. *L'idée latine*. Toulouse: Institut d'Etudes Occitanes [¹1950/51].
Bayle, Louis, 1975. *Procès de l'occitanisme*. Toulon: L'Astrado.
Bec, Pierre, 1959. *Petite nomenclature morphologique du gascon*. Toulouse: IEO.
Bec, Pierre, ⁶1995. *La langue occitane*. Paris: PUF (Que sais-je ?) [¹1963].
Bec, Pierre, 2003. *Le comte de Poitiers, premier troubadour*. A l'aube d'un verbe et d'une érotique. Montpellier: Université Paul Valéry.
Beevor, Antony, 2006. *The Spanish Civil War*. London: Weidenfeld & Nicholson [deutsch: *Der Spanische Bürgerkrieg*, München: Bertelsmann, 2006].
Benet, Josep, 1995. *L'intent franquista de genocidi cultural contra Catalunya*. Barcelona: Publicacions de l'Abadia de Montserrat.

Bernard, Valeri, 1936. *La legenda d'Esclarmonda*. Toulouse: IEO [hergestellt in Barcelona].
Bernecker, Walther L., 1991. *Krieg in Spanien (1936-1939)*. Darmstadt: Wiss. Buchgesellschaft.
Bernecker, Walther L./Eßer, Torsten/Kraus, Peter A., 2007. *Eine kleine Geschichte Kataloniens*. Frankfurt/M.: Suhrkamp.
Bernissan, Fabrice, 2012. « Combien de locuteurs compte l'occitan en 2012 ? », in: *Revue de Linguistique Romane*, LXXVI, 467-512.
Bladé Desumvila, A[rtur], 1961. *Felibres i catalans*. Barcelona: Rafael Dalmau.
[Boissier de Sauvages de Lacroix, Pierre Augustin] 1756. *Dictionnaire languedocien-françois,* ou choix des mots languedociens les plus difficiles à rendre en françois. Nimes: Gaude [²1785, ³1820 Alais: Martin].
Bonells, Jordi, 1994. *Histoire de la littérature catalane*. Paris: PUF (Que sais-je ?).
Bonifassi, Georges, 2003. *La presse régionale de Provence en langue d'Oc*. Des origines à 1914. Paris: Presses de l'Université de Paris-Sorbonne.
Bosch i Rodoreda, Andreu, 2002. *El català de l'Alguer*. Barcelona: Publicacions de l'Abadia de Montserrat.
Boyer, Henri, 1990. *Clefs sociolinguistiques pour le francitan*. Montpellier: CRDP.
Boyer, Henri, 2001. « Enquêtes quantitatives sur les images et les usages de l'occitan en Aquitiane et en Languedoc (1991-1997) », in: Boyer/Gardy, 2001, 333-334.
Boyer, Henri/Gardy, Philippe (coord.), 2001. *Dix siècles d'usages et d'images de l'occitan*. Des Troubadours à l'Internet. Paris: L'Harmattan.
Brenon, Anne, 2007. *Les Cathares*. Paris: A. Michel.
Bringuier, Jean-Paul, 2013. « Le COEA, Comité occitan d'études et d'action 1962-1971 », in: Torreilles 2013, 63-78.
Brinkmann, Sören, 2007. *Katalonien und der Spanische Bürgerkrieg*. Geschichte und Erinnerung. Berlin: Ed. Tranvía, Verlag Walter Frey.
Broudic, Fañch, 1995. *La pratique du breton de l'Ancien Régime à nos jours*. Rennes: Presses Universitaires.
Broué, Pierre/Témime, Emile, 1961. *La révolution et la guerre d'Espagne*. Paris: Ed de Minuit.
Brun, Auguste, 1923. *Recherches historiques sur l'introduction du français dans les provinces du Midi*. Paris: Champion [Reprint: Genève: Slatkine, 1973].
Brun, Auguste, 1923a. *L'introduction de la langue française en Béarn et en Roussillon*. Paris: Champion.
Brunel, Clovis, ²1952 [1926]. *Les plus anciennes chartes en langue provençale*. Recueil des pièces originales antérieures au XIIIe siècle. Publiées avec une étude philologique. Paris: Picard, 2 vols. [Reprint in einem Band: Genève: Slatkine, 1973].
Burke, Peter, 2014. *Die Explosion des Wissens*. Von der *Encyclopédie* bis Wikipedia. Berlin: Wagenbach [deutsch von Matthias Wolf unter Mitarbeit von Sebastian Wohlfeil; englisches Original: *A Social History of Knowledge*, vol. II, Cambridge: Polity Press, 2012].
Camproux, Carles [sic], 1935. *Per lo camp occitan*. Narbona: J. Lombard, Estamparia del Lengadoc.
Camproux, Charles, 1953. *Histoire de la littérature occitane*. Paris: Payot [²1971].
Camps, Christian (dir.), 2009. *Les relacions catalano-occitanes al llindar del segle XXI*. [Péronnas:] Association Française des Catalanistes/Ed. de la Tour Gile.
Capmany y Montpalau, Antonio, 1961-63. *Memorias históricas sobre la marina, comercio y artes de la antigua ciudad de Barcelona*. Barcelona: Cámara Oficial de Comercio y Navegación, 2 Bände in 3 Teilbänden.
Carbonell [i de Ballester], 2017. *Elements d'història de la llengua catalana*. Edició a cura d'Antoni Ferrando. València: Universitat de València.
Carrera, Aitor, 2009. *L'occità*. Gramàtica i diccionari bàsics (occità referencial i aranès). Lleida: Pagès.

Castéla, Paul, 1999. *Occitanie*. Histoire d'une aliénation. Millau: Ed. du Beffroi.
Catach, Nina, 1990. « Français: graphétique et graphémique », in: Holtus, Günter/Metzeltin, Michael/Schmitt, Christian (Hg.), *Lexikon der Romanistischen Linguistik*, Tübingen: Niemeyer, Band V, 1, 46-58.
Càtars i trobadors, Occitània i Catalunya: renaixença i futur, 2003. Barcelona: Generalitat de Catalunya [zugleich Ausstellungskatalog].
Cellier, Léon, 1953. *Fabre d'Olivet*. Contribution à l'étude des aspects religieux du romantisme. Paris: Nizet.
Cerquiglini, Bernard, 1999. *Les langues de la France*. Rapport au Ministre de l'Education –nationale, de la Recherche et de la Technologie et à la Ministre de la Culture et de la Communication. www.ladocumentation_francaise.fr
Certeau, Michel de/Julia, Dominique/Revel, Jacques, 1975. *Une politique de la langue*. Le Révolution française et les patois. Paris: Gallimard.
Chambon, Jean-Pierre, 2012. « Développement et problèmes actuels des études occitanes », in: *Revue de Linguistique Romane*, LXXVI, 199-210.
Collado Seidel, Carlos, 2007. *Kleine Geschichte Kataloniens*. München: Beck.
Collòqui occitanò-catalan, Montpelhièr, 23-24 junh de 1978, 1978. = Annals de l'Institut d'Estudis Occitans, 5na tièra, no. 4, 1978.
Comité consultatif pour la promotion des langues régionales et de la pluralité linguistique interne, 2013. *Redéfinir une politique publique en faveur des langues régionales et de la pluralité linguistique interne*. Rapport présenté à la Ministre de la Culture et de la Communication. [Paris: DGLFLF].
Congrés de Cultura Catalana, 1978. *Resolucions* (Band 1-3), *Manifest i Documents* (Band 4). Barcelona: Països Catalans [unter dieser Bezeichnung haben sich neun Verlage aus allen katalanischsprachigen Gebieten zusammengeschlossen].
Cortés Carreres, Santi, 1995. *València sota el règim franquista (1939-1951)*. València/Barcelona: Institut de Filologia Valenciana/Publicacions de l'Abadia de Montserrat.
Couderc, Yves, 1975. "Lo francitan", in: *Occitània passat e present* (Nizza), no. 3, 20-21 und no. 4, 34-37.
Courouau, Jean-François (dir.), 2015. *La langue partagée*. Ecrits et paroles d'oc 1700-1789. Genève: Droz.
Courouau, Jean-François, 2017. *Le Rococo d'oc*. Une anthologie poétique (1690-1789). Toulouse: Presses Universitaires du Midi.
Coyos, Jean-Baptiste (dir.), 2004. *Politiques linguistiques*. Langue basque et langue occitane du Béarn et de Gascogne. [Saint-Sébastien/Bayonne:] Elkar.
Dauzat, Albert, 1927. *Les patois*. Paris: Delagrave [²1946].
Desgrouais, [Jean], 1766. *Les gasconismes corrigés*, Ouvrage utile à toutes les personnes qui veulent parler et écrire correctement, et principalement aux jeunes gens dont l'éducation n'est point encore formée. Toulouse: Robert [²1768; zahlreiche Nachdrucke, zuletzt Nîmes: Lacour, 1997].
Devoluy, Pierre, 1941. *Mistral et la rédemption d'une langue*. Paris: Grasset.
Devoluy, Pierre, 1994. *Istòri naciounalo de la Prouvenço e dóu Miejour di Gaulo*. Publication assurée par Pierre Fabre. Ollières/Draguignan: Cercle Pierre Devoluy/Maintenance de Provence du Félibrige.
Donnadieu, Frédéric, 1888. *Les précurseurs des Félibres 1800-1855*. Paris: Quantin [Reprint: Raphèle-les-Arles: Culture provençale et méridionale, 1980].
Doppelbauer, Max, 2006. *València im Sprachenstreit*. Sprachlicher Sezessionismus als sozialpsychologisches Phänomen. Wien: Braumüller.

Doppelbauer, Max/Kremnitz, Georg (Hg.), 2012. *El concepte de Països Catalans*. Llengua – Literatura – Cultura. Wien: Praesens.
Dupuy, André, 1997. *Encyclopédie occitane*. Genève: Slatkine.
Espieut, Enric, 1968. *Istòria d'Occitania*. Lavit: Lo Libre Occitan [franz. Übersetzung: Espieux, Henri, 1970. *Histoire de l'Occitanie*. Agen: Centre Culturel Occitan. Übersetzung: Jean Revest].
Eßer, Torsten/Stegmann, Tilbert D. (Hg.), 2007. *Kataloniens Rückkehr nach Europa 1976-2006*. Geschichte, Politik, Kultur und Wirtschaft. Berlin: LIT-Verlag.
Eygun, Jean (éd.), 2004. *Poésie d'Oc au XXe siècle*. Anthologie bilingue. [Toulouse:] Letras d'oc.
Eygun, Joan, 2015. *Ua lenga qui s'esvaneish ? Une langue qui disparaît ?* Pleitei/Plaidoyer. [Tolosa:] Letras d'òc.
Fabra, Pompeu, 2005-2013. *Obres completes*. A cura de Jordi Mir i Joan Solà. Barcelona: Institut d'Estudis Catalans, vol. 1 – 9.
Fabre d'Olivet, Antoine, 1989. *La langue d'oc rétablie dans ses principes*. Ganges: Association Fabre d'Olivet.
Ferrando Francés, Antoni/Nicolàs Amorós, Miquel, 2005. *Història de la llengua catalana*. Barcelona: Ed. Universitat Oberta de Catalunya.
Ferrer, Antoni-Lluc, 1987. *La patrie imaginaire*. La projection de 'La Patria' de B. C. Aribau (1832) dans la mentalité catalane contemporaine. Aix-en-Provence: Université de Provence, 2 vols.
Ferrer i Gironès, Francesc, ^{5}1986. *La persecució política de la llengua catalana*. Història de les mesures contra el seu ús des de la Nova Planta fins avui. Barcelona: Ed. 62 [^{1}1985].
Fontana, Josep, 2014. *La formació d'una identitat*. Una història de Catalunya. Vic: Eumo [^{7}2015].
Fornés [Pérez], Lluís, 2001. "Lo filològ Michel Ventura Balanyà, una nòrma per lo diasistèma occitanò-roman", in: Kremnitz/Czernilofsky/Cichon/Tanzmeister 2001, 535-545.
Fornés Pérez, Lluís, 2004. *El pensament panoccitanista (1904-2004)*. Tesi, Universitat València [nicht veröffentlicht].
Fourès, Auguste, 1885. « De l'épuration des patois d'Oc », in: *Revue du Sud-Ouest* (Agen), I, 60-66, 102-105, 139-142, 162-165.
Fourié, Joan, 1995. "A l'entorn d'un cinquantenari: la S.E.O. precursor de l'I.E.O. Contribucion a l'istòria del movement occitan", in: *Estudis Occitans* (Paris), no. 18, 13-39.
Fourié, Jean. ^{2}2009. *Dictionnaire des auteurs de langue d'oc de 1800 à nos jours*. Aix-en-Provence: Felibrige Edicioun [^{1}1994: Paris: Collection des Amis de la langue d'oc].
Fournier, Georges, 1985. « La langue des assemblées locales en Languedoc pendant la Révolution », in : *Lengas* (Montpellier), no. 17, 157-177.
Fournier, Georges, 1989. « La production toulousaine », in : Boyer, Henri/Fournier, Georges/ Gardy, Philippe/Martel, Philippe/Merle, René/Pic, François, *Le texte occitan de la période révolutionnaire (1788-1800)*. Inventaire, approches, lectures. Montpellier: Section Française de l'Association Internationale d'Etudes Occitanes, 367-423.
Fraj, Eric, 2013. *Quin occitan per deman ? Quel occitan pour demain ?* Lengatge e democracia/Langage et démocratie. [Pau:] Ed. Reclams.
Furet, François/Ozouf, Jacques, 1977. *Lire et écrire*. L'alphabétisation des Français de Calvin à Jules Ferry. Paris: Ed. de Minuit, 2 vols.
Fuster, Jaume, 1978. *El Congrés de Cultura Catalana*. ¿Què és i que ha estat? Barcelona: Ed. Laia.
Fuster, Joan, 1962. *Qüestió de noms*. Barcelona: Ed. d'Aportació Catalana.
Garavini, Fausta, 1967. *L'Empèri dóu soulèu*. La ragione dialettale nella Francia d'Oc. Milano/Napoli: Ricciardi.
Garavini, Fausta, 1970. *La letteratura occitanica moderna*. Firenze/Milano: Sansoni/Accademia.
Gardy, Philippe, 1982. *Un conteur provençal au XVIIIe siècle: Jean de Cabanes*, suivi de Vingt contes de Jean de Cabanes. Aix-en-Provence: Edisud.

Gardy, Philippe, 1992. *Une écriture en archipel*. Cinquante ans de poésie occitane (1940-1990). Eglise-Neuve-d'Issac: Fédérop.
Gardy, Philippe, 1996. *L'écriture occitane contemporaine*. Une quête des mots. Paris/Montréal: L'Harmattan.
Gardy, Philippe, 1997. *Histoire et anthologie de la littérature occitane*. Tome 2: *L'âge du baroque (1520-1789)*. Montpellier: Presses du Languedoc.
Gardy, Philippe, 2006. *L'exil de l'origine*. Renaissance littéraire et renaissance linguistique en pays de langue d'oc aux XIXe et XXe siècles. Bordeaux: Presses Universitaires.
Gardy, Philippe, 2017. *L'arbre et la spirale*. Robert Lafont polygraphe. Essai. Valence d'Albigeois: Vent Terral.
Gauger, Hans-Martin/Oesterreicher, Wulf/Windisch, Rudolf, 1981. *Einführung in die romanische Sprachwissenschaft*. Darmstadt: Wiss. Buchgesellschaft.
Gazier, A[ugustin], 1880. *Lettres à Grégoire sur les patois de France 1790-1794*. Paris: Durand et Pedone-Lauriel [reprint: Genève: Slatkine, 1969].
Generalitat Valenciana, Conselleria de Cultura, Educació i Sport (dir.), 2004. *Coneixement i ús social del valencià*. València: Generalitat [dir. Rafael Ninyoles Montllor].
Gimeno Ugalde, Esther, 2010. *La identidad nacional catalana*. Ideologías lingüísticas entre 1833 y 1932. Madrid/Frankfurt/M.: Iberoamericana/Vervuert.
Ginebra i Serrabou, Jordi, 1994. *El grup modernista de Reus i la llengua catalana*. Reus/Lleida: Associació d'Estudis Reusencs/Pagès.
Ginebra [i Serrabou], Jordi, 2009. *Llengua, nació i modernitat*. Projectes i conflictes en la Catalunya dels segles XIX i XX. Valls: Cossetània.
Giordan, Henri, 1982. *Démocratie culturelle et droit à la différence*. Paris: La Documentation Française.
Grau, Pere, 1998. "El panoccitanisme dels anys trenta. L'intent de construir un projecte comú entre occitans i catalans", in: *El Contemporani* (Cataroja, País Valencià), no. 14, 29-35.
Grenier, Paul-Louis, 1948. « Abrégé de grammaire limousine », in: *Mémoires de la Société des Sciences naturelles et archéologiques de la Creuse* (Guéret), XXX, 325-352.
Grosclaude, David, 2017. *Los mots e lo baston*. Ortès: Ed. ADEO [es existiert auch eine französische Version].
Hammel, Etienne, 1996. *Aide-Mémoire*. Langues et cultures régionales et Région Languedoc-Roussillon 1885-1996. Perpinyà/Perpignan: El Trabucaire.
Hammel, Etienne/Gardy, Philippe, 1994. *L'occitan en Languedoc-Roussllon 1991*. Perpinyà/Perpignan: El Trabucaire.
Hellmuth, Eckhart/Stauber, Reinhart (Hg.), 1998. *Nationalismus vor dem Nationalismus?* Hamburg: Meiner [= Zeitschrift *Aufklärung*, X, 2, 1995].
Hinrichs, Ernst, [2]2003. *Kleine Geschichte Frankreichs*. Stuttgart: Reclam [[1]1994].
Hirsch, Ernst, 1962. *Beiträge zur Sprachgeschichte der württembergischen Waldenser*. Stuttgart: Kohlhammer.
Horkheimer, Max/Adorno, Theodor W., 1947. *Dialektik der Aufklärung*. Philosophische Fragmente. Amsterdam: Querido [Nachdruck: Frankfurt: S. Fischer, 1969 u. ö.].
Hroch, Miroslav, 2005. *Das Europa der Nationen*. Die moderne Nationsbildung im europäischen Vergleich. Göttingen: Vandenhoeck & Ruprecht.
Hubmaier, Ines, 2010. *Die sprachliche Normalisierung des Katalanischen auf Menorca*. Wien: Praesens.
Iglesias, Narcís, 2006. « La *Renaixença* permanente d'une langue agonisante : le catalanisme linguistique du Roussillon contemporain », in: Alén Garabato, Carmen (coord.), *L'éveil des nationalités et les revendications linguistiques en Europe (1830-1930)*, Paris: L'Harmattan, 135-149.
Im Hof, Ulrich, 1993. *Das Europa der Aufklärung*. München: Beck.

Institut Català d'Estudis Polítics i Socials [= Benet, Josep], 1973. *Catalunya sota el règim franquista.* Informe sobre la persecució de la llengua i la cultura de Catalunya pel règim del General Franco. Paris: Edicions Catalanes de París [²1978, mit dem richtigen Autorennamen Josep Benet, Barcelona: Blume, dort mehrere Nachdrucke, zuletzt vgl. Benet 1995].

Institut d'Etudes Occitanes, 1049/50. « La réforme linguistique occitane et l'enseignement de la langue d'oc », in: *Annals de l'IEO*, no. 2, 148-159.

Jacoubet, Henri, 1929. *Le genre troubadour et les origines françaises du Romantisme.* Paris: Les belles Lettres.

Javaloyès, Sergi, 2015. *Au nom de la langue/Au nom de la lenga.* Essai. [Pau:] Ed. Reclams [Übersetzung ins Gaskognische: Eric Gonzalès].

Jouveau, René, 1970. *Histoire du Félibrige (1876-1914).* Aix: Eigenverlag.

Jung, Armand/Urvoas, Jean-Jacques, 2012. *Langues et cultures régionales.* En finir avec l'exception française. Paris: Ed. Fondation Jean Jaurès.

Kailuweit, Rolf, 1997. *Vom eigenen Sprechen.* Eine Geschichte der spanisch-katalanischen Diglossie in Katalonien (1759-1859). Frankfurt/M.: Lang.

Kisters, Andreas, 1997. *Un país que vòl cantar.* Okzitanische Musik der Gegenwart als Beispiel für Regionalismus in der populären Musikkultur. Wien: Ed. Praesens.

Kranzer, Thierry, 2015. *Langues régionales au bord du gouffre?* De l'utilité de « nationaliser » les langues régionales. Fouenant: Ed. Yoran.

Kremnitz, Georg, 1974. *Versuche zur Kodifizierung des Okzitanischen seit dem 19. Jahrhundert und ihre Annahme durch die Sprecher.* Tübingen: Tübinger Beiträge zur Linguistik (Narr).

Kremnitz, Georg (Hg.), 1979. *Sprachen im Konflikt.* Theorie und Praxis der katalanischen Soziolinguisten. Eine Textauswahl. Tübingen: Tübinger Beiträge zur Linguistik (Narr).

Kremnitz, Georg, 1986. "Fabra i Alibèrt", in: *Miscel.lània Antoni M. Badia i Margarit*, Montserrat: Abadia de Montserrat, vol. 5, 231-249.

Kremnitz, Georg (éd.), 1988. *Fabre d'Olivet. La langue d'oc rétablie. Grammaire.* Edition, avec une introduction et des notes. Wien: Braumüller.

Kremnitz, Georg, 1989. "Catalanisme i anticatalanisme de les concepcions normatives de l'occità", in: Badia i Margarit, Antoni M./Camprubí, Michel (curadors), *Actes del vuitè Col.loqui Internacional de Llengua i Literatura Catalanes*, Tolosa de Llenguadoc, 12-17 de setembre de 1988, Montserrat: Abadia de Montserrat, vol. I, 159-175.

Kremnitz, Georg, 1997. « Pigüé: le mythe de la langue. Occitan, français et espagnol dans une petite ville argentine », in: *Quo vadis, Romania ?* (Wien), no. 10, 66-76.

Kremnitz, Georg, 2000. "Pompeu Fabra I l'espai occitanocatalà", in: Ginebra, Jordi/Martínez Gili, Raül/Pradilla, Miquel Àngel (curadors), *La lingüística de Pompeu Fabra*, Alacant/Barcelona: IIFV/Universitat Rovira i Virgili, vol. I, 257-278.

Kremnitz, Georg, 2001. « Le travail normatif en occitan », in: Boyer/Gardy, 2001, 21-42.

Kremnitz, Georg, 2003. "Fabra i Alibèrt: dues llengües, dos camins", in: *Catars i trobadors*, 2003, 212-217.

Kremnitz, Georg, 2007. „Sprachenpolitische Folgen des Spanischen Bürgerkrieges", in: *Europa Ethnica*, LXIV, 3-9.

Kremnitz, Georg, 2012 [2013]. "Convergencias/divergencias de comunidades lingüísticas en el marco español", in: Monteagudo, Henrique (dir.), *Linguas, sociedade e política.* Un debate multidisciplinar. Santiago de Compostela: Consello da Cultura Galega, 43-74.

Kremnitz, Georg (dir.), avec le concours de Broudic, Fañch/Alén Garabato, Carmen/Bochmann, Klaus/Boyer, Henri/Caubet, Dominique/Hazaël-Massieux, Marie-Christine/Pic, François/Sibille, Jean, 2013. *Histoire sociale des langues de France.* Rennes: Presses Universitaires.

Kremnitz, Georg, 2015. *Frankreichs Sprachen.* Berlin/München/Boston: de Gruyter.

Kremnitz, Georg, 2016. *Geschichte der romanischen Sprachwissenschaft*. Unter besonderer Berücksichtigung der Entwicklung der Zahl der romanischen Sprachen. Wien: Praesens.
Kremnitz, Georg, 2017. « Quelques étapes de la substitution linguistique en Occitanie et en Catalogne pendant le XXe siècle. Une esquisse », in: Ramos, Emiliana/Ros, Ander (ed.), *Onomastika, hizkuntza eta historia*. Ricardo Cierbideren omenezko estudioak/*Onomástica, lengua e historia*. Estudios en honor de Ricardo Cierbide. S.l.: Onomastika Elkartea/Sociedad Vasca de Onomástica, 357-371.
Kremnitz, Georg, i.Dr. « Conceptions d'espace concurrentes "entre Guéret et Guardamar" », erscheint in: Jablonka, Frank (dir.), *Histoires de langues – langages de l'histoire*, Paris: L'Harmattan.
Kremnitz, Georg/Czernilofsky, Barbara/Cichon, Peter/Tanzmeister, Robert (éds.), 2001. *Le rayonnement de la civilisation occitane à l'aube d'un nouveau millénaire*. 6e Congrès International de l'Association Internationale d'Etudes Occitanes, 12 – 19 septembre 1999. Wien: Ed. Praesens, 2001.
Kremnitz, Georg/Vallverdú, Francesc, 2013. "Introducció general al pensament (socio) lingüístic de Pompeu Fabra", in: Fabra, Pompeu, *Obres completes*. Vol. 9, 17-58.
Ladoux, Jean, 1923. *Essai de grammaire occitane*. Béziers: Ed. de la Cigalo Lengadouciano.
Lafont, Andrée-Paule (éd.), 1962. *Anthologie de la poésie occitane 1900 – 1960*. Préface d'Aragon. Paris: Les Editeurs Français Réunis.
Lafont, Robert, 1951. *Phonétique et graphie du provençal*. Saint-Rémy-de-Provence: IEO.
Lafont, Robert, 1952. « Remarques sur les conditions et les méthodes d'une étude rationnelle du comportement linguistique des Occitans », in: *Annales de l'IEO*, no. 11, 15 mai 1952, 41-45.
Lafont, Robert, 1964. *La conscience linguistique des écrivains occitans*. La renaissance du seizième siècle. Montpellier: Thèse secondaire [veröffentlicht mit Kürzungen als Lafont 1970].
Lafont, Robert, 1966/67. *La renaissance occitane au XIXe siècle*. Montpellier: Centre d'Editions Universitaires de l'UGEM.
Lafont, Robert, 1967. *La révolution régionaliste*. Paris: Gallimard.
Lafont, Robert, 1968. *Sur la France*. Paris: Gallimard.
Lafont, Robert, 1969. « La Copa Santa: Rescontre de doas Renaissènças », in: *Viure* (Montpellier), no. 15, 17-26 [okzit. Übersetzung: Felip Gardy, ursprünglich in *Nous Horitzons*, no. 14, 1968].
Lafont, Robert, 1970. *Renaissance du Sud*. Essai sur la littérature occitane au temps de [sic] Henri IV. Paris: Gallimard.
Lafont, Robert, 1971. *Clefs pour l'Occitanie*. Paris: Seghers [mehrere Nachdrucke].
Lafont, Robert, 1974. *La revendication occitane*. Paris: Flammarion.
Lafont, Robert, 1978. "Relacions de doas renaissenças", in: *Colloqui*, 1978, 59-66.
Lafont, Robert, ²1980. *Mistral ou l'illusion*. Energas: Vent Terral [¹1954, Paris: Plon; die zweite Auflage enthält zahlreiche Aktualisierungen].
Lafont, Robert, 1991. *Temps tres*. Perpinyà: El Trabucaire.
Lafont, Robert, 1997. *Le Coq el l'Oc*. Apologue. Arles: Actes Sud.
Lafont, Robert, 2003. *Petita istòria europèa d'Occitània*. Canet: El Trabucaire.
Lafont, Robert, 2004. *Le Sud ou l'Autre*. La France et son Midi. Aix-en-Provence: Edisud.
Lafont, Robert, 2005. *Trobar. I : L'explosion*. Biarritz: Atlantica.
Lafont, Robert/Anatole, Christian, 1970/71. *Nouvelle histoire de la littérature occitane*. Paris: PUF, 2 Bände.
Lafont, Robèrt/Maffre-Baugé, Emmanuel/Chabròl, Joan-Pèire, 1979. "Mon païs escorjat", in: *Aicí e ara* (Montpelhièr), no. 2, 10-11.
Lamuela, Xavier/Murgades, Josep, 1984. *Teoria de la llengua literària segons Fabra*. Barcelona: Quaderns Crema.

Larzac, Jean (dir.) et une équipe du *COEA*, 1971. *Le petit livre de l'Occitanie*. Ardoana (Sant-Pons): 4 Vertats.
Lavelle, Pierre, 2004. *L'Occitanie*. Histoire politique et culturelle. [Toulouse:] IEO.
Le Roy Ladurie, Emmanuel, ²2005. *Histoire de France des régions*. La périphérie française des origines à nos jours. Paris: Seuil [¹2001].
Lespoux, Yan, 2016. *Pour la langue d'oc à l'école*. De Vichy à la loi Deixonne, les premières réalisations de la revendiaction moderne en faveur de l'enseignement de la langue d'oc. Montpellier: Presses Universitaires de la Méditerranée.
Llanas [Pont], Manuel, 2007. *Sis segles d'edició a Catalunya*. Una síntesi històrica. Vic: Eumo.
López Tuna, Alfons, ⁶2007. *Catalunya sota Espanya*. L'oppressió nacional en democràcia. Barcelona: La Magrana/Dèria [¹2007].
Manent, Albert/Crexell, Joan, 1988. *Bibliografia catalana dels anys més difícils (1939-1943)*. Montserrat: Publicacions de l'Abadia de Montserrat.
Manent, Albert/Crexell, Joan, 1989. *Bibliografia catalana: cap a la represa (1944-1946)*. Montserrat: Publicacions de l'Abadia de Montserrat.
Marí [i Mayans], Isidor, 2012. "Els Països Catalans: una realitat innominable?", in: Doppelbauer/Kremnitz, 2012, 44-59.
Marí i Mayans, Isidor, ²2016. *Die Katalanischen Länder*. Geschichte und Gegenwart einer europäischen Kultur. Berlin: Ed. Tranvía [¹2003, Deutsch von Heike Nottebaum; kast. Original: Palma de Mallorca: Federació d'Entitats Culturals dels Països Catalans, 1993].
Martel, Camille/Saïsset, Jordan, 2016. *Musiques occitanes*. S.l.: Le Mot et le reste.
Martel, Felip, 1992. "Occitans i catalans, els avatars d'una germanor", in: *Actes del Col.loqui Internacional sobre la Renaixença (18-22 desembre de 1984)*, Barcelona: Curial, vol. I, 377-389.
Martel, Philippe, 2003. „Els Jocs Florals, el Felibritge i la Renaixença", in: *Càtars i trobadors*, 194-201.
Martel, Philippe, 2010. *Les félibres et leur temps*. Renaissance d'oc et opinion (1850-1914). Pessac: Presses Universitaires de Bordeaux.
Martel, Philippe 2016. *L'école française et l'occitan ou Le sourd et le bègue*. Montpellier: Presses Universitaires de la Méditerranée [¹2007].
Martí i Castell, Joan, 2001. *Els orígens de la llengua catalana*. Barcelona: Ed. UOC.
Martin, Yannick, 2015. *Lo tust de la lenga*. [Nîmes:] MARPOC.
Massot i Muntaner, Josep, 1992. *Els intel.lectuals mallorquins davant el franquisme*. Barcelona: Publicacions de l'Abadia de Montserrat.
Mazerolle, Valérie, 2008. *La chanson occitane 1965-1997*. Bordeaux: Presses Universitaires.
Meyer, Paul, 1889. « La langue romane du Midi de la France et ses différents noms », in: *Annales du Midi* (Touluse), I, 1-15.
Milá y Fontanals, Manuel, 1861. *De los trovadores en España*. Estudio de lengua y poesía provenzal. Barcelona: Verdaguer.
Mistral, Frédéric, 1878-1886. *Lou tresor dóu Felibrige ou Dictionnaire provençal-français embrassant les divers dialectes de la langue d'oc moderne*. Aix-en-Provence/Avignon/Paris: Remondet/Roumanille/Champion, 2 vols. [zahlreiche Nachdrucke, u. a.: Aix: Ed. Ramoun Berenguié, 1968, mit Ergänzungen durch Jules Ronjat, 2 vols.].
Moliner, Olivier, 2010. *Frankreichs Regionalsprachen im Parlament*. Von der Pétition pour les langues provinciales 1870 zur Loi Deixonne 1951. Wien: Praesens.
Montoya Abat, Brauli, 1996. *Alacant: la llengua interrompuda*. València: Denes.
Montoya Abat, Brauli/Mas i Miralles, Antoni, 2011. *La transmissió familiar del valencià*. València: Acadèmia Valenciana de la Llengua.
Moran [i Ocerinjauregui], Josep, 2003. " Català i occità: el naixement de dues llengües bessones", in: *Càtars i trobadors*, 44-55.

Müller, Bodo, 1968. « Langue d'Oc, Languedoc, Occitan », in: Stimm, Helmut (Hg.), *Verba et vocabula*. Ernst Gamillscheg zum 80. Geburtstag, München: Fink, 323-342.
Mulsow, Martin, 2012. *Prekäres Wissen*. Eine andere Ideengeschichte der Frühen Neuzeit. Berlin: Suhrkamp.
Murgades, Josep, 2000. "Fabra, entre la contestació i la institucionalització", in: Argenter, Joan (ed.), *Simposi Pompeu Fabra*, Barcelona: IEC, 31-57.
Nadal, Josep-Maria/Prats, Modest, 1982-1996. *Història de la llengua catalana*. Barcelona: Ed. 62, 2 vols. [mehr nicht erschienen].
Nagel, Klaus-Jürgen, 2015. „Katalonien – vom Autonomismus zum Separatismus?", in: *Europa Ethnica* (Wien), Sonderausgabe 2015 Katalonien, 17-30.
Napo, Félix, 1971. *1907 : La révolte des vignerons*. Toulouse: Privat.
Nelli, René, 1964. *Le phénomène cathare*. Perspectives philosophiques, morales et iconographiques. Toulouse: Privat.
Nelli, René (éd.), 1972. *La poésie occitane des origines à nos jours*. Paris: Seghers.
Neu-Altenheimer, Irmela, 1987/89 [1991]. *Sprach- und Nationalbewusstsein in Katalonien während der Renaixença (1833-1891)*. Barcelona: Institut d'Estudis Catalans.
Neu-Altenheimer, Irmela/Schlieben-Lange, Brigitte, 1986. "Provençal i català. Dos punts de vista diferents dels provençalistes i catalanistes al segle XVIII", in: *Miscel.lània Antoni M. Badia i Margarit*, Montserrat: Abadia de Montserrat, vol. 5, 193-212.
Nostredame, Jehan de, 1575. *Les vies des plus celebres et anciens poetes provensaux, qui ont floury du temps des Comtes de Provence*. Lyon: Marsilij [Reprint: Hildesheim/New York: Olms, 1971].
Oberste, Jörg, 2003. *Der „Kreuzzug" gegen die Albigenser*. Ketzerei und Machtpolitik im Mittelalter. Darmstadt: Wissenschaftliche Buchgesellschaft.
Olive i Serret, Enric, 1994. "La Renaixença vista per anarquistes i obreristes (1868-1895)", in: *Actes del Col.loqui Internacional sobre la Renaixença (18-22 de desembre de 1984)*. Barcelona: Curila, vol. II,71-99.
Pagès i Blanch, Pelai (dir.), 2004. *Franquisme i repressió*. La repressió franquista als Països Catalans (1939-1975). València: Universitat de València.
Pansier, Pierre, 1924-1932. *Histoire de la langue provençale à Avignon du XIIe au XIXe siècle*. Avignon: Aubanel, 5 vols.
Panyella, Vinyet, 2000. *Josep Carbonell i Gener (Sitges, 1897-1979)*. Entre les avantguardes i l'humanisme. Barcelona: Ed. 62.
Panyella, Vinyet, 2003. "'La causa occitana'. Les relacions occitanocatalanes a la primera meitat del segle XX", in: *Càtars i trobadors*, 202-211.
Perbosc, Antonin, 1904. "Fòc nòu", in: *Mont-Segur*, no. 9, 97-101 und no. 12, 113-120.
Perbosc, Antonin, 1926. *Les langues de France à l'école*. Toulouse: Editorial Occitan.
Petersilie, A./Keller, ^{4}1923. „Analphabeten", in: Elster, Ludwig (Hg.), *Handwörterbuch der Staatswissenschaften*, Jena: Fischer, Bd. 1, 271-276.
Pic, François, 2011. *La bibliographie de l'écrit imprimé (en) occitan de la fin du XVe à la fin du XVIIIe siècle. Du corpus à la constitution de l'objet*: matériaux pour l'histoire externe de la littérature occitane. Wien: Phil. Diss., 2 vols. [nicht veröffentlicht].
Pic, François, 2011. « Panorama de l'édition occitane contemporaine », in: *Bien dire et bien aprandre [sic]* (Lille), no. 28, 261-292.
Pigenet, Phryné, 2017. *Catalans malgré tout*. L'exil catalan en France au XXe siècle. Histoire et mémoire. Canet : El Trabucaire.
Ploetz, Der große, ^{35}2008. Die Enzyklopädie der Weltgeschichte. Freiburg i. B./Göttingen: Ploetz bei Herder/Vandenhoeck & Ruprecht [^{1}1863].
Pradilla [Cardona], Miquel Àngel, 2015. *La catalanofonia*. Una comunitat al segle XXI a la recerca de la normalitat lingüística. Barcelona: Institut d'Estudis Catalans.

Prats, Modest, 1989. *Meditació ignasiana sobre la normalització lingüística*. Barcelona: Fundació Caixa de Barcelona.
Preston, Paul, 2006. *Botxins i repressors*. Els crims de Franco i dels franquistes. Barcelona: Ed. Base.
Preston, Paul, 1986. *A Concise History of the Spanish Civil War*. [²1996, ³2005]. [Verwendet wurde die katalanische Übersetzung von Jordi Ainaud, *La guerra civil espanyola*, Barcelona: Ed. Base, 2006].
Querol i Puig, Ernest, 2006. *El coneixement del català 2001. Mapa sociolingüística de Catalunya*. Anàlisi sociolingüística del cens de població de 2001. Barcelona: Generalitat de Catalunya, Secretaria de Política Lingüística.
Querol [i Puig], Ernest (coord.), 2007. *Llengua i societat als territoris de parla catalana a l'inici del segle XXI*. L'Alguer, Andorra, Catalunya, Catalunya Nord, la Franja, Illes Balears i Comunitat Valenciana. Barcelona: Generalitat, Secretaria de Política Lingüística.
Radatz, Hans-Ingo, 2010. *Das Mallorquinische: gesprochenes Katalanisch auf Mallorca*. Deskriptive, typologische und soziolinguistische Aspekte. Aachen: Shaker.
Rafanell, August, 1991. *Un nom per a la llengua*. El concepte de llemosí en la història del català. Vic: EUMO.
Rafanell, August, 2006. *La il.lusió occitana*. La llengua dels catalans entre Espanya i França. Barcelona: Quaderns Crema, 2 vols.
Ricard, Georges, 1985. *Tables signalétiques et analytiques de la revue « Oc » (1924 – 1977)*. Béziers: Centre International de Documentation Occitane.
Ripert, Emile, 1918. *La renaissance provençale (1800-1860)*. Paris/Aix-en-Provence: Champion/Dragon [Reprint: Marseille: Lafitte, 1978].
Ripert, Emile, ³1948. *Le Félibrige*. Paris: A. Colin [¹1924].
Rogge. Waltraud/Beinke, Christiane 1991. „Katalanisch : Sprachnormierung und Standardsprache", in: Holtus, Günter/Metzeltin, Michael/Schmitt, Christian (Hg.), *Lexikon der romanistischen Linguistik*, Band 5, 2, 192-218.
Ronjat, Jules, 1930-41. *Grammaire istorique [sic] des parlers provençaux modernes*. Montpellier: Société des Langues Romanes, 4 Bde.
Roquebert, Michel, 1999. *Histoire des Cathares*. Hérésie, Croisade, Inquisition du XIe au XIVe siècle. Paris: Perrin.
Rouquette, Yves, 1972. *La nouvelle chanson occitane*. Toulouse: Privat.
Roux, Joseph, 1895. *Grammaire limousine*. Brive: Editions de Lemouzi.
Roy, Olivier, 1997. *La nouvelle Asie centrale ou la fabrication des nations*. Paris: Seuil.
Sagnes, Jean, 2017. *Petite histoire de l'Occitanie*. [Pau:] Ed. Cairn.
Salvat, Joseph, 1943. *Gramatica occitana dels parlars lengadocians*. Toulouse: Privat [²1951, ³1973].
Sanchis Guarner, Manuel, ²1982. *Renaixença al País Valencià*. Estudi per generacions. València: Tres i Quatre [¹1968].
Sarrieu, Bernard, 1924. « La graphie de la langue d'oc et la graphie commune d'Occitanie », in: *Revue Méridionale* (Bordeaux), VI, 46-60.
Sauzet, Patrick/Pic, François, 2009. *Politique linguistique et enseignement des « Langues de France »*. Paris: L'Harmattan.
Schlieben-Lange, Brigitte, ²1973 [1971]. *Okzitanisch und Katalanisch*. Ein Beitrag zur Sozio-Linguistik zweier romanischer Sprachen. Tübingen: Tübinger Beiträge zur Linguistik [Narr].
Schmidt, Peer/Herold-Schmidt, Hedwig (Hg.), ³2013. *Geschichte Spaniens*. Stuttgart: Reclam [²2002].
Segarra, Mila, 1985. *Història de l'ortografia catalana*. Barcelona: Empúries.
Segarra, Mila, 1985a. *Història de la normativa catalana*. Barcelona: Empúries.

Segon Congrés Internacional de la Llengua Catalana, 1989. *Llibre blanc sobre la unitat de la llengua catalana*. Barcelona: Barcino.
Solà [i Cortassa], Joan, 1987. *L'obra de Pompeu Fabra*. Barcelona: Teide.
Solà, Joan, 1991. „[Katalanisch:] Grammatikographie/Gramaticografia", in: Holtus, Günter/Metzeltin, Michael/Schmitt, Christian (Hg.), *Lexikon der Romanistischen Linguistik*, Band V,2, 261-281.
Solà i Cortassa, Joan, 2006. *Pompeu Fabra i Poch*. Semblança biogràfica. Barcelona: IEC.
Solà, Joan, 2009. "La paraula", in: *El Temps* (Barcelona), del 14.VII.2009, 76-79.
Soldevila, Ferran, 1976. *Resum d'història dels Països Catalans*. [Perpinyà:] Terra Nostra.
Stegmann, Tilbert D. (Hg.), 1979. *Diguem no – Sagen wir nein! Lieder aus Katalonien*. Übersetzungen von Rainer Chrapkowski und Tilbert Diego Stegmann. Berlin: Rotbuch.
Sumien, Domergue, 2006. *La standardisation pluricentrique de l'occitan*. Nouvel enjeu sociolinguistique, développement du lexique et de la morphologie. Turnhout: Brepols.
Tautil, Gérard, 2011. *Robert Lafont et l'occitanisme politique*. Le Pont du Rôle-Gardonne: Ed. Fédérop.
Teatre de la Carrièra, 1970. *Mort et résurrection de M. Occitania*. Ardouane: 4 Vertats.
Thiesse, Anne-Marie, 1999. *La création des identités nationales*. Europe XVIIIe – XXe siècle. Paris: Seuil.
Thomas, Joan, 2006. *Lingüistica e renaissentisme occitan*. L'enjòc social de l'istòria de la lenga. [Tolosa:] IEO.
Thomas, Jean, 2017. *Jules Ronjat entre linguistique et Félibrige (1864 – 1925)*. Contribution à l'histoire de la linguistique occitane d'après des sources inédites. Valence d'Albigeois: Vent Terral.
Torreilles, Claire (éd.), 2013. *Robert Lafont. La haute conscience d'une histoire*. Actes du colloque de Nîmes, 26-29 septembre 2009, organisé par Gardarem la Terra. Canet: Ed. Trabucaire.
Toti, Yves, [1997 ?]. *OC, « Pèlerin de l'Absolu »*. Un but de chemin (1924 – 1964). Mouans Sartoux: Edicions de la Revue OC.
Touraine, Alain/Dubet, François/Hegedus, Zsuzsa/Wieviorka, Michel, 1981. *Le pays contre l'Etat*. Luttes occitanes. Paris: Seuil.
Tourtoulon, Charles de/Bringuier, Octavien, 2004. *Etude sur la limite géographique de la langue d'oc et de la langue d'oïl*. Masseret-Meuzac: Institut d'Estudis Occitans dau Lemosin [Reprint der Originalausgabe: Paris: Imprimerie Nationale, 1876].
Vallverdú [i Canes], Francesc, 1973. *El fet lingüístic com a fet social*. Barcelona: Ed. 62.
Vallverdú [i Canes], ²1979. *Dues llengües: dues funcions ?* Barcelona: Ed. 62 [¹1970].
Vallverdú [i Canes], Francesc, 2013. *Apunts i contrapunts sociolingüístics*. En el centenari de les *Normes ortogràfiques*. Barcelona: Institut d'Estudis Catalans.
Ventura, Jordi, 1964. *Els catalans i l'occitanisme*. Barcelona: Edicions d'Aportació Catalana.
Veny [i Clar], Joan, ¹⁰1993. *Els parlars catalans* (Síntesi de dialectologia). Palma de Mallorca: Moll [²1982].
Viadel, Francesc, ²2009. *"No mos fareu catalans"*. Història inacabada del blaverisme. València: Universitat de València. [2006].
Viaut, Alain, 1987. *L'occitan gascon en Catalogne espagnole: Le Val d'Aran*. Du vernaculaire au formel. Bordeaux: Maison des Sciences de l'Homme d'Aquitaine.
Viaut, Alain, 2004. « Pertinence de la notion de langue propre hors d'Espagne », in: *Quo vadis, Romania ?* (Wien), no. 23, 92-103.
Viaut, Alain (dir.), 2007. *Variable territoriale el promotion des langues minoritaires*. Pessac: Maison des Sciences de l'Homme d'Aquitaine.
Weber, Eugen, 1983. *La fin des terroirs*. La modernisation de la France rurale 1870-1914. Paris: Fayard [Französisch von Antoine Berman und Bernard Géniès; amerikan. Original: *Peasants into Frenchmen. The Modernization of Rural France 1870-1914*. Stanford Univ. Press, 1976].

Werlen, Ivar, ²2002. *Sprachliche Relativität*. Eine problemorientierte Einführung. Tübingen/Basel: Francke [¹1989, unter dem Titel: *Sprache, Mensch und Welt*. Geschichte und Bedeutung des Prinzips der menschlichen Relativität. Darmstadt: Wiss. Buchgesellschaft].
Woehrling, Jean-Marie, 2013. « Histoire du droit des langues en France », in: Kremnitz 2013, 71-88.
Wüest, Jakob, 1969. „Sprachgrenzen im Poitou", in: *Vox Romanica*, XXVIII, 14-58.
Wurl, Ursula, 2011. "El concepte jurídic de llengua pròpia", in: *Revista de llengua i dret* (Barcelona), no. 56, 37-64.
Wurl, Ursula, 2016. *Etappen der Emanzipation des Katalanischen zwischen 1800 und 1900 – eine Erfolgsgeschichte*. Die der katalanischen Sprache zugedachten Rollen. Soziolinguistische und juristische Aspekte. Wien: Praesens.
Zantedeschi, Francesca, 2013. *Une langue en quête d'une nation*. La Société pour l'Etude des Langues Romanes et la langue d'oc (1869-1890). [Toulouse:] Institut d'Etudes Occitanes.

Verzeichnis der Illustrationen

Die Herkunft steht jeweils in Klammern

Abb. 1:	Karte des okzitanischen und katalanischen Sprachgebiets (Domergue Sumien)
Abb. 2:	Bonaventura Carles Aribau (Biblioteca de Catalunya [=BC], Barcelona)
Abb. 3:	Joaquim Rubió i Ors (BC)
Abb. 4:	Fabre d'Olivet (CIRDOC, Béziers)
Abb. 5:	Jacques Boé (Jasmin) (CIRDOC)
Abb. 6:	Joseph Roumanille (CIRDOC)
Abb. 7:	Théodore Aubanel (CIRDOC)
Abb. 8:	Frédéric Mistral(CIRDOC)
Abb. 9:	Manuel Milà i Fontanals (Francesc Codina; www.diaridevilanova.cat/noticia/739)
Abb. 10:	Víctor Balaguer (Francesc Codina; www.geliv.ub.edu/retrat-de-victor-balaguer-1860)
Abb. 11:	katalanische und okzitanische Schriftsteller in Montserrat, Mai 1868: Treffen der beiden Renaissancen (Francesc Codina; www.geliv.ub.edu/)
Abb. 12:	Auguste Fourès (CIRDOC)
Abb. 13:	Valentí Almirall i Llozer (BC)
Abb. 14:	Enric Prat de la Riba (Arxiu de Institut d'Estudis Catalans [=IEC], Barcelona)
Abb. 15:	Jacint Verdaguer (Francesc Codina; retrat per Ramon Casas, 1896-1898, Museu Nacional d'Art de Catalunya)
Abb. 16:	Jules Ronjat (CIRDOC)
Abb. 17:	Teodor Llorente (BC)
Abb. 18:	Antonin Perbosc (CIRDOC)
Abb. 19:	Prosper Estieu (CIRDOC)
Abb. 20:	Pierre Dévoluy (Paul Gros-Long) (CIRDOC)
Abb. 21:	Joseph Salvat (CIRDOC)
Abb. 22:	Ismaël Girard (CIRDOC)
Abb. 23:	Louis Alibert (CIRDOC)
Abb. 24:	Charles Camproux (CIRDOC)
Abb. 25:	Ventura Gassol, Louis Alibert, Francesc Macià, Pompeu Fabra und Josep Carbonell i Gener in Barcelona 1932 (Francesc Codina ; http://llengua.gencat.cat/ca/anypompeufabra/)
Abb. 26:	Ausrufung der Katalanischen Republik durch Francesc Macià am 14. April 1931 vom Palau der *Generalitat* aus (Francesc Codina)
Abb. 27:	Francesc Macià i Llusà (BC)
Abb. 28:	Lluís Companys i Jover (BC)
Abb. 29:	Pompeu Fabra i Poch (IEC)
Abb. 30:	Robert Lafont (CIRDOC)
Abb. 31:	Pierre Bec (CIRDOC)
Abb. 32:	Pierre-Louis Berthaud CIRDOC)
Abb. 33:	Max Rouquette (CIRDOC)
Abb. 34:	Claude Marti (CIRDOC)
Abb. 35:	Yves Rouquette (CIRDOC)
Abb. 36:	Ramon Aramon i Serra (IEC)
Abb. 37:	Raimon (Ramon Pelegero Sanchis) (BC)
Abb. 38:	Lluís Llach i Grande (Francesc Codina)
Abb. 39:	Jordi Pujol i Soley (BC)

Abb. 40: Antoni Maria Badia i Margarit (IEC)
Abb. 41: Francesc Vallverdú i Canes (IEC)
Abb. 42: Joan Solà i Cortassa (IEC)
Abb. 43: Demonstration vom 10. Juli 2010 in Barcelona, Passeig de Gràcia (Francesc Codina)
Abb. 44: Joan Fuster i Ortells (Francesc Codina; Edicions Bromera)
Abb. 45: Manuel Sanchis Guarner (IEC)
Abb. 46: Francesc de Borja Moll (IEC)

Zeittafel

1238	Eroberung Valèncias durch Jakob den Eroberer (Jaume el Conqueridor); Ende der Reconquesta
1271	nach dem Tode von Jeanne de Toulouse, der Erbin von Raimund VII. (Ramon VII), und ihres Mannes Alphonse de Poitiers, ohne Erben wird die Grafschaft Toulouse (bzw. ihre Reste) an das Königreich Frankreich angeschlossen
1469	Heirat der Katholischen Könige, Ferdinand II. (Ferran) von Aragón und Isabella von Kastilien
14.1.1479	sie herrschen gemeinsam über Kastilien und Aragón, die nun in Personalunion verbunden sind; einzige gemeinsame Institution beider Reiche ist die Inquisition
1481/86	Anschluss des Königreichs Provence an Frankreich
11.9.1714	Eroberung Barcelonas als Ende des Spanischen Erbfolgekrieges und Ende des katalanischen Widerstandes gegen die Bourbonen
16.1.1716	Verkündung der *Nova Planta* für Katalonien (die anderen Katalanischen Länder sind entsprechend früher oder später betroffen)
26.6.1768	Verbot des Katalanischen im Schulunterricht
1789	Beginn der Französischen Revolution
22.12.1789	Dekret zur Neugliederung Frankreichs in Départements (tritt am 4.3.1790 in Kraft)
19.3.1812	Verkündung der Verfassung von Cádiz für Spanien
8.9.1830	Frédéric Mistral geboren
29.9.1833	Tod Ferdinands VII. von Spanien
1833-1840	Erster Karlistenkrieg
1833	Bonaventura Carles Aribau, *A la Pàtria. Trobes*
Nov. 1833	Neugliederung Spaniens in Provinzen durch Dekret (Javier de Burgos)
1846-1849	Zweiter Karlistenkrieg
28.10.1848	Eröffnung der Eisenbahnlinie Barcelona – Mataró, der ersten Eisenbahn in Spanien

2.12.1851	Staatsstreich von Louis Napoléon (Napoléon III.), der in mehreren okzitanischen Departements auf Widerstand stößt, aber militärisch niedergeschlagen wird
21.5.1854	Gründung des *Félibrige* (*Santo Estelo*)
9.9.1857	*Ley Moyano* über allgemeine Schulpflicht in Spanien (nur auf Kastilisch)
1859	Veröffentlichung von Mirèio von Mistral
1859	Wiedererrichtung der *Jocs Florals* von Barcelona
1865-1867	Exil Víctor Balaguers in der Provence
Mai 1868	triumphale Reise von Mistral und einigen anderen *Félibres* nach Katalonien
30.9.1868	Flucht der Königin Isabella II. von Spanien nach Frankreich
1868-1874	Revolutionssexennium in Spanien
1869	Pacte de Tortosa
29.12.1874	Wiedererrichtung der Monarchie mit Alfons XII.
1876	Reorganisation des *Félibrige*, Mistral wird *Capoulié* (bis 1888)
22.-30.5.1878	*Fêtes latines* in Montpellier
1880	Erster Katalanistenkongress, unter der Federführung von Valentí Almirall
1881-1882	*Lois Jules Ferry*, Einführung der allgemeinen Schulpflicht, mit ausschließlicher Berücksichtigung des Französischen
1885	*Memorial de Greuges*
1886	Veröffentlichung von Valentí Almirall *Lo catalanisme*
22.2.1892	*Déclaration des Jeunes Félibres Fédéralistes*, verlesen zunächst in Paris
1892	*Bases de Manresa*
1900	Separatismus wird in Spanien als Delikt in das Strafrecht aufgenommen
1900	Gründung der *Fédération Régionaliste Française*, v. a. durch Jean Charles-Brun
1901	Gründung der *Lliga Regionalista* in Katalonien

1904	Frédéric Mistral erhält den Nobelpreis für Literatur, zusammen mit José Echegaray
1906	Veröffentlichung von Enric Prat de la Riba *La Nacionalitat Catalana*
21.4.1907	eindrucksvoller Wahlsieg der *Solidaritat Catalana* bei den spanischen Parlamentswahlen
1907	Winzeraufstand im Languedoc
18.6.1907	Gründung des *Institut d'Estudis Catalans* in Barcelona
26.7.-2.8.1909	*Setmana tràgica* in Barcelona
25.3.1914	Tod Mistrals
6.4.1914	Gründung der *Mancomunitat*, Prat de la Riba wird erster Präsident
1914-1918	Erster Weltkrieg
13.9.1923	Putsch Primo de Riveras, mit darauf folgender Diktatur
Ende 1923	Gründung der Zeitung, später Zeitschrift *Oc* in Toulouse
20.3.1925	Auflösung der *Mancomunitat* in Katalonien
16.3.1930	Gründung der *Societat d'Estudis Occitans* in Toulouse
12.4.1931	Kommunalwahlen in Spanien, enden mit dem Sieg der Opposition
14.4.1931	Proklamation der Katalanischen Republik im Rahmen der Iberischen Föderation durch Francesc Macià vom *Palau de la Generalitat* aus, sie wird nach zwei Tagen auf den Status einer autonomen Region reduziert; Exil von Alfons XIII.
2.8.1931	Annahme des Statuts von Núria durch Plebiszit
9.9.1932	Verabschiedung des (veränderten) Statuts von Núria durch die *Cortes*
25.12.1933	Tod von Macià, Lluís Companys wird sein Nachfolger
18.6.1936	Ausbruch des Spanischen Bürgerkrieges
5.4.1938	Eroberung Lleidas als erster katalanischer Provinzhauptstadt durch franquistische Truppen; Annullierung des Autonomiestatuts von Anbeginn
26.1.1939	Einnahme Barcelonas durch franquistische Truppen (die vollständige Besetzung Kataloniens vollzieht sich bis 11.2.1939)
1939-1945	Zweiter Weltkrieg

24.12.1941	Erlass Carcopino über den freiwilligen Unterricht der *Langues dialectales* in Frankreich
1943	Veröffentlichung des Sonderheftes der *Cahiers du Sud* mit dem Titel *Le Génie d'Oc et l'homme méditerranéen*
28.4.1945	Gründung des *Institut d'Estudis Occitans* in Toulouse
11./13.1.1951	Verabschiedung und Inkrafttreten der Loi Deixonne
4.10.1958	Inkrafttreten der Verfassung der Fünften Republik in Frankreich
11.7.1961	Gründung von *Òmnium Cultural* für alle *Països Catalans*
1961/62	Streik der Bergleute von Decazeville
1962	Gründung des *Comité Occitan d'Etudes et d'Action*, v. a. durch Robert Lafont
1964	der *COEA* wird Gründungsmitglied der *Convention des Institutions Républicaines*, einer der Komponenten des zukünftigen *Parti Socialiste*, verlässt sie aber 1967 wieder
1969	erste katalanische Sommeruniversität in Prada de Conflent (Prades)
7.11.1971	Bildung der *Assemblea de Catalunya* als Plattform der Opposition gegen die Diktatur
20. 11.1975	Tod Francos
22.11.1975	Thronbesteigung von Juan Carlos I.
1975-1977	*Congrés de Cultura Catalana*
15.6.1977	erste demokratische Parlamentswahlen in Spanien seit dem Bürgerkrieg
18.10.1977	Wiedererrichtung der *Generalitat*, unter der provisorischen Präsidentschaft von Josep Tarradellas
29.12.1978	Verkündung und Inkrafttreten der spanischen Verfassung
25.10.1979	Annahme des Statuts von Sau durch Plebiszit
20.3.1980	erste Wahlen zum katalanischen Parlament, Jordi Pujol wird Präsident der *Generalitat*
23.2.1981	*Tejerazo*
1982-1983	*Lois Gaston Defferre* zur Schaffung von Regionen in Frankreich

18.4.1983	*Llei de Normalització Lingüística* in Katalonien
1.1.1986	Eintritt Spaniens in die Europäische Wirtschaftsgemeinschaft
25.6.1992	Verfassungsänderung in Frankreich mit (u. a.) der Erklärung des Französischen zur (einzigen) offiziellen Sprache
30.12.1997	*Llei de Política Lingüística* in Katalonien
April 1999	*Liste Cerquiglini* der *Langues de France*
18.6.2006	Annahme des Statuts von Miravet durch Plebiszit
30.6.2010	Urteil des Obersten Gerichtshofes in Spanien, das Teile des Statuts von Miravet außer Kraft setzt; Beginn der massenhaften Forderung nach Unabhängigkeit
27.10.2017	Abstimmung im katalanischen Parlament über die einseitige Erklärung der Unabhängigkeit; darauf Suspendierung der *Generalitat* nach Art. 155 der Verfassung
14.5.2018	Wahl von Joaquim Torra i Pla zum neuen Präsidenten der *Generalitat*, auf Vorschlag seines Vorgängers

Namensindex

Bloße bibliographische Nachweise sowie die Namen in der Bibliographie werden nicht aufgenommen. *Kursiv gesetzte* Zahlen verweisen auf Abbildungen.

Ab del Krim, Mohammed 113
Abrate, Laurent 153
Achard, Joseph-François 56
Achard, Théodose 56
Adorno, Theodor W. 32
Aguiló i Forteza, Tomàs 96
Aguiló i Fuster, Marià 64, 96
Aladern, Josep 100, 117, 212
Albert, Marcelin 103, 104
Albinyana, Josep Lluís 200
Alcover, Antoni M. 112, 129, 130, 202
Alcover, Jaume 97
Alecsandri, Vasile 72
Alfons XII., König von Spanien 67, 78, 79, 230
Alfons XIII., König von Spanien 79, 80, 113, 115, 231
Alfons (Alphonse), Graf von Poitiers 229
Alibert, Louis 5, *108*, 108, 109, *114*, 115, 118, 119, 132, 133, 134, 135, 136, 145, 150, 153
Alirol, Gustave 166
Allier, Max 153
Almirall, Valentí 78, *79*, 79, 80, 109, 209, 230
Alquezar i Montañés, Manuel 5
Alranq, Claude 163
Amadeo I. d'Aosta, König von Spanien 66
Amorós i Pla, Joan 5
Amouretti, Frédéric 76
Anatole, Christian 157
André, Marius 76
Anglade, Joseph 105, 109, 133, 139
Aracil, Lluís V. 188
Aramon i Serra, Ramon 6, 130, 177, *178*
Arbaud, Joseph d' 77, 150
Arias Navarro, Carlos 180, 181
Aribau, Bonaventura Carles 28, 30, 46, *47*, 61, 84, 229
Arnauld, Antoine 14
Arnaut Daniel 13
Assié, Benjamin 6
Aubanel, Théodore 57, *58*, 58, 68, 69, 74, 77, 212
Augereau, Pierre François Charles 20

Azaïs, Gabriel 55
Azaïs, Jacques 55
Azéma, Pierre 150, 157
Aznar, José María 190, 193, 202

Badia i Margarit, Antoni M. 6, 129, *187*, 187, 188
Balaguer, Víctor 5, 63, 66, *70*, 70, 71, 72, 209, 230
Balanzá, Amparo 5
Ballard, Jean 152
Ballot i Torres, Josep Pau 22, 25, 45
Barère, Bertrand 23, 34
Baris, Michel 141
Barthe, Roger 153
Bayle, Louis 137
Bayrou, François 160
Bazalgues, Gaston 141, 213
Bec, Pierre 6, 136, 139, *140*, 140, 157, 161, 191
Bellaud de la Bellaudière, Louis 12
Bellot, Pierre 55
Bernard, Valère 77, 104, 109, 132, 133
Bernat de Ventadorn 13
Bernecker, Walther L. 62
Bernissan, Fabrice 171
Bertaux, Pierre 152
Berthaud, Pierre-Louis 151, *152*, 153, 155
Bessou, Justin 77
Bladé Desumvila, Artur 5
Blasco Ibañez, Vicente 96
Boé, Jacques s. Jasmin
Bofarull, Antoni de 63, 64
Bofarull, Pròsper de 44
Bohigas, Pere 118
Bonaparte, Joseph, König von Spanien 20
Bonaparte-Wyse, William 70, 71
Bonet, Maria del Mar 179
Bonnafous, Jean 106
Boudou, Jean 157
Boulanger, Georges 87
Bousquet, Joë 152, 153
Boussac, André-J. 150, 153
Brazès, Edmond 155

Briz, Francesc Pelagi 70
Broglia, Guy 162
Broudic, Fañch 92, 170
Brun, Jean-Charles 76, 77, 230
Brunet, jean 57
Burgos, Javier de 229

Cabanes, Jean de 13
Calomarde, Francisco Teodoro 65
Calvet, Damàs 69
Calvo Sotelo, Leopoldo 185
Cambó, Francesc 112, 113, 174
Camélat, Michel 132, 150
Camproux, Charles 6, 109, *110*, 110, 151, 153, 155. 157, 162, 212
Camps, Francisco 202
Capmany, Antoni de 19, 44
Carbonell i de Ballester, Jordi 195
Carbonell i Gener, Josep 5, 6, 107, 108, *114*, 114, 115, 118, 132, 133, 153
Carcopino, Jérôme 151, 158, 213
Carlos, Prinz von Spanien 46
Carner, Josep 97
Carrero Blanco, Luis 180
Casacuberta, Josep M. de 118
Caseneuve, Pierre de 13, 52
Cases Carbó, Joaquim 128, 134
Cassou, Jean 153
Castan, Félix 153, 155, 156
Català, Víctor 97
Cerdà, Jordi Père 155
Cerquiglini, Bernard 169
Chabaneau, Camille 100
Chabrol, Jean-Pierre 164
Chateaubriand, François René, Comte de 43
Clemenceau, Georges 103
Codina, Francesc 6
Comas, Mercè 6
Companys, Lluís 117, 118, 119, *120*, 121, 184, 231
Condillac, Etienne Bonnot de 1, 33
Cordes, Léon 150, 157
Corominas, Joan 118
Corominas, Père 118
Courouau, Jean-François 51
Crousillat, Antoine Blaise 53, 60

Dalí, Salvador 107
Dante Alighieri 30

Dauzat, Albert 15, 158
Defferre, Gaston 167
Deixonne, Maurice 158
Delavouët, Max Philippe 157
Désanat, Joseph 55
Desgrouais, Jean 15
Desazars de Montgailhard, Marie-Louis 105
Dévoluy [auch Devoluy], Pierre 76, *102*, 102, 104, 137
Diez, Friedrich 52
Diouloufet, Jean-Joseph 59, 130
Domènech i Montaner, Lluís 80, 96
Dreyfus, Alfred 76, 87, 88
Droysen, Johann Gustav 34
Duhamel, Georges 158
Duruy, Victor 58

Echegaray, José 77
Escarré, Aureli Maria 178
Escolano, Gaspar 28
Esppinàs, Josep Maria 178
Estieu, Prosper 99, *100*, 100, 101, 105, 108, 133, 212
Eygun, Jean 171

Fabra, Pompeu 112, *114*, 115, 118, 119, *128*, 128, 129, 130, 132, 134, 135, 136, 175, 188
Fabre, Pierre 167
Fabre d'OLivet, Antoine 52, *53*, 53, 130
Falloux, Frédéric 51
Fauriel, claude 53
Ferdinand II., König von Aragón 229
Ferdinand VII., König von Spanien 20, 43, 44, 65, 208, 229
Ferrer Guardia, Francisco 90, 94
Ferrer i Gironès, Francesc 95
Ferroul, Ernest 103, 104, 156
Ferry, Jules 51, 76
Florian, Jean-Pierre Claris de 30
Foix, J. V. (Josep Ventura) 97, 107, 115
Fontseré, Eduard 122
Fornés, Lluís 5, 127
Forteza, Tomàs 127
Fourès, Auguste 74, *75*, 102
Fraga Iribarne, Manuel 175, 182, 190
Fraj, Eric 171
Franco, Francisco 63, 114, 119, 120, 143, 149, 175, 176, 180, 181, 210, 232

Franz I., König von Frankreich 11
Freinet, Célestin 155, 160
Fuster, Jaume 180
Fuster, Joan 30, *200*, 200

Gainulina, Olena 6
Galba, Joan de 17
Galtier, Charles 157
Garavini, Fausta 6
Garcin, Eugène 69
Gardy, Philippe 51
Garros, Pey de 12, 29, 59, 69
Gassol, Ventura *114*
Gaston III. Febus, Graf von Foix 11
Gaudí, Antoni 97
Gauger, Hans-Martin 33
Gaulle, Charles de 149, 152, 161, 176
Gaut, Jean-Baptiste 56
Gelu, Victor 54, 55, 84
Gerde, Philadelphe de 150
Giély, Bernard 167
Giéra, Paul 57
Ginebra, Jordi 127
Giner de los Rios, Francisco 94
Giordan, Henri 160, 165
Girard, Ismaël 6, 106, *107*, 107, 108, 150, 151, 153, 155, 156, 157
Giscard d'Estaing, Valéry 161
Godolin (Goudouli), Pierre 12, 29
González Márquez, Felipe 185
Goytisolo, Juan 123
Gras, Félix 72, 76, 77, 102
Grau, Pere 5
Grégoire, Henri 23, 34
Grimau, Julián 179
Grosclaude, David 167, 173
Guimerà, Àngel 81
Guinguené, Pierre Louis 53
Guizot, Guillaume 51

Haby, René 159
Hammel, Etienne 6, 168
Harris, James 33
Hartl, Gertraud 6
Hegel, Georg Wilhelm 33
Heidepriem i Olazábal, Elena 6
Herder, Johann Gottfried (von) 1, 33
Hitler, Adolf 149, 176
Hollande, François 170

Honnorat, Simon Jude 59, 75, 130
Horkheimer, Max 32
Hroch, Miroslav 36, 37, 39, 82, 208, 213
Huillet, Jean 164
Humboldt, Wilhelm von 33

Isabella I., Königin von Kastilien 229
Isabella II., Königin von Spanien 45, 66 67, 230

Jakob I., der Eroberer, König von Aragón 17, 229
Jasmin (Jacques Boé) *54*, 54, 84
Jaurès, Jean 104
Javaloyès, Serge 171
Johanna, Gräfin von Toulouse 229
Johanna (Joana de Labrit), Königin von Navarra 12
Jordi de Sant Jordi 12
Jospin, Lionel 169
Juan de Borbón, Graf von Barcelona 180
Juan Carlos I., König von Spanien 180, 181, 185, 232

Kant, Immanuel 32, 33
Karl Martell, Hausmeier im Fränkischen Reich 16
Karl der Große, Kaiser 10, 16
Karl VI., Kaiser des Römischen Reiches Deutscher Nation 18
Karl III., König von Spanien 20
Karl IV., König von Spanien 20
Koenig, Friedrich 39
Krauß, Ulrike 6
Kremnitz, Georg 5

La Curne de Sainte Palaye, Jean Baptiste 15, 16
Ladoux, Jean 131, 132
Lafont, Robert 5, 6, 10, 13, 51, 137, 139, *140*, 140, 145, 153, 155, 157, 161, 162, 164, 166, 168, 171, 188, 189, 213, 232
Lagarde, Christian 6
Lagarde, Pierre 6
Lamartine, Alphonse de 68
Lamuela, Xavier 191
Lancelot, Claude 14
Lang, Jack 160
Lapassade, Roger 157

Namensindex

Leibniz, Gottfried Wilhelm (Freiherr von) 1, 33
Leizarraga, Joannes de 13
Leopold, Prinz von Hohenzollern-Sigmaringen 66
Lerma, Juan 200
Lerroux y García, Alejandro 118
Levy, Emil 100
Llach, Lluís *179*, 179, 207
Llombart, Constantí 96
Llorente, Teodor *96*, 96
Llull, Ramon 17
Ludwig der Fromme, Kaiser 16
Ludwig XIII., König von Frankreich 13
Ludwig XIV., König von Frankreich 18, 205
Ludwig XVI., König von Frankreich 34

Macià, Francesc 113, *114*, 114, 115, *116*, *117*, 117, 118, 184, 209, 231
MacPherson, James 37, 52
Macron, Emmanuel 171
Maffre-Baugé, Emmanuel 164
Mallarmé, Stéphane 58
Manciet, Bernard 156, 157
Maragall, Joan 97
Maragall, Pasqual 193
Marc, Ausiàs 17
Marí i Mayans, Isidor 6
Maria Christina, Regentin von Spanien 45
Maria Christina (II.), Regentin von Spanien 79
Marsé, Juan 123
Martel, Philippe 5, 6
Marti, Claude *162*, 163
Martin, Yannick 172
Martorell, Joanot 17
Marx, Karl 87
Mary-Lafon (Jean-Bernard Lafon) 53, 54
Mas, Artur 195, 196
Massó i Torrents, Jaume 118, 128
Mathieu, Anselme 57
Mauroy, Pierre 165
Maurras, Charles 76, 88, 150
Méjean, René 157
Méry, Louis 55
Meyer, Paul 71, 134
Milà i Fontanals, Manuel 5, 62, *63*, 63, 69, 127
Millot, Claude 15, 16, 52
Miret i Raspall, Eulàlia 6

Mistral, Frédéric 5, 57, *58*, 58, 60, 67, 68, 69, 70, 71, 73, 74, 75, 76, 77, 81, 82, 84, 102, 103, 104, 109, 118, 131, 132, 137, 211, 212, 213, 229, 230, 231
Mistral, Madame (geb. Marie Rivière) 150
Mistral neveu, Frédéric 106, 150
Mitterrand, François 159, 160, 163, 165, 166, 169, 213
Moll, Aina 6
Moll, Francesc de Borja 129, 202, *203*
Montaigne, Michel de 13
Montilla Aguilera, José 193, 194
Montoliu, Manuel de 118
Moyano, Claudio 65
Mussolini, Benito 176

Napoléon I. (Bonaparte), Kaiser der Franzosen 20, 21, 48, 71
Napoléon III. (Bonaparte), Kaiser der Franzosen 43, 230
Nelli, René 6, 152, 157
Ninyoles, Rafael Lluís 188
Noll, Volker 6
Nostredame, Jehan de 13, 16, 29, 37, 52
Noulet, Jean Baptiste 99

Oller, Narcís 82
Olwer, Lluís Nicolau d' 118
Ors, Eugeni d' 97

Palay, Simin 132
Panyella, Vinyet 5
Paris, Gaston 71, 134
Perbosc, Antonin 99, *100*, 100, 101, 102, 105, 106, 108, 131, 132, 133, 145, 212
Peronela, Erbin des Königreichs Argón 4, 16
Person, Yves 169
Pétain, Philippe 77, 149, 150, 151, 153, 213
Peter II., der Katholische, König von Aragón 16
Peter III., der Große, König von Aragón 17
Peyrat, Napoléon 74
Peyre, Sully-André 137
Philipp II., König von Kastilien und Aragón 21
Philipp V., König von Spanien 18
Philipp VI., König von Spanien 197
Pi i Margall, Francesc 66
Pic, François 6, 165
Pidal, Pedro José 65

Pompidou, Georges 161
Pons, Josep-Sebastià 155
Pous, Antoni 6
Pradilla, Miquel Àngel 6, 192
Prat de la Riba, Enric 80, *81*, 112, 129, 209, 231
Prats, Modest 188
Prim, Juan 66, 72, 78
Primo de Rivera, Miguel 63, 106, 107, 113, 114, 130, 142, 209, 231
Primitiu (Gómez Serrano), Nicolau 30
Proudhon, Pierre-Joseph 72, 109
Puig, Ximo 202
Puig i Cadafalch, Josep 97, 112
Puig i Moreno, Gentil 6
Puigdemont, Carles 196, 197
Pujol, Jordi 180, *184*, 185, 186, 189, 190, 193, 202, 211, 232

Querol, Ernest 192
Quintana, Albert de 71, 72

Radatz, Hans-Ingo 12, 27
Rafanell, August 5
Raimon (Ramon Sanchis Pelegero) 178, *179*
Raimund (Ramon Berenguer IV.), Graf von Barcelona 4, 16
Raimund VII., Graf von Toulouse 10, 229
Rajoy, Marianao 195, 196
Ramon Vidal de Bezaudun 28
Ranke, Leopold von 33
Raynouard, François Just Marie 52, 53, 100
Reboul, Georges 110, 157
Rebull, Teresa 205
Reixach i Pla, Modest 192
Remisa, Gaspar 46
Reynaud, Paul 149
Ricard, Louis-Xavier de 74
Ricard, Paul 110
Ripert, Emile 53, 57, 151
Ripert, Georges 151, 158
Rochegude, Henri-Pascal de 53, 54
Rodríguez Zapatero, José Luis 193
Ronjat, Jules 92, *93*, 93, 102, 137, 139, 141
Roque-Ferrier, Alphonse 101
Roumanille, Joseph *56*, 56, 57, 60, 67, 68, 69, 74, 75, 102, 131, 212
Roumieux, Louis 70, 71
Rouquette, Jean (Jean Larzac) 166
Rouquette, Max 110, *154*, 154, 157, 165

Rouquette, Yves *165*, 165, 166
Roux, Joseph 74, 131
Rovira i Virgili, Antoni 106, 113, 118
Rubió i Ors, Joaquim 47, 48, 55, 63, 72

Salette, Arnaud de 13
Salvat, Joseph 6, *105*, 105, 108, 132, 151
Salvat-Papasseit, Joan 97
Sanchis Guarner, Manuel 6, 200, *201*
Sarrieu, Bernard 126, 132
Sauvages, Pierre Augustin Boissier de la Croix de 13, 14
Savary, Alain 160
Schlieben-Lange, Brigitte 5, 6
Semprún, Jorge 179
Serrano, Francisco 66
Simonde de Sismondi, Jean Charles Léonard 53
Solà, Joan 6, 19, *192*, 192
Soler, Frederic (Serafí Pitarra) 81
Soula, Camille 106, 153
Suárez González, Adolfo 181, 182, 185

Tarradellas, Josep 181, 183, 232
Tavan, Alphonse 57
Tejero Molina, Antonio 185
Thierry, Augustin 53
Thiesse, Anne-Marie 35
Torra i Pla, Joaquim 233
Tournier, François 13
Tourtoulon, Charles de 102
Triadú, Joan 5

Uc Faidit 29
Ullastra, Josep 19, 25

Vallverdú, Francesc 6, 188, *189*
Ventura, Jordi 5
Veny, Joan 6
Verdaguer, Jacint 81, *82*, 118
Verdaguer, Père 6, 205
Viktor Emmanuel II., König von Italien 66
Vila, Pau 118

Weber, Eugen 48
Wifred, Graf von Barcelona 16
Wilhelm IX. Graf von Poitiers und Herzog von Aquitanien 10
Zaplana, Eduardo 201, 202
Zola, Emile 88

www.ingramcontent.com/pod-product-compliance
Lightning Source LLC
Chambersburg PA
CBHW080924300426
44115CB00018B/2932